图式优学

Optimized Learning
by Schema

支 持 儿 童 学 习 的 课 堂 建 构

王学金　著

南京大学出版社

图书在版编目(CIP)数据

图式优学:支持儿童学习的课堂建构 / 王学金著.
—南京:南京大学出版社,2016.11
ISBN 978-7-305-16446-0

Ⅰ.①图… Ⅱ.①王… Ⅲ.①课堂教学-教学研究-
小学 Ⅳ.①G622.421

中国版本图书馆 CIP 数据核字(2016)第 009211 号

出版发行　南京大学出版社
社　　　址　南京市汉口路 22 号　　　邮　编　210093
出 版 人　金鑫荣

书　　　名　**图式优学:支持儿童学习的课堂建构**
著　　　者　王学金
责任编辑　荣卫红　　　　　　　　　编辑热线　025-83685720
照　　　排　南京紫藤制版印务中心
印　　　刷　南京爱德印刷有限公司
开　　　本　787×1092　1/16　印张 19.5　字数 416 千
版　　　次　2016 年 11 月第 1 版　2016 年 11 月第 1 次印刷
ISBN　978-7-305-16446-0
定　　　价　56.00 元

网　　　址:http://www.njupco.com
官方微博:http://weibo.com/njupco
官方微信:njupress
销售咨询热线:025-83594756

图式优学:"宝葫芦"里的又一秘密[①]

课堂教学是整个课程改革中的一个具有实质意义的环节。课程改革以来,课堂教学正在发生着重要的变化,对课堂的认识,对教学的理解,对教与学方式的变革,都有了很大的进步,正因为是个实质性的环节,所以,课堂教学改革永远是课改的重点与难点,可以说有永远研究不完的问题。这正是课堂教学改革与研究的张力和魅力所在。

南京市鼓楼区第一中心小学有个非常好的传统:研究课堂,改革教学。尤其是近几年来,他们的研究又有了新的进展,提出了鲜明的概念:图式优学。运用图式的方法,促进学生学会学习、创造性学习,达到优学的目的。而其中,教师的责任是支持儿童学习。由此,鼓楼区第一中心小学正在探索、建构一种课堂教学的范式。经过几年的潜心研究、深入实践,核心小组的成员先行,教师们广泛参与,最终形成了这本著作。这是十分了不得的进步,是鼓楼区第一中心小学课堂教学研究、学校发展中的一个标志性成果。

现在已经有不少学校都出书出专著。专著的要求是很高的,它不是一般的文章汇集,不是经验的汇总,它不仅要有实践品格,又需要一定的有深度的理性思考,把实践与理论结合起来,形成一个体系。真正达到这些要求的并不多。鼓楼区第一中心小学的这本书向专著的标准和要求迈出了一大步,这一大步十分重要,也非常可喜,我们表示衷心的祝贺。

据我了解,进行图式研究的并不少,也有不少成绩,但研究的深度不够,有的还停留在表层、止于形式,鼓楼区第一中心小学有了新的进展,形成了一些新特点。

一是他们对图式本身的研究。他们注重文献研究,从康德的"潜在人类心灵深处"的技术技巧,到皮亚杰的"行为模式""心理结构""认知结构",进行了概念的整理,然后形成了校本化的界定:"图式是学习的过程与路径","图式是学习的成果与反馈","图式也是学习的内容与素材","图式不仅以显性的文本形式存在,而且包括

动态的合作的过程、思维的过程等等学习活动中的隐性形式"。这样的解说把图式置于学习过程中,让图式具有学习的意义。

二是把图式与优学自然地结合在一起。图式教学的过程是学生优化学习的过程,达到学习的优化。他们从认知建构、活跃思维、建构性学习、创新能力培养等方面,对图式优学作了分析。在此基础上,进一步形成了图式优学的儿童观——发展儿童的优势;图式优学的课程观——支持学习中的儿童;图式优学的教学观——建构支持儿童的学习模型;图式优学的学习观——"看得见"的学习。这些见解都是难能可贵的。图式与优学结合不是简单的合并,而是统一的融合。

三是寻找并形成了图式优学的基本特质。图式优学有许多方法,但更为重要的是探索其特质,以特质来引导方法的创造。而这些特质,他们十分重视,强调"简"的表达:简明的学习要求、简要的学习内容、简化的学习过程、简洁的语言表达,等等。这些"简"的背后实质是思维发展。他们提出的"让思维看得见"、"让思维最优化"、"让创新无极限",对这些思考、探索、建构我们是很赞赏的。

四是将图式优学置于学校教育核心理念的统领之下。鼓楼区第一中心小学的核心理念是"立壹"。"壹"不只是一个数词,而是第一中心的文化隐喻和追求:儿童是一个完整的人;学校教育是儿童人生路上迈出的第一步;让儿童经历第一次;教育要追溯本源、原点、根本,那就是"元一"。因此学校要"立壹臻优"……这些理解、表述充满着哲思。这样,图式优学有了很高的立意,有了崇高的价值追求。

五是他们的丰富实践。请关注一下章目:图式优学的实施策略、图式优学的学科教学范式、图式优学的校本课程开发、图式优学的校本研修,以及新技术环境下的图式优学,等等,既具有操作性,又具有理论性;既具有相对的独立性,又有一定的体系性。老师们用自己的深入实践丰富了图式优学。

在校长王学金的领导下,鼓楼区第一中心小学正在教学改革、课程改革中不断前行。这所"宝葫芦"的学校,将会成为儿童的童话王国,而童话王国里仍有勤奋的学习、刻苦的学习、优化的学习。图式优学将是童话王国的一朵奇葩,将成为"宝葫芦"里的秘密。

成尚荣

(国家督学、教育部基础教育课程改革专家、原江苏省教科所所长)

目　　录

第一章　图式优学研究综述

尊重儿童,秉承儿童立场研究教学、研究课堂一直是我们的追求。十五年来,我们在学习革命课堂改革的感召下,结合儿童以具体形象思维为主要形式逐步过渡到以抽象逻辑思维为主要形式的思维特点,从图式解题到图式教学,再到图式优学,不断研究,努力探索。研究的起始阶段,我们以帮助学生解决问题为重点,围绕图式解题、图式梳理研究图式,之后又进一步以突出图式作文、图式思维的教学片断来研究图式,最后我们从儿童主体出发,逐步整体探索支持儿童学习的课堂建构。十多年的坚持与探索,图式优学研究的路径和目标逐步清晰,图式优学的课堂卓有成效。图式优学也成为第一中心小学提升学校办学品位,铸就校园特色文化教学品牌的追求,成为第一中心小学"立壹"文化背景下的人才培养模式,集中体现了我们新时期的求索与创新。

第一节　图式优学的研究背景

课堂教学改革是一场教育思想、教育理念、教育方式和教育行为的深刻变革,对学校工作提出了新的挑战,也为学校的发展提供了难得的机遇。图式优学的课堂教学研究,是我校在新课程改革背景下,在学校"立壹"文化引领下,结合国内外课堂教学改革的先进理念和实践经验进行的校本研究与探索,是改变我校课堂教学方式方法,提高我校课堂教育教学质量的积极举措。

一、国际视野下的人才培养与教学改革

（一）国外发达国家基础教育改革的价值趋向

当今时代,世界各国面对 21 世纪国际人才竞争的挑战,相继确定和实施了新一轮的教育发展与人才资源开发战略。基础教育,作为造就人才和提高国民素质的奠基工程,在世界各国面向 21 世纪的教育改革中占有重要地位。

综合当代世界各国基础教育改革的发展,我们发现有一些共同的价值趋向:第一,各国基础教育课程改革重视调整培养目标。培养目标由单一性向综合性发展,强调学生的全面发展,努力使学生具有适应 21 世纪社会、科技和经济发展所必需的

全面素质，其中特别重视培养创新型人才。第二，各国都非常重视课程内容的调整。基础教育课程结构和内容的改革是当前与未来世界基础教育改革的重头戏。一是因为知识的快速增长，知识的更新和新知识的传播成为必然；二是因为教育与社会经济发展的关系越来越紧密，教育有责任培养适应社会需求的各类人才，教育尤其有责任教会学生探索知识、判断知识的价值，而课程就是媒介。课程的内容要关注学生经验，反映社会、科技最新进展，满足学生多样化发展的需要。第三，关注人才培养模式的变化和调整。强调实现学生学习方式的变革。不少国家在课程改革的同时也进行教学方法的改革，使二者相互促进，以提高教学质量。比如美国大力提倡启发式教学，推广"发现法"或"探究学习"，重视个别化教学，以适应学生的个别差异，更好地发展学生的个性。第四，重视评价改革。评价方式多样化，注重评价在促进学生潜能、个性、创造性等方面的作用。而"以学生为中心"正在成为很多国家提升教育质量的核心导向。以学生为中心，一是全员化发展，即每个学生都是重要的；二是全面化发展，既成人也成才；三是主体化发展，即尊重学生的主体地位；四是个性化发展，关注每一个学生的个性差异。

由此带来当今世界各国在教育领域的又一改革重点——关注课堂教学的变革，其目的是以课堂教学实施作为切入口，建立以"学生为中心"的开放式教学方式。纵观国外发达国家的课堂教学改革，我们发现国外的课堂特别关注学生的主体性和差异性；关注教学过程的互动性和趣味性；关注建立开放式的教学环境。

（二）我国基础教育课程改革的价值趋向

在国际化大背景下，我国课堂教学中教与学的行为也发生了深刻的变化。比如：在教学目标上确定以"学生的发展为本"，以及课堂教学目标多元化的特点；在教学内容的设计上，在关注学科知识基础性的同时，强调与现实生活、学生经验的联系，强调实际应用，加强了方法、应用、探究等方面的内容以及学科间的整合和综合；在教学策略与方法的选择上，以参与、合作、探究、体验为特征，建立和形成发挥学生主体性的多样化的学习方式，促进学生主动地、富有个性地学习。课堂教学策略与方法的改革，影响了课堂教学的行为变化：重视创设良好的学习环境和氛围；重视学生的动手和动脑，鼓励学生积极参与；重视学生的个性发展，关注个体差异，满足不同学生的学习需要；重视学生的创新能力发展，培养学生良好的思维品质和习惯，等等。

当前，中央和国务院关于深化素质教育改革的决定以及高考制度、方式的改革等教育领域的重大改革措施，给基础教育课程改革提出了更明确的方向，注入了新的活力，带来了光明的前景。

《国家中长期教育改革和发展规划纲要（2010—2020）》中提出的我国今后一个时期教育事业改革发展的工作方针是"优先发展、育人为本、改革创新、促进公平、提高质量"。其中明确提出"把提高质量作为教育改革发展的核心任务"。为实现这一核心任务,教育规划纲要提出一系列政策性要求,如:"树立科学的质量观,把促进人的全面发展、适应社会需要作为衡量教育质量的根本标准。""树立以提高质量为核心的教育发展观,注重教育内涵发展,鼓励学校办出特色、办出水平,出名师,育英才。""建立以提高教育质量为导向的管理制度和工作机制,把教育资源配置和学校工作重点集中到强化教学环节、提高教育质量上来。""制定教育质量国家标准,建立健全教育质量保障体系。加强教师队伍建设,提高教师整体素质。"

在提到创新人才培养的观念上,《纲要》指出:"树立全面发展观念,努力造就德智体美全面发展的高素质人才。树立人人成才观念,面向全体学生,促进学生成长成才。树立多样化人才观念,尊重个人选择,鼓励个性发展,不拘一格培养人才。树立终身学习观念,为持续发展奠定基础。"

在提到创新人才培养模式上,《纲要》指出:注重学思结合。倡导启发式、探究式、讨论式、参与式教学,帮助学生学会学习。激发学生的好奇心,培养学生的兴趣爱好,营造独立思考、自由探索、勇于创新的良好环境。注重知行统一。坚持教育教学与生产劳动、社会实践相结合。注重因材施教。关注学生不同特点和个性差异,发展每一个学生的优势潜能。

由此,将带来当今课堂教学改革的新发展,比如重视学习结果和重视学习过程并重;重视智力因素与非智力因素的统一发展;重视教师的指导与学生学会学习并重;重视一般能力和创新品质的培养并重,等等。

二、"立壹"文化背景下的人才培养与教学改革

校园文化是一种载体,更是一种内涵,是学校发展的灵魂,是凝聚人心、展示学校形象、提高学校文明程度的重要体现,也是一所学校综合实力的反映。学生的成长需要知识的铺路,更需要文化的滋润。第一中心小学创建于1933年,在数十年的办学历程中,积淀了厚重的文化底蕴,曾经璀璨,几度辉煌,先后被评为江苏省实验小学、全国"奥林匹克"教育示范学校、江苏省体育传统学校、南京市青奥示范学校等。学校依据自己的办学历史和文化沉淀,从"第一中心"的校名中提炼出"壹"作为学校文化的核心元素,因为自50年代学校被命名为"鼓楼区第一中心小学"以后,"壹"就嵌刻在校名中,伴随着六十多年的风雨兼程,已经成为学校的文化基因,成为学校教育的人文背景。

(一)立壹文化

学校选择"壹"作为学校文化和办学思想的内核,更因为"壹"有着丰富的教育内涵与解读:它代表了一个整体,代表了学生是一个完整的人,代表了学校教育是一个全面发展的儿童教育;它代表了学校教育中的每一个,代表了第一步、第一次,代表了开始;它代表了第一,引导学生要努力做最好的自己;它代表了本原、原点、根本,

它启示教育者要尊重儿童、了解儿童、关怀儿童……"壹"虽然简单，却无比丰满，它带给教育无数的告诫与启迪。

我们将"立壹臻优"确立为学校的校训精神。"立壹"就是植根"元一"，坚持育人为本。老子在《道德经》中提出："道生一，一生二，二生三，三生万物。"这里所说的"一"，即是太极"元一"。对于学校而言，育人为本，应是其矢志不渝坚持的"元一"，是学校一切工作的出发点和归宿。学校的一切工作必须立足于育人这个根本。"臻优"就是追求卓越，永不言弃，努力做最好的自己。学校长期办学积淀形成的基于"立壹臻优"校训的文化氛围，是"图式优学"人才培养模式创新所不可或缺的文化背景。

从学校层面来讲，"立壹臻优"是指我们的办学要着眼于每一个孩子，带给他们最好的成长，帮助他们成为最优秀的自己，为他们创造优化的教育环境。学校的文化设计与教育实施从每一个孩子的成长出发，从每一个方面考虑，从每一步细节着手，不断追求、接近我们的教育目标——让每一个孩子成为最好的自己、成为最优秀的自己。

从教师层面来讲，"立壹臻优"是希望我们的教师一丝不苟，一如既往，一心一意，做"幸福的教育智者，从容的教育行者"，期望我们的老师要气度优雅、从容幸福，要充满创想，充满智慧，更要积极践行，反躬自省。

从学生层面来讲，"立壹臻优"是希望我们的学生表里如一，闻一知十，独树一帜……成为"更自信的儿童"，拥有"更美好的童年"。

（二）立壹文化背景下的教育追求

学校立壹文化是一种精神的引领和氛围的濡染，其基本的文化育人模式丰富多样，其中最具代表性的实践探索，当属追求卓越、臻于至善的"优势教育"。"优势教育"是学校十五年坚守的办学品牌与教育信条。学校提出"优势教育"的办学理念，确立"每一个孩子、每一名教师都有自己的优势"作为教育的基本假设与逻辑起点，从而"发现优势、发挥优势、发展优势"，促进"人"的优势发展、带动"人"的全面发展，营造适合师生优势成长的和谐校园。

学校提出"优势教育"，是相信每一位学生都是有优势的，在学习中，他们在吸收、理解、记忆和表达知识的时候，一定有最适合自己的、最有效的方式。成长过程中，他们这些优势有些已经开始显露，有些有待开发。优势教育，就是要发现、发挥、发展学生的优势，进而促进学生全面而有个性地成长的教育。

学校提出"优势教育"，是相信每一位教师都是独具优势的。我们常说"文如其人"，其实"教也如其人"。每一位教师不同的个性和生活阅历，不同的知识结构和做事风格等，势必让教师在教育教学中，呈现出不同的个性和优势。这些优势要有良好的校园文化环境浸润滋养，这些优势需要学校给予更高更广的平台和空间，让优势得以充分施展与发挥。

十五年的潜行实践,优势教育已经从一个教育名词逐渐渗透内化进学校教育的每一个细胞、每一个细节,成为学校教育的具有召唤力的画卷,具有驱驰力的灵魂!国家督学成尚荣先生评价说,"优势教育实现了两种跨越:一是从发现学生的缺点到发现学生的优势的转变与跨越;二是从人的现实性向人的可能性的跨越。"

2002年始,学校树立"优势教育"旗帜,2006年,注册了"华夏优势教育研究中心",十余年来,联合全国多所联盟学校开展了多次全国优势教育论坛,出版了一批反映优势教育成果的书籍。同年,学校制定了《优势教育发展纲要》,确立了学校办学的传统与主旨,明确了优势教育在今后一个时期对学校教育教学的核心引领,让学校的各项工作思想统一、主线清晰,让行政团队、全体教师,甚至家长都看到了学校未来发展的美好蓝图,形成了一种创业与耕耘的激情。

（三）立壹文化背景下的课堂建构

在立壹文化和优势教育理念的引领下,学校努力建设基于学生优势成长的优学课堂。"十五"期间,学校研究的主课题是关于"学习地图"的研究,"十一五"拓展为"图式教学"的研究,"十二五"我们则做了"图式教学"的深化研究,期望通过图式课堂的打造,构建富有校本特色的优学课堂。十多年来,我们教育科研的视角都是在"图式教学"上,在"图式学习"上。图式的观念和思维已经走进每一位教师的课堂;图式的教学行为和教学方式在一步一步建构,并走向完善。多年研究的体验和效果,让我们确信"图式"符合教育改革的方向,符合学生学习和认知的规律,是值得努力的教学研究和课堂探索。在这个基础上,2012年9月,我们提出了建设"图式优学"课堂的构想。"图式优学"的课堂目标是"运用图式发挥学生优势、优化学习活动、发展学习能力、促进个性成长"。图式优学是基于"图式"学习的课堂,是基于学生主体学习的课堂,是基于个性与差异的课堂。学校承担的"十二五"省级课题"基于优势教育的小学图式教学的深化研究"是图式优学课堂走向现实的重要支撑。近年来,学校通过不断的探索,初步形成了"图式优学"课堂的四个内涵描述与评价维度——尊重学生、以图激趣、图式启智、发掘优势。"图式优学"正逐渐成为具有我校特点的课堂追求与风格。

第二节　图式优学的内涵解读

在图式优学的校本实践中,我们在努力凝练和明晰图式优学的内涵。只有明确的内涵、鲜明的主张,我们的图式优学行动才能更加步调一致,达成共识,收获成果。

一、图式优学的一般含义

图式是指人脑中已有的知识经验的网络。图式这一概念最初是由康德提出的，在康德的认识学说中占有重要的地位，他把图式看作"潜藏在人类心灵深处的"一种技术、一种技巧。因此，在康德那里，图式是一种先验的范畴。皮亚杰通过实验研究，赋予图式概念新的含义，成为他的认知发展理论的核心概念。在皮亚杰认知发展理论中，图式是指一个有组织、可重复的行为模式或心理结构，是一种认知结构的单元。一个人的全部图式组成一个人的认知结构。皮亚杰认为，图式虽然最初来自先天遗传，但一经和外界接触，在适应环境的过程中，图式就不断变化、丰富和发展起来，永远不会停留在一个水平上。他用图式、同化、顺化、平衡四个基本概念阐述个体认知结构的活动过程，形成具有自己特色的建构理论。

学校在图式优学研究过程中，把"图式优学"定义为用"图的形式"优化教或学，涵盖一切以"图的形式"教与学的内容、过程和结果。图式优学中的图式，除了一般意义上的"图示"，还包括思维导图、模型图、流程图、概念图、图片、图标、漫画、表格等一切与"图"有关的教学与学习形式，它们也是图式的一种。通过实践总结，我们对图式也有了进一步的理解。

首先，图式是学习的过程与路径。认知图式理论指出，图式是一种认知的方式，比如在课堂上通过丰富的图片去理解春天，通过线段图来弄清行程问题数量之间的关系，通过系统图对学过的知识进行整理，等等。这时候图式就是学习的过程与路径，它是展开图式教学和图式学习的基础。因此，帮助儿童形成图式的学习方法与学习能力，进而发展图式思维就是图式教学的主要内容之一。

其次，图式是学习的结果与反馈。皮亚杰指出图式是一种认知结构的单元，比如他们脑海中的"鸟"这个词汇，它的图式就包括有翅膀、有羽毛、能飞，等等。一个人的认知结构就是由他所了解的全部图式组成的。从这个层面上说，图式是学习的结果和学习的反馈，学习就是帮助儿童形成图式、建构图式。

第三，图式也是学习的内容与素材。课本中的例题图、插图，教学中的情境图，等等，也都是图式，是作为学习内容和素材为教师的教与学生的学而服务的。

在图式优学的课堂教学中，图式不仅以显性的文本形式存在，更包括动态的合作的过程、思维的过程、行为与行动的过程等诸多以流程化、策略化存在于学习活动中的隐性形式。图式是手段，是达成优学的路径和方法。优学是目的，图式是为了促进优学。图式优学的核心是运用图式展现学习的过程，显现学习的结果，最终优化、发展学生的学习图式，达到"优化学习活动、优化学习成果，优化学习生态"的目的。

从学生学习的角度来看，图式优学支持学习中的儿童，它更重视学习的过程与学习的体验。

（一）图式优学是学生认知建构的自主过程

图式是人类认识事物的基础，是人类思维的基本单元。图式的形成和变化是认知发展的实质，也是人类认知世界的思维过程。布鲁纳认为，学生不是被动的知识接受者，而是积极的信息加工者。学习包括三个几乎同时发生的过程：(1) 习得新信息。(2) 转换，把知识整理成另一种形式，以便超越所给予的信息。(3) 评价。美国加州大学的维特罗克提出了"生成性学习"理论，认为学习是学习者生成信息的意义的过程，意义的生成是通过原有认知结构与从环境中接收到的感觉信息的相互作用而实现的。人脑并不是被动地记录外界输入的信息，而是主动建构对输入信息的解释，主动地选择一些信息，忽视一些信息，并在此基础上进行推论。学生进行知识"转换"或"意义生成"的过程中，要强化当前所学的不同知识成分之间的联系，要拓展所学知识与自身先前知识之间的联系，这实质就是个体图式学习与生成的过程。

图式理论认为，学习的过程就是图式的增生、调整和重建过程。在这一过程中，由于图式直观、形象，以可视化、结构化、网络化的形式表征知识，有助于学生掌握知识的全貌，理解概念之间的相互联系；有助于学生将新概念与自己原有的知识经验联系起来，融会贯通，构建成自己的知识体系；也有助于学生收集新知识和新信息，并与他人共享。

（二）图式优学是活跃学生思维的有效方法

图式思维是人类思维的基础来源，而人类知识的获得大多数来源于视觉，视觉的思维性功能帮助我们通过图示进行思维，进行创造。图式思维的根本特点是形象化的思想和分析，并把大脑中的思维活动延伸到外部来，通过图形使之外向化、具体化。另外，图式作为传递知识信息的一种直观、形象的工具，可以促使知识表象的形成，让认知更加清晰，让记忆更加方便，让回忆更加有条理。图式也可以将知识系统化、结构化，有利于学生对知识进行分析、概括，有利于学生对知识进行外延和拓展。因此，在持续的图式学习中，培育并养成学生图式的思维方式与思维品质，能使学生善于总结归纳、善于条理演绎、善于延伸拓展。同样，学生在建构自己的知识体系过程中，领悟概念之间的关系，整理知识，整合知识，形成新的图式，这都是一种高级思维过程。

（三）图式优学是促进学生建构性学习的有效策略

现代信息论认为，文字可以传递信息，语言可以传递信息，而图文结合的图示更能有效地传递信息。对于较复杂的信息，用许多语言文字去表述、说明，费时费力而效果不佳。有的则不能准确表现，而有时，简单的一个图式却能恰如其分地提示知识及知识间的联系，一看就懂，一见就明了，更能恰如其分地表现事物的全貌和本质。图示传递信息的效果有时候更优越于语言、文字等方面，以少胜多，用较少的图、文传递大量的信息，用较少的笔墨反映大量的知识。教学中，图式能把复杂的知识形象直观地表达出来，有利于突出知识重点，有利于知识系统化，便于知识的记忆，便于知识的联想，便于信息的传递。有研究表明，运用图式的学生主要以规划为主要认知方式。相反，不运用图式策略的学生则以记忆为主要认知方式。儿童在图式学习的过程中，通过模仿、积累、运用、完善就能逐渐形成图式的学习方法与策略。

（四）图式优学是培养学生创新能力的有效路径

知识与创新之间的关系研究表明，只有结构良好的知识才能成为创新的养料和土壤。按照皮亚杰的理论，儿童的心理结构或认知结构，是在与环境的不断的适应过程中，在动态的平衡过程中形成和发展的。因此，他提出主体与客体相互作用的活动是认知结构产生的源泉。让儿童获得充分活动的机会，对他们的认知发展是极为必要的、不可缺少的条件。图式的特点之一，就是可引起新信息的加工，在原来图式的基础上，新的内容会被添加更新，形成新的认识。图式作为一种结构良好的知识，能够使问题清晰化、思维可视化、知识条件化和结构动态化。图式的生成过程，就是创新能力的培养过程；图式的运用过程，就是创新能力的提升过程。学习者认知图式的建构，根据不同的学习类型有增长、调整和创造三种方式。这三种方式都能激发学生的创新思维。

如果从课堂教学的角度思考，图式优学是儿童在教师的支持与引领下，运用图式展开学习的过程。图式优学能明晰学习的路径，能调整与完善学习的思路，能呈现学习的结果。

首先，图式优学展现学习的过程。图式优学注重用图式开展学习，把学习的过程具体形象地展现出来，让儿童更生动、直观地体验到知识建构的每一步。

其次，图式优学显现思维的路径。图式优学通过图式思维的可视性，培养儿童图像化、结构化、路径化、系统化的思维方式，以帮助儿童明晰学习的路径，并学会思考、学会学习。

第三，图式优学呈现学习的结果。图式能更好地呈现学习的结果。学习过程中，学生对图式的阐述与运用、设计与绘制，都很好地呈现了个体的学习效果，更便于教师"以学定教"并开展个性化的指导与帮助。

第四，图式优学发现了学习的乐趣和发展的可能。图式优学是一种多感官教学，让儿童在动手动脑的过程中发现学习的乐趣，并进而爱学习、会学习，也会让教师更进一步发现每一个儿童的学习优势，发现每一个儿童发展的可能性。

二、图式优学的基本主张

课堂教学作为学校文化的一部分，主要体现学校精神文化的内容，是教育中最重要的组成部分，是推进校园文化建设的主阵地。因此，改变教师的教学方式，改变学生的学习方式,营造宽松和谐的课堂教学民主氛围,引导学生自主、合作、探究学习,激发学生的思维,使课堂真正成为展现学生生命活力的场所,是"立壹文化"建设的基石,更是重点。学校提出"图式优学"的理念,是我们打造立壹课堂文化的抓手,也是我们对学校课堂教学的理想追求:为学生的成长营造促进学生优学的环境,建构支持儿童学习的课堂。通过图式优学,使学习的内容更丰富,使学习的方式更科学;通过图式优学,使学生的学习效果更理想,使学生的学习素养发展得更全面。

(一)图式优学的儿童观——发展儿童的优势

尊重儿童是小学教育的基础与前提,儿童是教育的对象,但是儿童不是一张白纸,不是一个被动的接受者,在进入小学前,他们已经有了一定的经历、经验与成长。每一个儿童的知识基础不一样、学习经历不一样、情感体验不一样,图式优学需要尊重和关注每一个儿童个体的精神世界与学习特征,从而更好地完成对每一个儿童的帮助与发展。

图式优学要力求发现、发挥和发展每一个儿童的学习优势。让学习成为儿童自己的学习,让儿童经历学习的过程与体验,让每一个儿童体验到学习的成就感,促进持续学习的志趣,并形成自己个性化的学习方式。

(二)图式优学的课程观——支持学习中的儿童

图式优学应该是一种学习的"支持",是学习的鼓励与期待,是学习资源与条件的提供,是学习的协助与合作,是师生共同完成的创作与创造。

有研究表明,利用图式学习时,学习材料中的信息,如事物、关系、过程等,可用结构、网络的形式呈现,以使信息的理解与处理变得容易,尤其是处理新信息或新知识时,图式工具可以辅助将这些图式信息进一步组织、处理。这相当于用图式与图式工具对工作记忆"扩容",对高级学习非常有利。同样,图式工具支持学习者的想法表达、辅助设计和合作沟通,即其可以辅助生成与合作。作为反映学习者认知与知识结构的外化形式,图式在逻辑上同样支持想法的表达——与认知一样,以形式化为对象间关系或过程的"标准表达"。从视觉、知觉等方面看,这种表达又可以辅助理解与构建。

(三)图式优学的教学观——建构支持儿童的学习模型

支持儿童的学习模型,应该是尊重儿童,符合儿童认知规律的;应该是满足个体基础、能力和性格差异的;应该是发展儿童思维,促进儿童成长的。图式优学的教学观,就是要逐步形成一个相对完善的、动态的、适应个体的学习模型,以支持学习中的儿童。

图式优学的价值在于符合儿童学习的特征。图式优学是以图式教学和图式学习为基础形成的优学课堂样式,注重用图式开展学习,把学习的过程具体形象地展现出来，让儿童更生动地体验到知识建构的每一步，其在学习的本质上倾向、涵盖了建构主义学习和有意义学习，而形象化的表征又更好地体现了儿童学习的特点。

（四）图式优学的学习观——"看得见"的学习

成功的学习，关键在于学生是否有发展出完整正确的心智模型。图式优学可以帮助学生建构支持学习的心智图景并使学习活动变得可视化。与传统的学习方法相比，图式优学的课堂以学生为中心，关注学生的体验，关注思考的过程，关注个体的差异，让课堂上的学习看得见，让课堂上的学习真正发生。教师运用一系列图式，把抽象的、讲不清楚的问题直观化、形象化，以激发学生思维的乐趣，激活学生学习的情趣。学生借助图式把自己的思维呈现出来，把自己学习的过程、学习的结果用一个个图式展现出来，变得"看得见"，让教师清晰地了解每一个学生的学习状态和学习结果。

三、图式优学的基本特质

以图式教学和图式学习为主要形式的图式优学课堂，师生运用图式展开学习的过程，课堂呈现的状态有别于一般的课堂，具有自身的个性化的特质。

（一）图式优学最大程度追求课堂简约

图式优学的课堂最大限度地追求简约，关注知识与方法的核心，关注最直接的价值需求。

1. 简明的学习要求

简明就是简单而明了。图式优学的课堂，充分发挥图式形象性、条理性、系统性等特点，把教学的要求和程序，通过图表等图式简单明了地呈现出来，让学生一目了然，方便学生学习和思考。

2. 简要的学习内容

简要就是简单而重要。图式优学课堂选择的教学内容，特别关注学生终身受用的"核心知识"，利用图式高度概括性的特点，把线索、主题或要点简要呈现，使教学内容更加集中和精当，使教学的重点突出而鲜明。

3. 简化的学习过程

简化就是简单而优化。课堂教学中，师生依图分析，依图探索，依图导思，依图抓重点和关键，把老师从不断的追问中解放出来，把课堂还给学生，把时间交给学生，让学生站在课堂的中央。

4. 简洁的语言表达

简洁就是简单而清晰。图式优学让学习的思路变得更清晰，表达方式变得更多样，知识结构更有体系，知识重点更加突出。图式优学结合颜色、文字、图片、标记等元素凸显了关键点和视觉效果,充分发挥了信息的大聚合功能,促进了信息有效交流和沟通。

（二）图式优学最大限度启发学生思维

思维是人脑对客观现实间接的和概括的反映,反映的是事物的本质和事物间规律性的联系。传统的课堂把教学的落脚点放在知识的理解和记忆上,思维能力得不到发展,学生的学习效率自然不高,学习的兴趣自然不浓。图式优学的课堂重新聚焦学生的思维层,重视学生思维能力的培养和发展,思维是学习的核心。教学过程关注思维的意识、思维的过程、思维的方法,最终提升学生的思维能力和水平。

1. 让思维看得见

传统的教学,师生更多关注的是知识结果,忽视答案的生成过程。图式优学的课堂以直观的形式,展现抽象的思维过程,展现和指明了思维的路线。它通过图式把本来不可视的思考方法或思考路径呈现出来,使其清晰可见。"看得见"的思维不仅让学生学会思维的方式方法,更加有利于学生自身思维的发展。

2. 让思维最优化

图式作为一种知识的框架储存在人脑中,为人们解决问题提供了心理捷径。当人们同时处理多种信息的时候,会要求主体能最经济地分配自己的注意力,尽可能把注意力集中在最为关键的问题上。图式的特点与功能为主体提供了用脑的捷径,减轻了思维的负担,优化了思维的过程。

3. 让左右脑协同

脑科学研究表明,人的左右两半脑,主要是分别处理语言、数字、逻辑等抽象信息和处理图像、模型、音乐等直观信息的。图式优学的课堂中,因为图式包含了上述多种因素,在用图示教与学的过程中,就能充分刺激左右两个半脑,使左右脑同时兴奋,共同参与知识的学习和记忆,增强大脑皮层的双向联系。这样,图式优学就发挥了全脑对同一知识的理解和记忆,也充分挖掘了左右脑的潜力,协同了左右脑的思维功能。

4. 让创新无极限

创新思维是指突破常规思维的界限,以新颖独创、超常规甚至反常规的方法、视角去思考问题,提出与众不同的解决方案,产生独到的、有社会意义的思维成果的过程。图式能使问题清晰化,它作为一种条件性的知识,对输入的信息选择和抽象,进而对同化的信息进行整理、组织和建构,增强了思维的灵活性和跨度,为创新提供了基础。图式是发展学生创新能力的奠基石。

（三）图式优学最大维度彰显师生个性

所谓个性,在心理学上,是指一个人在一定时期所具有的各种比较重要的和稳定的心理特征的综合,代表一个人的基本精神面貌。人的个性是在遗传特征的基础上,在社会文化环境的影响下逐步形成的。人的个性具有独特性,在人的活动中具有重要地位，与人的活动特点紧密联系，个性不同，活动特点也就迥然各异。

图式呈现和反映出每一个学习者个体的个性，图式优学则更关注和关怀每一个学习者个体的发展与成长。

1. 个性化学习

图式存在形态的丰富性，有利于学生个性化学习。图式优学过程中，学生对图式的阐述与运用、设计与绘制，呈现出的效果和方式各不相同，体现了学生个体的独特性、自主性，也非常适合教师因材施教，开展个性化的指导与帮助。

2. 个性化发展

图式作为主体自身及其生活的反映，凝结和体现着自身现实生活的内容，主体生活的一切方面，反映在大脑中，便构成图式的各种意识状态。每个人的意识状态的内容是不同的，所以，我们常说"一千个读者就有一千个哈姆莱特"。自然，课堂中每一个学生的学习基础、经历和状态也各不相同，反映到学习的方式方法和学习的结果上，呈现出个体独特的主体认知方式和认知结果，教师十分珍视这份个体差异，不仅把它当作教学的资源，也充分尊重和促使个体的个性化发展。

3. 个性化教学

个性化的教师培育个性化的学生。图式优学的课堂，让每一个教师各尽所能、各依所需，发挥了每一位教师独特的个性修养和教学技能。每一个课堂上，教师遵照图式优学的基本理念和教学规律，在用图式教与学的方式方法上，各展所能，根据学情，教学的环节和设计也不完全一致，可谓精彩纷呈、风格独具，促进了学生的个性发展，呈现出了课堂教学的多样性和个体性。

第三节　图式优学的课堂建构

图式优学的主导是教师，阵地在课堂。追求怎样的课堂决定了图式优学方向是否正确、实践是否有效。通过研究，我们深化了对图式优学的认识，发现了儿童图式认知发展的规律。依据实践经验，我们对学习图式进行了分类，并总结了图式优学的学科范式，积累了小学图式优学的学科教学经验，凝练了我校图式优学的课堂追求。课堂上，我们一方面促进学生图式理解能力、图式运用能力、图式创生能力的提升，一方面促成学生学习图式的建构、生成与优化。我们寄希望于通过图式来优化课堂教学，用图式来支持儿童的学习，以实现学校课堂教学效率的最优化，并达成与实现以"优学"为主要特色的校本课堂样式和学习策略。

一、图式优学的图式分类

在教学实践过程中，我们发现不同的图式在教学中的用途各不相同，同一个图式,在不同的教学环节呈现,所发挥的作用也不完全相同,或者是表现的侧重点不一样。为了探索图式促进优学的作用与规律,我们从三个角度对图式进行了分类。

(一)从图式的教学实施角度分类

客观地说,图式一直伴生在教与学当中,许多教师在日常教学中都会用图式。我校的"图式优学"只是在深入研究的基础上,挖掘了图式在教与学中的作用,提升了图式的应用价值与意义,就像是把掩藏在教学当中的珍珠串起来,使其显性化、系统化、可操作化,并形成相对完整的图式优学的认识与策略,进而推进到课堂的教与学中,以提高我校课堂教学的质量,形成我校独具特色的课堂教学范式。经过一段时间的实践、思考和讨论,根据不同图式在教学实施中的用途与价值,把它们划分为导学图式、助学图式和展学图式三大类。

导学图式:一般在教学的初始阶段使用,其基本价值在于引导和展开学习,提供学习的信息资源与素材,创设学习的情境与氛围,引发学习的思考与探索,激起儿童的学习兴趣。依据学科不同,导学图式又具有学科特点。比如语文学科的导学图式依据教材的不同,可以分为情境激趣图式、背景再现图式、经验唤醒图式三类。而英语学科根据学科特点,导学图式具体又分为情境激趣图式、脉络引导图式、辨异导学图式三类。

助学图式:存在于教学的主要过程当中,其基本价值在于提供系统化、流程化、方法化的帮助与指导,以使儿童比较有效地完成知识的学习,并逐渐形成图式的学习方法与思维方式。根据教学的实际需要,各学科的助学图式在呈现的时机、呈现的形式和图的形式上也不一样,学科性和针对性更强。比如数学学科的助学图式有合作探究图式、思维呈现图式、比较辨析图式、策略归纳图式、资源伴学图式五类;音乐学科主要以新歌教学和欣赏教学为主,所以助学图式分为旋律分析图式、曲式结构图式、整体认知图式、听辨赏析图式四种;依据教学环节的不同,美术学科助学图式可分为知识分类图式、思路梳理图式、解决策略图式、技法展示图式、作业参考图式、作业分层图式六种。

展学图式:在知识的应用与拓展阶段出现,其基本价值在于引导学生灵活运用知识,启发学生通过有意义建构形成优质的认知。展学图式不仅依据学科教学的特点,更要依据学生学习的需要和实际,即使同一学科、同一年段的教学,因为不同班级学生学习的情况不完全一致,教师也要作一些相应的调整。不过,各学科也形成了一个大概的划分。比如数学学科的展学图式基本分为要点脉络图式、综合对比图式、思维拓展图式三类。英语教学的最终目的是学生能够灵活运用英语,从这个角度考虑,展学图式主要分为情景演绎图式、语篇脉络图式、情景创作图式三类。

每一个学科根据自身特点与教学的实际需要,将导学、助学、展学图式在教学中的实施运用和形式都进行了学科性的分类,但这些只是教学设计与实施中的大致概括,以图式为基础的优学课堂呈现的是个性化的课堂样式,形成的是个别化的教学组织形式与教学策略，因此各种图式在教学中的运用要求做到恰到好处，真正做到有利于调动学习情趣，有利于学生知识的自主建构，有利于发展学生的思维，真正实现"优学"的目标。

（二）从图式的思维培育角度分类

从图式的思维培育角度分类，是因为在教学实践过程中，我们发现，在学生思维的不同阶段，不同的图式能起到不同的作用。因此，实际教学中，教师就要根据不同的学习环节和学习深度，采用不同的图式来推动学生的思维启动，推进学生的思维发展，点燃学生思维创新的火花。据此，我们又可把图式分为建立表象图式、构建网络图式和个性创新图式三大类。

建立表象图式。其作用在于通过形象、生动、直观的图式，帮助学生感知、激活和建立相关事物的表象，启发学生的思维，促进他们更快地发现蕴含于知识中的内在规律。让学生从关注直观形象到进行抽象概括，进而搭建激活抽象思维的桥梁，使学生的思维能力得到提高。建立表象图式大多数在教学环节的起始阶段呈现，与导学图式交集，许多导学图式同时兼有帮助学生建立思维表象的作用和功能，但也可能是在教学的中段或结尾拓展时，为帮助学生深入理解或者拓展知识时呈现。在实际教学过程中，教师可根据教学的需要，选择取其双重作用还是单向作用。

构建网络图式。其作用在于运用图式"可视化、结构化、网络化"的特点，帮助学生建构知识网络，加深学生对学习内容及其内在联系的深入理解；帮助学生将学习中的思考过程外显，以图的形式表现出来，展示思维过程的全局；帮助学生形成图式的学习方法与学习能力，促进学生思维能力的发展。建构网络图式一般在知识建构的过程中或者是一个新知识体系完成时呈现，比如，师生随着课文阅读理解而形成的文章脉络图式，师生共同或者单独完成的解题思路图，等等。其与助学图式也有交集，更多的时候两者的目的是合二为一的。

个性创新图式。个性创新图式可以存在于教学环节的中段或者是在课堂学习之后，主要是学生围绕所学知识进行深入的思考后，个体结合自身的原有认知水平和知识经验，对知识进行进一步的挖掘和拓展，从而建构起独具个性化、创新性的个体图式。这种图式具有明显的个体特征，呈现出了个体的知识体系和学习方法。这种图式特别能促进学生发散性思维和创造性思维能力的发展。

（三）从图式的学习发生角度分类

之所以从图式的学习发生角度分类，是我们认识到在图式优学的课堂中，图式不仅仅是教师用来教和学生用来学的工具，还能丰富或者优化教学的内容，帮助教师对教材进行科学的调整或重组。图式不仅能帮助学生优学，还能优化学生学习体验的过程，让学生看清思维的路径，领悟思维的方式和方法。而且我们还发现，让学生对图式进行阐述和运用、设计与绘制，能更好地展现学习的不同效果，让教师了解到不同孩子的学习状态和学习水平。从这个角度，我们又可以把图式分为优化资源图式、优化体验图式和优化成果图式三类。

优化资源图式。这里的资源主要指课堂学习的资源，优化资源主要表现在两个方面：一是精简；二是丰富。精简学习资源主要是指提纲挈领地把学习内容的重点或关键问题呈现出来，帮助学生学习，既降低了学生学习的难度，也减轻了学生学习的负担。比如教师用图表的形式设计预习单，预习的要求就会一目了然，学生要书写的内容也会比较简洁。再如，数学教学中，让学生把问题的条件在图表中列举出来，就能让学生很快且全面地掌握问题给予的条件，有助于学生思考解题思路。丰富学习资源是指教学过程中，为了帮助学生深入理解或者是拓展学习内容，教师借助图式来丰富学习的内容。课本中的插图、课本图例、教学用图、教学课件图、网络图、师生绘图、流程图、课外文本图等，都能起到这样的作用。当然，学习过程中，师生共同交流、探讨而生成的图式也是其中比较珍贵的一种。根据不同课型、不同教学环节的需要，科学地优化和运用学习资源图式，可以起到激趣、减负、优化学习活动等作用，更能促进儿童原有的认知结构对外界刺激（新知识）进行主动的选择、注意以及进行有意义的建构。

优化体验图式。这里的优化体验是指运用图式帮助儿童根据已有的经验、经历，在自主学习、合作探究以及动手、动脑过程中，轻松有效地体验学习的经历，帮助学生加速知识的"内化"。学生在经历学习的过程中，借助图式能把原有模糊的、笼统的认知结构不断条理化、逐渐清晰化，促使认知更深入、更具体，让学生思维的方法和路径更清晰、有效，保证学习能真正发生。例如数学课中，教师为了让学生明确合作学习的程序，保证合作学习的有效开展，就出示了一幅合作探究流程图，学生借助流程图明确了合作学习的具体步骤和要求，合作学习的效果自然得到优化；在鼓励学生用不同的方法解决问题时，教师让学生把动态的解题思路用静态的画面表现出来，不但让其他同学了解了该学生的思维路径，还可让学生对不同的解法进行分析比较。学生在观察和比较中，归纳出思维的共同点和不同点，为举一反三学习数学提供了帮助。

优化成果图式。学生在原有的认知水平基础上，经历学习的过程，每一个人形成的新认知图式是不完全一致的。让学生用图式把零散的、点状的、不完整的甚至有些瑕疵的认知真实地呈现在课堂上，一方面能帮助学生进一步自我完善，另一方面也有利于学生借鉴他人的经验或者是教师的指导，进行再次同化、顺应或调整，达到优化学习效果、提高学习效率的目的。优化学习成果的图式可以是显性的，也可以是学生在脑海中所形成的隐性图式。根据不同课型，优化成果图式可出现在不同的教学环节。例如数学学科的策略归纳图式，是师生对前期数学活动经验、思考过程进行分析、归纳、总结的图式，既可以在新授内容结束时进行，也可以在复习起始阶段进行。它既可以是学生学习思路的总结图，也可以是学生完成练习时思考问题的引导图。再如英语学科的脉络梳理图式，师生对所学的语言知识进行有效的梳理、归类,掌握知识间的内在联系,形成形象、直观的脉络图,能有效地帮助学生完善认知图式。根据教学的需要,既可以是新授课的小结,也可以是复习课的起始。

二、图式优学的学科教学范式

近几年的课堂探索中,我们不仅逐步去认识、理解图式,对图式的教学功能和学习作用进行一个大概的分类,还不断去尝试和建构图式优学的教学范式。我们试图构建一个有规律可循,便于教师操作,能最大限度地发挥图式优学作用,并且能真正支持儿童学习的课堂教学范式。经过教学尝试和梳理,综合各学科的教学特点,我们初步形成了新授课的基本范式。

(1)图式导学,激情引趣

心理学家皮亚杰曾经说过:"所有智力方面的工作都依赖于兴趣。"新授课中,导入环节是营造学习情境、引发学生兴趣的重要开始。以形象的图式导入,能有效地创设情景,激情引趣,调动学生学习的积极性,由此展开课堂的教与学,能激励学生更主动地学习与探索。

(2)图式启学,突破重点

围绕重点,以图式启发学生的课堂思维,使重点更加突出、丰满,学生对学习的目标更加具体、明确。同时,启学后的图式反馈能让教师针对学生的学情,适时灵活地调整教学内容,优化教学顺序,使重点部分得以讲清讲透,真正做到以学定教,以学生为本。

(3)图式助学,化解难点

教学难点往往超出了学生原认知水平,与学生固有的定向思维不一致,与原有的旧知识有很大的距离。助学图式是学生学习的助推器。通过助学图式的层层引导,为学生在现有水平和难点知识间架桥铺路,将抽象内容形象化、复杂内容简单化、生疏内容熟悉化、理性内容感性化,小坡度地层层递进,化难为易,由易到难,从而真正化解难点。

(4)图式展学,拓展提升

展学图式是对知识的小结回顾、补充拓展和精练提升,让所学内容置于学科的知识网络建构中,让其有机整合,提升学生的学习力,发展学生的思维力,更有利于培养学生自主学习以及将知识横向联系、纵向贯通的能力。

以上流程,既可以是一节新授课的基本教学环节,也可以是某一个教学环节的四个教学步骤。在具体的教学实践中,也并不是每一个教学环节都要用图式,而是要根据教材的特点、学生的学习需求灵活变通。因为我们进行图式优学范式的设计、研究与整理,不是要形成固化僵化的教学策略,形成对教师、对课堂、对学习的约束与限制,而是一种课堂引领,一种对教师的具体指导,一种教学探索成果的表征化,是图式优学课堂进行到一定阶段所形成的操作认识。

落实到具体的学科,或者同一学科的不同课型中,根据教学的内容和学生学习的需求,在基本范式的基础上,都会有不同的变式。比如数学练习课的操作范式一般是:错例解析,合作交流;图式纠错,梳理板书;分层精练,提高能力;拓展延伸,发散思维。而数学复习课的操作范式又是:图式梳理,建构关系;图式交流,系统辨析;图式练习,巩固提高。语文学科的识字教学、习作教学基本范式与阅读教学新授课都有明显的区别。落实到每一个不同的教师身上,教师又会结合自身的教育教学优势,形成个性化的独特的图式优学课堂。

三、图式优学的课堂追求

(一)追求有风格的课堂

1. 关于课堂风格的理解

风格原指艺术作品在整体上呈现的有代表性的面貌。课堂风格应该就是不同于一般的课堂特色,通过课堂所表现出来的相对稳定的、内在的,反映一定教学规律的特性。本质在于是学校或者教师个体对教育教学理念的独特鲜明的表现,有着无限的丰富性。课堂风格受一个学校或者区域的教育资源、教育教学水平以及学校文化教育背景的影响,涉及每一堂课,又受教师的教育思想、个性特点、教育技巧的影响。课堂风格的形成是一所学校或者一个教师在教学艺术上趋于成熟的标志,具有艺术性、创造性和有效性。有风格的课堂,教师的教学技能技巧运用恰到好处,体现着一种艺术效果,给人一种和谐、流畅的感觉,充满着一种艺术感染力。有风格的课堂,教师对教学内容的处理、教学方法的选择和教学过程的组织具有独特性,个体的创造性思维在课堂中也能得到充分发挥。有风格的课堂,学生知识的掌握,智能、技能的训练和品德修养的发展是行之有效的。

2. 图式优学的课堂风格

图式优学的课堂形象化。教学过程中,教师激发学生的学习兴趣,突破教学的重难点,优化教学的程序,梳理知识的脉络,以及启发学生想象,拓展、挖掘教学的内容和资源,都借以图式为手段为辅助。而无论是哪一种图式,最大的特点是形象、直观,这些形象、直观的图式把抽象的知识、繁杂的结构体系变为具体、形象的信息,有利于知识的直观传递和表达的通俗清晰,进而加深学生的理解。

图式优学的课堂网络化。教学过程中,教师借助表格、思维导图、文章结构图等,把知识的结构、体系形成一目了然的网络,重点突出,层次分明,更有利于学生个体的知识图式建构。在图式优学的课堂教学中,对于知识的要点、知识前后的关系,教师都会借助图式将它们串点成线、串点成面、串点成体,以帮助学生提取和应用知识要点,建构自身的知识体系。

图式优学的课堂简约化。课堂教学中,师生借助图式把复杂的知识层次化、要点化、条理化，可以使教学内容更加集中和精当，教学的重难点更加突出，教学的程序更加简明。而对于一些难以用语言表述清楚的知识联系或者是思维过程，用图式表示，就更加清晰简明，简明了问题的关键，简洁了师生的语言表达。

图式优学的课堂个性化。课堂教学中，教师依据自身的教育教学经验和特点，充分挖掘教材的资源，进行个性化的图式优学，突出了教师个体的独特性和独创性。同样，学生在课堂学习过程中，充分体验学习的过程，形成自己的知识图式，自然也就形成了独具个体特征的知识体系和学习方法，满足了个体自主学习、自我成长的需要。

（二）追求有品质的课堂

1. 关于课堂品质的理解

有品质的课堂应该是生命成长、智慧闪烁的课堂。学生在课堂上不仅是学会了知识，更重要的是学会了思维，学会了探究，学会了合作，个性得到发展，身心得到愉悦。

有品质的课堂，学习的目标明确。课堂上，学生对知识的内涵得以深刻理解，从而形成系统的知识结构体系，并养成了良好的思维方式和学习习惯，发展了应用知识解决问题的实践能力，培养了创造性解决问题的创新精神与创新能力。

有品质的课堂，教师遵循教学的基本规律，学生真正调动了认知潜能，丰富了情感体验，是真正有意义的学习。学生真正经历了发现、思考、探索、创造的学习过程，学生的智慧得到呵护，并与伙伴的智慧、学习的内容有效碰撞，触发生成。课堂上的学习真正发生了。

有品质的课堂，是图式优学课堂的目标引领，是图式优学的价值取向，也是学校立壹文化和优势教育的境界追求。

2. 图式优学的课堂品质

图式优学的课堂注重目标落实。这儿的目标既指课堂教学目标，也指图式目标。课堂教学目标是一切教学活动的出发点，也是教学过程的归宿。无论采用什么方式或形式开展课堂教学，目标的落实都是第一要素。图式教学的课堂，要求教师认真钻研教材，了解教材内在的目标要求，同时，充分了解学生图式学习起点，根据学生的具体情况确定课堂教学目标。在什么教学环节，采用怎样的图式，都要有利于课堂教学目标的高效达成。图式目标是为达成课堂教学目标服务的，是为了简单、快捷、高效地实施课堂教学目标。而图式目标的达成，关键在于图式运用环节恰当，时机适宜，技能技巧熟练。

图式优学的课堂注重课型特征。教无定法，教也有法，无论什么样的教学方法都不是万金油。这儿的课型，既指学科教学内容的不同，也指课堂教学任务的不同，如新授课、练习课和复习课。图式优学的课堂上，运用什么样的图式，在什么教学环节运用图式也不是随而便之的，要根据学科的特点、教学任务的不同，选择符合本学科教学规律和学生认知规律的图式来优化课堂教与学。当然,我们也主张在教学中,做到显性图式与隐性图式相结合,静态图式与动态图式相结合,图式优学与合作学习、研究性学习等先进的教育教学手段和方法相结合。

图式优学的课堂注重情景适宜。适宜的课堂情景,可以激发学生的学习兴趣,充分调动学生学习的积极性,从而产生内驱力,促使学生智力活动达到最佳状态,并主动参与学习活动。同时,适宜的教学情景也可以激活学生的思维活动,诱发思维、引导思维,掌握思维的策略和方法,进而提高解决问题的能力。图式优学课堂的情景创设,要突出学科特点,要符合认知规律,也要适合学生的年龄特点,要能辅助和促进课堂教学的目标达成,顺其自然,水到渠成。

图式优学的课堂注重体系构建。这里的体系既指知识系统内部各个要素之间的相互联系、相互作用的方式,也指每一个学生个体自身内部知识的系统性。图式优学的课堂,教师要利用图式的网络化、简约性、形象性,把新旧知识的联系、知识点之间的关系清晰地呈现出来,还要充分考虑学生原有的认知图式,让知识的获得贴近学生的"最近发展区",以利于学生新的知识体系的构建。在体系构建过程中,教师应充分发挥图式的特点和功能,充分发挥学生的主体作用,让学生在图式认知与建构过程中,完善和提升自身的知识体系。

图式优学的课堂注重图式启智。课堂教学中,解决问题的价值不只是获得具体的结论,它更多的意义是使学生在解决问题的过程中,体验学习的过程,形成自己解决问题的基本策略。图式启智是指在图式优学课堂教学中,要通过图式让学生经历学习的过程,用图式激活、诱发学生的潜能,开启学生智慧的大门,促进学生的思维发展,这也是图式优学的目标之一。教学实践过程中,教师不仅是要用图式教,还要让学生学会用图式学。学生在学图式、用图式,并建构自己的知识图式过程中,不仅仅是掌握了文本的知识,更重要的是,通过图式养成了思维的习惯,掌握了学习的策略,提高了学习的能力。

（三）追求有方法的课堂

1. 关于有方法的理解

教无定法,有效教学的方法就是好方法。有效的方法是教师遵循教学活动的客观规律,以尽可能少的时间、精力和物力投入,取得尽可能多的教学效果,从而实现特定的教学目标,满足社会和个人的教育价值需求。课堂有效教学方法的衡量标准是学生的成长,也就是学生有无知识进步,有没有素质发展。图式优学作为我校课堂教学的有效方法,让课堂教学的目标和重难点更加清晰,让教学的流程更加简明。图式优学让教师的教支持学生的学,让学生的学目标明确、思路清晰,让学生的学有法可循、体验充分。在图式的辅助下,学生自主思考、自主探索、自主合作,借助课堂上静态、动态的显性图式,建构自己的相对稳定、正确的隐性图式。

2. 图式优学的课堂方法

图式优学既是把图式作为学习的起点与素材，也是作为学习的终端与成果，而在课堂呈现中，它更多的是作为一种教学和学习的策略与方法，在知识建构的同时，求得学习方式和思维方式的引导与培育。

图式优学的课堂方法，主要是借助图式来达成优学。根据阶段教学目标的不同，采用不同的图式组织课堂教与学，支持课堂的教与学。结合教学实践，我们归纳、总结出一些基本的图式教学法：抓图式的趣味性，创设优学情境；抓图式的简明性，突破教学重点；抓图式的条理性，理清问题层次；抓图式的直观性，优化教学程序；抓图式的结构性，梳理知识脉络；抓图式的形象性，启发学生想象；抓图式的扩展性，妙导拓展运用；抓图式的丰富性，开发课程资源。

具体到每一堂课的教学中，这些方法随机选择，辩证运用，坚持目标落实，体验学习过程；立足学情需要，灵活以学定教；发挥个体优势，重视个性发展；重视知识建构，培育思维能力等教学原则。

（四）追求有成长的课堂

1. 关于有成长的理解

教育即成长。教育应当尊重人的原有基础及其成长规律，为每一个人提供适合其发展的机会和可能。有成长的课堂，能最大限度地唤醒和激发学生的思维能量，让学生积极探索，勇于实践。有成长的课堂，能促进课堂教学效益的最大化，为每一个孩子提供适合其自身成长的机会和可能，个体的需求得到充分满足。

知识的学习和掌握能促进人的发展，但现代认知心理学认为，程序性知识比陈述性知识对人的成长更重要。程序性知识指对外办事的智慧技能和对内调控的策略，它主要用来解决做什么和怎么做的问题，又称为操作性知识，具有动态的特征。程序性的知识一旦被人掌握和内化，就会在更深层次上与人的情感、态度、价值观等方面结合起来，形成个体的力量，促进人的成长。图式优学的课堂用图式展现学习的过程，用图式显现思维的途径，用图式呈现学习的结果，让学生在学习活动中建构自己的知识体系，形成和完善自己的学习方法，目的就是强调对程序性知识的学习和掌握。

2. 图式优学的课堂成长

"体验＋"，学习的体验更充分。卢梭说，"通过儿童自身活动获取的知识，比从教科书，从他人学来知识要清楚得多、深刻得多，而且能使他们的身体和头脑得到锻炼。"图式优学的课堂认为，学习不是简单的知识的转移，应该尊重学生的主体地位，让学生亲身经历学习的过程，让课堂上的学习真正发生。图式优学的课堂教与学借助图式并不是简单为了知道某种知识，并不只以知识的理解和记忆为目的，还需要学生借助看得见、摸得着的显性图式，按照学习的程序、内容、节奏，对知识做出自己的分析和检验，看它是否与自己原有的经验一致，是否合理，是否可信。在接受、同化或顺应中,再内化上升为个体知识体系的"图式"。学生在提炼抽象规律,思考、建构新图式的过程中,潜图变显能。所以,图式优学的课堂不仅仅是把知识装进学习者的头脑中,更重要的是要经历问题分析与思考的过程,再把知识变成自己的"学识",变成自己的"主见",变成自己的"思想"。

"方法+",学习的方法更优化。长期以来,在教学过程中,教师往往会尽心尽力地教给学生学习方法或解题思路,自认为是帮助学生掌握良好的学习方法,其实不一定有效。教师讲授的方法和伙伴的学习方法可能是最好的,但具体到每一个学习的个体,就可能不是最好的或者是适合的。因为每个人的学习方法不是完全相同的,受每个人知识、性格和学习习惯不一样的影响,人只能按照自己的方法去学习知识、理解知识,并在学习过程中逐步完善自己的方法。他人的方法,只能作为参考,提供借鉴。斯蒂恩说:"如果一个特定的问题可以转化为一个图像,那么就整体地把握了问题。"图式优学的课堂,为学生提供了这样一种新的学习方法和方式。学生借助图式,在学习活动中逐渐领悟,逐步形成自己独特的有效的学习方法。

"思维+",学生的思维更活跃。图式优学的课堂,把学生的思维培育放在了重要的位置,这是由图式的特点和功能决定的。图式有利于学生正确、有效地感受新知,建立新旧知识的联系,为思维铺平道路;图式有利于师生将思维的过程显现出来,为学生掌握思维的路径;图式有利于学生的表达和呈现,为学生提供思维的方法,并发展思维、提升思维水平。图式优学课堂中,教师关注学生的原认知图式,其实是把准了思维的起始点。不同的学生,思维的起始点高低不同,教学中,教师吃透问题,分析学情,把准思维的起始点,有利于面向全体,因材施教,分层教学,分类指导。图式优学课堂中,教师恰当运用图式导学、助学和展学,其实是选准了思维的触发点。思维的触发点就是引起学生思维的问题和情景,能使大多数学生处于积极的思维状态。图式优学帮助学生头脑中知识图式的形成和发展,其实是培养了思维的整体性和条理性,优化了思维的品质。

"效果+",学习的效果更显著。课堂教学的效果好不好,当然是看学生通过课堂教学是否获得了发展。发展就其内涵而言,应该指的是知识、技能,过程、方法与情感、态度、价值观三者(三维目标)的协调发展,但其存在一个时效的问题,许多方面不能即时显现。图式优学认为:课堂教学的效果,从课堂表象上观察,最核心的一点是看学生是否有兴趣学、是否主动学、会不会学。

图式优学的课堂,有利于提高课堂教与学的效果。首先,图式优学的课堂,教师特别重视目标的落实,充分利用图式形成比较完整的系统的知识网络;其次,图式优学的课堂特别关注学生的体验,强调学习活动是学习者根据自己的知识经验对外部信息进行主动选择、加工处理,获得意义的过程,而不是被动接受信息的过程,学生学习的积极性明显增强。第三,图式优学的课堂特别重视知识建构的循序渐进和自主建构,关注学生图式学习的起点,把握住学生的最近发展区,使学生的学习主动性增强。第四,图式优学的课堂,重视学生学习能力和学习方法的培养。学生在学习的过程中学会学习。

第四节　图式优学的实践意义

图式优学的研究,不仅改变了第一中心小学课堂的教学面貌,也改变了师生的精神风貌和学习状态。我们的学生变得更加爱学习、会学习,学习的效率明显提升;我们的教师变得更加会教学、会研究,每个人的智慧和才能得到充分展示。师生关系和谐融洽,课堂成为师生共同成长的生命场。

一、图式优学让儿童的优势尽情发挥

学校提出优势教育是相信每一个学生都是有优势的。"儿童的学习优势就是在收集、处理和保存崭新的或困难的知识时所采用的最适合自己的最有效的方式"(美国著名教育心理学家顿恩教授)。图式优学,发现、发挥、发展了学生的优势,进而促进了学生全面而有个性地成长。

(一)图式优学发现了儿童原有认知水平的优势

课堂教学要促进学生发展,需要教师把握学生原认知水平。学生知识掌握水平,个性发展程度,学习方法、习惯、态度、兴趣、价值取向,等等,构成学生成长发展的生长点,有待于教师加以捕捉,巧妙点拨。图式优学的课堂,教师会充分了解学生图式学习的起点,立足学生个体成长的最近发展区,来确定课堂教学目标,设计图式学习策略,拓展学习的发展点;会基于学生个体学习的知识原点,来建构新旧知识的联系;会把握每一个学生的原认知水平,来突破学习的重难点。课堂教与学满足了学生成长的需要,也能最大限度地调动学生学习的积极性,提高学生学习的效率。

(二)图式优学发挥了儿童作为天生学习者的优势

学习是人的天然需要和天赋本能,人从一出生就具备了惊人的学习能力。这种学习能力本是贯穿生命始终的。如同我们学走路、学说话,是天生的本能,也是生存和成长的需要,是人自我完善的重要途径。儿童天生就具有学习的需要和本能,我们(教育者)只需要提供工具与适当设计的学习结构和环境,学习自然就会发生。图式优学的课堂在学习的本质上倾向、涵盖了建构主义学习和有意义学习,而图式形象化的表征又更好地体现了儿童学习的特点,为学生建构了意义学习的情境,所以图式优学能充分发挥儿童的学习天性。学生借助图式自主学习,合作探究,共同进步,在学习的过程中,主动感知、自主感悟,学习的天性得以释放,学习的权利得到保障,学习的效果自然彰显,生命成长如同阳光灿烂。

（三）图式优学发展了儿童个体独特性的优势

儿童在先前经验、智力、学习能力、学习态度、学习风格、成长经历和文化背景等方面的个体差异是显而易见的。有调查研究表明：由于每一个孩子在气质、性格等各方面都有着自己的一定特点，因而在知识获取方式上也存在各自不同的优势。图式优学的课堂，图式形态丰富，它不仅以显性的文本形式存在，更包括动态的合作的过程、思维的过程、行为和行动的过程等诸多以流程化及策略化存在于学习活动中的隐性形式，学生可自由选择、自主建构，形成具有自身特点的学习图式。同时，图式优学的课堂，图式学习又与合作学习、探究学习、体验学习等其他教学方法有机结合，相辅相成，不仅把学生的个体差异当作学习的资源，也把学生的个体差异当作教与学的手段，当作教与学的目标，个体的独特优势得到充分发展。

二、图式优学让儿童的学习真正发生

人们常常说现在是一个"读图时代"，因为它直观、形象、便于理解，能吸引注意力。作为注意力、意志力、理解力都比较欠缺的儿童，课堂上的图式学习能更好地帮助他们完成学习的过程，完成知识的建构，完成方法的引导，形成比较好的学习效果与成果，这也契合学校提出的"优化学习活动、发展学习能力"的目标。

（一）课堂上，学生的学习兴趣浓厚

图式优学的课堂教学模式，形式新颖，易激发学生学习的兴趣。课堂上师生借图式助讲解，借图式助分析，借图法助探索，图文结合，相互补充，相互说明，协同表达、表现事物本质。学习过程中用图式表现抽象的逻辑推理过程，复杂知识间的内在联系，更使得简要的文字起到画龙点睛的作用。图式呈现过程中的各种线条、箭头反映了思维的指向功能，能凝聚学生的注意力。图式优学，将直观思维、抽象思维相结合，学生眼观图示，耳听解说，心想内涵，图文、语言有机结合，给学生形成外在的感官认识的同时，也借图式揭示了知识的内涵、事物抽象的本质，提示了宏观与微观、整体与局部的关系及内在联系，更有助于学生从整体上了解和掌握知识体系，减轻了学生学习的负担，提升了学生学习的成就感。

（二）课堂上，学生的主体地位体现

现代教育显著的特征之一就是尊重学生的主体地位，注重唤醒学生的主体意识，充分调动学生学习的积极性、主动性和创造性，促使学生生动活泼、主动和谐地发展。图式优学的课堂，改变了原有的课堂教学模式，师生用图式开展教与学活动，师生关系平等互助，教师充分尊重学生的独特见解，鼓励学生从不同的角度去分析、研究问题，课堂气氛宽松和谐。课堂上，形象、直观的各种图式，又创设了具体、生动

的学习情境,容易激发学生学习的兴趣。在借助图式教与学的过程中,师生通过图式把静态的知识转化为动态的探索对象,学生多种感官参与,在参与中思考,在思考中体验,在体验中建构自己的知识图式,课堂教学实现了从"以教为中心"到"以学为中心"的转变,学生站在了课堂的中央,成为课堂的主体,成为学习的主人。

(三)课堂上,学生的知识建构自主

现代建构主义者认为,学习是一个建构经验的过程,我们个人的经验世界是用自己的头脑创建的,由于我们的经验以及对经验的信念不同,我们对外部世界的理解便也迥异。图式对学生知识自主建构具有重要作用。这是因为图式在知识建构中具有预期作用,就是指学生在知识建构时,学习者对输入的信息加工有所选择,一方面对图式所产生的预期作用印证性选择,另一方面是对输入的信息材料加工重点的选择。

同时,图式优学的课堂关注知识生长点,促进学生自主构建知识体系。图式优学的课堂在让学生获得一个新的图式之前,教师会认真钻研教材,了解学生与此相关的知识掌握多少、程度如何,然后据此采取有效的"图式",帮助学生从直观的图形或符号中找到解决问题的切入口,方便学生理清其中的关系,使知识条件化,使结构动态化,保证了学生思维的流畅性和便捷性,减轻了学生思维的负担,将相对模糊的问题或关系变得明了、清晰。

三、图式优学让儿童的创想得到开发

(一)图式优学为学生营造了创新的场景

图式优学创设了和谐的课堂氛围。教育家陶行知先生说:"创造力最能发挥的条件是民主。"图式优学的课堂上,民主、和谐的氛围激发了学生的学习热情,激活了学生的创新智慧。图式优学的课堂,教师特别注重借助形象直观的图片、图像、图式创设"情景适宜"的课堂氛围,适宜的教学情景激发了学生主动学习的内在感情,这种内心冲动又迫使学生调动全身器官参与到学习活动中。

图式优学调动了积极的求知欲望。学生的学习兴趣是发展思维的巨大动力,也是培养学生创新能力的起点。图式优学的课堂,教师在创设问题情景时,特别注重图式的适应性和新颖性,以保证大多数的学生课堂上都处于思维状态,以保证学习的问题吸引学生的注意,引发学生的思考与创新。

(二)图式优学激活了学生创新的潜能

图式优学提供了创新的基础。图式的特点是使问题清晰,重点突出,使知识条件化、动态化。清晰的问题有利于人们对问题进行有效的分析和解决,条件化的知识方便人们对输入的信息进行选择、删剪和抽象,进而对同化进来的信息进行整理、组织和建构,将专门的知识纳入更普遍、更广泛的知识体系中,增强了思维的灵活性和跨度,为创新的发生提供了基础。

图式优学促进了创新的发生。创新能力的发生和发展过程就是一个选择图式、运用图式、构建图式的过程。在学生形成图式的过程中,新知识符合原有的认知图式,新知识被纳入原有的图式中,是同化。但当新知识不符合原有的认知图式时,个体对原有的图式就要进行调整、改造补充和修正,使之顺应,形成新的图式。这一学习的过程都包含着对原有知识的否定,对新知识的接纳和升华,学生不仅获得新的知识,更容易焕发创新的潜能,点亮创新的火花。

（三）图式优学培育了学生创新的思维

创新思维是不受现成的常规思路约束,寻求对问题的全新的独特解答和方法的思维过程,具有变通性、独特性和敏感性。

图式优学建构了创新的知识结构。良好的知识结构是创新能力培养的养料和土壤,图式作为一种结构良好的知识,可以使学生更加主动地、更加有方向地把与之相关的知识点组织在其相应的图式周围,使知识系统化、程序化和条理化,这一学习过程培养了学生的逻辑思维能力和发散思维能力,并增强了学生分析问题、比较问题和概括问题的能力。

图式优学培育了创新的思维品质。从小学生思维发展的特点来看,小学生形象思维能力明显优于逻辑思维能力,图式优学形象、直观的特点特别针对这一认知规律,将抽象、枯燥的知识转化为学生喜闻乐见的"图式",培养了学生创新思维的情趣。从图式思维的特点来看,图式思维培育了小学生思维的方式,提升了小学生的思维品质。让学生在图式优学中学会形成一个相关知识的图式,并运用已有图式解决实际问题,对新知识抽象和概括的过程,就增强了学生分析、比较、抽象和概括知识的能力,培养了学生创新思维的品质。

四、图式优学让教师的个性得以展现

（一）教师个体的独创性得到发挥

叶澜教授指出:"具有教育智慧,是未来教师专业素养达到成熟水平的标志……教师的教育智慧使他的工作进入科学和艺术结合的境界,充分展现出个性的独特风格。"图式优学的课堂研究,来自教师自身的体验、感悟、反思和实践。我们遵循"教育即研究""教师即研究者"的思路,尊重教师个体的风格和智慧,让教师的教育智慧在图式优学的研究中闪耀,让教师个体的教育教学技能在图式优学的课堂自主发挥,不仅搭建了让教师充分展示自我的平台,发挥了教师的教育优势,而且使图式优学的教育教学研究活动以更有效的方式展开，并取得了最大程度的进展和成效。

（二）教师群体的合作性得到增强

教育教学从本质上需要教师的合力效应，教学目的与目标的实现必须依靠教师合力劳动，教师基于教学的专业发展又必须要求建立合作性的学习与发展机制。图式优学的研究建立在每一个教师与同伴对话、协商等互动合作的氛围中，通过不断与同伴经验交流、思维碰撞，实现"观念更新"与"行为更新"。学校让教师根据自身的特点和学科特点，自由组成合作团队，加快了图式优学研究的有效进展。同时，团队合作更有利于资源共享、经验分享，促进了图式优学研究的深度和宽度，提升了教师的专业成长。

（三）教师研学的多样性得以丰富

学校图式优学的研究活动，使教师研学的多样性得以丰富。学校最大限度地发挥教师个体的智慧，最大限度地提供图式优学的研究场。学校成立了基于图式优学研究的行知读书会；基于课堂教学观察的"红黑辩"；基于图式研究的专题汇报展示会，等等。另外，学校还成立了"特级教师工作室"作为教师开展图式优学活动的坚实后盾，保证了研究活动的有效开展。图式优学不仅提高了学校课堂教学的效率，形成了基于学生发展的优势教育品牌，也为学校教师的专业发展开拓了思路，扩展了路径，促进了教师的专业发展，进而促进了学生的发展，促进了学校的发展。

第二章 图式教学的理论溯源

自从 20 世纪七八十年代以来,国外图式理论吸收了理性主义关于心理结构的思想和经验主义关于以往经历对心理具有积极影响的观点,又综合了信息科学、计算机科学和心理学关于表征研究所取得的新成果,逐渐发展为一种成熟的理论,引起了国内哲学、心理学、认知科学和学科教学领域的广泛关注。我们积极学习了认知图式、建构主义、思维可视化、有意义的学习、元认知、友善用脑等有关图式教学的理论,在此基础上进行了图式优学的相关实践。

第一节 图式理论的发展及在教育中的应用

一、国内外图式理论研究的发展阶段

图式的概念最早来自 19 世纪德国哲学家康德,他把图式(schema)看成"原发想象力"(productive imagination)的一种特定形式或规则,借此,理解(the understanding)可以把它的"范畴(categories)"应用到实现知识或体验的过程中的多种感知中。瑞士著名儿童心理学家皮亚杰(Piaget)在 20 年代就考察了"图式"在儿童成长中的作用。

30 年代英国试验心理学家巴里特(Bartlett)有关记忆的研究被看成图式理论所赖以建立的经典探索。他让参加试验的一些英国被试者了解一个爱斯基摩的民间传说。故事的最初意思是一个要死的人的灵魂(黑物体)在日落时从嘴中离开躯体。但是当这些英国被试者去复述这一故事时,却发现他们不是遗漏了带有原先文化特征的内容,如"黑物体",就是把相关事实解释为他们能理解的东西。试验表明,人们没有按照字义来记住故事的事实,而是把事实同化于他们所具有的带有本文化特征的图式中。人们改变对故事的记忆来使它们和它们的文化准概念一致。人们对故事的"改编"反映了人们的文化图式。巴里特认为图式化是人们认识世界的一种方式,在回忆时,图式帮助记忆检索,而且图式有多种形式。他认为图式的存在可以解释为什么人们在回忆故事时会改变某些细节。

随后几十年图式的概念又有了不断的新的发展。按照社会心理学百科全书中的解释,图式是"代表个人对事物、人或环境的知识的认知结构,它包括对所认识的对象的特点以及这些特点的相互关系的认识。图式是对一个整体的抽象,侧重于许

多事例的相似之处。图式可以帮助人们简化现实。更重要的是,图式指导人们处理新的信息。图式会建立对未来信息的期待,帮助人们把外在刺激的若干细节与一个总体概念相联系,而与之不一致的信息则会被过滤掉"。

现代图式理论是在吸收了理性主义关于心理结构的思想和经验主义关于以往经历对心理具有积极影响的观点,又在信息科学、计算机科学和心理学关于表征研究所取得的新成果的基础上产生的。他们认为图式是通过一段时间的对环境直接或间接的经验而学会和获得的,具有后天获得性。

纵观中国国内研究内容,其发展大致可分为三个阶段:第一阶段(1980—1990年),理论介绍阶段。这一阶段发文量不多,研究内容主要是对图式的介绍和解读,涉及的主要的学科领域为哲学。第二阶段(1991—2000年),理论介绍与应用并存阶段。人们除了对理论继续引进和介绍外,已意识到图式理论的应用问题,开始把图式理论应用到阅读、翻译等领域,但研究方法主要是思辨性的,涉及的学科领域已从哲学扩展到了心理学、认知科学和外语教学领域。第三阶段(2001—2010年),理论应用阶段。这一阶段图式理论研究的发文量急剧增加,并且图式理论的研究逐渐从理论介绍走向理论的应用,尤其是在外语教学领域的应用,且研究方法趋于严谨。

二、国内外图式理论研究的现状

1. 图式理论在哲学领域

图式理论起源于哲学,自 20 世纪 80 年代传入中国后,哲学领域首先给予了关注。纵观图式理论在哲学领域的研究(主要集中于 1980—2000 年),主要是对"图式"和"图式理论"本身的介绍、解读及对图式意义的论述,其中主要包括康德的"图式说"和皮亚杰的"图式理论"。康德的"图式说"是其《纯粹理性批判》一书中十分重要的理论。温纯如等研究者对康德的图式学说进行了介绍和述评,并指出其学说的重要价值和意义;石向实等对图式概念进行了阐释,介绍了皮亚杰的图式理论,并指出了其图式理论的贡献和缺陷。

当然,这期间也出现了不仅仅局限于理论本身的研究,如袁晖就把马克思主义认识论与皮亚杰的图式学说结合起来进行对比研究。

总的来说,图式理论在哲学领域的研究主要是理论的介绍、解读与评论。

2. 图式理论在心理学领域

心理学中的"图式"最早始于 20 世纪二三十年代心理学对记忆的研究。英国心理学家巴里特发现:人的记忆能够把各种信息和经验组织成认知结构,形成常规图式,储存于人们的记忆之中,新的经验可通过与其对比而被理解。国内关于图式在心理学领域的研究不多,关于记忆的研究更少。目前大多数研究都是采用问卷调查等定量研究法或实验法对心理学方面的一些问题进行探讨或检验。吴念阳等通过实证法探讨了时、空概念的关系,并且证实时间表征具有空间方向性,并为"抽象思维以感知—动觉经验为基础"这一论点提供了心理学证据;唐雪风等基于实证研究提出基于概念图式的心理表征是解决问题的最佳表征形式。图式理论在心理学领域的研究,尽管数量少,但研究方法严谨。

3.图式理论在认知科学领域

我们把从德国格式塔学派到瑞士和美国的认知学派中有关"完形""结构""图式"的理论,统称为认知结构理论,特别是以皮亚杰发生认识论中的有关思想为典型代表。认知结构(cognitive structure)指个人的全部知识(或观念)的内容和组织。但不同的学者对认知结构的解释和使用是不同的。

皮亚杰从认知发展的观点来解释认知结构。认知结构理论是皮亚杰发生认识论的一个重要和基本的思想。这一思想的核心概念是图式。结构就是具有整体性的若干转换规律组成的一个有自身调整性质的动态"图式体系",它具有整体性、转换规律或原则以及自身调整性这三个基本要素。在皮亚杰看来,图式可以说是认知结构的起点和核心,或者说图式的形成和变化是认知发展的实质。他进一步解释道,认知发展是受三个基本过程影响:同化(assimilation)、顺应(accommodation)和平衡(equilibration)。人最初仅有一些最简单的、由遗传而来的(不同于康德的先验论),如呼吸、抓握、吸乳等动作图式,尔后与环境发生作用,经过同化、顺应、平衡而构造出新的图式、高级图式,即认知结构。

布鲁纳用类别(category)和编码系统(codingsystem)来解说认知结构。类别主要指平等地对各种事物加以归类的规则。编码系统是一组相互关联的、非具体性的类别。布鲁纳认为,学习就是类别化(categorization)及编码系统的形成。在认知过程中,人们表现为借助于已有的类别、编码系统来处理外来的、杂乱的信息:先归类,再分析特征属性。心理的成长,不是刺激反应联结,手段目的的准备或其他事物的增加,而是酷似升高起步板的楼梯。正如布鲁纳所强调的,学习要善于超越所给的信息。计算机的 Windows 界面强调所见即所得,在这里,所得不仅非所见,而且所得要远远大于所见。

奥苏伯尔从学习观点来说明认知结构。他对认知结构理论进行了具体化,从而提出认知结构同化理论。他强调有意义的学习过程是学生把教学内容与自己的认知结构联系起来的过程。所谓认知结构,就是指学生现有知识的数量、清晰度和组织结构,它是由学生眼下能回想出的事实、概念、命题、理论等构成。实际上,这个思想是从皮亚杰同化概念发展而来,但他忽视了顺应的重要作用,从而导致了一些学者的批评。不同个体在原有观念的实质内容、稳定性和新旧观念可辨别性方面的差异构成了个人认知结构的三个变量。这三个变量决定于新知识学习的性质和效率,这也是认知结构同化理论的核心所在。要注意的是,这里的观念(idea)不同于通常所使用的意义,它是奥苏伯尔的专用术语,指能与认知结构发生联系的概念(concept)和命题(proposition),有时特指固着观念(anchoring idea)。

4. 认知图式理论的教学应用研究

（1）认知图式理论在语文教学中的应用

图式主要功能是用来说明人对客观事物的理解过程，而阅读理解是运用图式对阅读材料进行理解、加工和评析的过程。认知心理学指出，理解的主要机制是，当阅读材料中的线索激活了学生头脑中的图式之后，图式中的变量就会被阅读材料中的信息具体化，使他们会用图式去同化新知识，或者改变旧图式，用以接受新知识。

以词语理解为例，词语理解离不开心理词典。所谓心理词典是指词义在心理中的表征，它以一种网状结构的形式存在。一个词的表征存在于网络之中，有它的上一级概念和下一级概念，心理词典就是一个综合的图式。对一个词的理解就是运用心理词典提供的图式对它进行同化。当学生看到了词的书写形式，就可以在心理词典中直接达到它的意义表征，提取这个词的语义。如果一个词的意义在心理词典中提取不到，学生可以在心理词典中找出它的上位概念，对词义进行推测，并给出合理的解释。分析表明，词语理解和篇章理解都离不开图式，图式对于新信息的组织、加工都具有重要意义，因此，用图式理论指导阅读理解必将对阅读效率产生积极作用。

（2）认知图式理论在数学教学中的应用

现代心理学认为：人脑中的知识不可能独立地储存，总要通过与其他知识建立某种关系而储存。而且只有通过一定的网络系统储存的知识才能被有效地提取利用。这意味着，运用图式理论指导数学教学，帮助形成知识结构，可以提高教学效果。

① 帮助学生形成知识网络。小学高年级学生有了一定的自学能力和概括比较能力，帮助学生将知识加以梳理、沟通，使知识点之间发生联结，形成知识的网络系统，这样形成的认知图式便于学生理解、记忆和提取运用。

② 以旧引新，比较分析。教学中教师要促使学生大脑中的图式有效地活动起来并被启用。如果学生原有知识不清晰或没有形成稳定的图式，学生难以应用，或者他们对新旧知识之间的关系辨别不清时，则可以设计指出新旧知识异同的知识点，来激活大脑中不清晰的图式，这样既可以巩固旧知，又便于旧知被提取运用，同化新知识。

③ 采用游戏、比赛、实验等形式激活图式。游戏、比赛、实验等形式能创设形象直观的生活情景和问题情景，调动学生原有的图式，内化新知。

（3）认知图式理论在英语教学中的应用。大量的认识理论证明：图式是认知的基础，在大脑中形成后会对以后获得的信息进行重新组织、理解和记忆。人们在理解、吸收、输入信息时，需要将输入信息与已知信息联系起来。对新输入信息的解码、编码都依赖于人脑中已存的信息图式、框架或网络。输入信息必须与这些图式相匹配，图式才能起作用，完成信息处理的系列过程，即从信息的接受、解码、重组到储存。英语学习者头脑中已储存的知识对他们吸收新知识的方式和运用效果起着关键作用。这些图式随着学习者视野的开阔、经验的积累而得到扩展和修正，并不断给学习者提供一种参考，使其对所获得的信息进行联想、制约和理解。

第二节　认知图式理论的基本阐述

一、认知图式理论的出现

现代的认知心理学家在汲取行为派和认知学派优点的基础上，提出了信息加工理论。反映在图式的发展上，就是以皮亚杰的图式概念为基础，运用信息加工的分析方法发展起来的认知图式理论（cognition and schenes theory），是信息加工理论中的新皮亚杰学派。它是由帕斯库尔·李欧利于 1970 年提出，卡斯于 1974 年对其加以完善。

信息加工论的另一些心理学家通过对认知表征的深入研究，也提出了"认知图式理论"，把认知表征理论提高到一个更高的水平。

二、认知图式的含义

认知心理学家认为图式是一种贮存生活经验的抽象的知识结构，是人类贮存已有知识的一种结构，所贮存的知识决定了人类怎样理解和观察事物。图式是一种认知结构，内含概念或命题的网络结构（陈述性知识）、解决问题的方法和步骤（程序性知识）和事物的表象，也是人类头脑中关于普通事件、客体与情境的一般知识结构。

卡斯把认知图式看作类似于 TOTE、产生式的行为单元，但这种单元要更复杂一些。他把图式分为象征的、操作的、执行的三种基本过程。一套完整的图式被激活，就标志着一次认知活动的开始。在其工作过程中，首先是一般性的执行性图式被激活，在一般性执行图式指导下，选择若干特定的执行性图式，从而导致一连串象征和操作的图式被激活。这些图式是由离散的心理步骤构成的。图式的发展，或者说基本图式总和的不断改进，主要通过对旧图式的改造或重新组合，或对不同旧图式的协调这两种途径。

诺曼和鲁墨哈特把认知图式称为认知的建筑块料（building blocks），是一种知识单元，是所有信息加工所依靠的基本要素。安德森认为图式就是一种抽象的、完善建构好的结构。更为有代表性和总结性的图式是维特罗克所提出的人类学习的生成模式。其学习的生成过程就是学习者原有的认知结构——头脑中已有的知识和信息加工认知策略，与外界刺激（新知识）进行主动的选择、注意信息，以及主动地建构信息意义的过程。总括地来说，他们都认为图式是知识的框架和结构，是记忆中表征知识各个要素相互联系、相互作用形成的具有一定心理结构的网络。学习者认知图式的建构，根据不同的学习类型有增长、调整和创造三种方式。它实际上类似于皮亚杰的同化与顺应的概念，不同的是皮亚杰认为同化与顺应是两个对立的方面。

三、认知图式的构成

认知图式由变量构成，这些变量又称为槽，犹如一些空位，可贮存已有知识，又可容纳新知识。变量时有变化，变量之间互相约束，并且有线性的序列，图式之间也可以嵌套，产生新的图式。它具有以下特征：（1）图式有许多变量或"狭槽"，必须用具体材料来填充或限定。（2）图式有网络，可以嵌套，即图式可以有亚图式，可以组成层次。（3）图式可以在各种抽象水平上来表征知识。（4）图式又是一个主动的加工过程，是一个试图构成经验陈述的积极过程。它能够评价其自身对环境因素的适应情况，因而也可以说明这些因素的程序。

四、认知图式的功能

图式的主要功能是知觉和理解，影响了我们对信息的注意和解释，控制了我们对所呈现的材料中各部分的注意量，注意更多偏离图式的刺激。如已学会一种句式，若呈现一些与已有图式不同的句子时，其偏离图式的部分更受注意。图式也影响了我们对所呈现信息的理解，因为它可以提供有助理解的背景知识。图式也可以使我们超越给定的信息，从而做出预测和推理，这种功能与"缺席赋值"有密切关系。图式也具有迁移作用，将图式应用于新情境，使人习得新知识。

五、认知图式的分类

认知心理学家一般把图式分为两大类：内容图式和文本图式。前者来自人们对事物的认识和生活经验，后者来自人们的语言知识。以句式学习为例，前者是句子的内容，后者是句子的结构。

第三节　图式教学的其他理论背景

一、建构主义学习理论

1. 概念

儿童与环境的相互作用涉及两个基本过程："同化"与"顺应"。同化是指把外部环境中的有关信息吸收进来并结合到儿童已有的认知结构（也称"图式"）中；顺应是指外部环境发生变化，而原有认知结构无法同化新环境提供的信息时所引起的儿童认知结构发生重组与改造的过程。可见，同化是认知结构数量的扩充（图式扩充），而顺应则是认知结构性质的改变(图式改变)。

2.教学模式

与建构主义学习理论以及建构主义学习环境相适应的教学模式为:"以学生为中心,在整个教学过程中由教师起组织者、指导者、帮助者和促进者的作用,利用情境、协作、会话等学习环境要素充分发挥学生的主动性、积极性和首创精神,最终达到使学生有效地实现对当前所学知识的意义建构的目的。"在建构主义的教学模式下,已开发出的、比较成熟的教学方法主要有以下几种。

(1)支架式。支架式教学被定义为:"支架式教学应当为学习者建构对知识的理解提供一种概念框架教学支架(conceptual framework)。这种框架中的概念是为发展学习者对问题的进一步理解所需要的,为此,事先要把复杂的学习任务加以分解,以便于把学习者的理解逐步引向深入。"支架式教学由以下几个环节组成:搭脚手架、进入情境、独立探索、协作学习、效果评价。

(2)抛锚式。这种教学要求建立在有感染力的真实事件或真实问题的基础上。确定这类真实事件或问题被形象地比喻为"抛锚",因为一旦这类事件或问题被确定了,整个教学内容和教学进程也就被确定了(就像轮船被锚固定一样)。由于抛锚式教学要以真实事例或问题为基础(作为"锚"),所以有时也被称为"实例式教学"或"基于问题的教学"或"情境性教学"。抛锚式教学由以下几个环节组成:创设情境、确定问题、自主学习、协作学习、效果评价。

(3)随机进入。由于事物的复杂性和问题的多面性,要做到对事物内在性质和事物之间相互联系的全面了解、掌握,即真正达到对所学知识的全面而深刻的意义建构是很困难的。往往从不同的角度考虑可以得出不同的理解。为克服这方面的弊病,在教学中就要注意对同一教学内容,要在不同的时间、不同的情境下,为不同的教学目的,用不同的方式加以呈现。

3.建构主义学习环境下的教学设计原则

建构主义学习理论强调以学生为中心,认为学生是认知的主体,是知识意义的主动建构者;教师只对学生的意义建构起帮助和促进作用,并不要求教师直接向学生传授和灌输知识。建构主义使用的教学设计原则有:① 强调以学生为中心;② 强调"情境"对意义建构的重要作用;③ 强调"协作学习"对意义建构的关键作用;④ 强调对学习环境的设计;⑤ 强调利用各种信息资源来支持"学"(而非支持"教");⑥ 强调学习过程的最终目的是完成意义建构(而非完成教学目标)。

二、有意义学习理论

1.概念

奥苏贝尔提出,有意义学习过程的实质,就是符号所代表的新知识与学习者认知结构中已有的适当观念建立非人为的和实质性的联系。这一论断既给有意义学习下了明确的定义,也指出了划分机械学习与有意义学习的两条标准。

2. 有意义学习的类型

有意义学习可分为三种类型:表征学习、概念学习和命题学习。此外还有发现学习。

(1) 表征学习。表征学习是学习单个符号或一组符号的意义,或者说学习代表什么。表征学习的主要内容是词汇学习,即学习单词代表什么。例如"狗"这个符号,对初生儿童是完全无意义的,在儿童多次同狗打交道的过程中,儿童的长辈或其他年长儿童多次指着狗(实物)说"狗",儿童逐渐学会用"狗"(语音)代表他们实际见到的狗。我们说"狗"这个声音符号对某个儿童来说获得了意义。

(2) 概念学习。有意义学习的另一类较高级的形式叫概念学习。概念学习,实质上是掌握同类事物的共同的关键特征。例如学习"三角形"这一概念,就是掌握三角形有三个角和三条相连接的边这样两个共同的关键特征,而与它的大小、形状、颜色等特征无关,如果"三角形"这个符号对某个学习者来说已经具有这种一般意义,那么它就成了一个概念,成了代表概念的名词。

(3) 命题学习。有意义学习的第三种类型是命题学习。命题是以句子的形式表达的,可以分为两类:一类是非概括性命题,只表示两个以上的特殊事物之间的关系,如"北京是中国的首都"。这个句子里的"北京"代表特殊城市,"中国的首都"也是一个特殊对象的名称。另一类命题表示若干事物或性质之间的关系,这类命题叫概括性陈述,是学习若干概念之间的关系,如"圆的直径是它的半径的两倍"。这里的"圆"、"直径"、"半径"可以代表任何圆及其直径和半径,这里的倍数关系是普遍的关系。当儿童有意义地学习命题时,所学习的句子与儿童认知结构中已有的观念会建立起联系。奥苏贝尔认为,新学的命题与学生已有命题之间的关系有以下三种类型:下位关系、上位关系(又译为总括关系)、组合关系。

三、思维可视化学习理论

1. 概念

"思维可视化"(Thinking visualization)概念是由华东师范大学现代教育技术研究所思维可视化教学实验中心刘濯源主任首先提出。"思维可视化"是指运用一系列图示技术把本来不可视的思维(思考方法和思考路径)呈现出来,使其清晰可见的过程。被可视化的"思维"更有利于理解和记忆,因此可以有效提高信息加工及信息传递的效能。

2. 思维为什么要可视化?

在传统教学模式中,"知识加工"和"问题解决"的思考过程往往是不可见的,而且教师和学生都更多关注答案,忽视答案的生成过程。然而,学生思维的发展并不来自"答案的累积",而来自"生成答案的思维方法和过程"。"答案的累积"只是增加学生的"感性答题经验"，而不能提高学生的"理性解题能力"，所以当题目或题型一变，学生便无法应对，因为"感性经验"对不上号了。因此，要提高教学效能，我们就必须变"强调答案"为"强调答案的生成过程"，变"依靠感性经验答题"为"运用理性思考解题"，而这就要求我们必须把"看不见的"思维的过程和方法清晰地呈现出来，以便更好地理解、记忆和运用。

3. 思维可视化的结构

（1）理念层。三主两支持/三主：以学生为主体，以教师为主导，以学习力训练为主线；两支持：支持教师发展，支持家长学习。

（2）技术层。① 记忆技术/全脑记忆：右脑图像记忆——记得快、记得牢；左脑逻辑记忆——理解深、成系统。② 思维技术/系统思考：思维导图（归纳型、分析型、创作型）、学科思维模型、六类思考模式、逻辑思维训练。③ 心理技术/人本主义＋认知学派：萨提亚模式、NLP（神经语言程式学）技术、人本教练技术、团体拓展、测评技术。④ 信息技术/软件技术：二维动画、交互式教学软件、未来课堂技术系统、云教育资源平台。

（3）操作层。① 四层教学目标/完整教育：教知识——挖规律、给方法——练能力——育人格；② 四点知识提炼/要点、难点、易错点、兴趣点；③ 四化知识加工/记忆图像化、思维可视化、知识系统化、解题模型化；④ 六类思维训练/发散思维、聚合思维、逆向思维、辩证思维、创新思维（逆向、倒向）、转化思维；⑤ 六阶逻辑训练/概括、区分（对比、分类）、判断、推理（演绎、归纳、类比）、分析、综合；⑥五步教学流程/目标指引、知识加工、联结分享、评测反馈、强化迁移；⑦ 多元竞合学习小组/多元：生—生、师—生、师—家、生—家；竞合：形式上竞争，本质上合作；⑧ 二维学科解剖/纵向（学科发展线索）、横向（同一知识"节点"的展开）；解剖：理出规律，用图呈现。

（4）管控层。① 人本效能管理/人本：以人性规律（理解、匹配、成长）为根本；效能：以行动结果（价值、效率、品质）为考量。② PDCA 循环/P（Plan）计划；D（Do）执行；C（Check）检查；A（Act）处理（总结、改进）。

（5）评价层。发展性评价/发展性：从关注"结果"到关注"过程"，从关注"缺陷"到关注"改进"。

四、元认知理论

1. 概念

多元智能理论是由美国哈佛大学教育研究院的心理发展学家霍华德·加德纳（Howard Gardner）在 1983 年提出的。加德纳研究脑部受创伤的病人，发觉他们在学习能力上的差异，从而提出本理论。传统上，学校一直只强调学生在逻辑—数学和语文（主要是读和写）两方面的发展。但这并不是人类智能的全部。不同的人会有不同的智能组合，例如，建筑师及雕塑家的空间感（空间智能）比较强，运动员和芭蕾舞演员的体力(肢体运作智能)较强,公关的人际智能较强,作家的内省智能较强,等等。

加德纳认为过去对智力的定义过于狭窄,未能正确反映一个人的真实能力。他认为,人的智力应该是一个量度他的解题能力(ability to solve problems)的指标。根据这个定义,他在《心智的架构》(*Frames of Mind*,1983)这本书里提出,人类的智能至少可以分成七个范畴(后来增加至八个):语言、数理逻辑、空间、身体-运动、音乐、人际、内省、自然探索、存在。另外,有其他学者从内省智能分拆出"灵性智能"。

2. 如何在教学中应用多元智能理论

(1)要改变以往的学生观。在人才观上,多元智能理论认为几乎每个人都是聪明的,但聪明的范畴和性质呈现出差异。"天生我才必有用"。学生的差异性不应该成为教育上的负担,相反,是一种宝贵的资源。我们要改变以往的学生观,用赏识和发现的目光去看待学生,改变以往用一把尺子衡量学生的标准,要重新认识到每位学生都是一个天才,只要我们正确地引导和挖掘他们,每个学生都能成才。

(2)重新定位教学观。在教学方法上,多元智能理论强调应该根据每个学生的智能优势和智能弱势选择最适合学生个体的方法。按照孔子的观点就是要考虑个体差异,因材施教。"因材施教"由孔子创立并在个别教学环境下成功地实施了,我们要继承这一珍贵的教育遗产,在运用多元智能理论的前提下,更好地实施。我们要关注学生差异,善待学生的差异,在教学中,根据学生的差异,运用多样化的教学模式,促进学生潜能的开发,最终促进每个学生都成为自己的优秀。

(3)教师要改变自己的教学目标。在教育目标上,多元智能并不主张将所有人都培养成全才,而是认为应该根据学生的不同情况来确定每个学生最适合的发展道路。通俗来讲,多元智能理论不是让学生千军万马过独木桥,也不是简单地要求给学生多架几座桥,而是主张给每条学生都铺一座桥,让"各得其所"成为现实。这也就是我校所提倡的"让每个学生都来有所学,学有所得,得有所长"。人是手段,更是目的。教育的价值除了为社会培养有用之才,更在于发展和解放人本身。

(4)观念的变化带来教学行为的变化。我们教师备课、上课不能再像以往那样仅仅为了完成教学大纲的要求,而是更多地从关注学生、开发学生潜能、促进学生全面发展方面去考虑问题。我们要采用多种方式和手段呈现用"多元智能"来教学的策略,实现为"多元智能而教"的目的,改进教学的形式和环节,努力培养学生的多种智能。在教学形式上重视小组合作学习和讨论,以利于人际智能的培养。在教学环节上重视最后的反思环节,培养学生的内省智能。力争使课堂教学丰富多彩、课堂互动形式多样,使学生的主体地位更加明显。

五、现代脑科学应用

1. 概念

友善用脑是新西兰教育家克里斯蒂·沃德(Cristine Ward)应用最新的神经学、心理学研究成果,与她一生的教育实践相结合,总结和倡导的教育理念与方法。"友善用脑"教学的核心是认为每个孩子都能成功,教师在施教过程中要把握和有效地调整孩子的心理反应、生理兴奋峰值,使其兴奋期充分反映在课堂上,极大地提高课堂的效率,做到事半功倍。友善用脑课堂教学模式是以学生为主体,以自主、合作、探究为主要学习方式,着力使用音乐、运动、思维导图、冥想、多种感官参与活动,以自己的方式记忆等教学手段和策略,以学生轻松、愉悦、高效地学会学习为目标。

2. 友善用脑的课堂模式具体体现

(1)教学流程

友善用脑课堂的突出个性表现在特别关注学生的情感和兴趣,使学生在轻松愉悦的环境中高效率地完成任务,可以说情趣线是贯穿课堂教学中的一条主线。

① 教学准备,调节情趣。教学准备的内容是多方面的,知识的,情感的,技能的。情趣上的准备是一个很重要的内容。教师通过音乐、谈话、抚摸等手段使学生在心理情绪上做好准备。

② 明示目标,调动情趣。课堂的教学目标是教和学两方面的目标。教师交代教的目标,学生根据内容自己确定学习目标都是为了同一目的,也就是对课堂学习有一个整体的定位,对学习任务的完成有一个确定的方向。

③ 分段实施,激发情趣。教学的实施过程根据学习内容的需要呈现出多种方式:自学式、小组合作式、探究式,等等。不论采用什么样的方式,都要根据内容和小学生的身心特点,以 10—15 分钟为一阶段,适当地进行健脑活动。

④ 课堂总结,迁移情趣。教学从整体的目标出发,最后还要回到整体,或冥想,或归纳,或画思维导图,引领学生对所学的知识进行总结提升,为进一步的迁移做好准备。

(2)教学策略

友善用脑的课堂教学所使用的个性化教学策略和手段,有音乐、运动、思维导图、冥想、多种感官参与活动、以自己的方式记忆等。

① 音乐。音乐的使用无处不在,而且神奇无比。音乐可以调节情绪,可以渲染气氛,可以帮助提高记忆效果。友善用脑的课堂离不开音乐,友善用脑的课堂音乐多种多样。

② 运动。有序的课堂运动可以减少引起压力的化学物质,产生有利于学习的化学物质,达到大脑健康;可以增加氧气供应来补充能量,缓解身体的压力,防止学生走神;可以加强左右脑的联系,提高大脑的整体功能。

③ 思维导图。思维导图顾名思义，将思维外化为图，帮助学生梳理思维，使知识系统化、记忆个性化。学生借助自己喜欢的图形，把自己的思路、自己对事物的认识表示出来，达到抽象思维和形象思维的有机结合。长期使用思维导图可以增强学生的记忆能力，可以增强学生的立体思维能力，增强学生的总体把握能力。在教学实践中，我们切忌追求图的形象和完美，思维导图不等于美术作品。

④ 冥想。在轻松愉悦的环境中，再造事物的形象，回忆整个学习过程，将知识和情节联系起来，进行教学冥想，课堂教学动静结合，舒缓有度。多种感官参与活动，不同的感官有不同的感受效果，将不同感官作用于学生的学习，不仅变换了学习的方式，整合了信息接收的功能，而且丰富了课堂教学的手段。例如认识角的特点，让学生通过摸、画、比、折等多种形式获得对角的感性认识。例如语文阅读教学理解，其结果可以读出来，可以演出来，可以说出来，可以写出来，可以画出来。

⑤ 以自己的方式记忆。学生是有差异的个体，每个人的学习风格是不同的，有的是视觉倾向型，有的是听觉倾向型，有的是动觉倾向型，有的是总体把握型，有的是分析倾向型。让学生选择自己的优势来学习，尊重学生的差异，提高记忆的效果。

第四节　图式教学的相关实践

一、思维可视化的相关教学实践

1. 基本概述

思维可视化（thinking visualization）是指运用一系列图示技术把本来不可视的思维（思考方法和思考路径）呈现出来，使其清晰可见的过程。被可视化的"思维"更有利于理解和记忆，因此可以有效提高信息加工及信息传递的效能。

国内外与思维可视化相关的研究主要来自教育学、心理学、计算机科学、管理学等领域。国外在这个方面的研究主要是侧重于"方法论"与"工具化"。

国内在华东师范大学现代教育技术研究所思维可视化教学实验中心刘濯源主任的引领下，短短两年的实践，现全国已有近 100 所中小学应用"思维可视化"技术进行课程改革，取得了丰硕成果。相对于国外，此前国内在这方面的研究主要体现为理论的提出及单一技术的教学实践应用。

2. 应用案例——浅谈思维可视化在科学教学中的应用

镇江市教研室孙国芳以小学四年级下册第三单元《物体的运动方式》为例，在教学中运用符号、集合图、概念图帮助学生将思维显现，并帮助学生理清它们之间的逻辑关系。

用符号画出物体运动的路线

A. 教师示范：青蛙的运动路线

B. 出示图片,画出物体运动路线图示:

(1) 认识直线运动和曲线运动。第一层面:图示已将直线运动和曲线运动一目了然地呈现在学生的面前。第二层面:借助图示中的箭头,学生轻易地了解像这样来回、不断重复的运动就叫"往复运动",胜过教师的千言万语。

(2) 认识复合运动。① 以易拉罐为例,教师演示。学生很快就能理解:易拉罐的运动包含了自身的滚动和直行移动,既有曲线运动,又有直线运动。像这样包含了一种以上运动方式的运动就叫"复合运动"。② 让学生用图示的方法画出易拉罐滚动中所包含的运动方式,学生没有障碍。

3. 运用概念图理解概念之间的逻辑关系

师生合作将当日所学的内容画到一张图表中。

运用概念图,我们将一节课的知识归结在一张图表中,在学生的头脑中清晰地印上一张图,永远都不会忘记。

二、思维导图的相关教学实践

1. 基本概述

英国的东尼·博赞于 20 世纪 60 年代发明了思维导图,提出了用思维导图帮助记忆。思维导图是一个打开大脑潜能的强有力的图解工具,它同时运用大脑皮层的所有智能,包括词汇、图像、数字、逻辑、韵律、颜色和空间感知,帮助学生更有效地学习,更清晰地思维,更容易地记忆。

在国外,思维导图作为帮助学生认知的工具,在美国的中小学教育中得到了广泛应用。在新加坡,"思维导图"已经成功地引入中小学教育,《幼儿思维导图》更是成为年轻父母必读的图书。

在我国,2000 年,王功玲第一次在《黑龙江科技信息》上介绍了思维导图的理论基础和制作程序,并将导图的笔记方法应用于教案编写以及课堂教学。2004 年,赵国庆和陆志坚从产生渊源、应用领域、整合的可能性等角度对思维导图与概念图进行了对比分析,进一步明确了思维导图的概念意义,标志着中国思维导图研究的真正开始。2005 年开始,思维导图广泛应用于教学。

2. 应用案例——新加坡运用"思维导图引导学生写议论文"案例研究

新加坡对思维导图给予了高度的重视,拥有全球为数不多的博赞中心之一,在思维导图教学应用方面有较多的研究。本案例以光伟中学、莱佛士女中和圣尼各拉女校三年级普通工艺(学术)班、快捷课程班和特选课程班各 30 位学生作为实验对象。在三所学校里分别用同样的教学程序教导普通学术班、快捷课程班与特选课程班学生用思维导图写议论文,然后通过各类的反馈,如学生的成绩、学生学习态度的调查、老师的观察,以比较三所学校教学效果的异同,初步探索提高学生思维技能的方法。

在实验之前,先根据学生第一、二学期的议论文成绩把学生分为上、中、下三类,然后调查所有参与实验学生的作文的态度，并记录存档。实验中，老师把学生分为6组，每组5人，利用两堂课（约60分钟）进行写作前的引导教学。通过抽签确定学生角色，学生根据角色卡在小组里负责不同的工作，老师预先设计各组完成思维导图，然后分别汇报，非汇报组同学根据 WRAITEC 工具卡提问，汇报组设法回答和辩解，老师随时协助、总结。下课时，学生上交经过讨论、修改后的思维导图让老师批阅，老师在批阅时尽量保持图的原貌，只对思路上的严重问题进行修改。在另外两堂课，学生利用老师发回的思维导图现场个别完成作文，交给老师批改。三校老师根据统一的评分要点与评分标准批改。接下来对参与实验的学生再次进行作文态度调查，以比较实验前后的异同。最后，比较三校的成绩表现、文中思维的表现和对写议论文的态度，总结实验的经验，并提出建议。

实验结果显示，用思维导图来教学生写议论文能提高学生作文素质和作文态度，尤其是有利于成绩中下等的学生。越是非重点学校的学生实验效果越明显。写作前的分组讨论、老师的教导、分组完成思维导图、课堂报告和同学之间的辩论都能帮助学生提高作文素质。

实验过程中学生充分的讨论辩解、教师的准备、引导和辅助工具的采用都是影响实验效果的重要因素。

三、友善用脑的相关教学实践

1. 基本概述

"友善用脑"是新西兰教育家克里斯蒂·沃德应用最新的神经学、心理学研究成果，与她一生的教育实践相结合，总结和倡导的教育理念与方法。"友善用脑"在教学中强调以学生为本，提出"所有的学生都是天生的学习者""如果学生不能适应我的教学方法，就让我教会他们以他们自己的方法轻松学习"的理念，强调教师、学生、家长三方互动，积极学习的新方法。

友善用脑的研究越来越深入，在美国、英国、加拿大、新西兰和我国等世界各地得到了广泛宣传。

北京市澳罗拉国际教育文化交流中心 2003 年引进了这种新的教育方法和理念。2003 年 9 月，北京市澳罗拉国际教育文化交流中心与北京市社会科学院合作联合申请了北京市哲学社会科学"十五"规划课题"学习型社会中友善用脑的研究与实验"。目前北京市共有大中小学 45 所学校 300 多名教师参加实验，承担了 53 个子课题。

2. 应用案例——"友善用脑"理念下的校本课程开发与实践

南京市东山小学通过四年多的"友善用脑"研究，重点放在了国家课程校本化的研究路径上，探索出了一套比较成熟的"友善用脑"教学课程。通过学生注意力集中时间切分课堂教学单元、以小组为单位学习互动、画思维导图、用音乐创设情景、做健脑操、冥想等一整套行之有效的教学策略,让教师获得教学成功,让学生感受学习的快乐。

根据小学生的认知基础和生活实际,他们将校本课程的结构设置如下:

(1)校本课程开发的基本措施及实施步骤:

① 基本措施。开展校本培训,整合课程资源;优化各类活动,挖掘学生潜能;完善校本课程,实现共建共享。

② 实施步骤:

第一阶段:上学期。

时间:每周四下午两节课。

年级:四年级。

内容:16 项课程。

形式:四年级 8 个班,根据 16 项课程,坚持自主选择及教师协调的原则,参加学校课程学习,每项课程由一位教师任教。

第二阶段:下学期。

时间:每周四下午两节课。

年级:三、四年级。

内容:20 项课程。

形式:三年级 11 个班,四年级 8 个班,根据 20 项课程,坚持自主选择及教师协调的原则,参加学校课程学习,每项课程由 1～2 位教师任教,并成立社团作为补充。

第三阶段:全校铺开。

(2)校本课程管理:成立领导小组;理论学习;实践研究;阶段小结。

(3)校本课程开发的评价设想:第一,坚持评价内容的多维化;第二,坚持评价主体的多元化。

四、图示教学法的相关教学实践

1. 基本概述

图示法是指在教学过程中,以图形、图画、线条、记号、箭头以及个别的词和句等构画成简图的方法。以求简明扼要地把需要掌握的重点知识形象地表现出来,帮助学生理解知识的整体结构、文章的内在联系以及老师授课的思路等,从而达到激发学生学习的兴趣,加深学生对文本的理解的目的。根据教学实践,将图示法大体归纳为三种类型:图线、图画、图表。

在国外,图示教学法的前身是"纲要信号"图表教学法,是苏联教育家沙塔洛夫创造的一套减轻学生负担、提高教学质量、加速学生掌握知识的新教学法,当时,苏联试用这种教学法的学校普遍取得了良好成绩。

在我国,1985 年前后,在中学历史教师中产生广泛性的"图示教学法"的研究热潮，1990 年出版发行了《中学历史图示教学法》（赵恒烈主编），并且"图示教学法"成为中学历史教学法的四大流派之一。广大中小学教师在教学中自觉或不自觉地运用图示、简笔画等进行教学，图示教学方法有广泛的群众基础，是颇具发展前途的教学方法。

2. 应用案例——浅谈语文教学的板书图示教学法

随着语文教改的发展，围绕提高语文教学效率、提高语文教学质量这个中心而总结并创造出来的新的教学模式和教学方法不断涌出。这些新的教学模式和方法无疑在不同程度上推进了语文教学的向前发展。在众多的教学方法中，板书图示教学法是提高语文教学效率和教学质量的有效途径之一。四川的陈志海老师结合平时的教学实践浅谈语文教学的板书图示教学法。

① 词语式。即选择文章中的关键词语，如动词、形容词（含关键句)作骨架设计而成。

② 归纳式。在对段落大意归纳的基础上，加以整理，使文字更精练、更准确。然后按照行文思路设计而成。

③ 简图式：构想设计一个几何形状或结合课文内容绘制一幅简图。借助箭头、着重号、括号、波浪线等辅助符号设计而成。

④ 对比式：将两个或两个以上的内容同时按其结构顺序列举出来，通过比较，突出其中的某一个或几个方面设计而成的板书样式。

⑤ 表格式：将课文相应内容列成表格的板书形式。

⑥ 补充式：老师示范板书图示部分内容，让学生仿照补充出相关内容，完成板书图式。

从以上案例不难看出：板书图示教学法具有直观、方便、简单、实用的特点，作为一种传统的教学方法，在逐步推行运用现代多媒体教学手段、方法的今天，仍然有重要作用和广泛用途。

五、概念图的相关教学实践

1. 基本概述

概念图的研究缘于早期认知心理学的研究。其原型是"认知地图"。20 世纪 60 年代，康奈尔大学的诺瓦克博士根据奥苏贝尔的有意义学习理论提出了概念图这一种教学技术。他认为："概念图是用来组织和表征知识的工具。它通常将某一主题的有关概念置于圆圈或方框之中，然后用连线将相关的概念和命题连接，连线上标明两个概念之间的意义关系。"作为一种科学的教学策略，可以主动自觉地在教学活动中利用概念图来帮助教师和学生提高教学质量。

概念图已成为西方国家科学课程教与学中探讨的一个热点和前沿性课题。人们对概念图的研究经久不衰，据研究者向美国教育资源信息中心（Educational

Resources Information Center, ERIC)查询, 从 1984 年以来, 以概念图作为研究对象的文献多达 664 篇, 而且呈逐年增多趋势。在国际互联网上, 概念图网页或与概念图有关的文章多达二百多万项。

我国对概念图的引进跟研究较晚, 前期主要以港台地区研究较多, 1999 年之前还没有出版任何有关概念图的专著, 但自 1999 年之后, 研究已逐步增多, 逐步成为国内研究的焦点, 广东师范大学、华东师范大学、广州的中小学都致力于研究概念图在教学中的应用, 颇有成效。

2. 应用案例——促进合作学习的概念图建构

浙江师范大学课程与教学研究所的蔡铁权和叶梓对如何促进合作学习的概念图建构做了详细研究。本研究通过论述概念图在解决学生参与学习、教师角色转变和合作中介中的作用, 提出了合作学习中的概念图建构可以有三种方式: 小组合作建构、个人建构与小组建构相结合以及班级整体建构。三种建构方式都有助于合作学习效果的提升, 也能使概念图的作用得到最大限度的发挥。文章以初中科学中"水"的教学为例, 详细地阐述了合作学习中建构概念图的具体实施过程。

(1) 介绍教学主题, 布置任务

"水"是学生比较熟悉的概念, 因而在介绍时只需对本课时的主要内容作相关介绍, 让学生了解教学重点。

(2) 异质分组

第二部分已谈到分组的方式, 异质分组要根据学生的个人特质(如性别、学习态度、学习能力、学习成绩等)进行差异性组合。分组的合理性将决定概念图建构的最终成果。

(3) 个人建构概念图

每个学生对"水"的理解角度和程度不同, 因而在搜索概念时也具有不同的侧重点。如有的学生主要了解水的状态, 在绘制"水"的概念图时, 就会将不同的状态呈现出来, 如图 2-2-1 所示;有的从"水"对生物的作用方面考虑, 将水与生物的关系展现出来, 如图 2-2-2 所示。在这个过程中, 教师要对学生进行适当的引导和启发, 在不偏离主题的前提下, 让学生充分发挥想象力, 绘制具有个人特色的概念图。

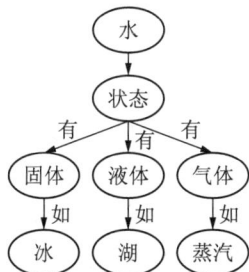

图 2-2-1

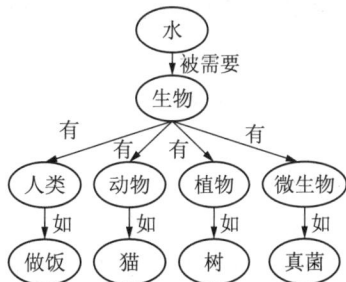

图 2-2-2

（4）小组合作建构概念图

个人完成概念图的绘制之后,进入小组合作讨论的阶段。每个小组成员都将自己的概念图呈现出来,小组结合各个成员对"水"这一主题的发挥,选择合理的概念和观点绘制小组概念图成果。如图2-2-3所示,这是对小组成员概念图的一种整合,因此,相比图2-2-1、图2-2-2,图2-2-3所示的概念图更加详细和全面一些。表达上的失误也得到了更正。

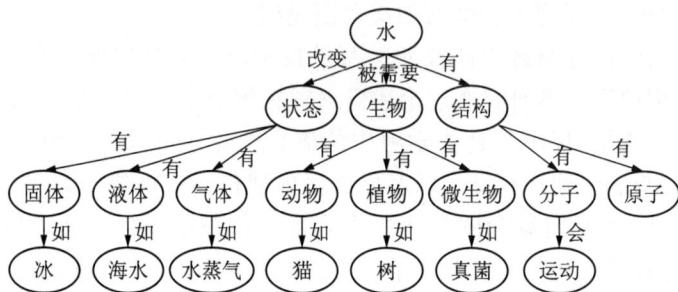

图 2 - 2 - 3

（5）绘制整体概念图

在各个小组均完成概念图的建构后,教师要对这些概念图进行必要的评价,并对各小组的概念图进行整合。教师将小组绘制的"水"的概念图呈现在屏幕上,不同组间的概念图都存在着一定的差异,学生在教师的引导下,对这些概念与主题的相关性进行分析,通过不断添加和删除概念,逐步构建出一幅能准确反映"水"的关系的概念图。

（6）分析和总结

概念图完成之后,有关"水"的各方面概念结构已基本呈现出来了,学生也对此有了更完整的了解。教师要在此基础上对概念图中的概念及概念间的关系进行分析,挖掘更深层的含义及联系。例如从"水的结构"可以联系到水的化学组成,及其形成的化学式等,从"水的使用"可以迁移到现在所面临的水污染严重的问题,让学生开动脑筋,提出自己的建议,探讨该如何治理和解决这一社会性问题。

六、课本插图的相关教学实践

1. 基本概述

自著名教育家夸美纽斯的《世界图解》作为带插图的教科书问世以来,插图的作用一直受到教育界的重视。美国学者 W.H.Levie 和 R.Lentz 总结了 3155 个实验研究的结果,得出的结论是:带有插图的教科书的教学效果要优于纯文字性教科书。因为教科书的插图具有多方面的作用:可以提高学习者的学习兴趣和阅读速度;可以调动多种感觉器官参与学习活动；影响学习者的非认知因素，激发其学习动机，促进整体记忆、想象和理解，增加动感，并可以表达那些用文字难以言状的空间和具体的细节。

国外教科书插图的相关研究大致可归纳为四个方面：插图有效性的研究、图文呈现方式的相关研究、插图效用影响因素的相关研究以及提高插图使用效果的策略研究。

国内教科书插图研究主要从两个视角出发：一个是从本体论和认识论的角度出发，对插图的性质、类型、形式和功能等方面进行研究，回答的是诸如什么是插图，插图有什么用之类的问题；另一个是从实践论的角度出发，研究插图的研究背景、选用历史、插图编选的价值取向、插图资源的开发和利用、教师教学用插图以及学生学习用插图等。

2. 应用案例——简述课本插图在小学数学教学中的运用

重庆市江津区四面山学校的田俊老师根据自己的教学经验，以西师版义务教育课程标准实验教科书为例，谈了课本插图在小学数学教学中的作用。

（1）培养和提高学生学习数学的兴趣

课程标准指出：数学教学活动必须激发学生兴趣，调动学生积极性。小学生认识事物是从直观到抽象、从感性到理性、从特殊到一般逐步发展的过程。如一年级（上）第2、3页"数的认识"的主题图中，将学校生活的场景展现在学生的面前，使刚入学的一年级小朋友有一种焕然一新的感觉。课本中还有一些生动的插图，充分调动了儿童的学习热情和积极性，为学好数学打下良好的基础。

（2）提高学生对数学知识的认知能力以及提出问题和解决问题的能力

数学是一门抽象的学科，数学的概念、定律等都具有高度的抽象性和概括性。如五年级（上）第1页"小数乘法"的主题图所展示的街道一角，这是学生非常熟悉的一个生活场景，学生可以根据插图中的人物对白，提出相关问题，并质疑这些问题该怎么去解决，教师因势利导，激起学生的求知欲，为学生学好这一单元的知识内容打下坚实的基础。

（3）感受数学与日常生活之间密不可分的关系

数学来源于生活。数学课本中的插图都来源于现实生活，是现实生活的一个缩影，也是社会生活的反映。例如学校生活的场景、商场购物的场景、公园游玩的场景以及街道、汽车站、游乐场的场景，都是学生所经历过的社会生活场景，使学生具有亲切感。教师可以让学生置身其中，感觉到数学是现实生活的数学。

（4）对学生渗透思想品德教育

在对小学生的教育中，德育首当其冲，处于非常重要的地位。如在课本里用得最多的学校生活场景图中，用国旗对学生进行爱祖国、爱人民、爱中国共产党的爱国主义教育。

总的来说，数学课本的插图不仅使抽象的数学知识变得生动形象，而且打破了学科界限，有效地实现了课程整合，它的作用不容忽视。我们要认真钻研教材，重视和挖掘课本插图中蕴涵的积极因素，提高学生各方面的能力，促进学生的德智体美劳全面发展。

第三章　图式优学的特征探索

形象化的图式,易于被学生学习所感受;网络化的图式,易于让学生明晰知识点之间的联系。另外,在学习中帮助学生构建简约的图式,有个性化的图式,可以激发学生的潜能,充分展示学生的学习力。

第一节　图式优学凸显形象

一、图式优学的形象化特征解析

儿童心理学研究发现,儿童的大脑思维方式一般刚从具体思维进入形象思维时期,抽象思维才处于萌芽状态。因此,小学生的思维就是以形象思维为主要形式。这就是说,运用具体形象的方法传授知识,是使小学生理解掌握知识的科学方法,也是培养小学生发展抽象思维能力的必要手段。

以"形象性"为特点的图式优学,能利用为学生感官所感知的图形、图像、图式等形象性的符号,结合教学内容,把抽象的知识形象化,把实际存在的具体事物的形态巧妙地用于教学活动中。其主要体现在课堂学习中知识的引入、探究、延伸、总结等板块,从而促进儿童的右脑开发,进而促进全脑潜能的开发。

在图式优学的教学实施过程中,教师化抽象为具体,变隐晦为通俗,可以用思路清晰的图式板书,用直观的图像,用鲜活的实物,用精彩的演示等图式优学手段来表达教学信息,强化表意效果,具体体现如下:

1. 知识传递直观

教师在图式优学的教学实施中,一方面利用和借助实物、图片、模型、标本、动作、视频音像等具体形象的手段进行演示,直接传递信息,或让学生视觉感知信息。另一方面,学生在教师指导下,使用一定的设备和材料,通过一定条件下的动手操作,引起实验对象的某些变化,并从观察这些变化中获得新知识或验证知识。这些,都能使学生的脑中形成相应的图式,使学生很快掌握所学知识。它符合儿童形象思维占优势的学习特点,有利于儿童建立明确的概念。

2. 内容表述清晰

按照教学规律和原则,教师通过文字、线条符号、图形等再现和强化教学内容,能帮助学生理清所学内容的脉络,从整体上把握知识结构及内在联系。例如课堂教学中的板书是各学科图式优学中必不可少的一环,板书内容依教学内容而定,形式可多种多样,如文字、绘画、图解……再如学习中的制表填空,图表紧扣教学内容及表现学习主题特点而设计,可以使学生准确、扼要地掌握学习内容,理清学习思路。这些,都将所学内容提纲挈领,删繁就简,从而实现了解知识主要内容的最佳教学效果。

3. 情绪调动迅速

图式优学的实施中,从学科的特点与小学生的心理特征出发,根据新授知识的需要,教师用语言精心创设教学情境,以角色扮演来让学生感悟体验,以丰富多彩的图式来激发学生脑中原有的图式,从而协助学生唤醒旧知,进行拓展思维和有效记忆,使学生能很快产生探讨新知识的热情。这些形象的图式结构与人的认知结构很相似,它揭示了人的思维过程,让学生立即明确学习的目标,进入学习状态,产生知识认同感,从而极易诱发学生探究的欲望。

二、形象化特征的实践例谈

图式优学的教学实施中凸现的"形象性",能使教师更新教育观念,针对小学阶段儿童的实际年龄、身心发展规律、学习兴趣指向,用形象生动、直观易懂的教学手段把情感、知识、方法、技能呈现给学生,避免教学手段的单一性和课堂教学的枯燥性,从而使学生增强对知识的直接感受能力,激发学生学习兴趣,让学生在审美的愉悦中发展想象力,增强记忆力,拓展思维,进而提高课堂教学的有效性,使课堂教学更具魅力。

1. 促进学生学习兴趣的提升

小学阶段的图式优学教学实施具有趣味性,以能激发小学生探究、钻研的兴趣为着眼点,融理性的知识于生动的课堂之中,使学生兴致盎然,头脑中的图式也就逐渐会活跃起来。

例如在语文教学中,以往的预习题型较古板,对生字的运用练习中,往往只是机械地以扩词形式练习。大部分学生预习时,只是对照教辅书抄一些词,也不细心读帖,有的甚至在扩词中能将生字错着写几遍。为了激发学生因审美需求而产生读帖的内驱力,老师指导将这一项预习作业设计成花瓣形(图3-1-1)。

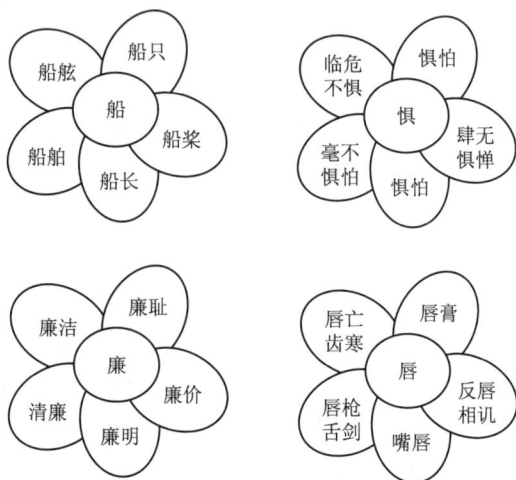

图 3-1-1

花的瓣数由学生自己的知识储备来决定,并赋予其好听的名字:花儿朵朵。为了保持"鲜花"的靓丽,使花瓣上的"经脉"——字词正确美观,学生们仔细观察生字表,认真书写,精心培育自己的"花朵"。这不仅使学生养成了认真读帖的好习惯,还帮助他们自主自发地积累了大量的词汇。

2. 促进学生理解能力的提升

学生对于所学知识理解能力的大小,直接关系到其学习力的发展。在图式优学的教学实施中,教师充分利用图式,能帮助学生理解词语、概念等知识的内涵,并使学生所学的知识得到深化,重新建立或者调整学生自身的认知结构,达到所学知识的融会贯通。

例如在苏教版《语文》四年级(上册)《九寨沟》一文中,对"瀑布"的景色描写是:"由于河谷高低不平,湖泊与湖泊之间恰似一级级天然的台阶。由此形成的一道道高低错落的瀑布,宛如白练腾空,银花四溅,蔚为壮观。"学生读后,脑中对"一级级天然的台阶"等始终不能形成画面,这时,可以配放上一段搜集的视频或图片(图3-1-2和图3-1-3),让学生领略一下九寨沟迷人的自然景观,那湖泊的高低不平,那瀑布形成的错落有致,那"白练腾空""银花四溅"的激流直下的壮观景象,图文并茂,使学生对文中的语言文字有了深刻的理解。学生随着语言文字的介绍进入意境,感受到九寨沟瀑布水沫飞扬的壮观气势,体悟到九寨沟景色的梦幻与诗意。

图3-1-2

图3-1-3

恰当地利用多种图式指导学生进入情景之中,能够深化学生体验,帮助学生领悟文章"字里行间"中透露出的信息,帮助学生更好地体会文章的内在含义、思想感情。

3. 促进学生想象能力的提升

小学课本中的插图丰富多彩。这些插图富有形象性、直观性、启发性以及趣味性,既有利于帮助学生创造性地学习知识,理解所学内容的重点和难点,也有利于培养学生的想象力。

译林版《英语》六年级(下册)"Unit1 The lion and the mouse"一课中,学生在学

习课文之前,老师首先出示了狮子和老鼠的图片(图 3-1-4),引导学生思考:If you were the lion or the mouse...? 请学生模仿狮子或老鼠的口气进行自我介绍。接下来,老师又进一步启发学生 What if they met one day? (图 3-1-5)请学生展开想象,预设故事内容。

If you were...

30s Talk Show:

Hi, I'm Mr. ... I'm ...
I have ... I can ...
I like ... I often ... I ...

图 3-1-4

What if they met one day?

图 3-1-5

最后,教师出示了《狮子与老鼠》的故事书,请学生用简单的句子说说这个故事。教师通过这样三个活动使学生将图意完全品味了出来,既激活了学生原有的知识储备,又启发了学生的思维,培养了学生的创造力、想象力,也为学生进入课文的学习做好了铺垫。

总之,教学中运用图式的形象化特征,具体而生动地唤起学生感性经验和思想感情,可以给学生最直观的感召;可以创造活泼生动的课堂氛围;可以激发学生情趣;可以充分挖掘出学生的学习潜力。

第二节　图式优学构建网络

一、图式优学网络化特征解析

重视知识的结构化,形成网络,是精炼课程内容,减轻学生学习负担,提高学生学科素养的有效途径。形成知识结构网络指的是揭示知识的内在联系,形成知识点、线、面、体的系统化,进而掌握知识结构的学习方法。"点"即知识点。任何一个知识点都是具体的,无论是词语、句子,还是概念、法则、性质、公式等。知识点之间又常常是有联系的,如同一环扣一环的锁链,通常称为"知识链"。

在图式优学的教学实施中,教师把握整体,有意识地帮助学生进行纵向和横向的知识沟通,使所学知识纵横交错形成一个知识系统,也就是形成"网"。促成学生知识网络化的构成,不仅有利于知识的提取和应用,更有利于学生形成良好的认知

结构,增强学生的认知能力和分析、判断、解决问题的能力。具体体现在:

1. 归纳知识要点

学生在学习知识检测中,如果脑中没有知识体系的形成,答题的时候很容易漏掉重要的关键点或者关键步骤。教师们在图式优学实施过程中,引导学生从整体上把握教材,基于教材的具体内容,用教材之中的隐性线索将零碎的知识点串联起来,帮助学生理清知识体系,构建学科知识纵横的宏观网络。这样,方便比较知识的异同,能很好地帮助学生对一系列知识进行识记,也有助于学生在遇到知识应用的时候,迅速准确地进行知识点的提取。

2. 理清知识联系

知识与知识之间有着千丝万缕的联系。在图式优学实施中,构建知识网络图式不是将知识简单地堆集,也不是仅仅将知识有序地排列。构建知识网络图式的过程是理清学生学习思路的过程,更是使学生进一步明确概念间的相互关系,了解知识的关联,直到获得解决问题正确信息的过程。这个过程中,学生在了解知识来龙去脉的同时,还可以抓住知识网络中的最根本的、最要害的知识推导环节进行理解,从而达到学习中强化知识重点、突破知识难点的效果。

3. 增加知识厚度

整个图式优学实施之中,教师引导学生不断地整理,不断地沟通,不断地运用,像滚雪球一样,从某个基本知识点,推导出一连串的裙带知识点,并使后续的有关知识不断纳入学生的知识网络体系之中。这样不仅有利于学生对所学知识的巩固,还能不断促进学生新的认知结构的形成,使学生的知识积累日益丰富。长此以往,使学生学到的知识不断由"薄"变"厚",再由"厚"到"薄",在有机联系中优化认知结构,使学生掌握的知识越来越清晰明了。

二、网络化特征的实践例谈

1. 让知识小结更明了

在平时的教学中,学生通过课堂的学习所得往往是分散的知识,即使是有序的知识,由于学习的节点、时间等因素也会造成学生头脑中的"无序"。在实施图式优学的复习课堂中,教师们根据知识点以及它们的内在联系,运用知识网络图引导学生对知识进行重新梳理和组织,将知识系统化、纲领化,学生懂得知识点的基本联系后,就能理解整个相关内容,并将这些内容进一步拓展。

以苏教版《科学》教材为例,都是以单元主题为核心的系列研究,那么单元主题本身就能构成中心。由于整个单元的知识点繁多、零散,因此在进行单元复习课中,为了让学生既能做到查缺补漏,又能较全面地记忆内容,高效地将知识点整理并且记忆,采用图式进行整理不失为一种高效的方式。例如在《微生物》这一单元,老师就设计了以下图式(图3-2-1)。

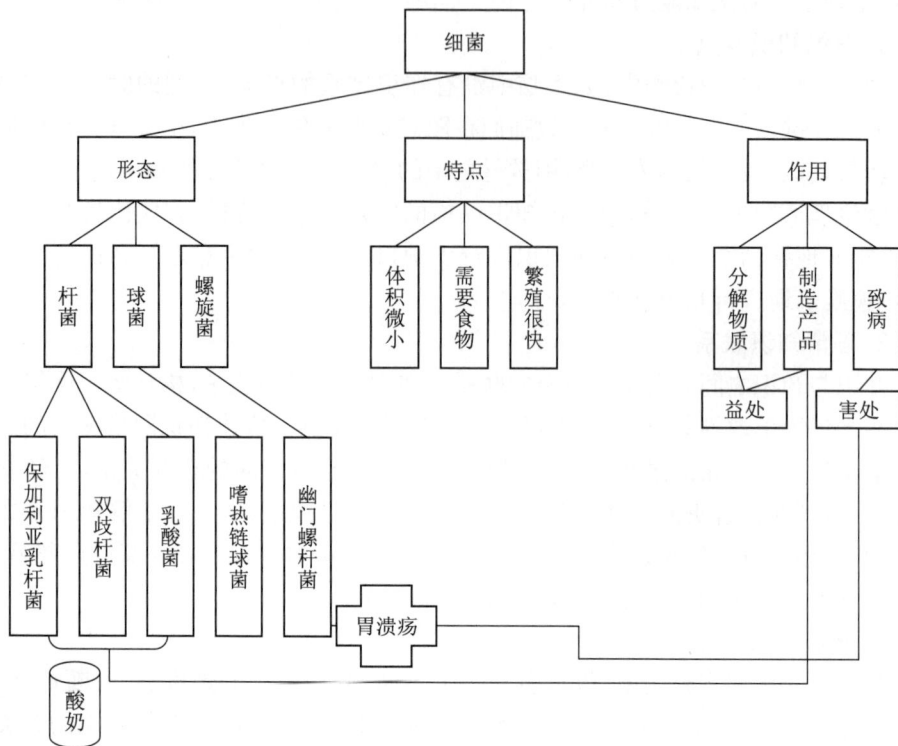

图 3 - 2 - 1

该图式是从上往下由主干到细节，逐步细化知识点，延伸知识内容的，最为主干的部分由教师先列出。学生根据主干的提示，回顾所了解的各项内容，分层逐一进行填写。在填写的过程中，对知识进行系统、全面的复习。将零散的、不完整的认识内化为一个有逻辑性的、完整的知识体系。学生在填写过程中，容易遗忘的细节以及特别易混淆的几个概念就反映出来了，比如不同名称的细菌形态各不相同，作用也完全不同，但学生往往容易将细菌形态和特点混为一谈等。这些知识点通过图式完全呈现后，就显得清晰了。学生在制图中明确概念，又可运用制好的图式进行相互的问答，学生复习的积极性也得到了提高。

2. 让知识学习更深入

随着年级的增加，我们发现，学生对于每册书应掌握的知识点也在增多。如何在学生的头脑中形成深刻的知识结构呢？运用直观的图式可以帮助学生形成脑图，建立自己的知识网络。因此，教师在图式优学的实施中，可以尝试让学生绘制自己的知识学习图式，展现学生对学习的研究、思考后的心得，并在帮助其不断修正知识学习图式的同时，使学生了解知识的实质，并达到活学活用的效果。

例如在苏教版《数学》五年级（下册）《多边形的面积整理与复习》中，这个复习内容知识点较多，学生的认知未能形成体系，较为散乱。教师先布置学生们课前自己整理,鼓励学生利用图式把有关多边形面积的知识点按照自己的理解整理出来。然后将学生绘制的图式进行展示,在师生互动的评议过程中,学生通过深入学习,在自己原先设计的图式上又添上自己没有考虑到的学习知识点(图3-2-2)。

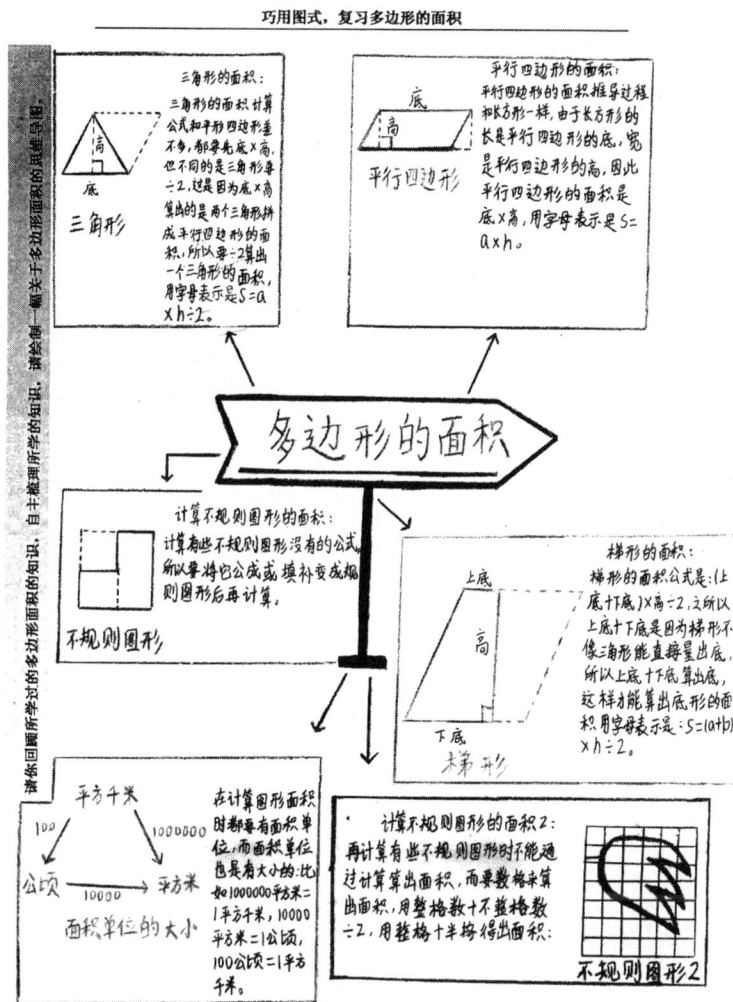

图3-2-2

学生在运用该图式自主学习时,既能不浮于知识表面,有自己的思考,又能在大家的共同研究帮助下,深刻领会并完善学习认知,对学生的学习起到了有效的促进作用。

3.让知识探究更便捷

新基础教育课程改革倡导学生主动参与、乐于探究、勤于动手。而恰当的有诱发性的知识网络图式不仅能调动学生学习兴趣,还能引领和启发学生去探究学习方法,从而提高学生的自主探究能力。

例如在苏教版《信息》三年级(下册)《怎样"上网冲浪"》知识板块中,对学生讲清上网操作的步骤是教学的关键,但信息中的专用术语多,网址多,各级菜单多,老师苦口婆心地一遍遍地交代,一步一步演示,学生能听进去多少,记住多少? 这时,老师设计了操作流程图式,让学生依据图式自主探究,实地操作,不再多费口舌,学生学习劲头及读图能力、操作能力大大提高(图3-2-3)。

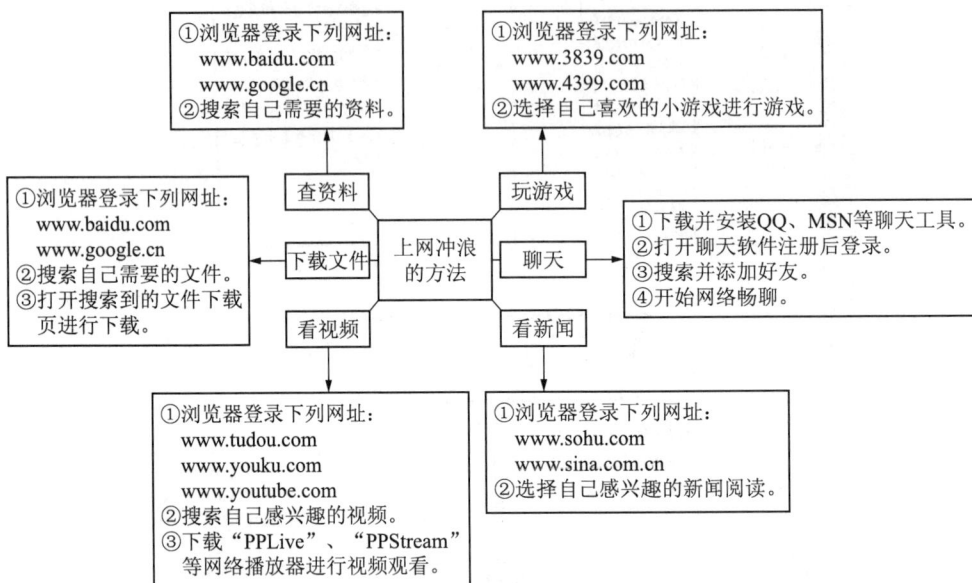

图 3-2-3

另外,这份操作流程图还提示学生,上网的目的不同,上网的路径也各不相同。学生可以根据自己的上网目的选择合适的操作方法,进行网上浏览。在整个操作过程中,学生自主进行,看着流程图,边学边操作,不仅学会了许多新的上网技能,还获得了成功的喜悦。

总之,在图式优学的实施中彰显图式的网络化特征,能让学生将所学的各知识节点统一整合起来,并把新习得的知识信息纳入原有脑中图式的框架中,与相应变量联系起来,使所学知识融为一体,从而形成知识系统最大化。

第三节　图式优学追求简约

一、图式优学简约化特征解析

图式有简单和复杂、抽象和具体、高级和低级之分。简单的图式可以只是一个字符,复杂的图式可以由几个子图式构成。抽象的图式是关于意识形态和文化观念方面的图式,具体的图式则包括生活经历和事物的特征。所谓高级图式和低级图式是指图式之间的层次或隶属关系。就小学生学习而言,可以借助简单而具体的图式简化和易化学习过程。主要体现在:

1. 精当教学内容

课堂教学的时间是有限的,学生的学习精力也是有限的。因此,选择教学内容,特别是关乎学生终身受用的"核心知识",就显得特别重要。图式具有高度的概括性,一般以线索、主题或要点形式呈现,可以使教学内容更加集中和精当,浓缩的都是"核心知识"。图式优学实施中,图式可以结合课型特点,突出教学重点,特别是教学内容的结构图可以让学生对所要学习的知识一目了然。

2. 解读文本有度

教学过程就是帮助学生理解文本中读不懂的地方,凡是学生想不清楚、说不明白的地方,才是我们选择重点学习的内容,所以教师解读文本要把握好"度"的问题。教师在图式优学实施中,运用图式来准确体现编者的意图,让学生在课堂上轻轻松松学习! 同时,在图式中呈现的教学重、难点,学生难免有不同程度的解读,教师可以适当地进行点拨,做到教学有的放矢,学生学而有得。

3. 精简课堂提问

课堂教学过程中,提问是必不可少的教学手段。好的提问能启发学生思维,有效地调动学生学习的积极性,检测学习活动的效果。然而,实际教学中,许多提问设计不尽如人意,主要表现在:问题过多、过碎;问题无价值,浪费时间。在图式优学的实施中,教师精心设计的教学图式可以引发学生思考,让学生自己生发出问题,并带着问题学习,让学生研究真问题,进行真正的学习。

二、简约化特征的实践例谈

1. 以线索图式理清思路,精简教学过程

无论何种体裁的文章,都有一个贯串始终的脉络,我们把它叫作"文脉"。写人记事类课文,理清写作思路并不困难。中高年级学生用"图式"来理清文脉就更加简洁。

小学生接触的多为记叙文,或以事情发展顺序,或以时间顺序,或以方位顺序记叙,如苏教版《语文》六年级(上册)课文《爱之链》,内容并不是特别深奥难懂,描写了乔依帮助老妇人,老妇人帮助乔依的事。学生做了"环状图"的设计(图3-3-1),这个"图式"既很好地概括了课文内容,又说明爱是

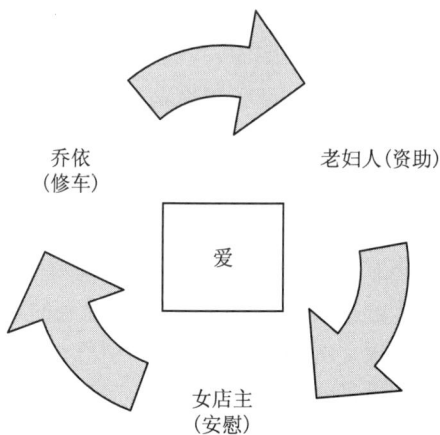

乔依
(修车)

老妇人(资助)

爱

女店主
(安慰)

图3-3-1

可以延续、可以传递的，只要人人都付出一点爱，世界会变得更美好。

当然，由于课文的内容不同，表达的形式也不同，理清的脉络图会多种多样，这就更需要教师去引导学生开启智慧。

老舍先生曾经说过："我们是语言的运用者，要想办法把话说好，不光要注意'说什么'，而且要注意'怎么说'。"阅读是吸纳，而写作是倾吐，学生学以致用，也同样可以用图式来构思自己的作文。

如学生《我的减肥记》一文的构思图（图3-3-2），学生从"少吃荤"和"多运动"两个方面举例来描述自己是怎样减肥的，想要告诉我们为了减肥自己加强锻炼打网球、去游泳，为了减肥多吃低脂食品、少吃肉。习作内容如此丰富，文章一定妙趣横生。

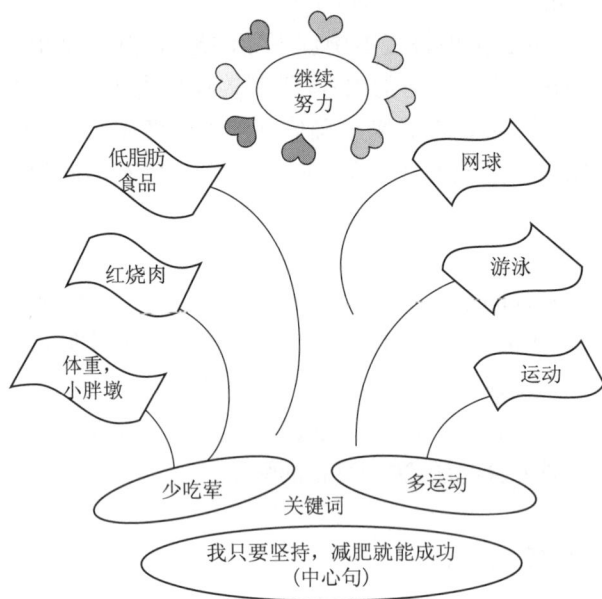

图 3-3-2

从教学实践中，我们发现用"图式"来构思作文学生更加喜欢，同时，这样的"图式"提纲，学生准备怎么写，一目了然，让老师的指导也更加有的放矢。

2. 以简笔图式突破读写难点，精简课堂问题

教学中的重点如何突破？难点怎样化解？教师除了可以用语言引导启思外，还可以用简笔画适时点拨。如苏教版《语文》四年级（上册）的阅读课文——《珍珠鸟》，是根据作家冯骥才的散文改编的。文章生动、细致地描述了珍珠鸟的外形特点以及在"我"的爱心呵护下，由害怕人到亲近人的过程，揭示了信赖就能创造出美好境界的深刻道理。课文的重难点在于如何引导学生从珍珠鸟雏儿的外形及活动中，抓住小鸟儿的活动特点，体会它的心理变化，了解它与"我"日益亲近、逐步信赖"我"的过程，感受它的可爱。为突破这个教学重难点，我们就借用了简笔"图式"（图3-3-3）。

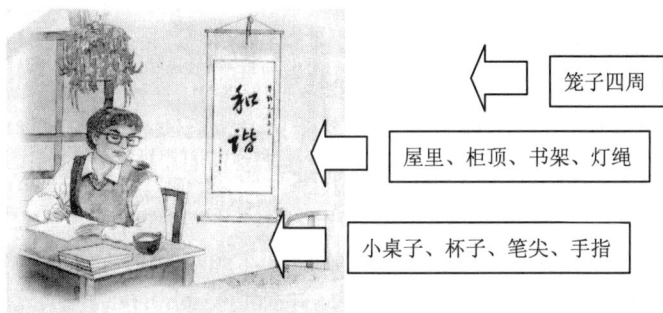

图 3 - 3 - 3

让学生画一画小鸟的活动地点，免去很多繁杂的问题，通过让学生标画小珍珠鸟活动地点变化的词："笼子四周"、"屋里"、"柜顶"、"书架"、"灯绳"、"小桌子"、"杯子"、"笔尖"、"手指"，来感受小鸟活动范围的逐渐扩大，胆子越来越大，与"我"越来越亲近，从而在脑海中呈现出一个空间图，加深了对语言文字的理解与体悟。

数学学科同样可以通过简笔图式，突出重点，突破难点。图式优学实施中，教师通过图式的反馈来检验学生的学习效果，又通过这些图式得到的信息来调整教学思路，从而精简提问，让学生轻松掌握知识。例如理解"小杯容量是大杯的 $\frac{1}{3}$"中，4 位学生的图式，呈现不同方法（图 3 - 3 - 4）。

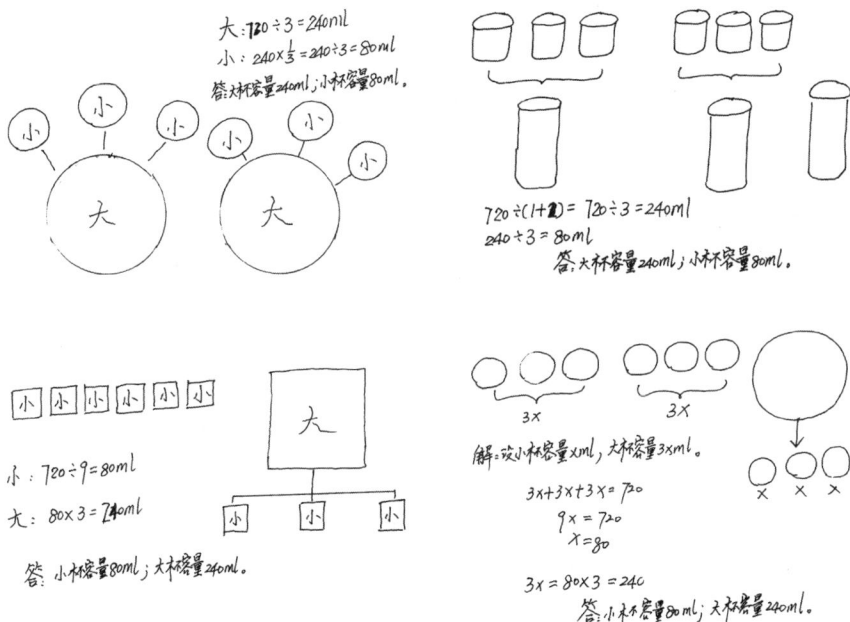

图 3 - 3 - 4

教学中，教师引导学生逐一进行对比，第一排的两种方法虽然图式不同，但思路相同，都是把小杯换成了大杯；第二排的两种图式和计算方法也不相同，但共同之处在于都把小杯换成了大杯。

从而概括出方法一：把小杯全部换成大杯；方法二：把大杯全部换成小杯。让学生明白，因为题目中有两个未知量，不好直接求出来，通过"换"可以变成一个未知量，就能求出结果了。

总之，"简约而不简单"，课堂唯有做到简约，才能真正实现低耗高效！图式的介入不失为一种好的教学策略。它能把学习的时间、空间和权力交给学生，真正体现学生在学习过程中的主体地位。图式在教学中运用得当，可以更加省时高效，同时可以删繁就简，并且让学生学会一种看得见的学习方法。

第四节　图式优学彰显个性

一、图式优学个性化特征解析

所谓"个性"，是指思想道德、身体心理、文化科学、劳动技能、审美能力及情趣等诸方面的素质在个体身上的不同组合而显现出来的个体性格特征。个性不是与生俱来、凝固不变的，它随着人的年龄的增长而发展，它是"一个人不断变化中的全体和综合"。而个性教育是着眼于充分发展人的个性而实施的教育。它针对人的个性差异，通过训练和培养，使人的个性得到充分的发展。

图式是在以往经验的旧知识与新信息相互联系的基础上，通过"同化"与"顺应"而形成的，是以往经验的积极组织。图式决定着人做信息选择时相应的内容和倾向偏好。图式一旦形成，具有相当的稳定性。

1. 体现教学独创性

教学个性有鲜明的独创性，这使得教学个性与"求异"紧密相关。教学需要新颖突破，与众不同，要常教常异。它的"求异"，是教学个性化的表现。教师通过个体的劳动展现出千姿百态的"教学的我"，在风格、手段方法等方面表现出"我的个性"。另外，教材的理解，知识的传授，学生能力的培养，智力的发展，师生之间及学生之间的协调，教学活动的组织等，无不渗透着教师的标新立异。总体而言，教师对教学艺术苦心孤诣地追求，在集大成的基础上，完成个性特征的本质飞跃，形成教学的"这一个"。图式优学的实施中的每一个图式都是独一无二的，都打上了深深的个人烙印，非常真实地诠释了每个人对事物的理解与认识。

2. 体现教学灵活性

所谓灵活，就是不呆板，能变通。这种灵活表现在：处理教材活，教师从教材的实际出发，琢磨学生的思想实际和知识实际，"胸中有书，目中有人"，有针对性地进行教学；教学设计活，教师遵循教学的客观规律，依教材特点制定教学目的，依学生特点确定教学重点；教学过程活，教师在具体的教学过程中，充分重视学生智能，因势利导，因材施教，依据学生接受知识的情况调整教学程序，活而不乱，导而不死，使之适应学生的要求。图式是可以不断修改和生成的，所以在图式优学实施中运用图式的教学是灵活而可变的，学生可以在学习的过程中不断完善自己的图式，形成新的认识。

3. 体现教学多样性

教师要尝试不同的教学方法，使教学过程始终处于新的状态，激发学生的学习欲望，让教学效果达到最优化。每一节课堂教学精心设计，别出心裁，还能使学生打破思维定势，做到思想解放，富有创造性。但是，教学的多样性并不意味着教学始终处于一种游离状态，而是在教师独特的整体风貌基础上显示出不同的特点，做到"不离其宗而万变"。在图式优学的实施中，图式教学能充分体现出教学活动的多样性以及丰富性。

4. 体现教学时代性

实施教学个性的最终目的就是要培养学生独立自主创造的个性，以适应时代的要求，这就决定了教学个性的设计必须遵循时代性原则。在图式优学的教学实施过程中，在考虑学生认知结构的基础上，对教材内容的拓展紧扣时代的主题，能有效地优化教学效果，激发学生学习欲望。另外，现如今已经进入了一个读图时代，让学生在课堂中多读图、绘图是培养一个人用便捷的方式理解信息和反馈信息的过程，我们的教学活动应当，也必然会与这个时代齐头并进。

二、个性化特征的实践例谈

每一百个人心目中就会有一百个"哈姆雷特"，每一百个人就会绘出同一个内容的一百个不同的图式并呈现出来。图式优学的教学实施中不仅能显示教师的个性，如在图式的选择上，有的老师擅长版画图式，有的喜欢制表，有的倾向于使用搜集的写真图片、视频……只要选择恰当，使用巧妙，有利于学生的学习都是提倡的。更重要的，还要以生为本，在教学中用好图式，保护、体现、尊重学生的个性。

1. 以图式启示学生个性化理解

新课标强调以人为本，尊重学生的个性。现行教材提供了丰富多彩的与所学知识相关的插图，这些插图不仅为学生提供了大量的信息，更重要的是它能够让学生通过视觉激发走进情境。图式优学实施中，教师充分挖掘教材资源，设法让静态的插图动起来，巧妙地引导学生仔细观察，设身处地地想象，很好地将插图创设的生活、问题、矛盾、操作等多种情境活化了起来，能加深学生个体对知识的理解，更好地展示学生的个性。

例如苏教版《语文》六年级（上册）《负荆请罪》一课为历史话题，课文中配了一幅

"廉颇背负荆条跪在蔺相如门前请罪"的插图。原课文只是简单地提到廉颇负荆请罪，至于他俩分别想些什么、做些什么、说些什么，课文只字未提。但这却是学生感受将相爱国情操的精彩一幕。于是，教师让学生仔细观察蕴含问题或矛盾因子的插图画面（图3-4-1），来帮助学生展开丰富的想象。特别是图中人物的动作与表情，想象他们会想些什么、做些什么、说些什么，然后将当时"负荆请罪"的情景还原出来。结果学生兴趣盎然，充分表达了他们独特的阅读感受。

图3-4-1

图式优学实施中，教师引导每一位学生带着自己的解读走进插图画面，让静止的画面活了起来，让课本知识与学生的生活经验有机地联系了起来。

2. 以图式激发学生个性化表达

巧妙地运用"图式"，对教师而言，它以简洁、概括的形式，为教师的讲解起到提纲挈领、画龙点睛的作用；对学生来说，它能以直观的形象，启发学生思维，有利于提高学生对认识知识内容的个性化表达。

例如在苏少版《美术》一年级（下册）《卡通画——葫芦娃》图式优学实施中，教师首先用看剪影、猜卡通形象的方法，来激发学生画卡通人物的兴趣，让学生了解卡通画，从而相机总结出卡通形象具有夸张、拟人等特点，并板画出来（图3-4-2）。

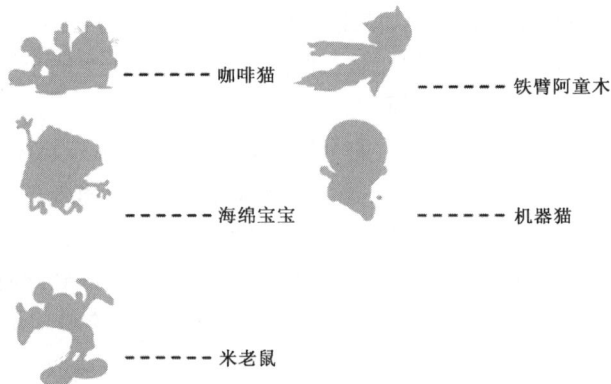

------ 咖啡猫   ------ 铁臂阿童木

------ 海绵宝宝   ------ 机器猫

------ 米老鼠

图3-4-2

为了给学生留有充分的想象空间,教师采用了剪影图形呈现。随后,教师再讲解葫芦所蕴含的丰富的民俗文化内涵,展示一些利用葫芦形象制作的艺术品等,并引导学生充分利用葫芦特有的优美形态,将心中各自喜爱的卡通人物画出来。学生兴趣盎然,结合自己的认知,绘画出了可爱的卡通形象(图3-4-3)。

图3-4-3

整个美术活动激发了学生的创意热情,挖掘出学生潜在的创意意识和他们的创作灵感,使学生通过绘画,自由地表达出个人对卡通人物的喜好。由于学生的个性差异以至表现形式各不相同,产生了丰富多彩的创意表现。

总之,教师要在运用图式的教学过程中,锤炼独特的教学个性;在充分尊重学生个体差异的基础上,在图式教学设计的过程中贯彻独创性、灵活性、多样性、时代性的原则,使教学能最大限度地促进学生的成长。

第四章 图式优学的操作要义

图式的目的是为了优学,是为了让学生在学习的过程中借助图式明晰学习的路径,调整与完善学习的思路,呈现学习的结果,使儿童真正成为学习的主人。在实际操作中,要根据教学目标、教学内容结合课型特征选择合适的图式;注意图式出现的时宜,创造有利于学生自我构建图式的空间;在图式的运用过程中,要有利于突破教学重难点,启发学生智慧。

第一节 图式优学的操作方向

含有图式的教学不一定是高效的教学,图式优学倡导高效优化的教学。这就要求在具体操作设计图式时要以目标落实为宗旨,图式是手段,实现教学目标是终极目的;要注重结合课型特点,依据课型选择图式方式,适合的才是最好的;要关注使用图式的时机,适时恰当使用;要有利于知识体系的建构,借助图式形成知识网络;还要有利于启发思维、激活思维,使学生处于思维的巅峰状态。

一、注重目标落实

"目标",从辞源意义上来解释,"目"就是眼睛,"标"就是靶子,目标即眼睛所盯着的靶子。新课标理念下的"目标"是指教学活动实施的方向和预期达成的结果,是一切教学活动的出发点和最终归宿。教学目标常被看作教学活动的"第一要素",确定准确、合理的教学目标也被认为是教学设计的首要工作或第一环节。由此可见,教学目标是一切教学过程的出发点,又是教学过程的归宿。它必然是"图式优学"的核心,是教学的主攻方向,是教师智慧的体现。借助图式教学可以让教师更加深入地研读教材,把握住教材的重难点,找准切入点、突破口,从而使学生对知识的理解更加深刻、掌握更加牢固,更好地实现教学目标。

1. 操作要点

在"图式优学"实施的过程中,教师通过分析教材,预设学生的问题,根据自己的教学特点和本班学生实际情况来制定符合学生特点的教学目标,这样的课堂教学效果才是最佳的。落实教学目标的重要性在"图式优学"中不言而喻。

（1）不可忽视现有"图情"

充分了解学生图式学习的起点，把握住学生的最近发展区是图式教学中不可忽视的。每个年龄阶段的孩子对图式掌握的起点各不相同。对于低年段的学生来说，由于年龄的特点，他们喜欢用图形、实物等比较直观形象的图式来表示数量的理解、词语的内涵和文章的要义；中年段的学生随着年龄的增长已经具有了一定的抽象概括的能力，他们开始用图表、较复杂的线段图式来帮助学习；到了高年段，学生的抽象、归纳、概括的能力得到进一步提高，他们能用一幅完整的网络图、结构图、流程图等揭示知识之间的联系和区别。可见，只有关注学生对"图情"掌握的起点，教师才能制定正确的、符合学生的图式教学目标，才能走进以学定教、顺学而导的"图式优学课堂"。

（2）不可盲目制造"图式亮点"

每节"图式优学"研究课，老师们或许都在思考：如何体现"图式"优学？说得具体点就是，这节课的"图"是什么？如果老师们每拿到一篇教材，还没弄清本课的教学目标是什么，就"出示图式"，这种为"图式"而"图式"的行为，违背了"图式优学"的初衷。无论是什么样的教学研究，落实教学目标是根本，课堂上所有的教学活动都应该围绕教学目标来进行，图式则用在可用之处。运用图式既要根据教材内容，又要考虑学情，切不可盲目。

2.操作方法

在"图式教学"的课堂中，要落实图式教学目标，应该有以下几个步骤。

（1）细化教学目标，实现图式价值

在落实教学目标前首先要细化目标，在细化的过程中教师首先将教学总目标细化为目录，分为单元教学目标和课时目标，这样细化的目的是为了以目标实施的阶段性和层次性保障目标落实的有效性。针对本学段学生的认识规律和年龄特点，提出一些具体的用图式实现教学目标的策略和方法。

（2）调查学生图情，定准教学目标

在"图式优学"研究中，老师们发现：课前了解学生图情掌握情况对于运用图式实现教学目标十分关键。所以，我们的"图式优学"课堂要密切关注学生的现实起点，站在学生的角度组织教学，使教学重点落入学生的"最近发展区"。要把握学生图式学习的起点，教师首先要认真研读教材。从整体上把握教材编排的特点和体系，研究新学内容在整套教材中的地位，把知识串成线，知识线连成面，知识面拼成体，形成知识系统。接着再根据学生情况，实施教学。

（3）借助图式教学，落实教学目标

精彩的课前预设是落实三维目标的基础，而教学过程才是落实三维目标的灵魂。课堂上要以师生为教与学主体，以过程与方法为教学实体来构建教学过程，这才是三维目标落实的教学过程。教师的主导活动表现为价值引导，如教学中围绕教学目标，根据教材内容，引导学生构建"要点脉络图式"，这样的图式可以是显性的，也可以隐性的。学生的主体活动表现为自主构建，如教学中在接触一个新知识点时，学生根据自己的理解绘制出"思维导图"。利用图式的教学过程有利于教师的价值引导和学生的自主构建的统一。这样的课堂知识结构越来越牢固，过程越来越体现主体参与，方法也由演绎走向归纳与创造，情感态度价值观也可以得到充分的体现，三维目标得以落实。

【课例】老师在教学苏教版《语文》三年级（上册）《北大荒的秋天》一课时，借助了北大荒的天空、小河、原野、果实等图式（图4-1-1），从这四个角度以问题为纽带，运用了比喻、拟人等多种手法，回答了北大荒美丽秋天的鲜明特征，展现出一幅秋色怡人的动人画卷，使人们深切地感受到秋季丰收的喜悦。通过学生层层探究，预设的教学目标随之完成，这幅"图式"的设计把文本学习串联成线，课文不再是简单枯燥的学习工具，而是富有生命感染力的生动材料，本课的教学目标也得到了充分的落实。

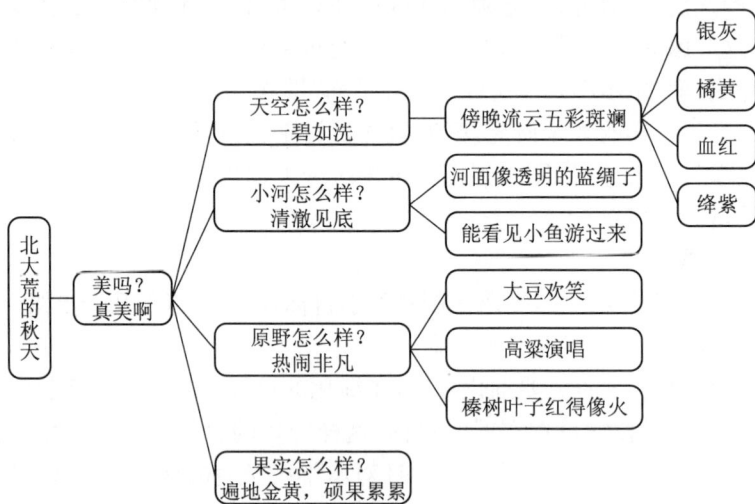

图4-1-1

（4）巧设图式练习，强化教学目标

课堂练习的巧妙设计是落实教学目标的一个重要环节。本环节中，引导学生根据课堂学习的内容和学习情况，以灵活多样的方式对所学知识进行全面的回顾、归纳、总结、整理和反思，从而达到知识系统化的目的，同时更进一步强化教学目标。练习设计应少、精、巧，要能够既可以考查学生对新知识的理解和掌握，又可以启发学生举一反三，巩固课堂知识。

【课例】苏教版《数学》六年级（下册）《分数、百分数总复习》一课时，拓展练习部分，教师设计了如下习题（图4-1-2），密切联系学生生活实际。

对于这样的一个开放练习题，给学生提供了不同的解题思路，这样的图式练习设计，既强化了本节课的教学目标，又发散了学生的思维。练习中的解题步骤、思考方法是通过学生亲身经历、体会、感悟出来的，不是靠别人告诉的。这样得到的知识会更牢固！

张老师一家5口准备去看电影，下面是各影院的优惠活动，你觉得他们去哪家影院看电影比较划算？

片名	《哈利·波特》	
定价	70元	
优惠活动	甲影院	买三张票送一张
	乙影院	七五折
	丙影院	每满100元减25元

图 4-1-2

二、注重课型特征

"课型"是在学校教育的语境中经常涉及的一个话题。赫尔巴特的教学过程理论中指出课的类型划分应该与教学结构密切相连。他认为"课型"是一个极具实际操作性的概念，课的类型是根据它的主要教学目的来设定的，而教学目的又在根本上决定着教学方法的选择。

因此，我们认为课型可以根据课的主要教学目标来设定。我们将课型分为以下三种：(1) 新授课是以引导学生探究新知识、学习新方法、掌握新技能为主要教学任务的课。教学时应更多的选择图式探究、图式归纳的方法。(2) 练习课是新授课的延续和补充，以巩固所学基础知识和形成熟练的技能技巧为主要教学任务的课。教学时应选择错例解析、图式纠错、分层精练等图式方法进行教学。(3) 复习课是以引导学生梳理知识，加深学生对知识的理解和记忆，使知识系统化为学习任务的课。教学时应更多地选择图式梳理、题组优练、思维拓展等方法。因此，根据学科特点划分课型，根据不同课型找出不同的教学规律，更有利于教师驾驭教材，调控课堂，也有利于学生摸索和掌握有效的教学方法、规律，对优化课堂教学、提高课堂教学效率有着重要的意义。

在实施"图式教学"的研究中，老师们根据不同的课型采用不同的"图式"进行教学。借助"图式"教学的课堂是师生的动态互动中自然而然发生的课堂，这样的课堂尊重学生的主体地位，善于捕捉学生思维的闪光点。

1. 操作要点

(1) 既重"显性图式"的呈现，也重"隐性图式"的构建

图式理论认为，图式是人头脑中存在的知识单位，能充分运用过去获得的知识在头脑中贮存的方式，对新信息起积极的构建作用。"显性图式"侧重于形象思维，肉眼直观可以看到；而"隐性图式"侧重于抽象思维，肉眼无法看到。前者是基础型外在表征形式，后者是发展性内存潜在形式；二者虽都以"思维"为核心，但后者经过加工、提炼，显示出学习者能力的飞跃。

在新授课的教学中，由于教学的侧重点是帮助学生掌握新知，故教师借助"显性图式"串联知识点、化解教学重难点，构建知识体系是在研究过程中经常被采用的非常好的教学方法，在教学中老师们都很重视。对于小学生而言，"显性图式"看得见、摸得着，看图学，容易掌握；在此基础上，提炼抽象规律，形成"思维导图"，上升为"隐性图式"；学生再依托"隐性图式"有条理地思考，潜图变显能。随着学生年龄的增长，应该逐渐从"显性图式"走向"隐性图式"的构建，以脑中的隐性图式来理解知识，从而构建自身的知识体系。所以，在新授课上，我们的教师还应该注意孩子脑海中"隐性图式"的建立。它将成为今后在遇到类似的问题时孩子们思考的参照，是对这种学习方法的真正掌握。

（2）重"教师主导"，更重"学生主体"，应借助"图式"把二者相结合

由于复习课知识容量大，教师往往主观意识很强，过度发挥主导作用，满堂灌、一言堂，教师从头讲到尾的现象比较多，而忽视了学生才是真正的课堂主体。或是在课堂教学中开门见山，直入主题，不注重知识的生成过程，忽视了学生的自主性和创造能力，教师一味讲解、包办代替。如果复习课成了教师的一言堂，否定了学生的主体地位，就会桎梏学生的心灵，扼杀学生的求知欲和创造力，教师也无法了解学生的思维过程，无法把握学生课堂复习的效果和听课效率。这样的复习效率是低下的，甚至是无效的。

因此，复习课上借助"图式优学"把二者结合起来，能起到事半功倍的作用。复习课前，学生以自己对新知的理解，绘制单元知识"图式"，把所学的知识通过消化后以自己的方式呈现出来。这充分尊重了学生，发挥了他们的主体作用，也调动了学生学习的积极性。在复习课上学生交流各自的"图式"，教师再适时地给予点拨，提炼出图式中的重点和难点加以说明。其实在新授课及复习课上也同样如此，灵动的课堂，以"图式"把教师主导和学生主体巧妙地结合在一起，才能真正实现"优学课堂"。

（3）根据课型需要，灵活选择教学形式，不机械使用"图式优学"

"图式优学"是教学的一种形式，它并不排斥其他"多样化教学"，二者不是对立的，而是可以融合的。由于"图式优学"形象、直观，以它为突破点，有机、艺术地与情境教学、合作教学、探究教学、体验教学、反思教学等"多样化教学"适时、适当地融合，更能有效地完成教学任务。教学中，老师们提出：应根据各种课型的特点，兼顾教师的专长特点与学情差异，适合"图式优学"的才能选用，适合图式与若干教学方式的优化组合的才能优先选用。如复习课上就可以把"图式优学"和"体验教学"、"反思教学"三种教学形式结合起来，让学生借助图式，体验和反思自己获得的知识还有哪些遗漏，从而巩固所学知识。有一些学科的教学内容并不适合采用"图式优学"，那我们就不能牵强附会地生搬硬套。即使采用了"图式优学"为主，我们也尽量避免"千篇一律"，大力倡导学生按照自己的理解感悟绘制图式，自主学习。

2.操作方法

每一种课型都有其研究的目的和意义,课型的类别、特点不同,"图式教学"在此类课型中的操作方法也不一样。把握课型特点,突出研究重点是"图式教学"具体操作的依据。图式优学实际上是用分割知识框架的方式来帮助我们理解并且记住信息的一种学习方式。

(1)围绕习得新知,确定新授课的运用图式

图式新授课,是教学中最主要的一种课型。通过新授课,学生在教师的启发引导下,学会主动参与,自主探究学习,重新构建自己的知识体系,不断地提高分析问题和解决问题的能力。依据新授课的特点,教学中运用"图式探究"和"图式归纳"的图式展开。课堂上,老师选择一些学生易探究的图式展开学习,使学生在自主探究的过程中经历知识形成的过程,从而对所学课题的内容达到更自觉、更深刻、更持续的掌握,使新授知识更牢固。如,教师在英语课上可以选择一个中心词,以这个中心词为核心与学生讨论,启发学生的思维,让学生根据教师提出的有关问题进行探讨,而后找出相关词汇,且对它们进行项目组合,加强目标记忆内容和其他项目的联系,达到在探讨中增强记忆的效果。

新授课中老师也会选择一些适合整理的知识点,引导学生借助图式归纳的方法进行知识梳理。

【课例】美术课中教师在授课前以图式归纳设计思路,形成易懂、一目了然的分类要点图表,配合相关范图,让学生的学习过程思路清晰。想象不是天马行空、信口开河,它应该是在孩子们直观感受并构建与本课相关的知识体系的基础上,激发创意潜能,有效地进行系列想象创作(图4-1-3)。

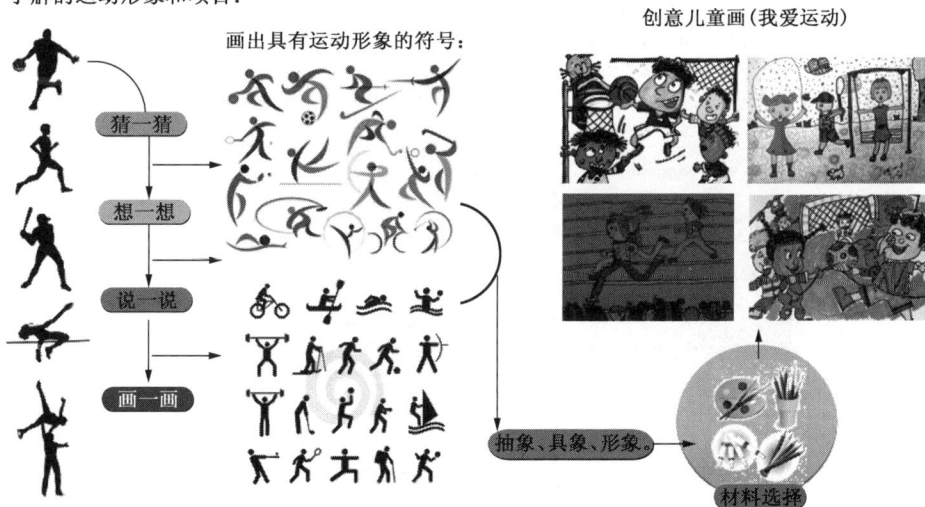

图4-1-3

（2）围绕梳理脉络，确定复习课的运用图式

复习课是对学生已学过的知识进行复习梳理的课型。其目的是使学生在原有的基础上，所学知识和能力都得到进一步提升。围绕复习课的教学任务，可以运用"图式知识点梳理"、"题组优练"等方式展开教学。

复习课中，帮助学生"构建知识体系"是不可或缺的一个重要的操作环节。"图式梳理"就是对知识进行有效的梳理，找出知识间的内在联系，使基础知识系统化、条理化、要点化。老师们借助"图式梳理"帮助学生构建知识体系，重视思维训练，提高学科能力水平是有效的教学方法。复习课前，老师们可以先让学生自己梳理所学的知识，并绘制一幅"知识网络图"，这样可以帮助学生归纳本单元的知识点，看清各部分知识之间的联系，把较杂乱的知识通过图式呈现出来，一目了然。

【课例】图4-1-4是学完苏教版《数学》四年级（上册）《垂直与平行线》单元后，学生根据自己理解的本单元知识点绘制的图式。从图式中可以看到，这位同学以"垂线、平行线"为中心，概括出了概念、分类、特性以及生活中的应用这几个方面的内容。

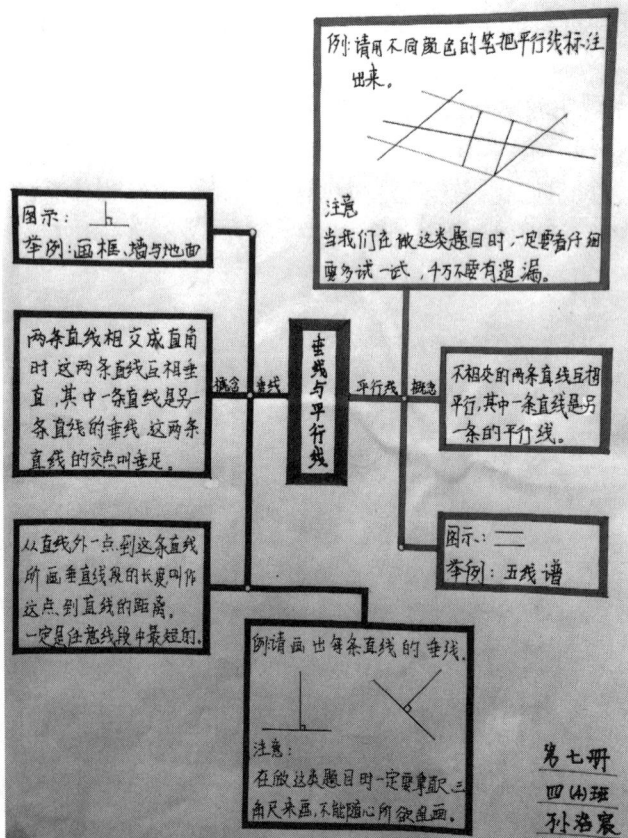

图4-1-4

复习课的任务不仅要"温故",而且要能"知新"。这"新"不仅仅包括学生的知识、技能的深化和熟练,还包括学生是否学会合作探索,学会复习,学会反思,学会知识的运用和创新,以及思维有没有深度与广度,实际生活的经验和能力有没有提高,是否会继续学习等。"题组优练"中的图式教学意在引导学生根据学习的内容,以灵活多样的方式对所学知识进行全面的回顾、总结和反思,从而达到知识系统化的目的,同时更进一步强化学习目标。教师应精心设计练习,注重把知识转化为能力,让整体的能力得到提升。练习的过程既是运用知识的过程,也是将知识转化为能力的重要途径。

(3)围绕训练巩固,确定练习课的运用图式

研究中,围绕练习课对新知进行巩固和进一步深化理解的教学任务,学校确立了操作中适用的图式:"教师错例图式解析"和"学生图式纠错"的图式。

"教师错例图式解析"是指课前教师先让学生选择一些易错的题目作为教学素材展开讨论,此环节意在启发学生回顾新知。在课堂上,学生学到的知识是"一面之交",在大脑中还没有多少印象,需要练习课时巩固和进一步消化。这时出示"错例解析"就是将新学的知识与已有的知识联系起来加以应用,这样不但能够加深理解,加深印象,还有助于知识的系统化和知识的巩固与吸收。"学生图式纠错"是课堂上对学生不太理解或容易混淆的概念或突破难点等,可以借助"图式",发挥其纠错功能,出示图式,化解难点。在练习课中可以适当安排学生质疑,有助于拓展知识,提升学习能力。学生在有疑中释疑,在释疑中达到了掌握知识、提高能力的目的。

在五年级第十册学习过《多边形面积计算》后的一节练习课中,一位同学和大家分享的易错题就是求楼梯面积的这道题:现在给学校操场看台的楼梯刷漆,求需要刷漆的面积是多少? 同学们经常会只求图中阴影部分的面积,而忽视了深色部分的面积,其实求刷漆的面积就是求每一层的底面积与侧面面积的和。老师画了张图式(图4-1-5)帮助同学们理解,看了图式,这题的解题思路就一目了然了。

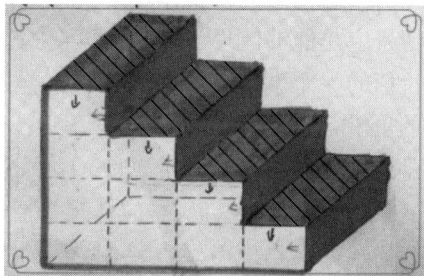

图4-1-5

一堂课是由若干个教学环节按照一定的逻辑、条理、秩序组合而成的,对"图式优学"的研究必须扎根于每一个基本环节,将其统合成一个完整的系统,使每一个教学环节和学生的学习能有机统一。

三、注重情景时宜

何谓教学中的情景? 实际上是指相对于主体以外的所有客体,具体到教学中,"景"就是教师与学生在教、学两个方面同一过程中,共同创造的学习环境;情,原指

由景物所激起的感情，在教学中是指学生在具体的学习环境中，被环境所感染、所激发，内心升起的一种感情。教学中的情景创设的主要目标是要通过教师与学生共创的教学环境来激发学生主动学习的内在感情，这种内心升华的学习冲动迫使学生调动全身的器官（如口、眼、耳、嘴、肢体等）参与到学习中，从而达到良好的教学效果。

创设有价值有趣味的教学情景也是"图式优学"的要素。只有情感真切、怡情悦心的情景才能激发学生投入地学习、积极地思考、充分地讨论，才能让学生在具体、生动、有效的教学情景中快乐学习，高效学习。

每一位教师在日常备课和教学中，都应考虑什么情景适合知识建构，更为小学生喜欢与接受。为此，教师在教学中应本着相关性原则、一致性原则和积极性原则，创设"图式优学"情景。

1. 操作要点

（1）图式情景创设，应与教学水乳交融

在"图式优学"课堂中，创设的教学情景与教学目标、教学过程应是紧密联系的，创设情景是为了辅助和促进教学，教学情景一旦与教学疏离，情景就失去了其存在的理由，不仅不能发挥其应有的服务教学的作用，甚至会成为课堂教学的干扰因素。在教学中我们经常发现：为了课堂的"热闹"而创设一些脱离实际的情景或做一些虚假的活动，这样的情景不但不能有效激发学生的积极性，其对学生所产生的潜在的不良影响也是不可忽视的。为"创设"而"创设"的行为，也违背了"图式优学"的初衷。"图式优学"课堂中的情景应是鲜活的、生动的，贴近学生的生活世界和精神世界的，这样的情景才可以与教学达到水乳交融的状态。

（2）图式情景创设，应突出学科本位

图式情景创设要体现学科特色，紧扣教学内容，凸现学习重点。当然，图式教学情景应是能够体现学科知识发现的过程、应用的条件以及学科知识在生活的意义与价值的一个事物或场景。只有这样的情景才能有效地阐明学科知识在实际生活中的价值，帮助学生准确理解学科知识的内涵，激发他们学习的动力和热情。学科性是图式教学情景的本质属性。

（3）图式情景创设，应体现怡情悦心

第斯多惠说得好："我们认为，教学的艺术不在于传授的本领，而在于激励、唤醒、鼓舞，而没有兴奋的情绪怎么能激动人，没有主动性怎么能唤醒沉睡的人，没有生气勃勃的精神怎么能鼓舞人呢?"在"图式优学"中，我们还要警惕缺乏真情的情景，即矫情。有些情景从认知层面看是到位的，是有价值的，但是教师却以一种机械的方式来展示它，结果正如苏联教学论专家斯卡特金所指出的："我们建立了很合理的、很有逻辑性的教学过程，但它给积极情感的食粮很少，因而引起了很多学生的苦恼、恐惧和别的消极感受，阻止他们全力以赴地去学习。"当然，我们强调的是真实的情感，而不是虚假的情感。

2. 操作方法

在"图式优学"的课堂中,注重情景时宜,有以下几个操作步骤:

(1) 利用图式,创设熟悉的情景

新课程呼唤科学世界向生活世界的回归。强调情景创设的生活性,其实质是要解决生活世界与科学世界的关系。为此,在"图式优学"课堂中,第一要注重联系学生的现实生活,在学生鲜活的日常生活环境中发现、挖掘学习情境的资源。第二要挖掘和利用学生的经验。陶行知先生有过一个精辟的比喻:"接知如接枝。"他说:"我们要以自己的经验做根,以这经验所发生的知识做枝,然后别人的知识方才可以接得上去,别人的知识方才成为我们知识的一个有机部分。"任何有效的图式教学都始于对学生已有经验的充分挖掘和利用。学生的经验包括认知经验和生活经验。美国著名教育心理学家奥苏伯尔有一段经典的论述:"假如让我把全部教育心理学仅仅归纳为一条原理的话,那么,我将一言以蔽之:影响学习的唯一最重要的因素就是学生已经知道了什么,要探明这一点,并应据此进行教学。"可以说这段话道出了"学生原有的知识和经验是教学活动的起点"这样一个教学理念。

【课例】苏教版《语文》五年级(下册)《难忘的一件事》

教师在教写作方法时,利用图式创设了鲜活情景。要引导学生在图式心育作文中有声有色地使用个性化、富有活力的语言,积极鼓励学生的个性化表露,不妨在文中开头以图式创设情境。如班上陈同学在补牙中学会了坚强,可补牙的事件怎样突出来呢? 文章开头,她画了一幅连环画(图 4-1-6)。

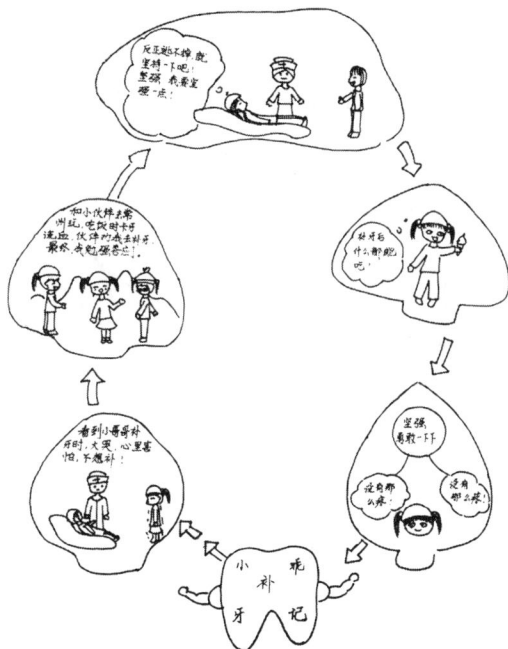

图 4-1-6

绘画的过程使她逐渐回忆起自己补牙的经历,文章描述也有了腹稿。这样的情境创设,不但可以从自己的回顾中获得心灵的抚慰,还可以从反思者的高度获取慰藉心灵的方法,从而排解心中的郁闷,解决烦恼。

(2) 利用图式,创设问题情景

创设图式问题情景,主要是在学生寻求知识和获得知识之间搭桥,引导学生质疑、探究和释疑。情景中的问题要具备目的性、适应性和新颖性。"目的性"指问题是根据一定的教学目标而提出来的,目标是设问的方向、依据,也是问题的价值所在;"适应性"指问题的难易程度要适合全班学生的实际水平,以保证使大多数学生在课堂上都处于思维状态;"新颖性"指问题的设计和表述具有新颖性、奇特性、生动性,以使问题具有真正吸引学生的力量。

【课例】苏教版《品德与生活》三年级(下册)《不说话的"朋友"》

教师在执教这一课的教学中,教师引导学生一边自学一边绘制"学习地图",确定关键词是"公用设施"。哪里有公用设施? 那儿有哪些公用设施? 公用设施的现状如何? 围绕思考题,画出干支及细叶,教学时紧紧扣住学生设计的"学习地图",让学生讨论:为什么"不说话的'朋友'会生气呢?"在积极的交流过程中产生强烈情感(对公用设施的同情,对破坏公用设施者的憎恨),在情感认同中促进了道德认识的内化——保护公用设施。事实表明,在这样的问题情境中,在学生喜爱的、乐于参与的讨论中,自我体验、感受、领悟,建构新的意义世界,才能使道德认知在多层面的体验活动中无痕地内化为道德行为(图 4-1-7)。

图 4-1-7

（3）利用图式，丰富情景信息

在教学实施的过程中，老师们通过分析、钻研教材，预设情景，如果教材中原有的情景不够形象，我们可以借助"优学图"来丰富情景图式。

【课例】苏教版《数学》五年级（上册）《分数的意义》

学生在三年级的学习中，对分数已经有了初步的认识，但由于时隔将近两年，学生对这一知识或多或少有所遗忘。课一开始教师让学生自主表征一个分数，既尊重了学生的已有经验，又唤醒学生对分数意义个性理解的认知基础，丰富多样的图式为课堂提供多元的、开放的资源（图 4 - 1 - 8）。

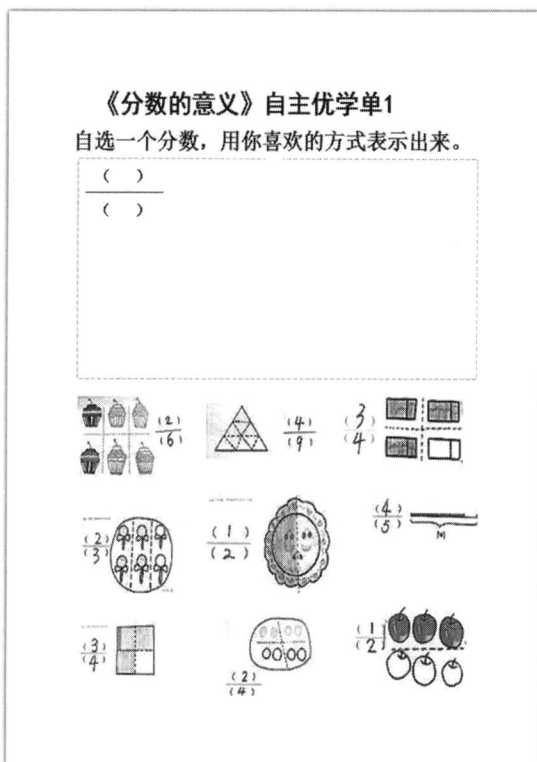

图 4 - 1 - 8

（4）利用图式，展现新知生成场景

《新课标》明确指出：数学的学习过程不是让学生被动地吸收教材和教师给出的现成结论，而是一个学生亲自参与的、生动活泼的、主动的和富有个性的过程。在"图式优学"课中，也应利用图式展现活动场景，激发学生动手操作，积极参与。这样一来，能唤醒学生强烈的求知欲，集中学生的注意力，引发学生更多的联想，有助于学生实现原有认知结构对新知识的同化和顺应，使原有认知结构得到补充和完善。

【课例】苏教版《数学》六年级(上册)《表面积的变化》

在探索规律中,教师安排了两次活动场景(图4-1-9至图4-1-12):场景一:两个长方体拼成大长方体后表面积的变化情况。场景二:用若干个相同的正方体拼成大长方体,表面积的变化情况。每次操作完后,教师又安排了小组讨论及"我发现"(表4-1-1)。这样不仅为学生提供了动手操作、观察以及交流讨论的平台,而且有利于学生克服胆怯的心理障碍,大胆参与,进而发挥了学生的主动性,同时增强了学生的团队协作意识。

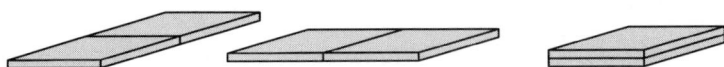

图4-1-9

2个面

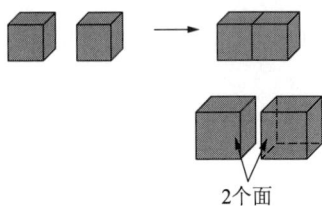

表面积减少了原来2个正方形面的面积。

图4-1-10

2个面　　2个面

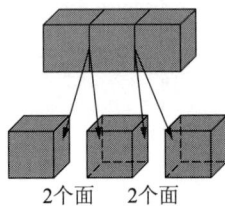

表面积减少了2×2=4个正方形面的面积。

图4-1-11

2个面　　2个面　　2个面

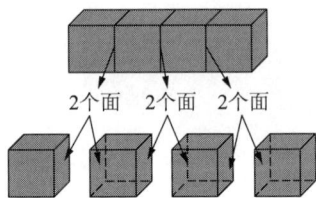

表面积减少了2×3=6个正方形面的面积。

图4-1-12

表4-1-1

正方体的个数	2	3	4	5	…
原来正方体一共有几个面					…
拼接次数					…
拼成后减少了原来几个面的面积					…
拼成的长方体的表面积/(平方厘米)					…

四、注重体系构建

所谓知识体系,就是知识系统内部各个要素之间相互联系、相互作用的方式,它有助于学习技能的"迁移"。构建知识体系是对已有的知识进行加工和重组,需要掌握知识间的内在联系,明确联系的途径和方向,这样在遇到新问题时,方能迁移运用。旧知识经过大脑加工以后,重新组合、归纳、联系、迁移,就成为"有组织"的新知识。建构主义认为,学习不是知识的传递和接受,而是学生建构自己的知识结构的过程。布鲁纳在《教育过程》中指出:"获得的知识,如果没有完满的结构把它联在一起,那是一种多半会被遗忘的知识,一串不连贯的论据在记忆中仅有短促得可怜的寿命。"新课标也明确指出:教学活动必须建立在学生认知发展水平和已有的知识经验基础之上。因此,在"图式优学"过程中,教师要注意从学生已有的认知水平和经验基础出发,找准新知识的生长点,抓住新旧知识的衔接点,帮助学生建立新旧知识之间的联系,促进学生整体构建知识。

1. 操作要点

在"图式优学"实施的过程中,老师们通过分析教材,吃透教材,在了解学生的原有基础和已有的知识经验的基础上,制定教学目标,预设教学过程,这样的课堂才有助于学生构建知识体系,培养学生的学习能力。在"图式优学"中,非常注重体系构建,那么在具体操作中老师们还需要注意以下两点。

(1)"图式优学"要体现知识的系统性

以学定教的"图式优学"课堂应体现知识的系统性,因为每一个新知都是旧知识的延伸和发展,又是后续知识的学习基础,旧里蕴新,又不断化新为旧。旧知与新知就好像一个环环相扣、节节相连的链条,纵横交错,形成一个完整的系统的知识网络,再进行思维上的整合就会形成立体的知识模块。如果教师在教学中,仅仅站在本节课的角度去思考问题,孤立地去完成一堂课的教学,即使本节课学生学习得很轻松、掌握得很好,他们在以后的问题解决中也不会综合运用知识,原因是学生所掌握的知识是零散的,没有与旧知识建立联系,没有形成一个知识系统。而关注知识整体性和连续性的"优学课堂",会促进学生理解和领会知识的联系,把握知识的脉搏,提高解决实际问题的能力。

(2)"图式优学"要体现知识的循序渐进

遵循"循序渐进"这一原则,要考虑到以下三点:① 抓好教学内容的序:教学内容的组织要注意教材的前后连贯、新旧知识的衔接,区别主次、分清难易、有详有略,做到条理清晰、层次分明、重点突出。② 抓好教学活动的序:教学中,学习的主体是学生,学习过程一般要经历由浅到深、由易到难、由近到远、由简到繁的过程。③ 抓好学生学习的序:学生学习的"序"表现为学习的计划性,教师可根据学生的实际和学生的需要帮助学生制订科学的学习计划,并严格执行,养成良好的学习习惯,这将有助于提高学生的学习效率。

2. 操作方法

在"图式优学"的课堂中，注重体系建构，有以下几个步骤。

（1）深入理解教材，立足学生实际挖掘知识生长点

教师在每节"图式优学"课堂中，都应加强对教材的研究，对教材进行深入剖析，除了理清本节课"教什么"、"怎么教"之外，更要弄清知识背后"为什么这样教"的依据，弄清这节课学习的内容是什么，它在整个知识体系中占据什么样的位置，本节课的知识学生应该掌握到什么程度，学生对这一内容已经具备了怎样的认知水平和经验基础。要紧扣"最近发展区"，挖掘新知的"生长点"，才能设计出合理的、有针对性的教学方案。

【课例】苏教版《数学》五年级（上册）《平行四边形面积的计算》

教师在执教时，先对学情和教材进行了深入研究，笔者认为：几何知识的初步认识贯穿在整个小学数学教学中，是按由易到难的顺序呈现的。平行四边形面积的计算是在学生已经掌握并能灵活运用长方形、正方形面积计算公式，理解平行四边形特征的基础上进行教学的。而且，这部分知识的学习运用会为学生学习后面的三角形、梯形等平面图形的面积奠定良好的基础（图 4-1-13）。由此可见，本节课是促进学生空间观念发展、渗透转化、等积变形等数学思想方法的重要环节。学好这部分内容，对于学生解决生活中的实际问题的能力有重要作用。在把握好教材、找准学生的起点的基础上，对本节课利用"优学图"进行了有效的设计。

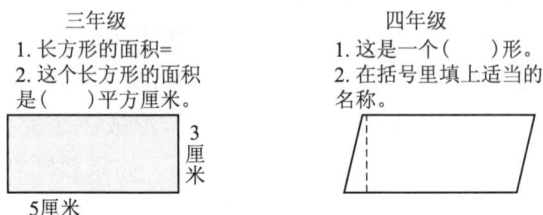

三年级
1. 长方形的面积=
2. 这个长方形的面积是（　）平方厘米。

3厘米

5厘米

四年级
1. 这是一个（　）形。
2. 在括号里填上适当的名称。

图 4-1-13

怎样比较这两个图形的大小？（图 4-1-14）

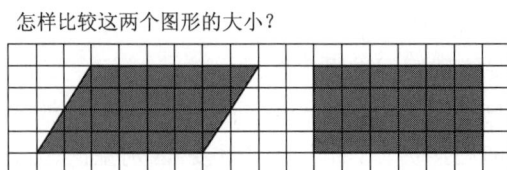

怎样比较这两个图形的大小？

图 4-1-14

本节课重在引导学生明白求平行四边形面积可以把它转化为长方形，根据求长方形面积的计算方法来求平行四边形的面积。另外，通过教具演示、学生动手剪拼、

电脑演示操作过程,以及让学生想一想、画一画等优学活动,进一步渗透转化的思想方法。

（2）以知识生长点进行学习正迁移,促进学生整体构建知识

布鲁纳认为"无论我们选教什么学科,务必使学生理解该学科的知识结构"。通过这几年的"图式优学"的研究发现,小学学科知识的系统性很强,前面知识是后面知识的基础,后面知识又是前面知识的发展,组成一个相互联系的知识体系。只有学生掌握了该学科的知识结构才能够进行正迁移,才有助于新知识的学习。在"图式优学"的研究课中,教师应从教学知识的整体出发,指导学生用联系的观点解决问题,找准知识的生长起点,可以引起学生的有意注意,促进思维交锋,使学生自觉完成从旧知识到新知识的迁移,促进学生整体构建知识。

【课例】苏教版《数学》五年级（上册）《小数乘整数》

本节课中,教师鼓励学生大胆地将个性化的图式充分展现,兼顾不同层次学生的学习状态及已有经验,当呈现出这么多的图式后,老师又引导学生给这些图式"归归类","起个名字"。这一过程,可以说最大限度地促进了学生的自我反思,使得多样化的解法得到充分解释,沟通了算理之间的联系,也为小数乘整数的笔算、理解算理搭建了有力的"脚手架"（图 4-1-15）。

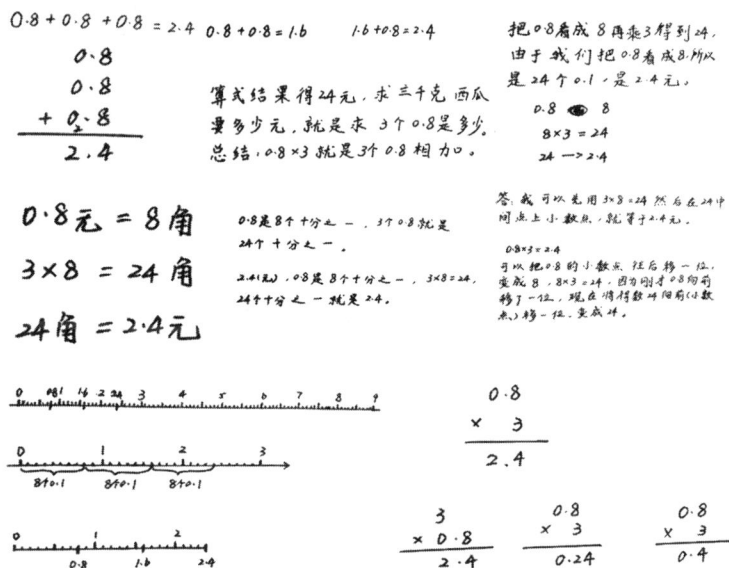

图 4-1-15

（3）让点状知识网状化,促进学生自主构建知识体系

学科中的每一个知识块都处在一定层次的系统中,知识与知识之间都存在着纵向或横向的联系,教师要充分考虑教学的连续性,将旧知与新知进行联系,减缓学习的坡度,使知识形成系统,促进学生整体构建知识。在"图式优学"的研究中,不仅要

关注构建某一节课的知识体系，还要指导学生注重单元知识点之间的联系，进行单元知识体系的构建，甚至是整个小学阶段成长过程中的知识点。及时提醒学生对单元知识进行整理与归纳，教师在授课过程中要注意方式和方法，使学生发现和了解各知识之间的内在联系，即让点状知识网状化。

【课例】译林版《英语》六年级（下册）Unit 7A Letter to a penfriend

教学时，第一课时结束前教师就设计了优学图（图4-1-16），引导学生复述，获得了成功，等到第三课时，学生已能根据同样的优学图进行不同的复述。最后总复习的时候，学生一见到这张优学图，对语篇的主要内容几乎可以脱口而出了。由此可见，优学图能帮助学生从整体上理解语篇，还可以让学生将内容合理运用，从而成为自己内在知识体系的一部分。

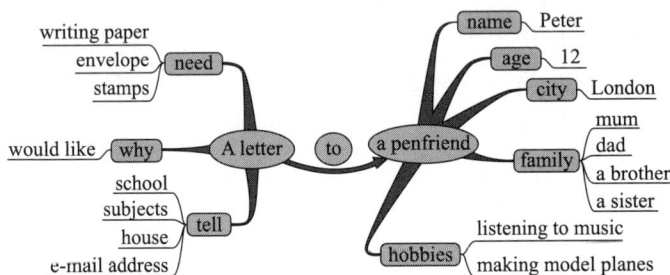

图4-1-16

【课例】苏教版《数学》六年级（下册）《圆柱和圆锥的整理与复习》

教学片断一：回顾整理，小组讨论。

生1利用圆柱的直观图，介绍圆柱的特征（图4-1-17）。

生2对生1进行补充，并呈现自己所整理的表格（表4-1-2）。

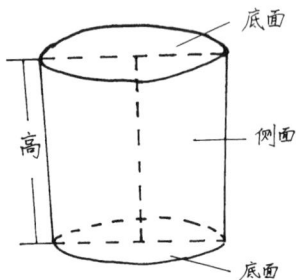

图4-1-17

表 4 - 1 - 2

	圆柱	圆锥
底面	圆柱上下两个底面是完全形同的圆形。	圆锥底面是一个圆形。
侧面	圆柱的侧面是一个曲面。圆柱上下一样粗。	圆锥的侧面是一个曲面。
顶点	没有顶点。	有一个顶点。
高	无数条高。	有一条高。

其他小组同学进行补充或提问,进一步拓展形成知识内容丰富、更具表象的优学图(图 4 - 1 - 18)。

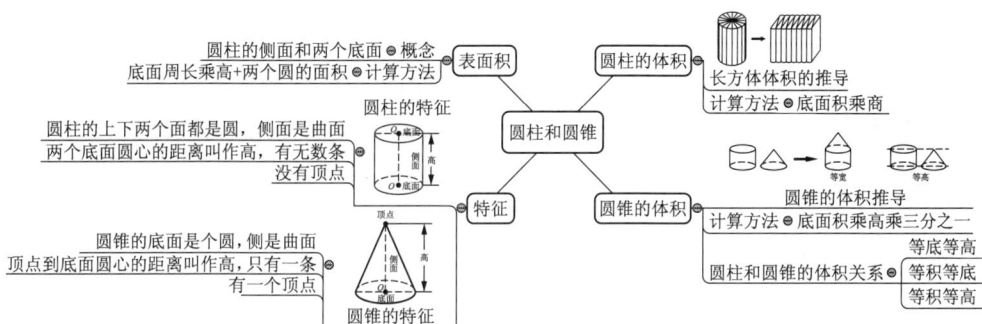

图 4 - 1 - 18

教学片断二:图式纠错。

学生自己整理错题,并进行易错点提醒及图式分析。

如"一根圆木锯成三段,一共增加( )个面",学生呈现自己所画的图式(图 4 - 1 - 19),大家一目了然。

图 4 - 1 - 19

五、注重图式启智

"图式优学"是为了科学地开发和运用图形、图片、图示等图例资源,提高教与学有效性的教学样式。早在古代,我国的大教育家孔子就提出"不愤不启,不悱不发,举一隅不以三隅反,则不复也"。学校"图式优学"研究,"启"是一个很重要的方式,对学生启发得当容易激活一节课,使学生兴趣盎然,乐学易学。"启"是挖掘学生潜智、帮助学生开启心灵的大门。开发智力是"图式优学"最重要的任务之一,提倡启发诱导的教学方式是"图式优学"的教学主张,而善于启发诱导、激思启智,则是"图式优学"的闪光之处。在"图式优学"的研究中,无不贯注着开启学生智慧、促进学生智力发展的教育思想。

为此,在"图式优学"的课堂教学中,促进学生学习、启迪学生智慧、促成学生的全面发展尤显重要。

1. 操作要点

在"图式优学"中，注重图式启智，老师们应注意以下几点。

（1）契合儿童认知的特点

小学生正处在形象思维向抽象思维过渡的阶段，而很多学科知识又比较抽象，与学生的认知能力存在一定的差距，所以经常需要借助直观的教学手段来实施教学。并且学生原有认知结构的多与寡、简单与复杂、合理与不合理，直接影响着学习效果。因此，在让学生获得一个新的图式之前，我们需要知道与此相关的知识学生了解多少、程度如何，然后据此采取有效的教学方法。接着再利用"图式"直观的特点，帮助学生从直观的图形或符号中找寻到解决问题的入口，便于学生分清其中的关系，从而丰富学生的学习手段，实现将相对模糊的问题或关系变得明了、清晰。

（2）发挥"图式"的特性

"图式优学"的目标之一是发展学生的思维，如果仅靠常规的问题或内容难以最大限度地启迪学生的智慧，同时深奥的问题又容易给学生带来不必要的学习困难，所以要适时适度地插入或借助图式来解决一些精心设计且有利于发展学生思维能力的问题。因为图式具有形象性、系统性、开放性等特征，有利于深化学生对新知的认知，提高学生的思维含量，达到发展学生思维的目的。

（3）选择适时适宜的图式

在我们日常的课堂教学中，游戏、比赛、实验等形式能创设形象直观的情景，我们也可以根据知识的特点和实际情况，总结出多种策略一并运用。图式对学生来说是有效的学习方式之一，但并不是所有的教学活动都要用到图式，不能为图式而图式。要考虑图式是否能激活学生思维，提高学习效率，优化学习方法等。因此，我们必须处理好图式化教学与多样化教学的关系，在日常的学习中有机结合图式，教会学生思考，相信学生的学习一定会事半功倍。

2. 操作方法

在"图式优学"的课堂中，注重图式启智，可从以下几点做起。

（1）利用儿童已有图式进行启发

教学到底从哪里起步？作为教师，应该首先考虑：学生们已经掌握了什么？他们还需要学些什么新知识？在学习新知识之前，他们已经具备了什么样的基础？教学的起点要适合发展儿童，要充分尊重儿童已经具备的图式，激活儿童原有的图式。

【课例】苏教版《语文》一年级（上册）《识字》

教师在执教该课时，充分尊重了儿童已经具备的图式，激活了儿童原有的图式。

本课是一年级学习课文的第一课，孩子刚开始学习写汉字，每个汉字就像一幅画，学生掌握了基本笔画，写出正确的字就比较容易，但对汉字的间架结构及书写规则还不能完全理解。本课教学结合优学图（图4-1-20），让学生

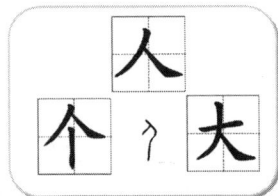

图4-1-20

观察"人、个、大"三个字中的撇捺的位置,学生会发现撇捺的长短及变化,从而明白汉字书写中"避让"的规则,对孩子在起始阶段学习汉字的书写帮助很大。本节课优学图的合理运用,既锻炼了孩子的观察力,同时培养了孩子对汉字书写的审美情趣以及认真细致的学习习惯,让孩子在习字的开始就起点较高,对孩子今后的学习有很大的帮助。

（2）挖掘课本插图进行启发

新课标强调以人为本,注重学生学习兴趣的培养。新教材提供了丰富多彩的课文插图,这些插图不仅为学生提供了大量的信息,更重要的是它能够让学生通过视觉激发走进情境,从而突破重难点。如果教师能充分挖掘教材资源,设法让静态的插图动起来,课堂教学就会更具有吸引力,更能培养学生的学习兴趣,提高课堂效率。教师只要巧妙地引导学生仔细观察,设身处地地想象,就能很好地将插图创设的生活、问题、矛盾、操作等多种情境活化起来,让学生仿佛身临其境。

【课例】苏教版《数学》三年级(上册)《两位数除以一位数(首位不能整除)》

教师在执教时,先让学生自己动手操作,然后让每个人带着自己的解读走进课本插图,让静止的画面活起来,从而突破教学重难点。

在教学例题52÷2时,老师设计让学生在作业纸上先尝试解题,再让学生通过摆小棒来验证,思考:为什么有的同学算的和摆出来的结果不一样呢?请学生将分小棒的方法在黑板上摆出来,形成一幅与课本插图一样的小棒图。接着,师生一起讨论笔算的竖式,在计算过程中,紧扣课本插图,图数对照,将竖式中的每一步与图中的小棒联系起来,帮助学生理解十位上的余数为什么要和个位上合起来继续除这一难点(图4-1-21)。这样的一个优学设计搭建了学生从直观思维到抽象思维的桥梁,减少了学生对竖式理解上的困难,避免了知其然而不知其所以然的情况。

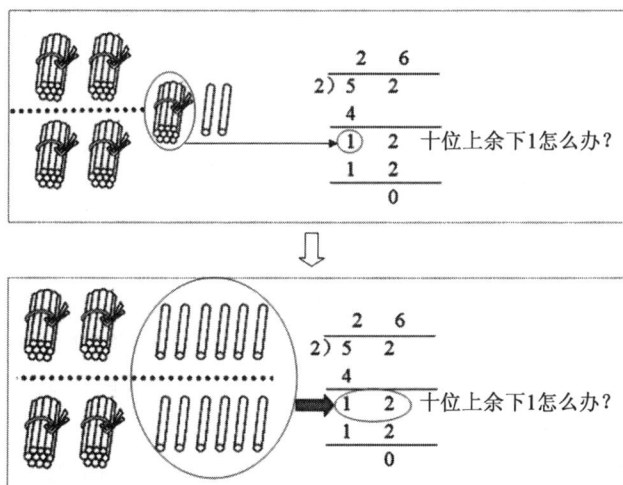

图4-1-21

（3）利用图式形成过程进行启发

学习活动不单纯是由教师向学生传递知识的过程,而应该是由学生自己建构知识的过程;学生不应该是被动地接受信息,而应该是主动建构信息。为了使学生能更积极主动、更好地参与学习,教师应从学生已有的图式及内在的需要出发,从知识的发生和发展过程出发,让学生亲身经历图式形成的过程。学生在绘制"图式"中如见其人、如闻其声、如临其境,在头脑中容易生成新的"图式"。

【课例】苏教版《语文》三年级(下册)《北大荒的秋天》

教师在执教第四自然段时,让学生自主阅读,绘制了一张"图式"(图4-1-22)。

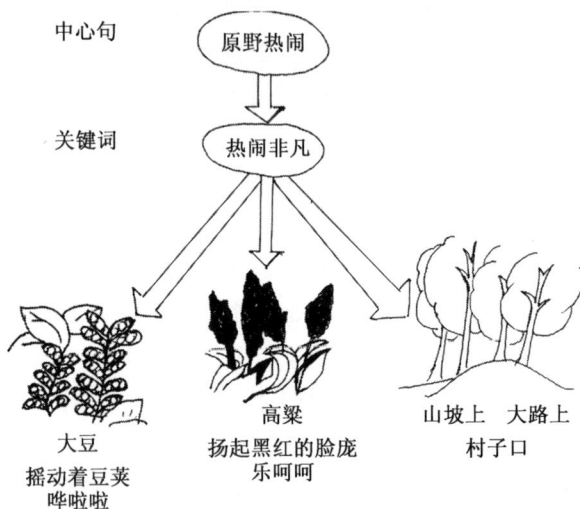

图 4-1-22

从图中,可以一目了然地看出学生学习的过程。学生抓住中心句深入各段,初步明白了各层次之间的关系,这种关系围绕中心并列展开。中年级学生从段到篇的概念在学习中进一步形成。

（4）利用图式板书进行启发

板书作为教师口头教学语言的摘要和补充,同课堂提问一样,也必须具有启发性。教学时,通过板书,可以集中学生的注意力,诱导学生积极、深入、灵活地思维,认真分析并找出解决问题的关键与途径。优秀的课堂板书可以突出知识的关键与重点,能够揭示知识的内在规律,有效地组织学生的注意,进行思维导向。实际上,高质量的板书就是一幅幅生成的图式,所以在"图式优学"的实践中,教师要悉心钻研教材,依据小学生的思维特点和年龄特点,对知识的关键、重难点,进行妥善的教学处理,设计板书,使之成为学生思维的向导与阶梯。

【课例】苏教版小学《数学》第八册《小数点位置移动引起小数大小的变化》

如教学小数点位置移动时,我们在学习小数点向右移动一位、两位、三位……可以知道小数扩大了10倍、100倍、1000倍……通过板书,可以启发、引导学生依据小数点向右移动的规律得出小数点向左移动变化的规律(图4-1-23)。

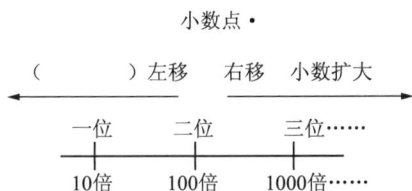

图4-1-23

【课例】苏教版《数学》五年级(下册)《圆的认识》

如《圆的认识》的板书,借助圆形做框架,把圆的各部分名称,半径、直径的特点,以及它们之间的关系通过板书充分表现出来,突出了本课的重点和精要,使板书成为一幅关于圆的知识的概要图(图4-1-24)。

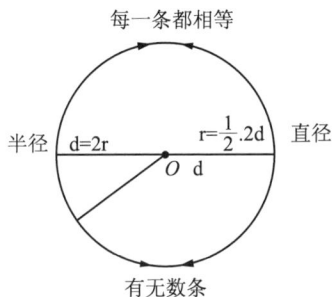

图4-1-24

第二节　图式优学的实践分类

图式一直伴生在教学中,根据不同图式在教学中的用途与价值,把它们划分为导学图式、助学图式和展学图式三大类。

"导学"的"导"指:导入和引导。导学图式一般在教学的初始阶段使用,其基本价值在于引导和展开学习,提供学习的信息资源与素材,创设学习的情境与氛围,引发学习的思考与探索,激发儿童的学习兴趣。

"助学"指的是教师帮助学生学习和同学之间互助学习。助学图式存在于教学的主要过程当中,其基本价值在于提供系统化、流程化、方法化的帮助与指导,以使儿童比较有效地完成知识的学习,并逐渐形成图式的学习方法与思维方式。

"展学"指展开学习过程和拓展知识。展学图式在知识的应用与拓展阶段出现,其基本价值在于引导学生灵活运用知识,启发学生通过有意义建构形成优质的认知,形成新旧互相搭建的知识体系。

一、导学图式

1. 语文学科的导学图式

依据语文学科特点与教学实施将导学图式进一步明确为三类常用的具体的图式：情境激趣图式、背景再现图式、经验唤醒图式。

（1）情境激趣图式

情境激趣图式主要指借助与文本相关联的一个情景导入，创设一个学习情境，营造和谐的学习氛围，激励儿童积极主动地参与到学习活动中去。

【课例】苏教版《语文》一年级（下册）《咏华山》

教师在教学《咏华山》一课时，发现大部分学生没有去过华山，即便去过，也对华山的陡峭险峻、高耸入云缺少认识。导入新课时教师利用多媒体出示情境图再现华山的壮丽景色（图4-2-1和图4-2-2），激发学生学习课文的积极情绪和浓厚兴趣，从而使学生对华山有一个比较感性的认识。

图4-2-1 　　　　　　　　　　　　　　　图4-2-2

一段清晰的视频使学生初步感受到华山的高峻、雄伟、壮观，为后面重点学习第二自然段及整篇文章创设了情境，使学生入情入境，初步感知华山的高这一特点。在美好的情境中，一堂别开生面的阅读课就展开了。

（2）背景再现图式

背景再现图式指语文教学中利用图式，再现文本中的时代、事件、人物等背景资料，拓展了学生知识面，激发了学生阅读兴趣，加深了学生对文本的理解。《梅兰芳学艺》《孙中山破陋习》《虎门销烟》等内容和历史相关的课文多需要用到此类图式。

【课例】苏教版《语文》二年级（上册）《梅兰芳学艺》

教师在教学《梅兰芳学艺》一课时，先播放梅兰芳京剧《贵妃醉酒》的几句唱词，介绍了京剧，引出了京剧大师梅兰芳，出示梅兰芳扮演的洛神、白蛇、贵妃扮相（图4-2-3和图4-2-4），教师介绍他是我国杰出的京剧表演艺术家，他形成了一个独特的艺术流派,被称为"梅派"。

图 4-2-3

图 4-2-4

教师通过图式来帮助学生认识和了解梅兰芳。"贵妃醉酒"的图式拉近了学生与人物扮演角色的距离,图式的巧妙使用再现了人物背景资料,让学生对京剧、对梅兰芳都有了一定的认识,为新授课的学习排除了理解的障碍。

（3）经验唤醒图式

经验唤醒图式指借助学生已有知识经验组建的图式,唤醒学生大脑中与新知相关联的部分,激活相关图式,迁移到新授课的学习中,从而激发学生对新知识的学习兴趣。

【课例】苏教版《语文》二年级（上册）《识字 8》

教学中,教师运用转盘图让学生复习"苗"字家族的字（图 4-2-5）,根据学生回答,相机出示:喵、瞄、描、猫、锚。接着引导学生仔细观察,看看发现了什么。通过转盘图的直观演示,学生轻松地发现了形声字形旁表义、声旁表音的规律。

《识字 8》一课借助前面学过的《识字 4》"苗"字家族的形声字,以巧转字盘的形式激趣导入"包"字家族生字的学习（图 4-2-6）,唤醒学生原有的对形声字的构字规律的认识,从而使学生自信地开始新的学习,真正实现了优学巧教。

图 4-2-5

图 4-2-6

2. 数学学科的导学图式

"数学图式"是数学学习中很常见的一种方式,它把学习的内容较为形象地存储在学生的记忆中,帮助学生更好地理解知识、建构知识间的联系。针对数学课堂学习中的三个环节以及不同图示的具体作用,将导学图式细化为情境激趣图式、信息检索图式、自研导引图式三类。

(1)情境激趣图式

情境激趣图式主要是借助一个具体形象的场景或氛围,营造和谐的学习氛围,激励儿童积极主动地参与到学习活动中去。它可以是一幅具体的情境图,也可以是一段学生喜爱的音乐,一个有趣的小故事。

【课例】苏教版《数学》五年级(上册)《小数乘整数》

计算对于学生来说是比较枯燥的学习内容,教师在教学"小数乘整数"时联系我校实际情况,借助宝葫芦文化,创设让宝葫芦带着大家进入"奔跑吧!同学"的活动情境,激发学习兴趣(图4-2-7)。

利用情境激趣图式后,联系同学和课堂的学习不再是教师,而是宝葫芦和它手中一系列的任务卡。整个情境贯穿全课,学生跟着宝葫芦依次进入"纪念品商城—反斗奇兵营—魔幻舞台秀—奇妙科学宫—纪念品商城"的情境(图4-2-8)。学生学习兴趣十分浓厚,再也不觉得"小数乘整数"这部分内容计算很烦琐,而是真正成为学习的主人,充分调动了学习积极性,还有很多同学自发地探索起简便的计算方法呢!

图4-2-7

图4-2-8

(2)信息检索图式

信息检索图式是指数学课中所要解决的数学问题,所要学习的知识内容,带着浓浓的生活情境的图式。它可以是一幅有情节、有人物、贴近生活的场景图,学生需从中选择出相关的数学信息的图式。

【课例】苏教版《数学》二年级(上册)《求比一个数多几或少几的数是多少》

教师出示例题图(图4-2-9),引导学生思考从图上获得哪些数学信息,然后出示信息检索图式(图 4 - 2 - 10),帮助学生整理信息。学生对本题中的 3 个条件(① 小英做了 11 朵花。② 小华比小英多做 3 朵。③ 小平比小英少做 3 朵。)和 2 个问题(① 小华做了多少朵? ② 小平做了多少朵?)一目了然,帮助学生更清晰地审题。接下来继续引导学生利用信息检索图式来思考"小华做了多少朵"和"小平做了多少朵"各要用到哪两个条件,学生快速地在相应条件后面画"√",从而轻而易举地解决了问题。

整理信息:

① 小英: 做了**11**朵。　　√

② 小华: 比小英多做**3**朵。√

③ 小平: 比小英少做**3**朵。

图 4 - 2 - 9

整理信息:

① 小英: 做了**11**朵。　　√

② 小华: 比小英多做**3**朵。

③ 小平: 比小英少做**3**朵。√

图 4 - 2 - 10

　　本例题对于刚进入二年级的学生来说,题目中提供的条件比较多,并且是以文字的呈现方式出现,学生不能一目了然。教师利用信息检索图式引导学生在思考不同问题时进行相应的信息检索,通过在相应条件后面画"√",引导学生思考求"小华做了多少朵"和"小平做了多少朵"各用什么方法计算。就这样,运用信息检索情境图式,学生快速地找到解决"小华做了多少朵"和"小平做了多少朵"这两个问题所需要的条件,清晰而准确地解决了这两个问题。

（3）自研导引图式

自研导引图式是教师指导学生展开自主学习时出示的一种图式,意在对学生的学习提出明确的要求,也就是一幅指导学生如何自学的流程图。它帮助学生了解学习步骤,明确学习目标。

【课例】苏教版《数学》五年级（下册）《分数的意义》

教师在执教《分数的意义》一课时给学生提供自研导引图式单（图4-2-11）。

涂色部分可以用哪个分数来表示?

分一分:

分数: $\frac{(\quad)}{(\quad)}$

填一填:把（　　）看作单位"1",平均分成（　　）份,
涂色部分表示这样的（　　）份。

想一想:涂色部分还可以用哪些分数表示?

图4-2-11

在这份自研导引图式单中,教师对解决"涂色部分可以用哪个分数来表示?"这个问题提出了明确的要求,让学生先通过分一分,再填一填"把（　　）看作单位1,平均分成（　　）份,涂色部分表示这样的（　　）份",最后再引导学生想一想:"涂色部分还可以用哪些分数表示?"

利用自研导引图式,每一步的要求具体可操作,并且层层递进,使学生明确学习步骤。学生先根据自研导引图式单在小组中进行自主交流,然后通过小组交流与分享,体会到同样是涂出6个红星星,但是由于分的不同,涂色部分所表示的分数就不同,可以平均分成2份、4份、6份、12份……随之分数的意义也是不一样的,有利于学生在自主探索和交流的过程中逐步理解分数的意义。

3. 英语学科的导学图式

根据英语学科特点,导学图式具体分为情境激趣图式、脉络引导图式和辨异导学图式三类。

（1）情境激趣图式

借助与文本相关的场景或人物,创设一个学习英语的情境,将学生引入情景中进行感知、认识和学习。小学英语教学切忌将一些单词零零散散地进行教授,让学生觉得无厘头,从而影响学习效果。要遵从整体教学的原则,通过构思将分散的小图拼成一个整体的情景构图,从整体导入单词的学习,激发学生的学习兴趣,更好地学习并记忆单词,为后续学习打下基础。

【课例】译林版牛津《英语》五年级(上册)Unit 3 Our animal friends

本单元主要以 animal friends 为中心话题,通过对动物身体部位的特征的学习了解相应的英语表达。学会身体部位的英语表达是综合描述体貌特征的前提。教师将要学到的内容融入整体动物图式里引导学生进行学习。

具体方法:通过以下两张图画加箭头式的图式设计(图 4 - 2 - 12)可以让学生更加清晰地了解身体部位,更直观地学习单词 wing,tail, wings, tails, arm, two arms,foot,two feet, leg, two legs,以大小图的对比,让学生理解 big body,small body 的含义以及区别,初次铺垫句子 It has... They have...为后续的灵活运用(口头表达和笔头书写)打下伏笔。

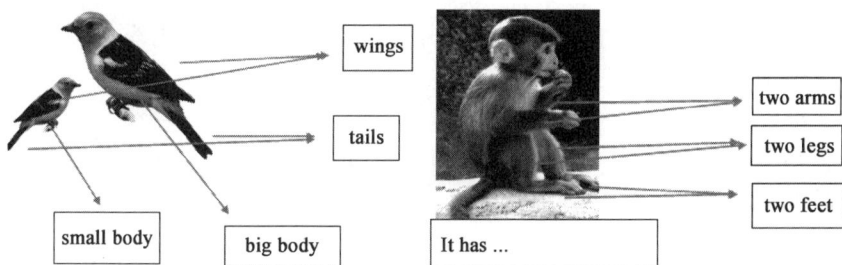

图 4 - 2 - 12

(2) 脉络引导图式

通过有条理的脉络图,引出将要学习的内容,让学生对本堂课的学习内容一目了然。

【课例】译林版牛津《英语》五年级(上册)Unit 6 My e-friend

本节 Story time 围绕的主要话题是"网友"。通过之前的学习,学生已经学过了年龄、学科和兴趣爱好等内容,结合本单元的主题,鼓励学生综合运用以前学过的知识对自己的朋友或是网友进行全面的介绍。教师通过提问:If you want to know somebody,what questions do you want to ask? 启发学生提问,从年龄、居住地、语言、喜欢的学科及爱好等几方面入手,如:What's his name? How old is he ? Where does he live? What language does he speak? What subjects does he study? What does he like? What are his hobbies? 等并提炼关键词,逐步形成以个人信息为中心话题的脉络图式(图 4 - 2 - 13)。

图 4 - 2 - 13

此图可以帮助引导学生从文中查找出相关信息，理解对话内容，为后期制作个人信息表作铺垫。

（3）辨异导学图式

通过设计区别明显的图片进行辨别对比、分析，导入即将学习的内容。

【课例】译林版牛津《英语》四年级（上册）Unit 8 Dolls

Story time 主要学习内容是描述人物的外貌。要描述人物的外貌，必然会涉及五官类词汇如 hair，eyes，nose，mouth，ears。要形容五官的特征必然会运用到一些形容词如 big，small，long，short，这几个形容词是两对反义词，有强烈的对比性。所以教师通过一对外貌迥异的娃娃图式引导学生进行辨异，导入要学习的内容。

具体方法：通过出示女性娃娃和男性娃娃的不同特征的对比图式（图 4 - 2 - 14 和图 4 - 2 - 15），引导学生观察，对比出头发的长短（long hair，short hair）。

     → long hair    → short hair

图 4 - 2 - 14   图 4 - 2 - 15

同法，对比出眼睛的大小（big eyes，small eyes）、嘴巴的大小（small mouth，big mouth）、耳朵的大小（big ears，small ears）（图 4 - 2 - 16）。

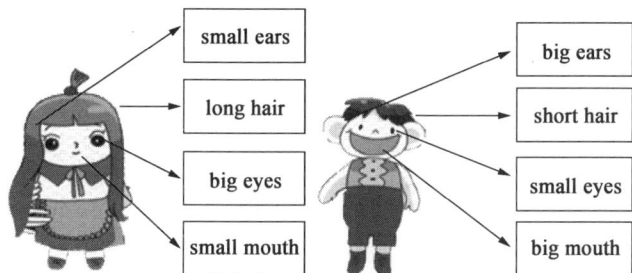

图 4 - 2 - 16

这样通过图式形成对比,学生的记忆更加直观和深刻,可以更形象地进入单词学习过程,从而达到优学的目的。

4. 音乐学科的导学图式

音乐学科根据自身特点与教学实施将导学图式分为试听感染图式、体态律动图式。

(1) 试听感染图式

试听感染图式指调动学生视觉和听觉,创设一个学习情境,营造和谐的学习氛围,激励儿童积极主动地参与到音乐活动中去。这里的图式既可以是一幅具体的情境图,也可以是一段学生喜爱的音乐、一个有趣的小故事。

【课例】苏少版《音乐》一年级(下册)《小蚂蚁搬米粒》

这是一首故事性趣味性较强的歌曲,由一只蚂蚁搬不起,到一群蚂蚁搬进洞洞里,让学生体会到集体的力量和团结的重要性。课堂的导入部分,教师以谜语导入:"排队地上跑,身体细又小,做事最勤劳,纪律第一好。"语言形象、生动,引导孩子们一下子就猜到是"蚂蚁",从而引出学生喜爱的绘本故事《小蚂蚁搬西瓜》。用几幅图片进行情境导入,激发学生学习兴趣(图 4 - 2 - 17 和图 4 - 2 - 18)。

图 4 - 2 - 17

图 4 - 2 - 18

紧接着在《小蚂蚁搬西瓜》的绘本故事中解决本节课的难点部分，即歌词的熟读和二声部的合作（图4-2-19）。

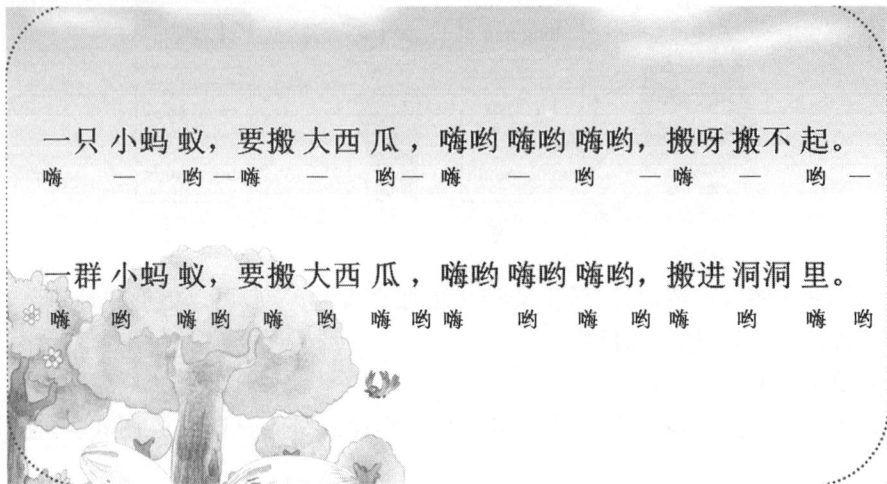

一只 小蚂 蚁，要搬 大西 瓜，嗨哟 嗨哟 嗨哟，搬呀 搬不 起。
嗨 — 哟—嗨 — 哟—嗨 — 哟 — 嗨 — 哟 —

一群 小蚂 蚁，要搬 大西 瓜，嗨哟 嗨哟 嗨哟，搬进 洞洞 里。
嗨哟 嗨哟 嗨哟 嗨哟嗨 哟 嗨哟 嗨哟 嗨哟

图4-2-19

对于一年级学生来说，在玩中学是最快乐的。因此在教学的导入环节中设计了绘本讲述，创设出一定的情景，学生被深深吸引。在绘本讲述的过程中，通过学生自己体会一只蚂蚁搬不动的用力声"嗨—哟—"和一群小蚂蚁一同用力的"嗨哟嗨哟"声，从而感受节奏的长短，区别♩和♪两种不同节奏型带来的不同感受。在图式教学中，学生通过对儿歌的念读已经初步解决节奏难点，之后再直观呈现二声部的节奏对位，渗透二声部教学，从而锻炼一年级孩子的合作能力。

（2）体态律动图式

体态律动图式指在音乐教学初始阶段用声势、动作和有节奏的肢体语言导入，训练学生注意力，激发学生学习兴趣。

【课例】校本教材《音乐与动作》一年级（下册）《布兰诗歌》

教师在执教音乐课时，新授课前往往会安排8分钟"小热身"，采用播放视频和教师示范，唤起学生活动的欲望。以《布兰诗歌》为例，8—10人为一组，肩并肩站成一个圆，先将右手的一根手指压在舞伴的一根手指上碰三次，再将左手的一根手指压在舞伴的一根手指上碰三次，再将双手的一根手指分别压在舞伴的手指上碰三次，之后换舞伴，第二次做的时候碰两根手指，以此类推，让学生感受音乐旋律的重复和力度的变化，以及圆圈舞的队形（图4-2-20至图4-2-23）。

图 4-2-20

图 4-2-21

图 4-2-22

图 4-2-23

　　体态律动图式,就像一个隐性图,通过调动学生多感官,浮现在学生参与的全过程中。宏伟的音乐,能用如此简单的动作让学生参与并感受其中。以前我们比较熟悉的圆圈舞多采用集体移动的方式,有向顺、逆时针方向移动或是向圈内、外方向的移动,现在学生可以通过图式,了解更为复杂的圆圈舞队形,即"左右交替"地从迎面而来的舞伴身侧擦过,送走旧舞伴并同时迎来新舞伴,这种好像"拧麻花"似的"左右穿行"的双圈集体移动方式,有效地提高了学生的音乐感受、表现能力和热爱程度。

二、助学图式

1. 语文学科的助学图式

　　语文阅读是学生原有认知结构(旧图式)与阅读文本相互联系和作用,从而在学生头脑中构建新的知识结构(新图式),或者对原有知识结构进行调整、补充、丰富和修正的过程。在阅读教学中,教师首先要帮助、促进学生建构形成相关的图式体系,这样才可能最大限度地激活他们认识发展中的内部机制,通过回忆比较、细节联想、情景渲染等方式帮助学生建立文本与学生之间的连接。语文学科的助学图式具体分为脉络梳理图式、要素辨析图式、重点品析图式、难点启思图式四类。

（1）脉络梳理图式

脉络梳理图式指利用图式更快、更有效地进行语文知识的梳理，帮助学生建立完整的知识框架图式，对学习的内容进行有效的资源整合。

【课例】苏教版《语文》二年级（下册）《蚕姑娘》

老师在执教《蚕姑娘》的时候，提问：蚕姑娘是从哪里钻出来的？请同学们读课文的第一小节。老师随即出示了蚕卵图。随着课文的学习将相应的过程一一出示，就形成了蚕的整个蜕变过程的脉络图，也是整篇课文的脉络图（图4-2-24）。

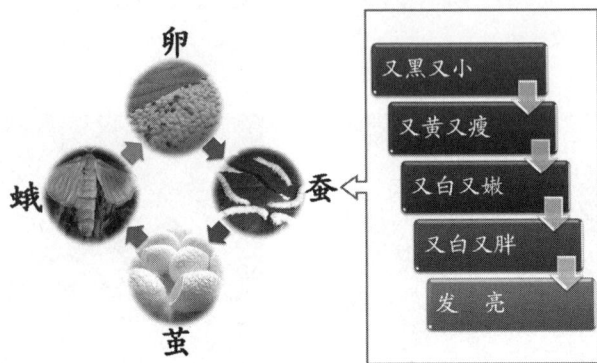

图 4-2-24

学生在兴致勃勃地用图式学完全文后，让他们试着背诵，大多数同学都会背了。孩子们得意地说："看着图背，一下子就记住了。"

通过此环节的学习，孩子首先利用刚刚学习的生字新词组织头脑中的零碎概念，对课文的整体脉络有了一个较为清晰的了解，对蚕的生长过程的变化有了整体清晰的印象，这就是脉络梳理图式的作用。

（2）要素辨析图式

要素辨析图式是利用图式对文章相关知识要素进行辨析，让学生在分析、归纳、总结中掌握文本相关知识要点。

【课例】苏教版《语文》二年级（下册）《识字3》

老师在执教禾字旁与木字旁的区分以及意思的不同时就运用了要素辨析，教师出示的一组图式（图4-2-25）很好地弥补了现实生活中认知的差异，学生通过观察图画，发现细微的区别，这个区别的实际意义，这样的图式优学尤其适合低学段的孩子。

优学单三：比一比，有什么不同。

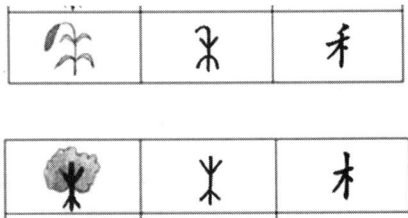

图 4-2-25

（3）重点品析图式

重点品析图式是利用图式突破文章的教学重点，引导学生更有效地品味语言文字，达到高效学习的目的。

【课例】苏教版《语文》二年级（下册）《识字3》

教师告诉学生"杨柳"是柳树的别称。出示图片，引导学生观察柳树生长的环境，引导观察柳树的样子，重点观察柳条的样子。引导学生结合两幅图（图4-2-26和图4-2-27），完成对柳树样子的描述。

图4-2-26

图4-2-27

教师通过这样的重点品析图式，使学生在思考的过程中，体会到用词的准确，学会了通过语言文字体会作者感情，达到了事半功倍的效果。

（4）难点启思图式

利用图式解决教学难点，保证提问的启发性、主动性，启发学生的积极思维，促成了学生学习的主动性。

【课例】苏教版《语文》二年级（下册）《台湾的蝴蝶谷》

教师在教学蝴蝶谷的名称的内容中有这样一句话："每年春季，一群群色彩斑斓的蝴蝶飞过花丛，穿过树林，越过小溪，赶到山谷里聚会。"这句话在教学中有一个难点，如何抓住重点字词体会蝴蝶飞行的行色匆匆，赶着去山谷聚会。对于"飞过"、"穿过"、"越过"这三个动词教师采用了难点启思图式教学（图4-2-28）。

图4-2-28

结合二年级学生对意思相近的动词区分能力比较弱、认知水平比较低的情况，教师采取了质疑讨论、图式启思的方法，抛出一个问题："这三个词语都改用'飞过'可不可以？"启发学生思考讨论，自己动手查字典。在交流讨论的过程中学生对这些词语都有了自己的看法，在这个基础上接着出示图式，用辅助线帮助学生明白不同飞行方式的区别，学生一下子就明白了。这种化抽象为形象的图式帮助学生在脑海中建立了对意思相近动词区别的方法，符合儿童的形象性思维，也激发了学生的学习兴趣。

2.数学学科的助学图式

数学教学过程中，助学图式能帮助学生更顺利、更系统地掌握知识和方法。数学助学图式可以分为以下几种类型：合作探究图式、思维呈现图式、比较辨析图式、策略归纳图式、资源伴学图式。

（1）合作探究图式

合作探究图式是指教师在学生合作探究时出示的图式，意在让学生明确合作学习的具体步骤和要求，是一幅指导学生合作学习的流程图。

【课例】苏教版《数学》三年级（上册）《长方形和正方形的周长》

教师出示合作探究图式（图4-2-29），引导学生独立完成优学单，计算长方形的周长，然后在小组内进行交流，听一听别人的算法，再说一说自己的不同算法，然后在组内讨论：你更喜欢哪种计算方法？你的理由是什么？你觉得哪种方法更简便？最后由小组推荐1～2名代表汇报，进行全班交流与分享。

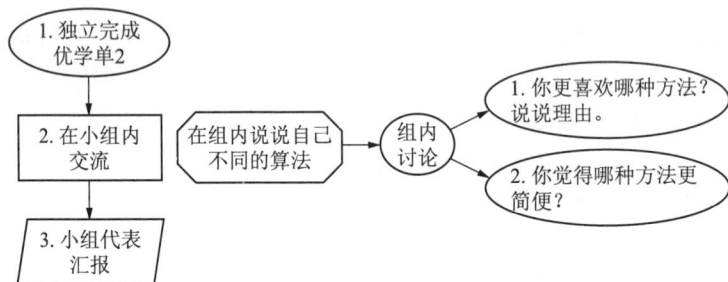

图4-2-29

简而言之，在数学课堂中教师在学生合作探究时提供这类合作探究图示，能使学生在合作探究时明确具体的步骤和要求，更有利于合作学习的开展，使课堂更有序。

（2）思维呈现图式

思维呈现图式是一种把动态的思维过程用一个静态的画面显现的图式，是一种呈现思维过程的图式。

【课例】苏教版《数学》六年级(上册)《长方体和正方体的面积练习》

(1) 出示题目:把 4 个棱长 1 厘米的正方体拼成一个大长方体或正方体,拼成的大长方体和正方体的表面积哪个大? 大多少?

(2) 引导学生思考(课件出示拼的过程思维呈现图式,图 4-2-30),帮助学生更清晰地呈现动态的拼的过程。理解拼成的大长方体实际上减少了 6 个面的面积,而拼成的大正方体实际减少了 8 个面的面积。

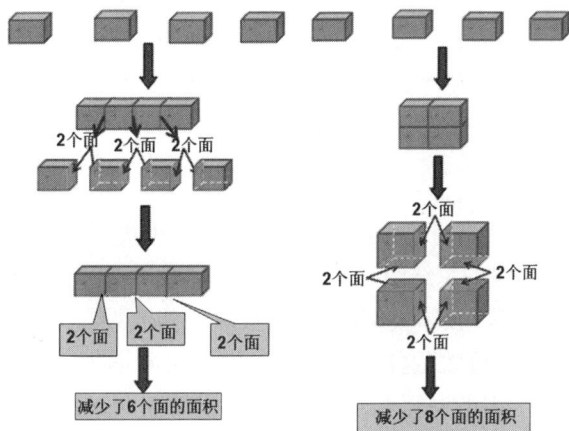

图 4-2-30

把多个小正方体拼成大长方体或正方体,不同的拼法可能出现不同数量的面积减少的情况,这是一个比较复杂的思维过程。教师利用思维呈现图式把动态的难理解的过程转变成静态的直观图式,更加形象,符合小学生的思维特点。

(3) 比较辨析图式

比较辨析图式是指对有共性的内容进行比较,得到共同的特点、规律、结论的图式,从而揭示思维发展路径,突出重点。比较辨析图式可以把不同学生的思维过程一一呈现在每个人面前,通过观察、对比、辨析,归纳出最优的方法,让每个孩子经历思考的过程,提升孩子的思维水平。

【课例】苏教版《数学》五年级(上册)《解决问题的策略》

教学例题"把 720 毫升果汁倒入 6 个小杯和一个大杯,正好倒满。小杯的容量是大杯的 $\frac{1}{3}$,小杯和大杯的容量各是多少毫升?"时,学生用不同的方法解决问题后,教师出示相应的比较辨析图式(图 4-2-31),引导学生思考这两种解法有什么共同的地方。学生通过观察和比较,清晰地得出虽然方法不同,但是它们有共同的地方就是都用了"替换"的方法,从而帮助学生更好地理解"替换"的思想。

小杯的容量是大杯的 $\frac{1}{3}$。

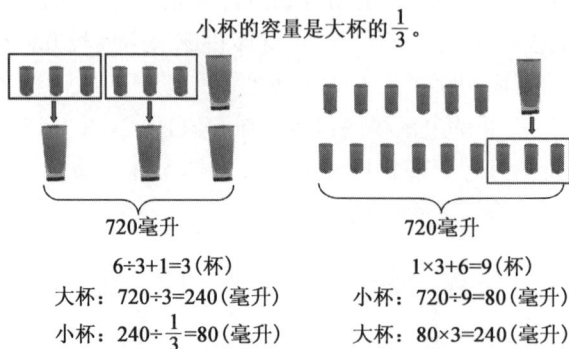

720毫升	720毫升
6÷3+1=3（杯）	1×3+6=9（杯）
大杯：720÷3=240（毫升）	小杯：720÷9=80（毫升）
小杯：240÷$\frac{1}{3}$=80（毫升）	大杯：80×3=240（毫升）

图 4－2－31

（4）策略归纳图式

策略归纳图式是指对前期数学活动经验、思考过程进行分析、归纳、总结的图式。它既可以是学生学习思路的总结图，也可以是学生完成练习时思考问题的引导图。

【课例】苏教版《数学》五年级（上册）《小数除以整数》

在教学完"小数除以整数"这部分内容后，教师引导学生思考小数除以整数是怎样计算的。同时根据学生的交流和互相补充，出示策略归纳图（图 4－2－32）帮助学生进行总结，学生一目了然。

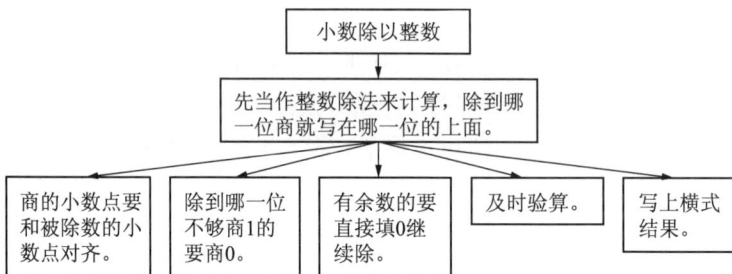

图 4－2－32

教师利用策略归纳图式直观且完整地呈现了小数除以整数的计算过程和方法。这样不仅完整地概括了小数除以整数的注意事项，而且引导学生在整数除法的基础上对小数除法这一新知正确进行建构和重组。

（5）资源伴学图式

资源伴学图式是指教师提供资源或获取资源路径，供家长辅导或学生在课外观看学习的图式。

【课例】苏教版《数学》二年级（上册）《9 的乘法口诀》

教师在教学《9 的乘法口诀》时，录制相应的微视频，以短小的视频片段为学生预习提供学习材料，学生可以在课前观看学习。在微视频里教师插入手指操，帮助学生记忆口诀（图 4－2－33 和图 4－2－34，为视频截图）。

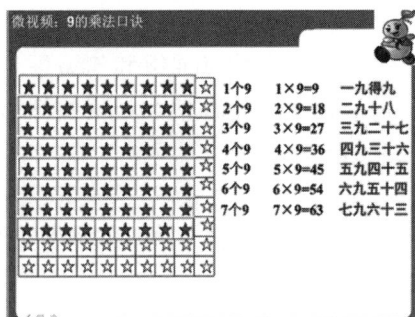

图 4-2-33

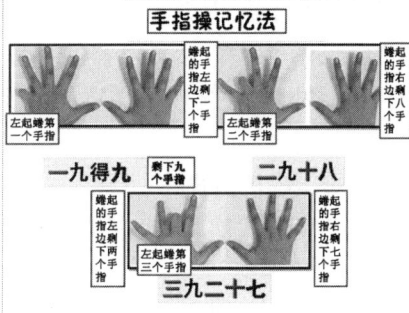

图 4-2-34

利用微视频能把这类图式动态呈现,弥补了教材中静态呈现的不足,提高数学新授课堂的效率。学生在已有的乘法口诀学习基础上利用微视频的学习图式能轻而易举编制出 9 的乘法口诀,并且记忆口诀也变得轻松而简单。

3. 英语学科的助学图式

在英语教学中,助学图式具体分为脉络梳理图式、难点辨析图式和策略引导图式三类。

(1) 脉络梳理图式

脉络梳理图式是将所学的语言知识进行有效的梳理,通过知识间的内在联系,形成形象、直观的脉络图,从而有效地帮助学生建构知识图式,进一步帮助学生学习。

【课例】译林版牛津《英语》五年级(上册)Unit 7 At weekends

本节语篇谈论的话题是周末活动,以 Su Hai,Su Yang,Helen 和 Mike 四个人物为谈话对象。涉及比较多的动词词组如 visit grandparents,play football,fly a kite,go to the cinema,chat with grandparents on the Internet,play with Kitty the cat,have a picnic,have a dancing lesson,have dinner with grandparents。教师利用脉络图式帮助学生理清每个人物周末具体的活动及频率,如:always,usually,often,sometimes(图 4-2-35)。

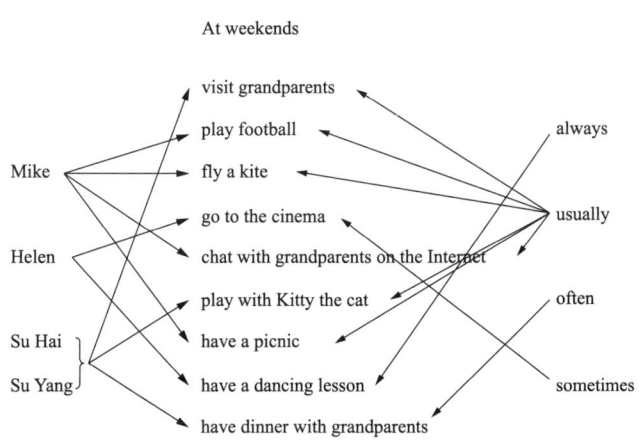

图 4-2-35

学习内容丰富，所蕴含的信息量非常大，学生理解和记忆起来有一定的难度。教师在帮助学生理解课文内容的过程中，通过脉络图式将重点词组和句型逐步呈现，有效地帮助学生梳理了文章的主要内容，从而有助于学生理解和记忆所学语言知识。

（2）难点辨析图式

难点辨析图式即利用图式帮助学生对所学难点知识进辨别、分析、归纳和总结，从而有效化解难点。

【课例】译林版牛津《英语》五年级（下册）Unit 8 Birthdays

本单元以 Birthdays 为话题，涉及日期中的序数词的用法，第 1—31 序数词的区分和记忆是学生的一大学习难点，教师通过有规律性的对比图式帮助其化解难点（图 4－2－36 和图 4－2－37）。以上列举 1—20 的数字对比图式，引导学生发现基数词和序数词在拼写方面的规律，即部分序数词是在基数词后加 th 或稍作变动再加 th，这样，学生只需重点记忆基数词的拼写，序数词的记忆便容易多了。

基数词	序数词		基数词	序数词
one	first		eleven	eleventh
two	second		twelve	twelfth
three	third		thirteen	thirteenth
four	fourth		fourteen	fourteenth
five	fifth		fifteen	fifteenth
six	sixth		sixteen	sixteenth
seven	seventh		seventeen	seventeenth
eight	eighth		eighteen	eighteenth
nine	ninth		nineteen	nineteenth
ten	tenth		twenty	twentieth

图 4－2－36 　　　　　　　　　　图 4－2－37

（3）策略引导图式

策略引导图式是将学习中运用的一些策略利用图式展示，从而引导学生进行学习活动。

【课例】译林版牛津《英语》五年级（上册）Unit 1 Goldilocks and the three bears

本节涉及"there be＋名词＋地点状语"的句型，表示某地有某人或某事物，主要谈论灰姑娘在森林里见到的客观存在的人或事物。启发学生对故事设疑，有目的地设疑可以帮助理解对话内容，培养自主学习能力。教师以 I like reading. How about you? 引出话题，询问学生"What stories have you ever read or what stories have you ever heard?"。学生回答后，教师引导学生设疑：If we want to know something about a story, what questions do we ask? 根据学生的回答，归纳出重点问句：Who are in the story? What's in the story？Where are they?

What happened? How are they? 提炼关键疑问词 What? Where? How? 让学生自主设疑并形成图式,再利用图式来引导学生进一步学习文章内容(表4－2－1)。

表4－2－1

What?	Where?	How?
		…

学生自读文章,从文中找出相关内容,勾画出关键词或词组,形成以下图式,达到帮助学生理解文章的目的,为后续拓展学习作铺垫(表4－2－2)。

表4－2－2

What?	Where?	How?
house	in the forest	beautiful
soup	in the house	too hot, too cold, just, right
beds	in the room	too hard, too soft, just right
bears	in front of Goldilocks	…

学生通过关键词的图式的引领,自主完成了对话内容的阅读理解并领悟了学习策略。

4. 美术学科助学图式

助学图式的关键词是"助",助解惑、助思考、助技巧、助发散,从根本上解决学生在学习中遇到的困难,找到解决困难的方法,引导学生形成较为完整的知识体系,并能掌握基本的美术技能技法。

在美术学科中,助学图式可分为知识分类图式、思路梳理图式、解决策略图式、技法展示图式、作业参考图式、作业分层图式。

(1) 知识分类图式

知识分类图式将生活、自然中一些知识及常识,在教师引导下进行专业系统的了解分类,重新构建更新更科学的知识体系,形成完整的知识架构。

【课例】苏少版《美术》四年级(上册)《海洋生物》

教师引导学生结合生活经验为海洋生物进行初步分类:可以分为鱼类、龟类、哺乳类、海藻类等等,进而结合图式(图4－2－38)指导学生在此基础上进行更加科学的分类与相关知识的讲解,学生在图片欣赏中对海洋生物有了更清晰的了解,也激发了课外进一步探究的兴趣和欲望。

海洋生物的分类

⇩

生活环境方式

浮游生物　⟵⟶　游泳动物

底栖生物

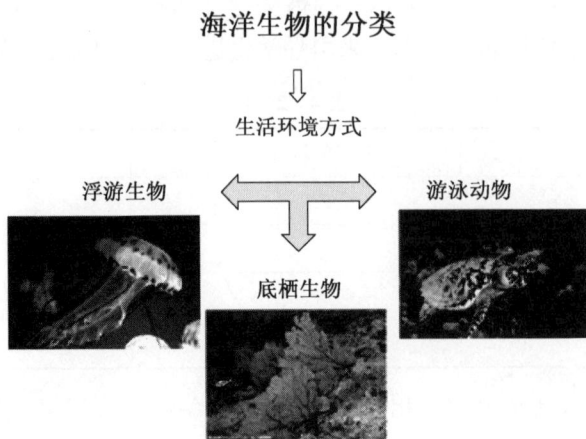

图 4－2－38

（2）思路梳理图式

思路梳理图式围绕本课从多方面入手，展开合理想象、设计、表现，帮助学生理清思路，扩展思维。

【课例】苏少版《美术》三年级（下册）《形形色色的人》

《形形色色的人》一课中，在回忆欣赏了大量的图片视频后，学生还是无从下笔。以此图式（图4－2－39）结合相关图例帮助学生梳理人物分类的方法：种族、体型、年龄、职业、装扮，按照这个思路，学生茅塞顿开，豁然开朗，选择其中感兴趣的内容有针对性地进行表现，作业主题突出，特点鲜明。

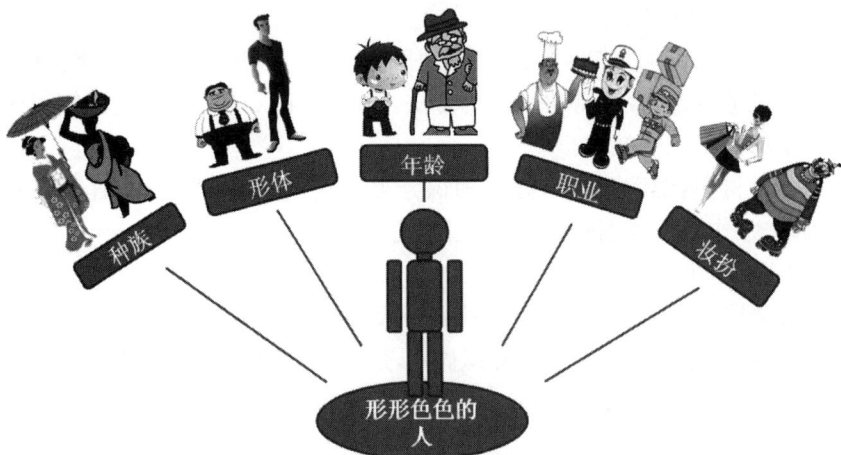

种族　形体　年龄　职业　妆扮

形形色色的人

图 4－2－39

（3）解决策略图式

解决策略图式为孩子罗列创作思考的几种方法，据此能轻而易举地帮助学生发散思维,为创作设计点明一盏灯,开启一扇窗。

【课例】苏少版《美术》五年级(上册)《重复的形》

了解重复的形就是一个基本形的重复排列后,教师引导学生观察此基本形的其他变化规律,让学生结合图式(图4-2-40)自己发现可以是:不同数量的组合、不同方向的变化、每行每列的变换及其他更多富有规律的变化。学生自主参与了学习,并通过自己对原理的认知再进行思考总结,得出的图式新知会更加深刻。

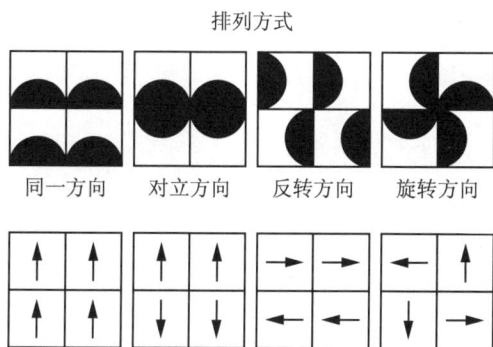

图 4-2-40

(4) 技法展示图式

技法展示图式离不开范画。课堂范画是典型的学科性教学资源,它可以是精心准备的范画,也可以是教师临场发挥的示范。示范的重点就是本节课要学生掌握的技法要点。美术教师技法展示图式的示范性及引领性是其他任何学科都无法比拟的。

【课例】苏少版《美术》二年级(上册)《相同图案排排队》

美术课不宜放任学生自己随便画随便做,教师应就课堂需要,进行完整或局部的现场范画演示,在时间宝贵不能反复示范的情况下,可用事先做好的步骤图式(图4-2-41至图4-2-46)展示给学生,明确了方法过程,在学生实际操作时就显得事半功倍了。剪纸内容操作性强,老师的现场演示对学生作业难点的解决有着非常明确的指导作用。

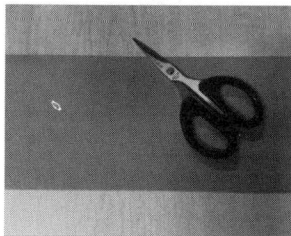

图 4-2-41

图 4-2-42

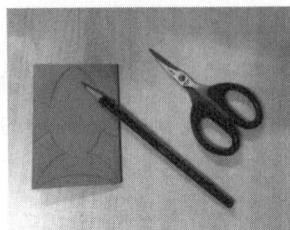

图 4-2-43

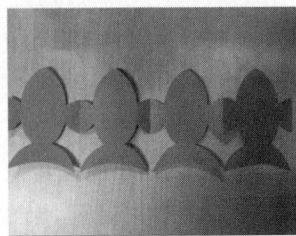

图 4-2-44

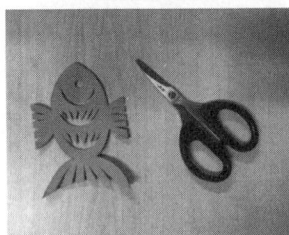

图 4-2-45

图 4-2-46

（5）作业参考图式

作业参考图式即用同伴的作品启发学生创作，让学生有所借鉴，在此基础上发挥个性，实现再创造。

【课例】苏少版《美术》二年级（下册）《机器人伙伴》

学生在自行思考设计作业时，有很多巧妙的想法，由于年龄特点、水平技能的客观原因无法表现出来。教师课前为孩子准备好设计局部的细节图（图 4-2-47 和图 4-2-48），供学生作业时参考，作业难点不攻而破。

图 4-2-47

图 4-2-48

（6）作业分层图式

作业分层图式即设计不同难度的作业，让每个学生都能达到自己最佳的状态。作业分层图式让学生一目了然地了解不同的作业形式，在"作业自助大餐"中选择最适合自己的一款。

【课例】苏少版《美术》四年级（上册）《海洋生物》

《海洋生物》一课中，教师根据学生不同水平、不同材料进行 2 人小组自由合作，学生根据前期所画内容（图 4 - 2 - 49），结合材料特点选择适合自己的制作形式，课堂材料多样化，作业也呈现得丰富。作业难度的自由把握也让每个学生都能动手，都愿意参与。

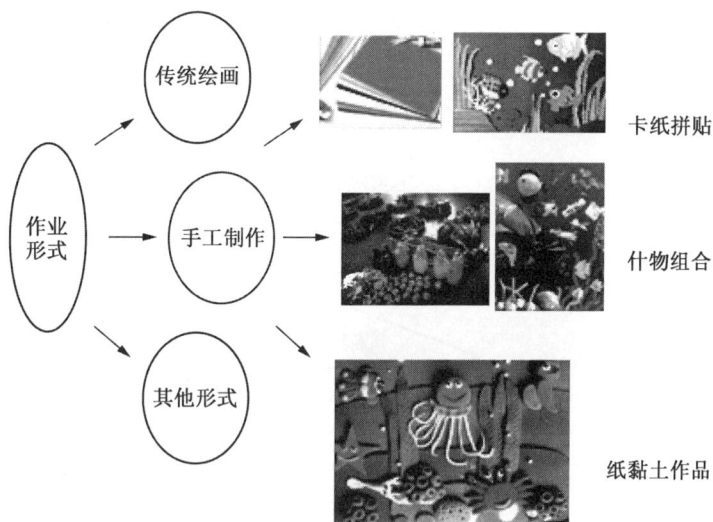

图 4 - 2 - 49

5. 信息技术学科助学图式

根据学科特点，结合课堂教学的实践与研究，信息技术学科的助学图式可分为知识点梳理图式、重难点辨析图式、趣学点生成图式。

（1）知识点梳理图式

知识点梳理图式，使学生在了解基本知识点的基础上，更容易理解知识点之间的关系，达到知识的有效迁移，也让学生感受到教师是如何利用图式对知识进行分类、整理的，激发学生对图式的兴趣，从而更好地实施图式教学。

【课例】苏科版小学《信息技术》五年级《小猫出题》

《小猫出题》主要介绍变量在 Scratch 中的应用，以小猫出题为主线，贯穿整个学习内容。

本节课从帮助老师设计一个小猫自动出题的程序入手，借助图式（图 4 - 2 - 50），学生先进行脚本的搭建，然后在老师的引领下进行脚本分析，明白搭建脚本时要想清楚哪些问题，每一步代表什么意思。

《小猫出题》脚本流程

按照下面的流程图，可以搭建小猫出题的脚本

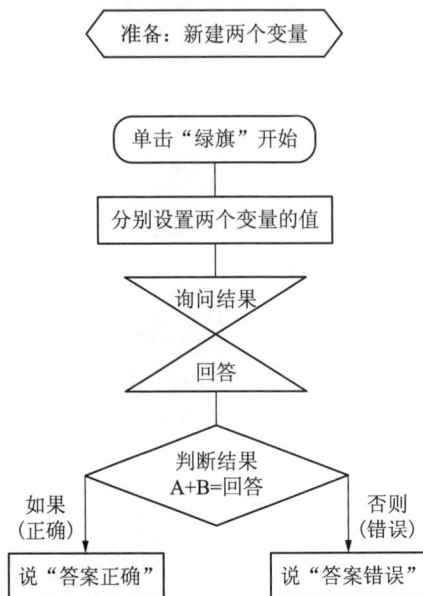

准备：新建两个变量

单击"绿旗"开始

分别设置两个变量的值

询问结果

回答

判断结果
A+B=回答

如果
（正确）

否则
（错误）

说"答案正确"

说"答案错误"

图 4 - 2 - 50

在创作环节，先从分析流程图入手，请学生将脑海中的流程以图式的方式呈现出来，再根据图式进行脚本编写及程序调试。

学生借助图式（流程图），完成了程序的分析与脚本的搭建，同时在掌握知识点、突破重难点的基础上，尝试创新性的作品创作，进一步提升学生的信息素养与创新能力。

（2）重难点辨析图式

重难点辨析图式通过图式辨析突出重难点教学，加强相近知识点的辨析，明晰认识。

【课例】苏科版小学《信息技术》四年级《初识 PowerPoint》

本节课是 PowerPoint 模块的起始课，学生最感兴趣的是如何用 PowerPoint 制作幻灯片。利用图式优学，学生先自己提出问题，然后借助图式自主分析、自己解决问题。

在导入环节，教师播放课件、图片，学生观看后分别阐述自己的观点和感受。

教师再引导学生去发现作品中除了文字信息以外，还有图片、表格、声音、视频……

最后总结：这是用 PowerPoint 制作的作品，它可以将文字、图片、音乐、视频等多种媒体信息整合起来，制作出多媒体作品（图 4 - 2 - 51）。用 PowerPoint 制作的作品用在哪些地方呢？

图 4-2-51

学生汇报,教师补充介绍:PowerPoint 的用途很多,它不仅可以展示自己的风采、想法,还可以制作电子报刊、教学课件等(范例展示)(图 4-2-52)。

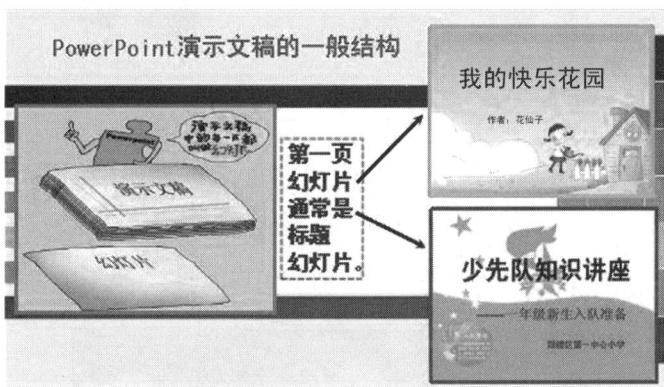

图 4-2-52

这一环节利用图式优学,所取得的教学效果是非常明显的:首先,利用图式形象生动地向学生介绍了 PowerPoint,解决了学生对 PowerPoint 的疑惑;其次,通过图示展现,让学生初步了解 PowerPoint 的强大功能,感受 PowerPoint 的独特魅力,激发学生的学习兴趣。

(3)趣学点生成图式

在信息技术教学中,通过趣学点生成图式,帮助学生进一步开拓思路,挖掘出孩子们更为深层次的想象,带给他们崭新的课堂体验,也留给他们更大的创造空间。

【课例】苏科版小学《信息技术》三年级《复制与粘贴》

《复制与粘贴》是小学信息"画图"模块的教学内容之一,本课通过引导学生学习复制、粘贴图形以及移动图形的方法,掌握对相同图形进行剪贴、复制的技巧,学会用最简便、最优化的方法进行电脑画的创作,进一步提高学生的信息素养。

拓展环节:教师引导,学生总结"复制与粘贴"命令的优点,并选择相应的任务完成画图作品。

任务1:在画图软件中"复制与粘贴"功能非常实用。语文老师要给大家解释"成群结队"这个成语(图4-2-53),你能用今天所学的知识来制作这样一幅图解释吗?

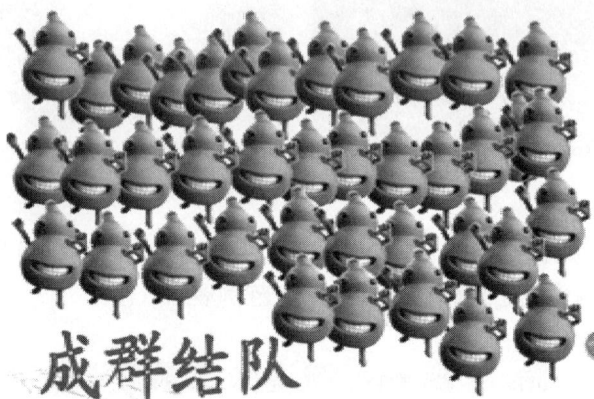

图4-2-53

任务2:同学们在制作电脑绘画作品时,可以制作出各种精美的作品去参加比赛(图4-2-54)。这幅图中不仅使用了复制与粘贴,它的大小、方向等都有了一些改变。你能自己利用现有的素材来创作这样的一幅作品吗?

图4-2-54

本课中图式的呈现,打开了学生创新思维的窗户,学生在图式的引领下,充分发挥自己的想象,创作了许多富有创意、充满童趣的优秀作品。图式任务的层次性,也帮助学生完成知识点的两次建构,培养了学生的观察能力,提高了学生的信息素养,让学生体验到了成功的快乐。

6.音乐学科的助学图式

音乐学科根据新歌教学和欣赏教学,结合自身特点与教学实施将助学图式分为旋律分析图式、曲式结构图式、整体认知图式和听辨赏析图式。

（1）旋律分析图式

旋律分析图式指通过用点、线等图形或符号,将抽象音符具体化、形象化、直观化,体现旋律的走向、节奏的长短、音的强弱等音乐表现要素,加以装饰,体现音乐的内在情感,一目了然,简单易懂。

【课例】苏少版《音乐》四年级(上册)《如今家乡山连山》

教师首先通过听赏让学生初步感受乐曲情绪,由学生自主将音符高低排列在黑板上,两条蜿蜒的曲线既直观地展现了旋律的音高走向,又清晰地感受到同头换尾的艺术手法。一个小魔术配上山峰的图案,学生兴趣盎然。在山的起伏中,学生唱出欢乐的情绪,跳跃的音色,热爱家乡的自豪之情显得水到渠成。

在歌唱教学中,教师可以充分利用图式(图 4-2-55),在感受歌曲旋律的音高走向和节奏长短变化的同时,帮助学生逐渐建立音高感和节奏感,为之后的识谱学习做好铺垫。

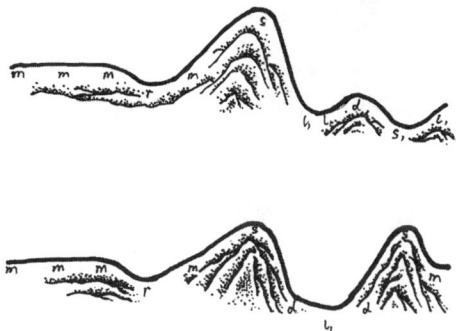

图 4-2-55

（2）曲式结构图式

曲式结构图式指对音乐作品结构框架的概括性描述,具有直观、简明等特点。音乐作品分析中,图式是一种重要的辅助手段。有了图式,分析就显得一目了然。

【课例】苏少版《音乐》二年级(下册)《在钟表店里》

教师在执教这一课时,将乐曲的结构直观形象地用图式显示出来,与学生一起用声势、打击乐器感受钟表店里的快乐音乐。学生可以根据这个图式进行演奏、律动、音乐游戏等音乐活动(图 4-2-56)。

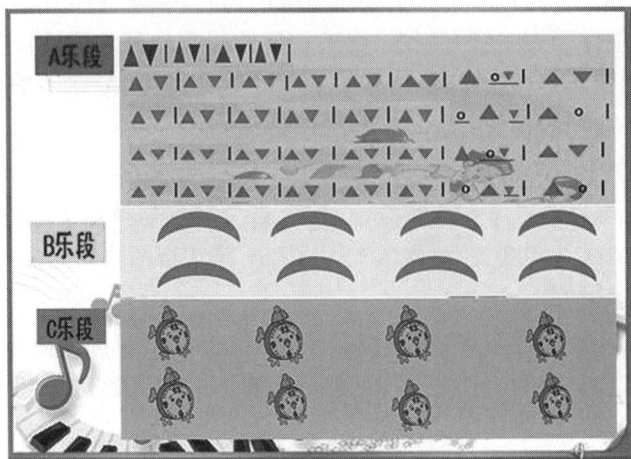

图 4 - 2 - 56

【课例】手风琴校本课程三年级(上册)《小鞋匠》

在器乐教学中,图式可以帮助学生更直观地了解曲式结构。例如在教授《小鞋匠》一课,老师带领学生逐句逐段地进行练习,最后出示曲式结构图式,这样便于学生完整演奏以及准确进入各种打击乐器。用这样的一张图表示乐曲的曲式结构,一目了然,在完整表现音乐作品时学生很容易操作(图 4 - 2 - 57)。

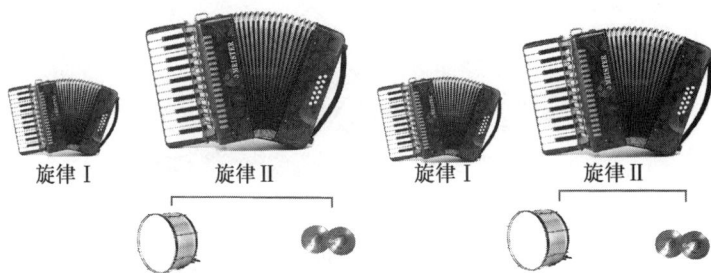

旋律 Ⅰ   旋律 Ⅱ   旋律 Ⅰ   旋律 Ⅱ

图 4 - 2 - 57

(3) 整体认知图式

整体认知图式指从多角度多方面认识一个整体,通过放射性、开放性的图式让学生全面认识一个事物。

【课例】苏少版《音乐》三年级(上册)《茉莉花》

教师以茉莉花展开,分为 5 个分支,分别是说茉莉、听茉莉、唱茉莉、赏茉莉、飘茉莉(图 4 - 2 - 58)。通过听茉莉,让学生对比不同风格的《茉莉花》,感受民歌特点,而后在唱茉莉的基础上再去赏茉莉,对比不同题材、体裁、演唱形式的中国各地区民歌《茉莉花》,更激发学生的学习兴趣,飘茉莉是本节课的升华,把学生的兴趣引向历史和国外,进一步从历史和世界两个维度来深化学生的体验及认识。

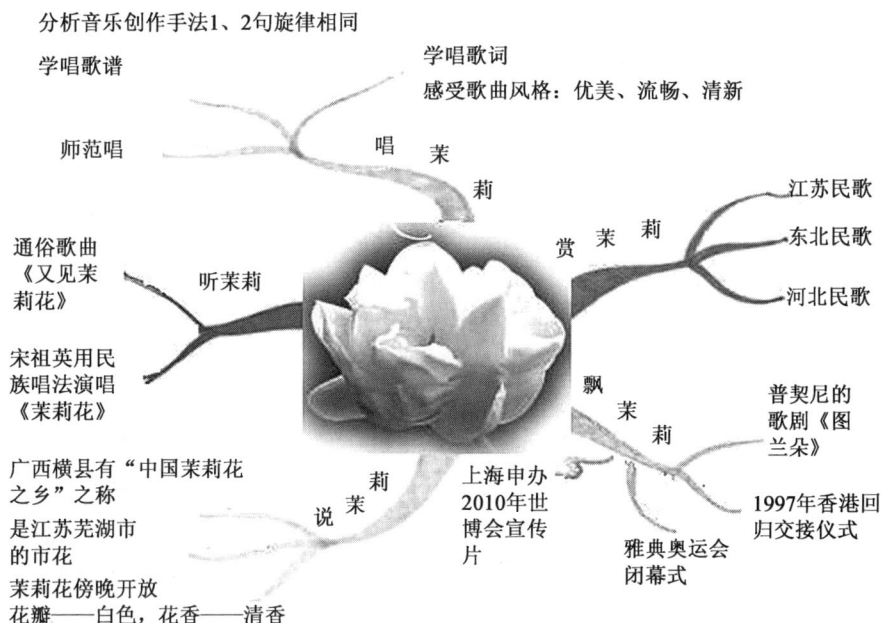

分析音乐创作手法1、2句旋律相同

学唱歌谱

学唱歌词

感受歌曲风格：优美、流畅、清新

师范唱

唱 茉

莉

赏 茉 莉

江苏民歌

东北民歌

河北民歌

通俗歌曲《又见茉莉花》

听茉莉

宋祖英用民族唱法演唱《茉莉花》

广西横县有"中国茉莉花之乡"之称

是江苏芜湖市的市花

茉莉花傍晚开放花瓣——白色，花香——清香

莉 说 茉

上海申办2010年世博会宣传片

飘 茉 莉

普契尼的歌剧《图兰朵》

雅典奥运会闭幕式

1997年香港回归交接仪式

图 4－2－58

教师用图式的形式巩固一节课的知识，梳理知识的来龙去脉，还可以把平时相对独立的知识加以再现、整理、归纳，加深学生对知识的理解，使之条理化、系统化。

（4）听辨赏析图式

听辨赏析图式指将听觉艺术与视觉艺术联系在一起，用图式去表现所听到的音乐，帮助学生理解音乐，提高学生的音乐表现力。

【课例】苏少版《音乐》五年级（下册）《雷鸣电闪波尔卡》

教师在执教欣赏课《雷鸣电闪波尔卡》中，雷鸣是这首波尔卡音乐的重要特点，教师设计了用乐器大镲模仿雷鸣的音色。但雷鸣缺乏一定的规律性，以这样的图式边听边看边做，学生掌握非常容易。这样的图式可以帮助孩子们理解音乐并很快地融入音乐（图 4－2－59）。

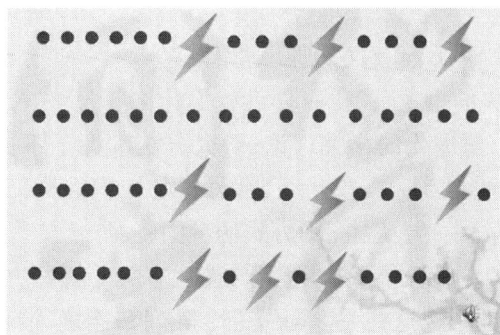

图 4－2－59

111

高年段欣赏课强调从整体风格上把握作品，辅以相应的图式，让学生边看、边画、边唱，发挥其想象力，表现所听乐段的色彩、速度、情绪等，帮助学生捕捉音乐的灵魂，让音乐课堂更加灵动。

7. 科学学科助学图式

科学学科的助学图式主要分为实验流程归纳图式、单元知识归纳图式、概念解析图式。

（1）实验流程归纳图式

实验流程归纳图式主要是把实验过程中的细节内容（照片、文字等）组合为有一定顺序的流程图，对学生实验的过程进行教学和指导。这些图式主要是由教师在课上依据学生的实验设计内容进行选择和编辑而构成，也有一些是学生根据教师的图式，自我设计的流程图。

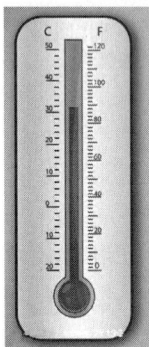

图 4‑2‑60

【课例】苏教版《科学》三年级（下册）《气温有多高》

对于第一次使用温度计的学生而言，学生的好奇和兴奋分散了对仪器使用规范与正确读数的注意。为了避免操作的错误，我们通过出示图式温度计和测温操作的流程图，让学生聚焦到方法的学习上来，再去实践观测（图 4‑2‑60 和图 4‑2‑61）。

| 转移温度计到测量环境 | → | 观测液柱变化直至不动 | → | 视线与液柱顶端保持水平 | → | 读出温度记录温度 |

图 4‑2‑61

以上课例中，通过两张图的组合，构成一个"观测实验操作流程图"，把整个实验过程通过图式直观完整地呈现在学生面前，让学生理解观测活动的每一个细节。

（2）单元知识归纳图式

单元知识归纳图式指把文字化的知识内容通过图式的方式，汇总整理为一个整体。这些图式可以是教师的教学图式，也可以是学生自制的学图。主要形式是"单元脉络图"。"单元脉络图"强调单元知识的联系和逻辑关系，有助于学生更系统地把握单元的全部内容。

【课例】苏教版《科学》六年级（下册）《进化》

单元先后有"消失的恐龙"、"化石告诉我们什么"、"达尔文和他的进化论"三课内容。学生通过学习，对进化的相关理论、研究方法掌握了不少，但非常零碎，很少去思考三节内容之间的相互关联是什么，有怎样的知识结构。因此，教师在单元复习课中，带学生们进行了一次以制图为方式的巩固复习。

教师首先引导学生回顾本单元知道了与进化有关的哪些方面的内容，再带领学生在黑板上制作脉络图来把这些关键词做一个陈列和连接，接着让学生回忆还有哪些细节内容？它应该关联在"进化"结构图的哪一个部分？最后逐一添加到自己的脉络图当中去,让内容更加完整(图4－2－62和图4－2－63)。

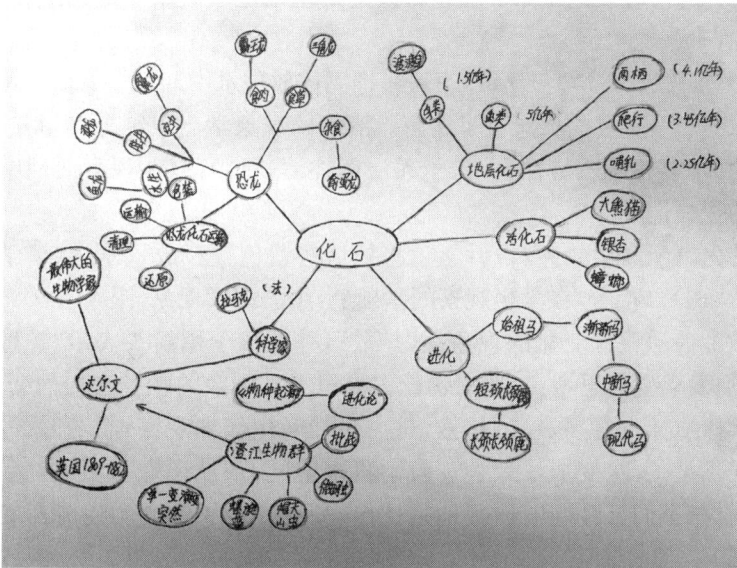

图 4－2－62

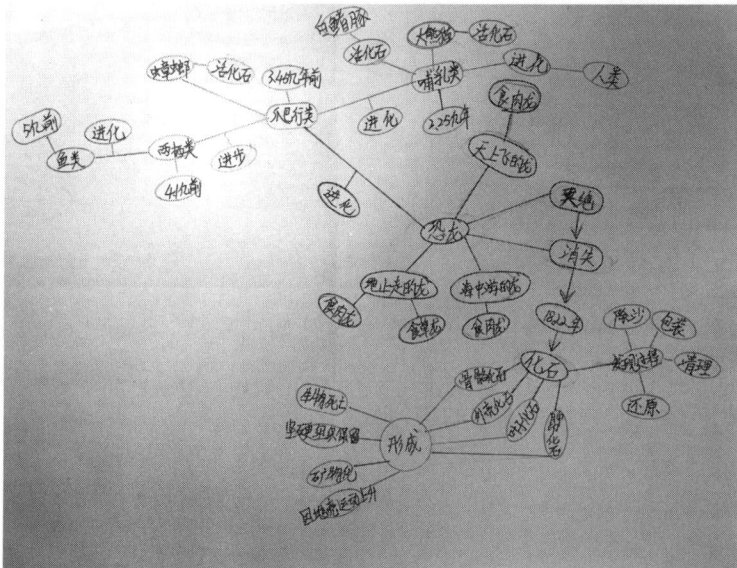

图 4－2－63

这样的图式记录通过精简出的关键词,把要点突出;通过脉络构建,把知识体系突出,使学生对内容的记忆更加持久。

(3)概念解析图式

概念解析图式是指通过图片或示意的简图,把现象或概念中难以观察到的特

113

征、规律等呈现出来。通过图式放大细节，教会学生通过标注、符号、简图等把自己观察和感知到的内容表达出来。在这种表达的基础上学会科学地描述，理解科学现象的本质。

【课例】苏教版《科学》三年级(下册)《把固体放进水中》

这节课中一个重要的概念就是溶解。溶解的现象学生很常见，但是它的科学本质是怎样的、科学的描述是什么，孩子无法阐述清楚。所以在观察活动中教师设计了交流后的图式记录。

教师首先出示高锰酸钾，告诉学生将把这些紫色颗粒放入水中，请学生仔细观察(图4-2-64)。接着，在学生观察的基础上，用图记录现象(图4-2-65左)，再描述现象。教师揭示颗粒变化的现象是"扩散"，并教孩子用箭头表示"扩散"的方向。画完之后，启发学生们思考：扩散的颗粒去哪里了？剩余的颗粒会如何变化？然后，教师用玻璃棒搅拌，加速颗粒的扩散，进一步让学生仔细观察颗粒和水的变化。学生发现颗粒不见了，水变成了紫色。教师再次追问：颗粒还在水中吗？它们怎样分布了？此时，孩子们已经能够清楚地描述出，高锰酸钾颗粒均匀地分布在了水中的各个地方(图4-2-65右)。

图4-2-64

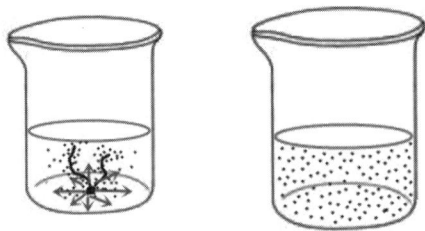
图4-2-65

通过交流和记录，可以看出学生从观察中开始抽象出"溶解"的科学描述，虽然没有达到理论化的精度，但对于小学阶段的儿童来说，已经很好地感知到了溶解现象的核心即"扩散"和"颗粒在水中的均匀分布"。

三、展学图式

"展"有拓展、发展之意，展学图式就是让学生的学习内容、学习形式、学习方法凭借图式扩容增加和优化发展，其基本价值在于引导学生灵活运用知识，通过有意义建构形成优质的认知。

展学关乎学生各个学科的学习，在学习内容上，不拘泥于传统的教材意识，而是在课程改革的基础上，向社会学习，向网络拓展，使学习内容在更广阔的背景上获得全方位的充实和增加，这将与时俱进，更好地适应社会发展的趋势，也能极大

地满足学生学习的需要。在学习形式上,展学图式就是强调教育教学的开放性,
发挥图的作用,让学生从已有的生活经验出发,亲自接触最实际的问题,亲身经历
发现和解决实际问题的过程,并将实际问题抽象成知识模型,进而借助已经掌握
的学科知识和能力,对知识模型问题进行解释和解决,将知识转化为能力。展学
的结果,使得学习过程更符合认识论的原理,形成实践—认识—再实践—再认识的
反复渐进和升华的过程,使得学生的学习生活化、信息化、实践化,总体上拓宽了
学习的方式、内容和方法,有利于增强学生学习兴趣,强化学生学习手段,充实学
生学习方法,提高学生学习效率,最终能拓宽学生的知识面,提高解决问题的能
力,实现学生身心素质全面发展。

1. 语文学科的展学图式

在语文课堂教学中,利用图式对学习进行拓展不仅仅是对课堂学习的总结,更
是提升与开拓,我们根据图式学习的心理规律,以其本身的凝聚性、开放性、探究性
和多元性的特点设计读与写、说与练,让图式教学成为实现优势课堂的必要途径。
语文学科的展学图式具体分为读写归纳图式和联想拓展图式两类。

(1)读写归纳图式

读写归纳图式根据语文学习的特点,以课文为载体,从课文的内容出发,设计与
之相关"写"的训练,使阅读、写作、思维训练三者融为一体,通过在学生头脑中构建
一定模式的写作框架与方法,使学生的思维得到发展,能力得到提升。这里图式更
多倾向于思维脉络图和头脑中的隐性图。

【课例】苏教版《语文》四年级(上册)《雾凇》

在学生一步步对雾凇有了较为具体准确的认知后,教师出示了"图式优学单"请
学生完成填写(表4-2-3),再请学生带着理解读读中间一列的四行词语。

表 4-2-3

雾凇		洁白晶莹　缀满 银光闪烁　美丽动人	样子	写景状物
	饱和的水汽	笼罩　淹没 零下30摄氏度左右	成因过程	
	遇冷凝结	最初　逐渐　最后		
		忽如一夜春风来, 千树万树梨花开	赞美	

这张词语表其实就帮助学生梳理了《雾凇》这篇课文讲述的内容,在他们的头脑
中构建起一个清晰的结构框架:以后在描写一种自然现象或是景物的时候就可以从
样子、成因及过程和人们的赞美等几方面来构思。

这样借用图表帮助学生在课堂学习的最后将头脑中零散的知识进行了很好的

归纳和总结，并梳理成知识脉络，不仅适用于中年段学生"把握课文主要内容，体会思想感情"的课标精神，更是让学生在写景状物一类文章的习得上打开了一扇窗，让他们有了一个学习的范本，真正做到了图在心中、文在笔下。这样的脉络图对于从阅读到写作的迁移起到了关键性的指导作用。

（2）联想拓展图式

联想拓展图式是由此想到彼，并同时发现不同事物之间共同的或类似的规律的一种学习方式，它对形成和发展学生的语文素养发挥积极的作用。

【课例】苏教版《语文》六年级（上册）《安塞腰鼓》

学完此课，学生自然会沉浸在腰鼓声中，同时也会激发学生对民间艺术的探究兴趣。中国的民间艺术种类多，分布也具地域性，这些学生都不是特别了解，此时趁热打铁，通过查找、归类、整理、绘制等步骤，指导学生完成自己的联想拓展图，对此就会进一步了解。

我们来看几位学生的完成情况（图4-2-66和图4-2-67）。

生1：

图4-2-66

生2：

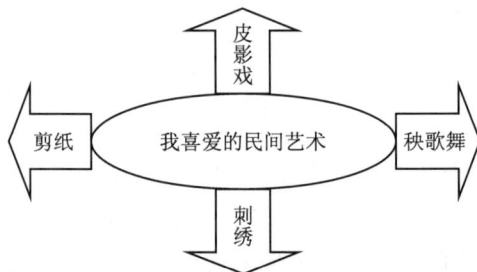

图4-2-67

116

经历此环节的每一位学生都被中华民族生命律动的厚重阳刚之美熏陶感染着。通过图式展学,课堂教学的魅力一直延伸到课外,延伸到学生的每一根血管,融进他们的生命。

2. 数学学科的展学图式

数学教学过程中的展学图式能帮助学生从整体上把握知识、方法和观念,并将它们串联起来,沟通知识间的联系。展学图式主要分为要点脉络图式、综合对比图式、思维拓展图式。

(1)要点脉络图式

要点脉络图式是指把一节课或一个单元的知识要点"串珠成线、结线成网",使其浓缩成框架的图式。

小学数学概念知识一直是小学数学课堂教学的难点,教学时教师经常就一个知识点进行教学,知识点单一。教学时教师可以让学生把概念知识根据自己的理解画成"要点脉络图式",帮助学生理解知识间的联系,让每一知识点在学生头脑中不再处于孤立、分散的状态,提高课堂效率。

【课例】苏教版《数学》三年级(上册)《认识分数》

1. 学生用不同的图形代替蛋糕,通过画一画、分一分、涂一涂,表示出蛋糕的 $\frac{1}{2}$。

2. 学生交流:为什么形状不同,涂色部分都是这个蛋糕的 $\frac{1}{2}$?

3. 结合学生的认识,引导学生体会分数线、分子和分母的含义。

4. 教学读法和写法。

教师根据学生回答相机板书,形成分数基本概念的要点脉络图式(图4-2-68)。学生对分数的读法、写法等知识点的掌握就更加简单了。

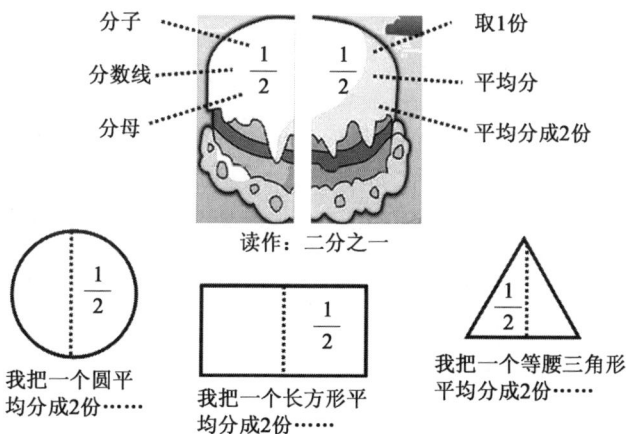

图 4-2-68

在织网成"要点脉络图式"的过程中，有的同学用圆形来代替蛋糕，有的用长方形等图形来代替蛋糕，学生在交流的过程中自主得出"只要把一个物体或者图形平均分成 2 份，1 份就是它的二分之一"。在此过程中，教师巧妙运用要点脉络图式，把模糊抽象的数学问题转化成一个清晰的数学模型。通过要点脉络图式，学生对整体性知识与部分性知识有了更好的建构，真正理解了分数的含义。

（2）综合对比图式

综合对比图式是指把知识综合后进行比较，引起学生的关注，找出知识或解题思路的异同点的图式。它不同于比较辨析图式，是一种更大范围的、更高层次的知识建构。

【课例】苏教版《数学》六年级（下册）《正比例的意义》

（1）教师出示题目如下：

① 小明：我身上带的钱用去 1 元，还剩 11 元；用去 2，还剩 10 元……

② 小刚：我 1 岁的时候爸爸 26 岁，5 岁的时候爸爸 30 岁……

③ 小芳：我用 12 个小方块拼长方形，可以每排 1 块排 12 排；每排 2 块排 6 排……

④ 小红：我用 3 根同样长的小棒围三角形……

（2）学生分四小组完成（每小组完成 1 题），然后集体交流汇报。

（3）教师出示综合对比图式（图 4-2-69），学生自主讨论、交流，找出这四题的相同与不同，让学生真正理解正比例的意义。知道两个相关联的量，一个量发生变化，另一个量也随之变化，若这两个量的比值一定，那么这两个量就成正比例。

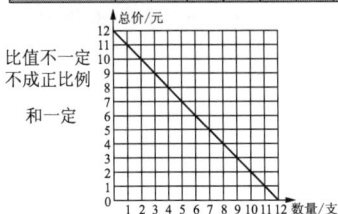

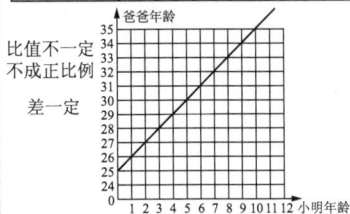

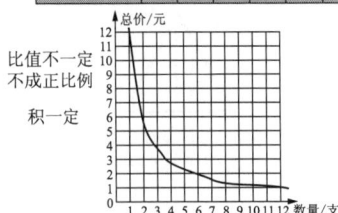

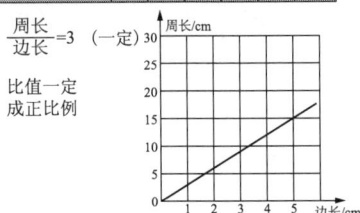

图 4-2-69

118

《正比例的意义》这部分内容比较抽象,大多数学生难于理解,教师及时出示综合对比图式,引导学生观察、比较、讨论、辨析,找出它们之间的异同,这种更大域范围的比较让学生一目了然,更容易深入地理解知识点,从而更好地帮助学生掌握正比例的意义。

(3)思维拓展图式

思维拓展图式是为了学生的综合训练,是更有深度、更开放、更灵活而设计的图式。目的是训练学生的思维深度和广度,为学生提供广阔的思维空间,培养学生思维的灵活性和创造性。

【课例】苏教版《数学》三年级(上册)《间隔排列》

在教学"间隔排列"这部分知识之后,学生把所学知识和本领进行综合运用。在解决"如果把正方形和圆形一个隔一个排成一行,如果正方形有 10 个,圆需要几个?"这一题时教师出示思维拓展图(图 4-2-70),能帮助学生完整且有序地分析。学生对"两端都是正方形"、"两端都是圆形"和"两端不同"这三种情况进行不重复不遗漏的思考,并且通过这张思维拓展图能清晰地得出每种情况圆形的数量。

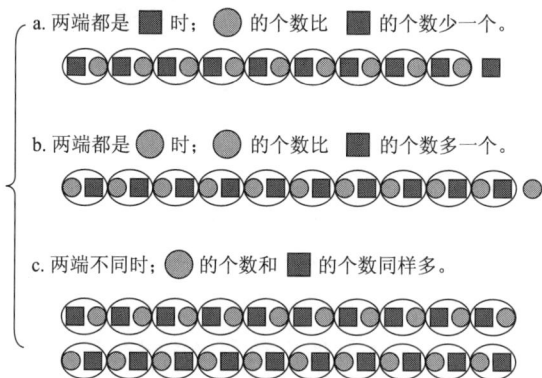

图 4-2-70

教学中对于难度较大的练习或者需要拓展提升的知识点学生难于理解和掌握时,教师可以运用思维拓展图式帮助学生分解难点,降低思维难度,同时培养学生的思维品质。

3.英语学科的展学图式

学习英语的最终目的是能够灵活运用英语,展学图式的提供可以更好地帮助学生运用英语,具体分为情景演绎图式、语篇脉络图式和情景创作图式三类。

(1)情景演绎图式

在情景演绎图式的帮助下,学生表演语篇,此环节可以鼓励学生尽可能多地运用英语,从而拓展学生的语言表达能力。

【课例】译林版《英语》三年级(上册)Unit 5 Look at me

课前,教师仔细分析了本单元的教学内容,主要涉及谈论衣服并互相做出适当的评价这一话题。本节课是单元的第一课时,教的内容是 Story time。在 Story time 中呈现了 Yang Ling 在房间的衣柜前换穿不同的衣服,展示给自己的妈妈看,妈妈在旁评论她试穿的每一件衣服的场景。在学完书本对话内容之后,教师设计了一个 T 台走秀的场景,为了丰富学生的语言,不局限

图 4 - 2 - 71

于本节对话内容学到的知识,教师提供了下列图式(图 4 - 2 - 71)来引导学生进行情景演绎,当然还包括学生自己本身穿着的服装,是一幅幅活生生的图式。

四或五人一组,扮演模特,向大家介绍自己的服装,如果遇到不会说的可以组内互学,也可以向老师请教。这个环节的课堂气氛很好,各种各样的服装层出不穷,各种各样的 pose 目不暇接,各种搞笑也应运而生,学生兴趣很浓。

(2)语篇脉络图式

语篇教学结束后,教师结合语篇脉络图式,对所学内容进行整合、复述、拓展,达到灵活运用英语的目的。

【课例】译林版《英语》六年级(上册) Unit 3 Holiday fun

本单元 Story time 主要涉及了过去时态,谈论 Liu Tao 和 Mike 国庆期间所做的事情,是谈论假期趣事,文中呈现了北京和上海两个城市的著名景点。语篇内容是以对话形式出现,对话回答均为第一人称的口吻。在学习完文本之后,教师引导学生根据语篇内容的脉络图式用第三人称的口吻对语篇进行口头复述,达到故事情节的再现(图 4 - 2 - 72)。

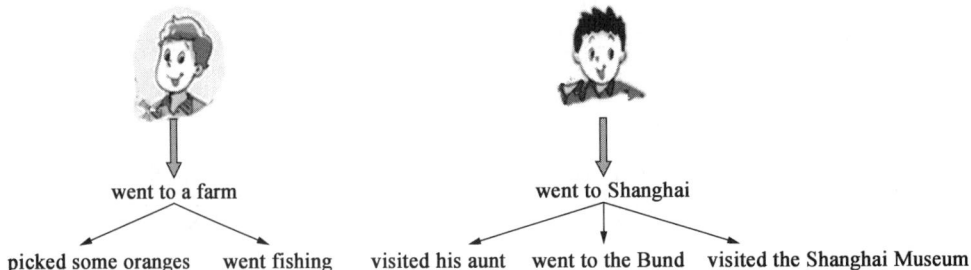

图 4 - 2 - 72

学生在口头复述时,不是简单地说说单词,而是以句子的形式,和脉络图结合起来,形成段落的形式说出来,要思考添加些什么单词或词组,才能形成正确的句子,还要思考先说什么,后说什么,这是一个眼、脑、嘴并用的环节,对学生的要求较高,但因为有脉络图式的帮助,自然而然就降低了难度,从而提高学生的口语表达能力。

（3）情景创作图式

情景创作图式指利用现成的图式,或引导学生自己创作图式,然后根据创作的实际图式的特点进行笔头写作,活学活用。

【课例】译林版《英语》五年级（上册）Unit 3 Animal friends

在学习完整个单元之后,检验学生学习效果的方法之一就是让学生仔细观察动物的体貌特征之后能正确运用所学知识来对动物进行描述。从激发学生的学习兴趣出发,教师先让学生发挥想象,自己创作自己喜欢的动物图,然后根据所创作的动物特点进行笔头写作,训练写的能力(图4-2-73)。

学生写的英语小短文如下：

This is my animal friend. It is a lovely fish. It has big eyes and a small

图4-2-73

mouth. It has a big tail. It doesn't have any legs. It has a big body.It can swim. It likes eating rice. It is very clever. I like it very much. Do you like it?

有意识地激活学生头脑中的图式,启发学生的智慧,帮助他们多思考,指导其对自己的图式不断调整和提升,从而优化英语语篇写作,使学生们在既得"鱼"时更得"渔",达到学会、会学、会用的程度。

4.美术学科展学图式

美术课的展学图式出现在整节课的尾声,它有着对课堂知识总结回顾、作业创作系统评价、课外知识拓展延伸、整个课程调整完善的重要作用。展学图式突出"展"字,拓展学生课本之外的知识,提高学生终身学习的能力,拓展教师教学思路的发散,发展教师整合完善课堂的能力。

根据不同用途的展学图式,我们把它们分为归纳总结图式、作业展评图式、拓展延伸图式、课程结构图式。

（1）归纳总结图式

归纳总结图式对整节课主要环节做一个综合的归类,为学生梳理本课知识分类、重点、难点,是对本课的全面总结,也是从一节课中凝练出的精华,总结图式搭建的知识脉络有利于学生回顾课堂知识,记忆方法要点,在大脑中形成知识链,形成有效记忆。

【课例】苏教版《美术》四年级（上册）《标志》

课堂上学生了解标志用途的大致分类,学习设计标志的三种基本方法后,师生结合电脑上同步展示总结图表再次进行总结回顾,教师引导学生运用此类知识,今后在生活中看到标志,可以对它们进行快速分类,还可以判别出它的设计方法,美术学习的真正目的是美术与生活的相互渗透,能学以致用才是学习最大的乐趣(图4-2-74)。

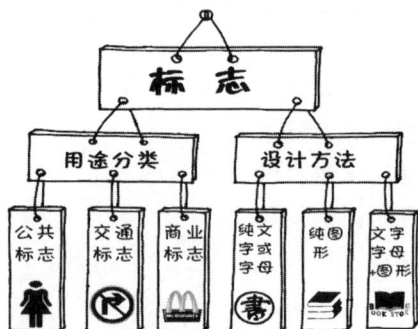

图4-2-74

（2）作业展评图式

作业展评图式指作业评价的标准以图式呈现,在师生评价、生生互评的环节中更加一目了然,学生可针对每一环节去衡量作品的优势和不足,注重在以后的创作中不断改进提升(图4-2-75)。

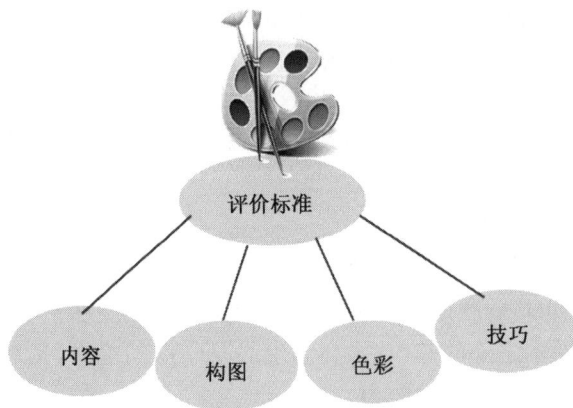

图4-2-75

每一节课,我们都会通过图中这些方面去评价学生的作业,自然而然,孩子也逐渐熟悉了评价标准,对每一张作品也有了自己的判定和见解。提高赏析能力也是美术课程教学的重要目的,学生会在丰富的课堂实践中得到长足的发展。

作业展评图式不是单一唯一的,可以根据不同教学内容在整体评价框架上进行形式和内容上的细化,如此图式对评价对象和方式进行了非常具体的划分,注重师生互动、生生互动。评价角度多样化,让评价帮助学生提升,帮助教师理清思路,及时发现学生存在的问题,更好地调整教学策略。

（3）拓展延伸图式

拓展延伸图式指教师在设计教学内容时,会根据本课内容寻找一些相关的拓展点形成图式,引发孩子无限的畅想,把美术学习延伸到课堂之外。

【课例】苏少版《美术》二年级(下册)《虫虫虫》

教学中利用一张图片(图4-2-76)进行图式拓展,和学生共同探讨:人类从昆虫身上学到了什么,发明了什么? 像这样从动物身上学习原理、汲取灵感的科学叫作仿生学。动物界、自然界还有更多的仿生学事例,根据生活经验回忆介绍,鼓励课后通过查找书籍、查阅网络等方式进行相关资料的整理,了解更多的讯息。

昆虫复眼

液晶屏

图4-2-76

（4）课程结构图式

课程结构图式虽然是教师课前对整节课或整个活动的一个流程构想,是对整个全局的一个预设,但通过实践,往往会根据需要在课后对其中某个环节进行调整、完善,让整个流程更加合理。结构图式是对一节课或一个完整课程的总体把握,它像一个骨架,支撑着每一个环节、设计、细节,是教师课前设计与课后反思的整合,是教师的智慧体现。

本主题学习是学校的美术特色,贯穿于六个年级30个班级。经过一个学期的葫芦特色教学尝试,教师结合日常教学设立了不同年段具体学习内容的创作分层图式(图4-2-77)。这个结构图式遵循了学生的年龄特点及学习能力,整个学习过程中,由平面到立体,从绘画到创意手工,学生对葫芦艺术处于不断熟悉了解、技法逐渐上升的状态。这个分层结构图式是在

图4-2-77

对学生充分了解和认识基础上设立的，具有较强的操作性和优势性。经过六年的深入学习，葫芦画课程必将在学生的心中根深蒂固。

5. 信息技术学科展学图式

信息技术学科的展学图式，在进行了一系列图式优学的课堂研究之后，我们将其分为要点重组图式、思维拓展图式、知识归纳图式。

（1）要点重组图式

优学图式在信息技术课程学习中，不仅可以作为辅助思考的工具，贯穿大脑信息加工的各个阶段，同时图式作为知识的有效载体，能将学生所学的知识要点进行再次组合，重组后的知识结构以图式的形式直观地呈现在学生面前，加深学生对知识以及知识结构的理解和深层次建构，形成自己独特的知识体系，提升信息素养。

【课例】苏科版小学《信息技术》三年级《画多边形》

本课在介绍了画多边形的一般方法后，着重讲解将"多边形"工具画出的图形进行组合，同时渗透利用"多边形"、"曲线"、"椭圆"等工具能画出更多精彩的图形，为利用计算机进行绘画综合创作起好铺垫作用。在本课的"拓展练习、自主创新"教学模块，利用图式呈现以"多边形"为主体的组合图形，由点到面，将要点重组，引导学生把多边形工具和前面学过的工具结合起来，既有图可仿、有据可循，又与众不同，极好地培养了学生的发散性思维。利用图式引导学生进行思考，为后面的创作埋下伏笔（图 4-2-78 和图 4-2-79）。

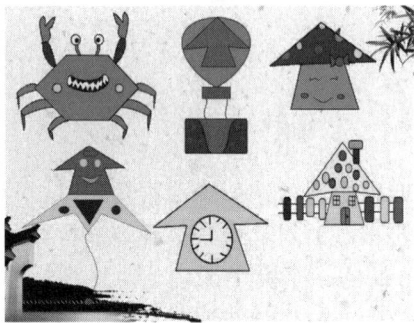

图 4-2-78　　　　　　　　　　　　图 4-2-79

老师提出：你会设计什么样的图形？并要求在设计的图形中至少有一个多边形。学生在学案中设计草图然后在电脑中创作。该环节的设计中，图式的呈现极大地启发了学生的思维，帮助学生进行有效的创作。同时根据呈现的图式，学生先计划后创作，运用所学技能实现知识的积累、迁移和融合，将本课所学的知识点乃至前面所学的知识点进行了汇总、整合，创作出自己富有个性的作品。

（2）思维拓展图式

思维拓展图式指在 Scratch 教学过程中，以"流程图"贯穿整个教学过程，将逻辑思维能力的训练融入具体的游戏创编中，让学生逐步实现具体形象思维向抽象逻辑思维的一个过渡。

【课例】苏科版小学《信息技术》五年级《小丑演出》

通过对范例的分析,引出游戏设计的流程图,流程图中任务设计的开放性满足了不同层次学生需求。

在"作品规划、流程设计"环节,通过引导学生回答演出节目需要的步骤,老师张贴板书,讲解总结后,形成设计流程图。

学生自己在学习单上设计一个演出流程图,再根据自己学习单上的流程图,请学生说出自己设计的演出思路。

在"创作节目、动手操作"环节,学生根据自己设计的流程图来完成演出节目的创编,完成规定的动作设计。

学生作品初步完成后,请学生结合流程图来说一说创编的节目。

反馈并修改学生的流程图。

……

本课教学设计中,Scratch 程序设计的流程图贯穿始终,学生在学习和创作过程中紧紧围绕图式(图 4 - 2 - 80),同时利用图式对角色的动作进行了创新和创编。在演示和反馈过程,师生也是以图式为模板,进行作品的汇报和评价。整堂课,图式优学的作用不但让学生完成了本课的教学任务,同时利用流程图的开放性,将任务分层次地展开,保护了学生的积极性和主动性。

Scratch 活动项目"童话节演出"节目创编学习单

鼓楼区第一中心小学　五年级

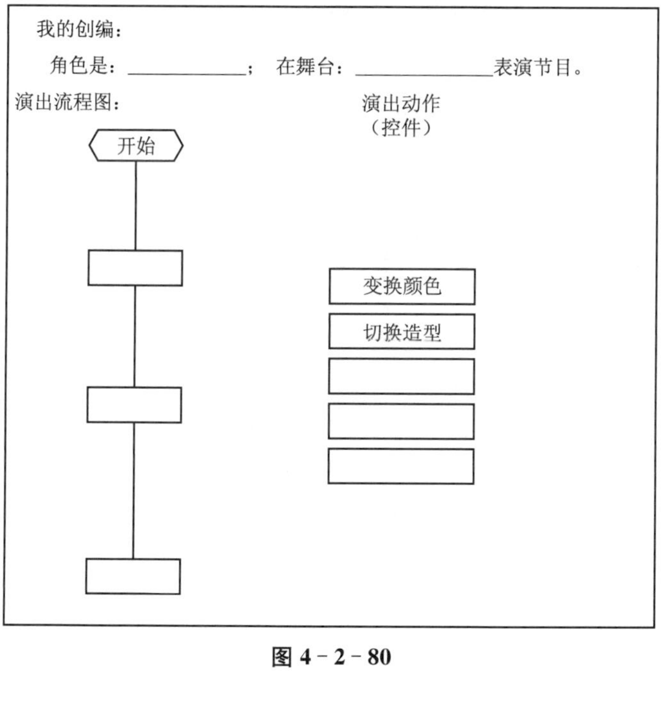

图 4 - 2 - 80

（3）知识归纳图式

在构建或完成知识归纳图式中，引导学生在动手操作、自主探究和解决问题的过程中把"学技术"与"用技术"融合在一起，初步体验程序设计的过程和算法理念，让学生掌握学习方法和技巧，培养学科基本能力和综合能力，进一步提升学生的信息素养。

【课例】苏科版小学《信息技术》五年级《Logo 语言总复习》

在单元复习的过程中，把图式作为复习的一个脉络地图，学生通过自己绘制图式，有利于系统地掌握知识，理清知识之间的关系。如果把每节课或每个单元的知识都绘制成图式，总复习就会成为一个强有力的武器。一课"图式"，一个单元学习就是一片"图式"，全册学完已然是一片"知识林"了。学生自己亲手绘制出来的知识宝库，想必所有的学生都会爱不释手，同样也可以非常方便地应用和学习（图 4 - 2 - 81 至图 4 - 2 - 84）。

图 4 - 2 - 81

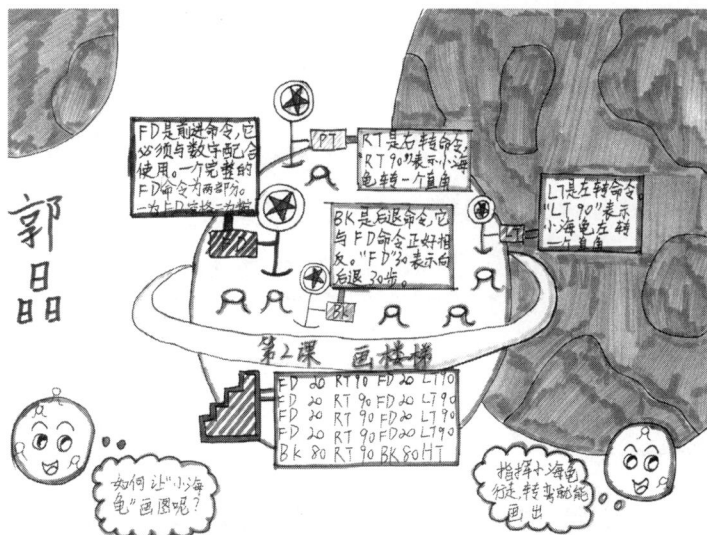

图 4 - 2 - 82

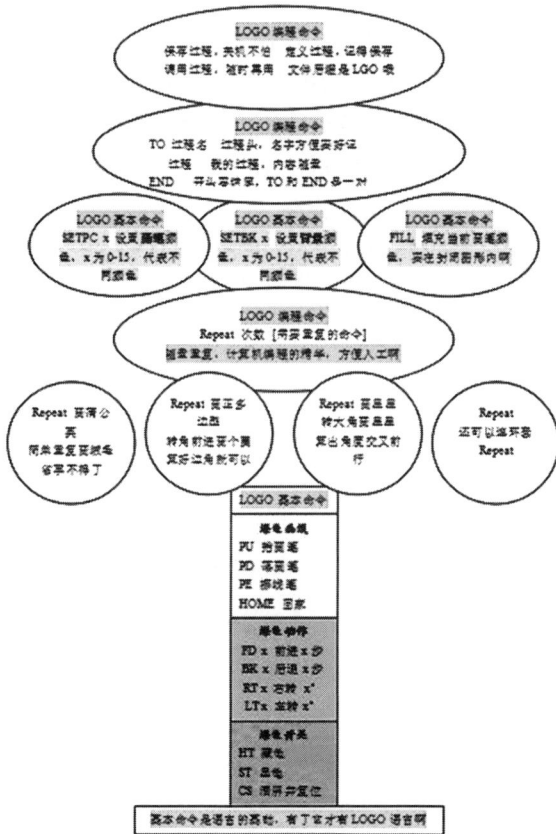

图 4 - 2 - 83

127

图 4 - 2 - 84

通过让学生构建图式，培养学生寻找知识体系的能力和习惯，实现感性到理性的上升，进一步提高学生自主学习的意识和能力，培养学生对信息技术发展的适应能力和良好的技术行为习惯，感受编程思想，初步体验程序设计的过程和算法概念，形成一定的信息素养。同时形成学生自己对 Logo 语言学习的知识网络，这样使得学生将各单元知识与已有知识进行联系，将各课的命令或知识点融入已掌握的知识体系中，编织成自己的知识网，形成学生自己的图式。

第五章 图式优学的实施策略

图式是学习的内容与方式、过程与结果，它最终目的是要实现优学——优化的学习活动、优质的学习成果、优美的学习生态。我们期望通过图式来建构我们的"优学课堂"。要想达到优学的目的，教学前依据儿童和教学内容的特点，设计切实可行的实施策略，使得教学有章可循，这点尤为重要。其次，教学中要依据实施策略，灵活运用，努力达到教学效果最优化。教学后及时整理、分析、提炼实施策略的精华，就能使之更加完善。

第一节 图式优学的实施策略

一、运用图式创设趣学情境的实施策略

情绪心理学研究表明：健康的、积极的情感对认知活动起积极的发动和促进作用。在教学过程中所创设的情境，因其是教师有意识创设的、优化了的，有利于儿童发展的外界环境，这种经过优化的客观情境，在教师语言的支配下，使儿童置身于特定的情境中，不仅影响儿童的认知心理，而且促使儿童的情感活动参与学习，能直接提高学生学习的积极性，使学习活动成为学生主动进行的、快乐的事情。

夸美纽斯在《大教学论》中写道："一切知识都是从感官开始的。"这种论述反映了教学过程中学生认识规律的一个重要方面：直观可以使抽象的知识具体化、形象化，有助于学生感性知识的形成。"图式"因为直观、形象、便于理解，能吸引注意力，作为注意力、意志力、理解力都比较欠缺的儿童，我们认为课堂上的图式学习能更好地帮助他们完成学习的过程，完成知识的建构，完成方法的引导，形成比较好的学习效果与成果，真正达成课堂优学的目标。

运用图式所创设的情境，就是通过给学生展示鲜明具体的形象（包括直接和间接形象），一则使学生从形象的感知达到抽象的、理性的顿悟，二则激发学生的学习情绪和学习兴趣，使学习活动成为学生主动的、自觉的活动。图式针对儿童思维的特点和认识规律，以"形"为手段，以"美"为突破口，以"情"为纽带，以"周围世界"为智慧的源泉，促使儿童合理地使用大脑，且又有和谐的师生关系为保证，使儿童在学习过程中，能够获得探究的乐趣、审美的乐趣、认识的乐趣、创造的乐趣，从而使教学真正成为生动活泼、自我需求的活动，儿童的学习兴趣、审美兴趣、认识兴趣，乃至向

往丰富精神世界的兴趣,也在其间培养起来。

图式,依据其表现形式,可以分为实物、图画、图示和影像等。教学中根据教材和学生的特点,合理运用图式,能创设思维的兴趣情境,也能促使学生主动参与,达到图式优学的效果。

1. 图画再现法

图画的内容丰富多彩,是图式中的大家族,是展示形象的主要手段。用图画再现情境,实际上就是把文字内容形象化。插图、特意绘制的挂图、剪贴画、简笔画等都可以用来再现文本情境。例如教学六下语文习作 2《当老师不在的时候》时,先播放 8 张关于"老师不在的时候,大家的表现"为内容的画面,学生自然产生了共鸣,写作的欲望呼之欲出。以学生学习、生活中熟悉的场景、形象、事件为切入点,在亲切、欢乐的气氛中让学生主动进入学习状态,激发学生的学习热情,营造和谐氛围,学生自然而然地进入学习的主题。

2. 实物展示法

实物就是最直观、最形象的图式。实物展示法就是以实物为中心,预设必要背景,构成一个整体,以演示某一特定情境。例如教学译林版《英语》三年级(上册)Unit 5 Look at me 一课时,就可以借助一幅实物图片,通过构思将分散的小图拼成一个整体的情景构图,从整体导入单词的学习,激发学生的学习兴趣,更好地学习并记忆单词,为后续学习打下基础。以实物演示情境时,应考虑到相应的背景,形象直观的实物展示,能吸引学生注意力,易于学生观察,这样容易把学生带到情境中去,使学生积极生动地进入学习中。

3. 图示记录法

图式中最为简约的、直观的就是图示,它包括图表、线段等。图示记录法是基于小学生思维发展特点,用简易能懂的符号、文字,在教师指导下自主开展的记录方法,有时也可以由教师板演实现帮助学生分解知识间复杂关系的一种形式。例如,教学三下科学《种子和果实》时,在讲解蚕豆种子的构造时,在结构图的相应位置标明名称,学生就一目了然。复杂或生僻的"知识点"一下子迎刃而解,学生自然兴趣盎然。图示记录法在了解学生前概念时作用显现,这为后续教学做好铺垫,同时利用图示还能进一步激发学生对探究实验的愿望。

4. 影像渲染法

多媒体影像是图式中的一种,它包括完整的影片、节选的影片片段,或根据教材所制作的动画片等。根据学生心理的特点——好奇心强,采用多媒体影像创设情境直观形象,极易吸引学生的注意力,为学生创设了一个个生动可感的画面,激起了学生学习的欲望。无论选择哪一种,只要运用恰到好处,学生就会产生身临其境的感觉。例如教学苏教版《品德与社会》五年级(下册)《筑起血肉长城》时,观看《抗日战争》的电影片段后再学习,学生们心中的激愤之情便油然而生。

运用图式创设趣学情境应充分考虑所创设情境的功效性,使之能最大限度地激发学生的积极性、主动性。应努力使交际过程的前后保持在一个整体的目标情境中，不要随意破坏和中断情境。还应充分考虑所创设情境的现实性和生活性，努力拉近与生活的距离，使学生在更大程度上"跳出"课堂，进入情境。

【课例在线一】——图画再现法［苏教版《数学》三年级（下册）《轴对称图形》］

教学此内容时老师先介绍让中国人引以自豪的国粹——京剧，然后请一位同学唱上一两句。待学生兴趣盎然时，出示京剧脸谱，请学生仔细观察脸部的化妆，思考：其中有一个的图案设计与众不同，你能将它找出来吗？并说说什么地方不一样（图5-1-1）。学生们交头接耳，讨论气氛顿时热烈起来了。教师趁热打铁，立即导入新课——《对称图形》。

图5-1-1

【简要解读】

伴随京剧唱腔，将鲜明的感知目标——京剧脸谱的精美图片展现在学生面前。脸谱图片的形象怪异，使学生因好奇而产生"要学"的愿望，在观察脸谱图片时引导学生对"脸谱设计有何不同"这一问题进行思考，进一步使学生因图式的有趣而产生"乐学"的欲望。教师充分运用图式为学生提供鲜明、新奇的感知目标，从而激发了学生的学习兴趣和求知欲。借助图式，创设问题情境，造成悬念，引发学生因好奇而要学，以达到智力活动的最佳状态。

【课例在线二】——实物展示法［苏教版《数学》五年级（下册）《三角形的面积计算》］

上课伊始老师讲述了小兔用三角形的砖装饰房间的故事，引发学生思考六种三角形的砖,到底选哪几种不浪费,美观大方,又省时省力呢? 故事吸引了自信的孩子们,个个跃跃欲试。组员们纷纷拿出事先准备的一袋"样品砖"(每小组各两个完全一样的直角三角形、锐角三角形、钝角三角形,每小组各一个长方形、正方形和平行四边形的纸模型),立即动手拼了起来(出示图 5-1-2 至图 5-1-5),亲自组合图形,学生的学习热情高涨起来了。

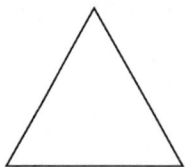

图 5-1-2

图 5-1-3

图 5-1-4

图 5-1-5

结果,每一组的设计都各有千秋,体现了孩子们的聪明才智和新颖的创意,教师指导学生仔细观察并思考:在每个图案中都有什么图形呢? 学生们自然踊跃发言,轻松地得出由两个一样的三角形就可以拼成一个平行四边形的结论(出示图 5-1-6 和图 5-1-7)。

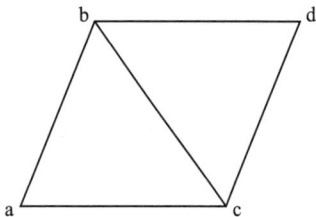

图 5-1-6

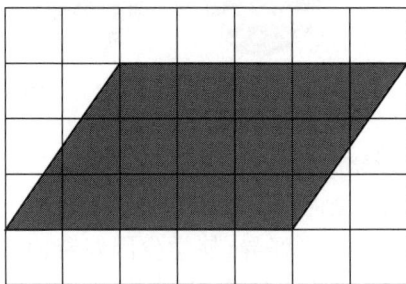

图 5-1-7

【简要解读】

在教学中,由于巧妙地设计了故事,借助实物——样品砖,激发学生动手操作的强烈愿望。课上,学生们饶有兴致地进行拼搭,发现惊人的秘密——两个完全相同的三角形拼成一个平行四边形。在图片比较中轻松地解决了学习的内容——三角形面积计算公式的由来。图式带领学生走进数学课堂,图式让学生在宽松愉悦的情境中口说、手做、耳听、眼看、脑想,图式让学生亲身经历操作、观察、讨论、归纳等数学活动,图式让学生进一步体会转化方法的价值,发展学生的空间观念和初步的推理能力。同时,图式也使学生获得了成功的喜悦!

【课例在线三】——图示记录法〔苏教版科学三年级(上册)《校园里的小动物》〕

在学生畅谈捉蚂蚁、喂蚂蚁以及蚂蚁的生活习性后,老师带领学生拿出纸和笔来画一画熟悉的蚂蚁。大部分学生认为轻而易举,所以画出来的蚂蚁五花八门,教室沸腾了。当汇报统计所画蚂蚁的脚和触角的数量时,学生们哄堂大笑(表5-1-1和表5-1-2)。

表5-1-1　蚂蚁的脚和触角数量调查表

蚂蚁	脚	触角
数量(只)	5	1

表5-1-2　蚂蚁的脚和触角数量调查表

蚂蚁	脚	触角
数量(只)	9	4

蚂蚁到底有多少只脚? 多少只触角呢? 惊诧的学生们特别想知道答案,此时,老师就请同学们打开书仔细观察,老师根据学生的回答完成了调查表(表5-1-3)。学生们恍然大悟!

表5-1-3　蚂蚁的脚和触角数量调查表

蚂蚁	脚	触角
数量(只)	6	2

【简要解读】

因为学生比较熟悉,所以在孩子们观察蚂蚁之前首先开展画蚂蚁这一活动。每个同学心中的蚂蚁到底是怎样的,光看画可能是比较模糊的。这时的“图示记录表”就显得尤为重要。它清晰地表现了大家对“蚂蚁”的不同看法,最能体现其中的矛盾,激起学生思维碰撞的火花、探究的欲望。那时那刻,相信每个同学都认为自己的看法是正确的,可再对照图式,最终的结果就显而易见了。图式,让学生在自己的认知矛盾中激发起观察的欲望,自主地开展观察实验活动。图示记录法的激励功能是不可替代的,因为它继续深化学习情境,营造探究学习的氛围,引导学生在探究过程的不同阶段深入地学习。

【课例在线四】——影像渲染法［苏少版《美术》一年级（上册）《手拉手，找朋友》］

教学此课，先请学生观看 Flash 动画（根据《找朋友》的歌曲作为课件的主题曲，创设了一个小朋友、各种卡通模样的小油画棒、人和各种各样的卡通线条人，它们在音乐声中一起做"找朋友"的游戏），看着看着，学生们便"骚动"起来。看完后，争先恐后地回答老师的问题——看到哪些颜色？接着让学生戴上小油画棒和线条的头饰来玩"找朋友"的游戏，学生自然开心极了，上台快乐地玩着游戏，在做游戏的时候不知不觉中认识了多种色彩和各种各样的线条。为学习认识色彩与线条，并运用色彩和线条画一张画营造了良好的氛围。

【简要解读】

在教学《手拉手，找朋友》一课时，由于这一课是学习认识色彩与线条，并运用色彩和线条画一张画。教学中，借助了集形、声、光、色、动、静为一体的影像——动画，创设生动、活泼、愉悦、高效的课堂学习情境。动画片中可爱的人物、各种各样的线条和鲜艳夺目的色彩吸引了学生的眼球，学习的欲望一下子燃烧起来。之后再让学生在佩戴头饰表演中深化认识不同的色彩和各种各样的线条，学生轻而易举地掌握了。这样美术教学活动的趣味性大大地增加了，而且学生也非常感兴趣地参与其中，真是名副其实的图式优学课堂。

创设生动的情境，是激发学习兴趣最有效的手段。有了兴趣就有了学习的动力，学生的学习活动就有了保证。它是学生的"内燃机"，如何把枯燥无味的传授知识变为主动有趣的获取新知，让学生寓教于乐呢？不难发现，利用图式形象化的优势能较好地解决该问题，因为它能创设紧紧抓住学生心弦的情境，最大限度地调动学生学习积极性，自然老师教得容易，学生也学得快乐。

二、运用图式突破教学难点的实施策略

教学的难点是指学生不易理解的知识，或不易掌握的技能技巧。难点是由两个方面决定的：一是教材的难度大小，教材本身从内容、形式到语言都有难易之分；二是学生知识基础和接受能力，基础扎实、知识面广的，解决问题就容易一些，相反的就难一些。

在一般情况下，使大多数学生感到困难的内容，教师要着力想出各种有效办法加以突破，否则不但这部分内容学生听不懂学不会，还会给理解以后的新知识和掌握新技能造成困难。要想突破教学难点，就是要化抽象为具体、化复杂为简单、变生疏为熟悉，其目的都是为了化难为易。

如果根据教学难点的三种类型，恰当运用图式，将会事半功倍。第一种是对于学习的内容，在教学中，运用直观的图式，如实物或图片，帮助学生增强相应的感性认识，这样就便于开展抽象思维活动，因而能较快或较好地理解所学的内容；第二种是在学习新的概念、原理时，缺少相应的已知概念、原理作基础，面对这样的难点，教

学中就可以借助图式,如简易的图表或图画,使学生对已知概念、原理的掌握更准确些、清晰些,让学生从认知的困境中慢慢走出来;第三种是教材中一些综合性较强、时空跨越较大、变化较为复杂的内容,解决此难点,也可利用图式——具体可感的动态画面,使学生在脑中分析、比较、整合,最终形成认知的深化、升华,从而解决一时难以接受和理解的内容。

运用图式进行辅助教学,容易激发学生的学习热情,引起学生学习兴趣,能促使学生主动地参与到学习中,自然地进入积极的思维状态,由感性到理性、由理性到实践循环往复,实现认识的不断飞跃,自然就能有效突破教学难点。运用图式,突破教学难点有以下方法。

1. 图式渗透法

就是运用图式,由浅入深,由易而难,步步推进地解决问题。教学中,从学生现有的认知水平出发,带领学生徜徉在恰到好处的图式海洋中,在潜移默化中达到教学的目的。例如:在英语 3B Module 8 Unit 3 They are swimming 一课中,学生对于"一般现在时"与"现在进行时"的区别在理解上有一定的难度,如区别句子"The boys are swimming."和"The boys swim every day."。为了刺激学生的感官,帮助其更好地理解,教者利用电脑首先呈现图式——"男孩"和"水"的画面,然后画面出现"男孩游泳"的动态画面,并提问:"What are the boys doing?"学生很自然地作出回答:"The boys are swimming."当涉及一般现在时时,就连续出现几幅图,呈现几个男孩从星期一到星期五早晨上学的情景,让学生仔细观察这一连串的图式,发现男孩们在不同的时间总是做相同的事,然后再提问题:"What do they do every morning?"学生们就能借助画面正确地理解并运用一般现在时态;接下去电脑连续出现几幅图,学生们基本上能正确地区别使用这两种时态描述画面,最后通过电脑呈现两种时态的构成,并加以总结,比过去只是简单地在黑板上写上两种时态的构成效果要好得多。

2. 图式分解法

直观的图式有大小互换、虚实互补、零整拼装、动静结合和远近交替的特点,可给学生提供丰富的立体感,生动地揭示事物的本质特征和内在联系。教材中有些内容即使老师苦口婆心,也很难达到效果。若运用图式分解动作变化的过程、星体运行的轨迹、植物的生长规律、作文构思的脉络等,这样,教学难点自然就被悄悄地分解了。而且在教《植物怎样喝水》一课时,在画有植物茎和叶脉画面上装一片可抽动的胶片,只要轻轻抽动胶片,就可以清楚地显示出植物根的水(红色)与植物茎、叶脉向上输送的水(红色)缓缓流动的情景。教师连续演示两次,在重点处点拨,植物"喝水"这一难点就解决了。

3. 图式比较法

由于内容相近或相似易混淆,难理解的概念或句子造成的难点,要通过反复对比的方法来解决。而教学中发现学生比较后反而觉得思维更混乱了。为了帮助学生进行有效比较，就可以运用图式，如图表、线段图、几何图形等，让学生从具体可感的图式中，辨别正误，推理、感知其中来龙去脉，达到思维清晰化。例如，在学习《厄运打不垮的信念》一课时，对文章中那一连串的数据的理解既是重点，又是难点。在教学时，教师就让学生与自己平时的习作进行比较，出示调查表格：你们平时一篇作文大约有多少字？要花多长时间？谈迁的这本《国榷》有多少字？花费了他多长时间？在数据的比较中，自然就降低了学生理解的难度，从而真正体会到"20多年"、"6次修改"、"500多万字"这些数据背后所包含的另一层含义。

4. 图式演示法

有些知识比较抽象，学生不好理解和掌握，便成为教学难点。像地球如何转动、闹钟的时针、分针和秒针如何运行等内容，即使老师反复用语言来"解释"，效果都会不尽如人意。利用图式（相关教具、实物）演示就可以让学生明白其中的过程，掌握其规律。如果让学生亲自演示，效果会更好。所以，运用图式，能使复杂的更简单、抽象的更具体、隐晦的更鲜明。例如，教学六上《圆的面积》一节中，教者让学生利用学具将圆平均分成16等份，然后提示学生将这16等份的图形拼成已学过的图形，同时找出所拼图形求面积的条件，学生通过动手操作，拼成近似长方形、平行四边形、三角形、梯形，然后通过对比计算得出圆的面积公式。

实践证明，"运用图式"与"化解难点"的有机结合，效果很好。以"学习难点"为内容资源，以"图式"为简化趣学高效的手段，将"图式"有机渗透到"难点学习"的教学中。同时指点引导学生化难为易，化厌为趣地学习原本较难掌握的知识点，解决疑难问题，的确能提高课堂效率。

【课例在线一】——图式渗透法［苏教版《品德与社会》三年级（下册）《我送老师一朵花》］

《我送老师一朵花》一课教学时，学生选择了自己最喜欢、印象最深的（关于老师的）照片在小组内相互交流。在此基础上讨论：这份快乐是怎么来的呢？引领孩子真情回放照片中的瞬间，将学生的记忆大门缓缓打开，一件件难忘的小事，一滴滴爱的甘露，如一股暖流，再现孩童眼前，涌动心头。教师趁热打铁：老师这样的辛苦，你们想怎样表达对老师的敬意？学生打开了话匣子：我想送给她一支百合花。查老师跌伤了，我想送给她一支康乃馨。我想送给校长一支郁金香花，感谢她对我的鼓励。传达室的李老师很辛苦，我想送给她一支牡丹。教师根据学生的回答立即把"图式"补充完整（图5-1-8）。

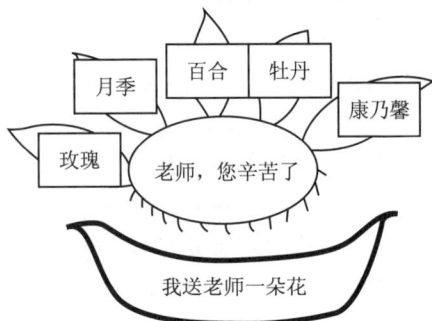

图 5-1-8

【简要解读】

品社课的教学内容,寓理于情,情理交融。《我送老师一朵花》一课的教学难点是在交流中让学生从内心真正体会到老师的辛苦,懂得理解和尊重老师,并且让学生意识到师生交往是一种平等民主的和谐关系。这对于三年级的孩子来说,真有点难。教学中,教师先让学生分小组欣赏照片,这些照片唤起学生的回忆,体会到了教师的辛劳与成长的快乐。接着再次欣赏照片,沉睡中的点点滴滴仿佛就浮现在眼前,最后的"板书"补充更唤起学生的情感体验,使其产生心理认同,激励道德情感的生成。孩子们真挚的童语,流露着对老师浓浓的感恩,这种情感体验的诱发来自"图式",更来自孩子们顿悟"被爱"体验的基础上。"图式"向学生们再现了一个又一个生活的情境,为学生创设了一个非常自由的天地,可带领学生回归到真实的生活中去感受、体悟。巧用"图式",促进了学生更能尽情抒发情感、分享情感、升华情感。这一内心的情感体验的渗透,促进了学生品德的发展,也化解了教学的难点。

【课例在线二】——图式分解法[苏教版《语文》三年级(上册)《北大荒的秋天》仿写]

《北大荒的秋天》是苏教版第五册第二单元的一篇课文,课文的第 4 自然段主要讲北大荒的原野热闹非凡。这一段是总分的写作方法,需要学生仿写。教师先让学生用一句话概括对宝葫芦园的印象,接着引导学生用一个词语概括宝葫芦园的特点。然后出示相关图片:想一想哪几个景物给你留下了这样的印象? 根据学生的回答,教师分别板书"颜色 、大小 、样子"等词语。并指板书(图 5-1-9)后总结:你们观察很仔细,选择了自己喜爱的景物来抓住它们的颜色、形状、姿态、味道等来描绘。

校园的一角

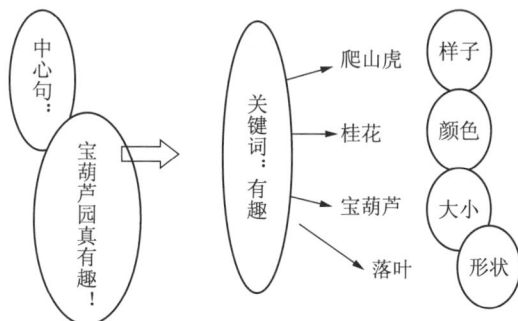

图 5-1-9

【简要解读】

依据课标，三、四年级应在低年段写话的基础上进行作文起步训练，以片段教学为主。课中，虽然学生初步掌握了先概括后具体的构段方式，对总分写法有了感性的认识，但在自己布局谋篇时无论是"中心句"的概括，还是"典型事物"的选择都比较盲目，不难发现，教学中先引导学生掌握"中心句"，接着确定"关键词"，看着板书学生就明确了"总写"的内容。接着在"图片"中选择自己喜爱的"物"，引导学生仔细观察后理清"分写"的内容。分解图式的过程其实就是引导学生认真分析、构建，帮助学生在大脑中形成作文的谋篇的过程。有了这样的图式，就能保证谋篇"言之有物"了。当然，如果每次作文教学都让学生掌握一两个设计得好的、读起来朗朗上口的图式及其变式，就不再是以往练习中获得的那种不成系列的表征在学生头脑中的零零散散的谋篇，也就不会出现谋篇困难了，这样就轻松解决了写作中的困惑。

【课例在线三】——图式比较法［苏教版《数学》五年级（上册）《梯形面积计算》］

《梯形面积计算》一课的教学难点是让学生理解梯形面积公式的推导过程中梯形上、下底与平行四边形的底之间的关系，真正解决学生在记忆梯形的面积公式的时候常常忘记÷2的问题。

教学时引导学生仔细比较教材上的这个图式，记住了梯形面积公式（图5-1-10）。

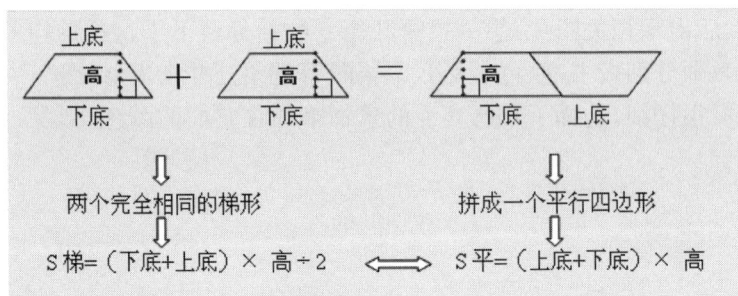

图 5-1-10

接着让学生由两个完全一样的梯形拼成一个平行四边形，根据拼成前后的图形等底等高的特点，推导出梯形面积＝（上底＋下底）×高÷2。

之后学生围绕"忘记÷2的原因"进行思考。教师再要求学生根据这幅图式，设计出推导梯形面积公式的其他方法的图式。结果出现了以下两种情况（见图5-1-11和图5-1-12）。一是把一个梯形按高度减半的方法，旋转平移后可以拼成一个平行四边形，它的面积是（上底＋下底）×（高÷2），从而推导出S梯＝（下底＋上底）×高÷2；二是把一个梯形按上底和下底中点连线分割，旋转平移后可以拼成一个平行四边形，它的面积是（上底＋下底）÷2×高，从而推导出S梯＝（下底＋上底）×高÷2。

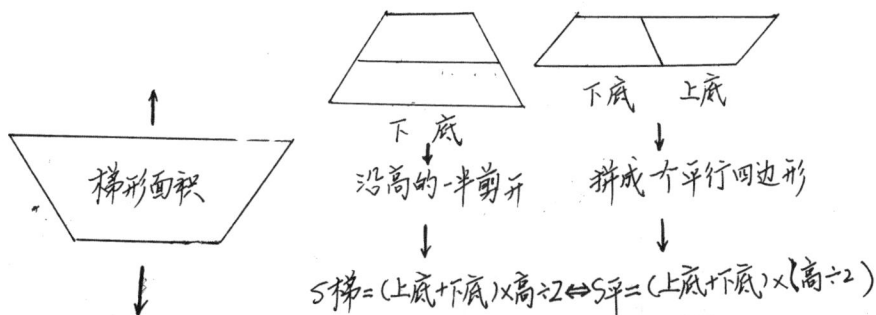

图 5-1-11

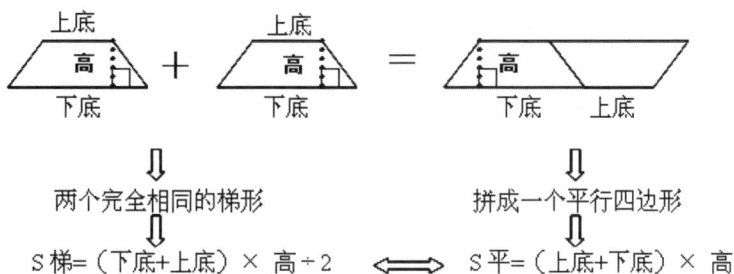

图 5-1-12

【简要解读】

教学中,学生在记忆梯形的面积公式的时候常常忘记÷2,这一难点造成的原因很可能是学生死记公式。课堂中运用图式(图 5-1-10),用 2 个完全相同的梯形与其拼成的平行四边形进行比较、推理,÷2 的理由显而易见。如果还有不明白的,再出示图 5-1-11 和图 5-1-12,拼成正方形后再比较、推导梯形面积公式,就更直观了。不难发现,学生最后印象深刻的就是上面的两幅图——思维过程的缩影,自然就不会丢掉÷2,运用图式,理清其来龙去脉,教学的难点就轻而易举地解决了。

【课例在线四】——图式演示法[译林版《英语》二年级(下册)Unit 6 At the Zoo]

在学生能用简短的话描述各种动物(The mouse is small. The elephant is big. The rabbit is white.)之后,新句型的教学就是难点了。为了帮助学生运用原有的旧知,教师先进行语言的输入:教师做动作边说:"Let's play a guessing game, listen carefully, guess what is it ? It's big. It has big ears. It has small eyes. It has a short tail(用肢体语言告诉学生 tail 是尾巴的意思). It has a long nose. What is it?" Ss: "It's an elephant."此时,多媒体出示大象的图片(图 5-1-13),教师指着大象说 Wow, it's so big,再做出很夸张的动作表示 so big,如果学生还不能理解 so big 时,教师出示猴子的图片,运用学生以前所学过的句子"Look at the monkey, it's so funny"，帮助学生理解单词 so 的意思，然后教师再指着大象，鼓励学生与教师一起描述大象的特征。经过几次的听音猜动物以及用 It's …与 It has…句型共同描述动物的活动，帮助学生建立了与新知识相应的语篇图式，由原来一个个独立的单词知识单元，相联系生成一个更高层次、更复杂的语篇图式。

图 5 - 1 - 13

【简要解读】

小学生的思维处于从具体形象思维逐渐向抽象逻辑思维过渡发展的阶段。他们对于英语单词、句型、篇章的掌握，要依靠直观形象图式来帮助，而且小学生大多属于视觉学习者，在看到学习内容以图像形式出现时，会更有学习兴趣与动力。肢体语言教学"tail"这个单词，在"图片"演示中引领学生关注"大象、猴子"的特点，帮助学生构建语篇图式，这样学生就能突破难点，对新知识掌握得更透彻。

在新课改理念的指导下，我们的课堂教学应该坚决摒弃死记硬背，特别是难点的突破，更应该注重学生在解决问题过程中的理解和感悟。要提高学生的探究能力，图式助学的优势显现得淋漓尽致。瑞士著名的心理学家、教育家皮亚杰十分重视图式概念，他指出"图式是指动作的结构或组织"。利用"图式"的这一特征，教学时，教师在学生遇到思路较杂乱、头绪较多的知识点时，可以把新授知识浓缩成框架，帮助学生构建思维轮廓图式，那么，教学难点就可以轻松地化解了。

三、运用图式理清问题层次的实施策略

在解决问题的效度上有些专家就提出了课堂教学要理清问题层次的观点。著名数学家笛卡尔说："我们在解决问题时，把我们所考虑的每一个问题都尽可能地分解成细小的部分。"也就是说将一个大问题按照由易到难的层次，细化为一个个小问题。

在需要学生实现一个大的学习目标或解决一个难度较大的问题时，可面对具体

学情,有效运用图式,为学生提供系统化、流程化、方法化的帮助与指导,理清这个大的目标或难度较大的问题的层次,将之分解成几个小目标或者难度较小的题目逐步实现、逐个加以解决,最后达到整体目标,难度较大问题的解决,以使儿童比较有效地完成知识的学习,并逐渐形成图式的学习方法与思维方式。

　　小学生的学科学习,正处在以形象思维为主向抽象思维过渡的阶段,而许多学科问题却多以文字叙述出现,不利于学生的分析与理解。所以根据学生的年龄特点,在授课时老师或通过引导学生对比彼此创作的图式,或构建清晰的表格,或利用导图进行梳理,有效帮助学生理清问题的层次,化难懂的大问题为一个个容易解决的小问题,推动学生思维由易到难,不断深入,步步"逼近"最后完整正确的理解,拓展解决问题的思路,从而使学生在获得对问题圆满的认识的同时提高解决问题的能力。在具体实施过程中可以使用以下策略。

1. 图式辨析法

　　图式辨析法即通过对比学生创作的图式,或者老师制作的范图,在两者或多者异同点的辨析中,自主发现,理清问题的层次。比如苏教版三年级(上册)《习作3》课前教师提出第一层问题:你能留心周围,寻找春天,并创作出作文图式吗? 学生在生活的方方面面都发现了春天的变化,创作出的图式更是五花八门。如果不加指导,学生很容易写成流水账,什么都写却什么都写不具体,这时教师课上的范图引导对比就显得非常重要。所以上课时教师提出第二层问题:出示学生创作的几幅有代表性的作文图式,问学生哪幅好,区别在哪里。在学生有一定思考的基础之上再提出第三层问题:这是老师的范图,你们比较一下,能对自己创作的图式进行修改吗? 就这样一层层深化问题,在辨析中将学生的思考引向深入。

2. 表格构建法

　　表格构建法是指在教师教学的过程中,随着问题的层层深入,教师有意识地引导学生在脑海中或者在黑板上逐渐构建出一张清晰的表格,在表格的辅助下,学生能更轻松地理清问题的层次,从而更出色地完成学习任务。比如译林版小学英语六下 Unit 8 Our dreams 这一课,老师利用表格引导学生梳理出问题的第一层是找文章中人物的名字,第二层是这些人的梦想分别是什么,第三层是为什么他们想做这些,渗透"want to"句式的训练。有表格辅助,问题层次很快被理清了,学生的学习效率也大大提高。

3. 导图梳理法

　　思维导图属于图式的一种,它和中心图像连接的不仅有主要分支,同时依次有二级分支以及三级分支,层次十分清晰,针对这一特点在课堂上运用思维导图帮助学生梳理思路,理清问题的层次。比如苏教版小学科学六年级(下册)《各种各样的能量》一课,教师一开始就出示"水车"。问学生是什么让水车运动的呢? 接着出示一组放风筝、汽车、踢足球、工厂机器的图片,引导学生观察发现,风、水、汽油、食物、电,都有可以使物体运动或者工作的本领。在科学上,它们所拥有的这些本领有一个共同的名字,叫能量。此时板书的"能量"就是思维导图的核心词,再回顾之前出示的照片,板书"风能""热能""电能"等,成为导图的二级结构,搭起教师所提两个问题联系的平台。第三个问题:这些能量有什么作用? 根据学生回答板书的"发电""烧熟""饭菜""照明"等成为导图的三级结构。最后以风能为切入点,以风筝实验探究能量大小与物体运动的关系,得出四级结构——风越大,风筝就飞得越高,引导学生课后继续探究是否其他能量也是这样。有思维导图帮助学生理清问题层次,将问题不断推向深入,学生能更好地理解并掌握"能量"的相关知识。

【课例在线一】——图式辨析法[苏教版《数学》四年级(上册)《解决问题的策略》]

该课是两步计算实际问题向三步计算实际问题的过渡。老师出了一道题后问学生,你能用"注标记"的方法进行条件分类吗(图5-1-14)?

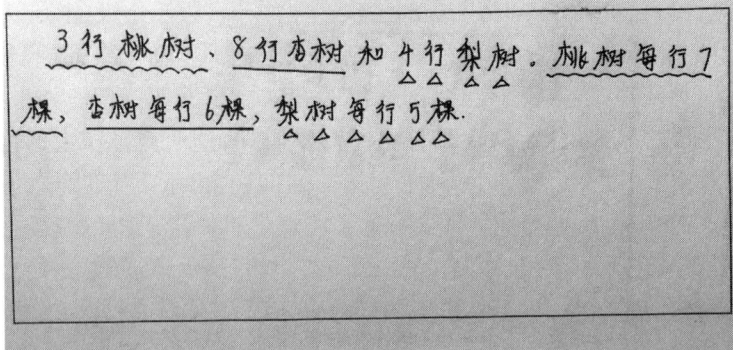

(1) 你能想办法整理题目中的条件吗?

图5-1-14

展示一位学生作品后,老师问学生有没有更简便的方法来整理条件? 一位学生介绍自己用的是"列举"的方法进行条件分类(图5-1-15)。

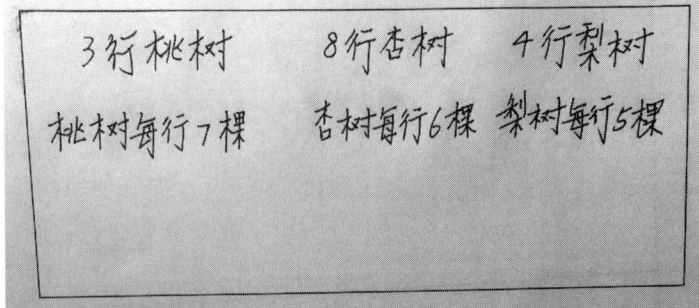

(1) 你能想办法整理题目中的条件吗?

图5-1-15

另一位学生采用的是"列表"的方法,并且采用了两种方法将条件列举出来(图 5 - 1 - 16)。

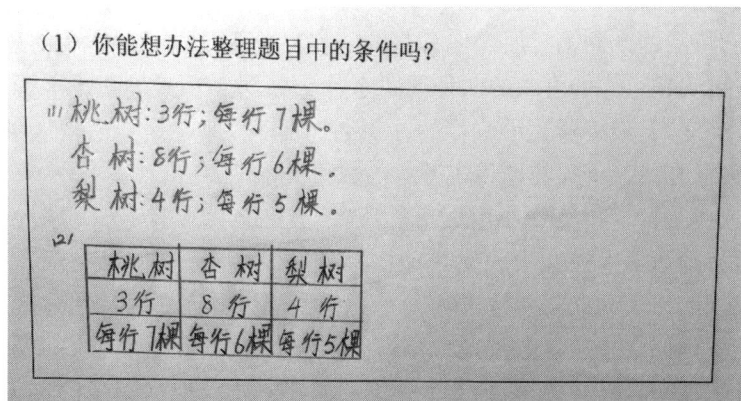

（1）你能想办法整理题目中的条件吗？

桃树：3行；每行7棵。
杏树：8行；每行6棵。
梨树：4行；每行5棵。

桃树	杏树	梨树
3行	8行	4行
每行7棵	每行6棵	每行5棵

图 5 - 1 - 16

还有一位学生也采用的是"列表"的方法,但是他的表和上一位学生的表又有所不同,他只列出了两列表,他介绍:"我先看了题目要求什么,因为题目中只要求桃树和梨树一共多少棵,因此我觉得不需要列出杏树的行数和棵树。"(图 5 - 1 - 17)

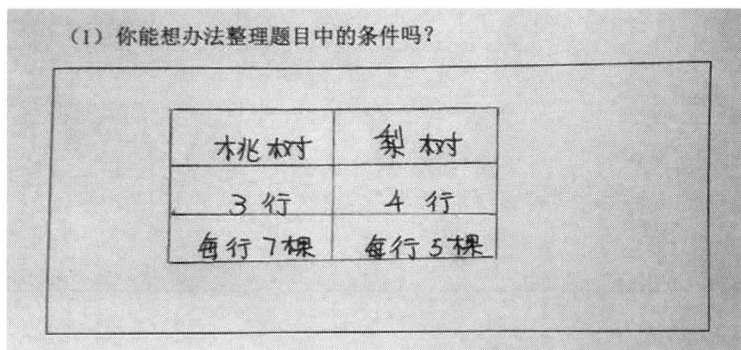

（1）你能想办法整理题目中的条件吗？

桃树	梨树
3行	4行
每行7棵	每行5棵

图 5 - 1 - 17

老师提问:"你们认为哪种方法最好?"经过讨论与交流,大多数同学表示第四位学生的方法比较好,因为这种整理条件的方法首先是清晰易懂,其次是有针对性,也有部分同学认为第三位同学的方法比较好,符合正常的逻辑思维。教师进一步深入追问,引导学生发现后两位同学整理两幅图的共同点,很快明确了:分析数量关系时既可以从条件想起——根据题目中的条件,可以分别算出栽的桃树和梨树的棵数;也可以从问题想起——要求桃树和梨树一共栽的棵数,可以先分别算出桃树和梨树各有多少棵。

【简要解读】

在教学中,教师着重通过图式教学的方式,一步步引导、帮助学生归纳和总结已经积累起来的解决问题的经验、方法。教师从最简单的"注标记"方法开始,提出了第一层问题:"你能用'标注记'的方法整理题中的条件吗?该方法有什么优缺点?"接着提出第二层问题:"有没有更简便的方法来整理条件?"通过比较学生完成的不同图式作品,将问题推到第三层:"你喜欢谁的作品?为什么?"将学生的思维引向深入。最后一层问题:"你们喜欢的两种图式有什么共同点?"通过图式辨析,问题层次一层一层逐渐深入,最终学生明白了一个共性的原理,那就是不论是从条件出发还是从问题出发,都要善于抓住题目中基本的数量关系。

【课例在线二】——表格构建法[苏教版《语文》四年级(上册)《九寨沟》]

上课时教师请学生在文中找出最能概括九寨沟特点的段落。出示段落品读后引导学生发现前三个词描写的是自然风光,用魔术笔轻轻一画放大"异兽珍禽"帮助学生清晰认识到课文是从自然风光和异兽珍禽两方面描写九寨沟这个人间仙境的。紧接着问学生描写自然风光的 3 个词中藏了哪些景物。根据学生回答用荧光笔标出:雪峰、古木、湖泊、瀑布。学生自读课文找到了详细描写四种景物句子并在书上圈画出景物的特点后,教师按照学生的需求依次引导学生抓住关键词仔细品读四种景物。

有了景物的铺垫,动物部分教师运用交互式电子白板淡入的功能展示小动物的图片,引起学生自主探究小动物特点的兴趣,组织四人小组合作学习,每人认领一只自己最喜欢的一种动物,圈画出它们的特点,然后想想怎么读才能把这种小动物的形象呈现在我们面前。学生每介绍完一种动物教师就出示相应的句子:一只( )的金丝猴正( );一只( )的羚羊正( );一只( )的大熊猫正( );一只( )的小熊猫正( )。

随着教学的推进,问题的逐层深入,自然而然形成了这样的表格(表 5 - 1 - 4):

表 5 - 1 - 4

	雪峰	森林	湖泊	瀑布
自然风光	高耸入云 银光闪闪	遍布	清澈见底 五彩缤纷	气势磅礴
异兽珍禽	金丝猴	羚羊	大熊猫	小熊猫
	机灵	善于奔跑	憨态可掬	爱美

【简要解读】

纵观整节课,教师在教学中逐渐引导学生在脑海中形成这样的表格,逐渐理清问题第一层:"课文从哪两方面描写九寨沟的?"第二层:"分别介绍了九寨沟的哪些景物和动物?"第三层:"这些景物和动物分别有什么特点,你从哪儿感受到的?"问题层次一清二楚,不仅有助于学生把握自然风光和异兽珍禽的不同特点,而且能帮助学生更深入地理解九寨沟的神奇,明白它被称为"人间仙境"的原因,一举数得。

【课例在线三】——导图梳理法［苏教版《语文》五年级（上册）《习作5》］

该课要求学生通过一件亲身经历的事，表达自己的真情实感。上课时教师出示表现娃娃喜怒哀乐的四幅不同的表情图，以"我"的不同情绪发散思维，唤醒学生的隐性知识。教师问学生印象最深刻的情绪是什么，按学生举手情况分为"开心组""生气组""悲伤组"。教师进一步追问事情发生的时间和地点，扩展不同时空。

教师最后以"开心"这一情绪中的典型例子"玩雨"为例，以"雨"作为焦点问题，问学生可以从哪些角度来描写，创作出如下图式（图5-1-18）。

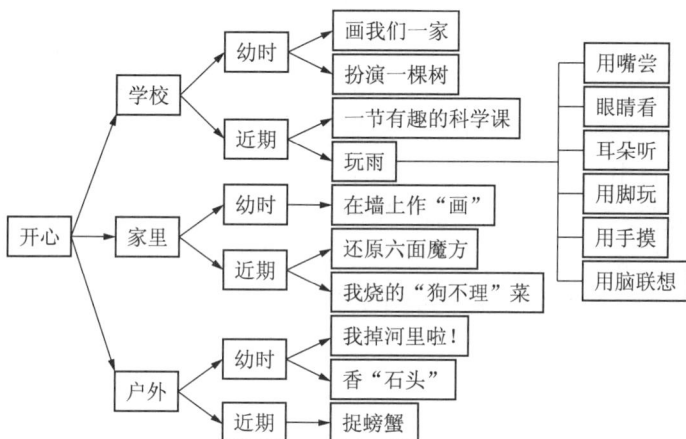

图 5-1-18

【简要解读】

教师运用图式打开学生思路，层层启发，调动学生的全部感官，将"用眼看"、"用耳听"、"用手摸"、"用脚玩""用嘴巴尝"作为"雨"这个焦点问题的分支，引导学生进行发散思考，帮助学生从不同的感官角度去描写雨，选材丰富，作文也能变得生动。通过思维导图的不断梳理，问题层层深入，学生的思路打开了，条理清晰了，对某一情绪的思考深入了，自己创作出的作文构思图式也是精彩纷呈。

四、运用图式优化教学程序的实施策略

都说"教无定法"，但教有定规。"规"即规律、原则。任何新知的教学都要通过一定的教学程序来实现。教学程序应体现所教知识的特点，并符合儿童的认知规律。显然，教学程序应有一定的规律性。由此可见，教学程序的科学性是影响教学效率的重要因素，也就是说想要提高教学效率，首先要优化教学程序，即让问题精简，内容丰实，课堂有趣焕发着生机。

图式优学能为学生提供一种新的学习方法，让他们学习更自主、认知更深入、思

维更活跃、成长更丰实。学生在教师的支持与引领下,运用图式展开学习,能有效明晰学习的路径,自主调整与完善学习的思路。精简教学程序,有效改变传统教学"满堂灌"的模式,变为学生主动学习,真正成为学习的主人,把教师从对学生的不停追问中解放出来,建设开放而有活力的新课堂。趣化教学程序,利用图式的影响、注意、导向、支持等功能,创设轻松有趣的教学环境,重视学生学习的过程与学习体验,能有效优化烦琐的教学程序,使之有利于教学任务的完成和学生学习兴趣的激发,是教师教学成败的关键因素。在具体实施过程中可以使用以下策略。

1. 形象串联法

形象串联法即上课时教师创设生动的教学情景。以学生喜欢的卡通人物或者特定的故事情境串联全课,激发学生的学习兴趣,优化教学程序。语言情景、实物情景、声像情景都可以调动学生的感官,提高学习的效率。比如教师在教学苏教版《数学》三年级(下册)《解决问题的策略》一课时,一开始就出示了最近大热的《爸爸去哪儿》这档综艺节目中五个孩子的图片,问学生:你知道他们这次的目的地是哪儿吗?告诉学生他们想参观鼓楼区第一中心小学的宝葫芦乐园,让学生和他们一起完成宝葫芦布置的任务,使学生很快进入角色。整节课都以宝葫芦和五个孩子的形象串联,学生跟着他们一起闯关,最终完成任务到达宝葫芦乐园,大大激起了学生学习的热情。

2. 插图启思法

插图启思法即在教学时恰当运用课本插图,引导学生在仔细观察的基础上,展开想象的翅膀,让静态的图动起来,从而更深刻地理解人物形象或者文章主旨,优化枯燥的教学程序。语文教育的首要目的就是引起学生对中国语言的兴趣。而遇到写人的文章时,大部分老师总会追问学生:"你觉得这个人物具有怎样的品质? 你从哪里看出来的?"然后开始满篇找句子,抓关键词,枯燥地开始讲解,学生往往会感到无趣。而插图与文字相比较而言,有着艺术形象的可视直观性,容易获得学生的认同感。当学生面对语文课本时,总是先看插图,故生动性和趣味性是课文插图最明显的功能。插图色彩鲜明、形象逼真的画面和显眼夺目的格式能够给学生以枯燥平板的文字所不及的视觉刺激。学生会从喜欢看插图,继而喜欢看课文并引起图文之间的思维互动,由此喜欢课文。如苏教版《语文》五年级(上册)《高尔基和他的儿子》课文中的插图可引导学生观察院子里有什么,高尔基的表情神态如何。在学生仔细观察插图的基础上引导学生想象高尔基此时会想些什么。通过这种观察静态的画面,引导学生发散思维,人物形象自然丰满起来。比直接问学生:"你认为高尔基有怎样的品质?"然后不停追问:"你从哪里看出来的? 哪个词特别能展现这一点?"这一系列烦琐而单调的问题,教学效果要好得多。

3. 图式精简法

图式精简法即运用图式凝练问题,精简教学环节,把老师从不断的追问中解放出来,真正把课堂还给学生,从而达到优化教学程序的目的。比如苏教版小学《品德与生活》二年级（下册）第5—8课都是讲春天的，教参上要求用8—12课时完成，教学内容零散，与学生的生活联系也不是很密切，如果完全按照书上的内容来教，教学程序烦琐，很容易让学生失去兴趣。所以教师用图式整合了教学内容。上课时出示日历，问学生从节气上来看，今年的春天是从几月几日开始的，学生发现是2月4日。再出示气象学上春天的概念，学生理解后紧接着出示2月、3月气温曲线图，学生自主发现从3月12日才是今年春天真正的开始。又出示4月南京降雨图和气温变化图式，学生很快发现南京今年春天的气温变化快、降雨多的特点。不难发现，有了图式的帮助，减少了老师烦琐的语言说明和不断细碎的追问，学生往往一看图就明白，然后在新的图式帮助下继续学习新知识，整节课他们始终在新奇求知的氛围中学习。

【课例在线一】——形象串联法（苏科版《信息技术》四年级《快乐的小猫》）

上课一开始教师饱含热情地说道："今天距离青奥会开幕还有80天。让我们跟着砳砳，先来一场别开生面的Scratch运动会吧！"砳砳的卡通形象出现在大屏幕上跟同学们打招呼，一下子就吸引了学生的注意力，激发了他们的好奇心和学习兴趣。第一关教师设计了帆船比赛，要求学生指挥砳砳移动到三个角标处，学生跟着砳砳通过摸索与探究找到与坐标相关的控件，并在完成任务的过程中了解其作用。第二关往返跑比赛，要求学生指挥砳砳从起点到终点往返跑4次，学生和砳砳一起在快乐的比赛情境中，掌握"面向"及"将坐标增加"等控件的作用。最后一关自主创编，要求学生从素材库中选择自己喜欢的运动，帮助砳砳完成比赛（出示图5-1-19），丰

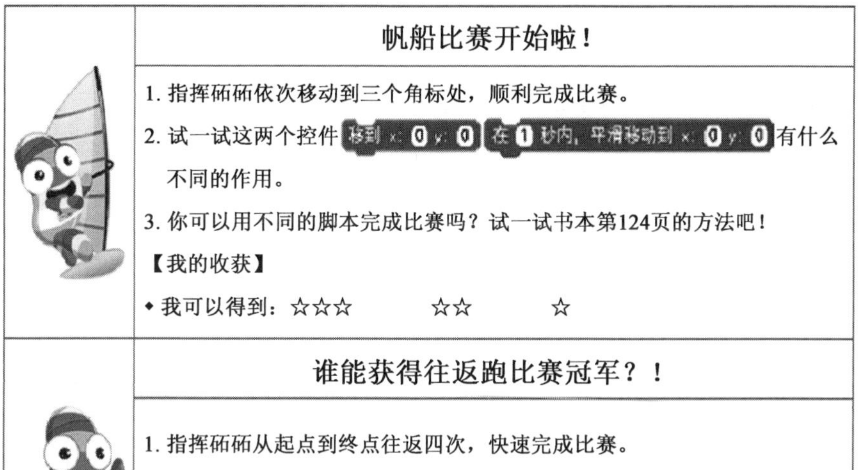

帆船比赛开始啦！

1. 指挥砳砳依次移动到三个角标处，顺利完成比赛。

2. 试一试这两个控件 移到 x 0 y 0 在 1 秒内，平滑移动到 x 0 y 0 有什么不同的作用。

3. 你可以用不同的脚本完成比赛吗？试一试本第124页的方法吧！

【我的收获】

◆ 我可以得到：☆☆☆　　☆☆　　☆

谁能获得往返跑比赛冠军？！

1. 指挥砳砳从起点到终点往返四次，快速完成比赛。

2. 比一比你编写的脚本和右侧的脚本有什么不同？

【我的收获】

◆ 我可以得到：☆☆☆　　☆☆　　☆

等待 0.5 秒
面向 -90 方向
将x坐标增加 -400
等待 0.5 秒

图5-1-19

富趣味运动会的同时通过自学书本掌握"移到鼠标"控件的作用,学生学习积极性很高,都能够编写出不同的脚本。

【简要解读】

四年级学生已经具备一定的信息素养及自学探究能力。在进行本课教学前,学生初步了解了 Scratch 软件的一些基本功能,如角色的添加、背景的设置和最基础的点击绿旗、移动、旋转、重复执行等控件,但对 Scratch 软件的学习尚处在摸索阶段,程序的编写有一定难度。因此,本课教学中,教师通过教学情境的创设,用学生熟知的卡通人物形象串联全课,构建一个完整有趣的故事情境,教学过程优化了,学生学习的热情被大大激发了,"要我学"变为"我要学",学习效率当然也大大提高。

【课例在线二】——插图启思法[苏教版《语文》六年级(上册)《姥姥的剪纸》]

本课语言优美,饱含了姥姥对"我"的深情以及"我"对姥姥的思念。课文中"剪纸"内容既是贯穿全文的线索,也是情感变化和流露的载体。抓住这条主线,披文入情,就能走进姥姥与作者的情感世界。教师在授课时巧妙地抓住了课文中的插图。比如在引导学生感悟人物之间的情感时,老师没有直接问学生你感受到什么,而是出示课文插图(图 5 - 1 - 20)。指导学生观察姥姥的表情、动作,"我"的神态,发挥想象力,猜一猜她们在说些什么。不用教师多赘述写什么,学生都能感受到姥姥和"我"之间浓浓的亲情。在此基础上,学生读"剪呀剪,拴呀拴,剪只兔,剪头牛,牢牢拴住萝卜头。"都能入情入境。教师进一步追问:"姥姥为什么要剪牛望小兔这幅剪纸?姥姥想对我说什么?"再看插图,学生都有进一

第 12 课　姥姥的剪纸

剪窗花。岂知工夫不大,一幅"喜鹊登枝"便完成了。嗬!梅枝与喜鹊形象生动,大小疏密无可挑剔。我服了,可还耍赖:"姥姥,你从我手指缝里偷着往外看了!"

"你差点儿把姥姥的眼珠子按冒了!"姥姥用指头点了一下我的鼻子,"熟能生巧,总剪,手都有准头了!"

是的,庄稼人都图个吉利,姥姥对"喜鹊登枝"最熟悉不过了。数九隆冬剪,三伏盛夏剪,日光下剪,月光下剪,灯光下剪,甚至摸黑剪。姥姥的手就是眼睛,好使的剪刀就像她两根延长的手指。

密云多雨的盛夏,姥姥怕我溜到河里游泳出危险,便用剪纸把我拴在屋檐下。她从旧作业

YU WEN 71

图 5 - 1 - 20

步理解。此时,老师再出示"姥姥定定地站在村口,出神地望着村路的尽头,心想:笑源,你走了很多日子了……"引导学生进行写话训练就能水到渠成。

【简要解读】

本课感受姥姥对"我"的深情以及姥姥与"我"相处时浓浓的亲情是一大难点,教师通过出示一幅幅温情的插图,引导学生感受姥姥丰富的内心世界,感受剪纸中蕴含着浓浓的乡情和亲情,感受姥姥对"我"深深的牵挂。不用教师紧抓文中关键词,把文字"掰碎"了问学生是什么意思,学生自然而然都能感受到这剪纸也是"我"童年美好的生活,是"我"永久的记忆和怀想。一幅幅小小的插图却有很大的启思力量,在它们的帮助下,学生很快能走入人物的内心,对文章主旨有更深刻的领悟,这样做极大地优化了教师反复追问姥姥有什么品质的教学程序,节省下的时间可以进行扎实的写话训练,可谓一举多得。

【课例在线三】——图式精简法[苏教版《语文》五年级(上册)《习作2》]

本次习作的要求是模仿例文的写法,写自己喜欢的一种动物,把动物的外形和动作写下来。上课时,教师先出示乌龟图片(图5-1-21),告诉学生这是她的一位好朋友——乐乐。在指导学生观察外形时,提醒学生观察外壳甲片上的同心环纹,就像树的年轮一样,有一圈代表它长大了一岁,数数共多少圈加上一就是它的龟龄。先整体观察,乐乐穿着一件什么颜色的衣服? 再看看大小,形状,出示坦克、仙人球、汉堡的图和它比一比,找找形似点。再来看看局部,它有哪些组成部分呢? 头、脖子、壳、四肢、尾巴。教师总结道:"我们刚刚先观察了整体再观察局部,先观察了最前面的头再向后一直观察到尾巴,这就叫观察有序。"在教学环节的不断进行中慢慢形成如下的作文图式。

图5-1-21

接下来教师进行细节描写的指导。告诉学生可以选择2—3个让你印象深刻的部位从大小、颜色、形状、特点等方面细细描写。先聚焦乐乐的头部。谜语中叫它橄榄头,看看像吗? 再细细看看还带有什么颜色的条纹呢? 头顶部还有一个红色的斑点,像什么? 顶着一颗红樱桃,丹顶鹤头上的一抹红,还是小姑娘头上的红发夹? 看来我们乐乐可真爱美呢! 再看它的眼睛,米粒般大小,黑得发亮,在你的眼中它像什么呢? 这是它的鼻孔,是不是特别像针扎出的两个迷你通风口? 嘴巴是淡黄色的,更有趣了,看,是个 W 形。脖子和我们的大拇指比比谁粗? 五号电池呢? 还可以抓住伸缩灵活的特点写。在学生发散思维进行想象说话练习的过程中,不断完善作文构思图(图 5 - 1 - 22)。

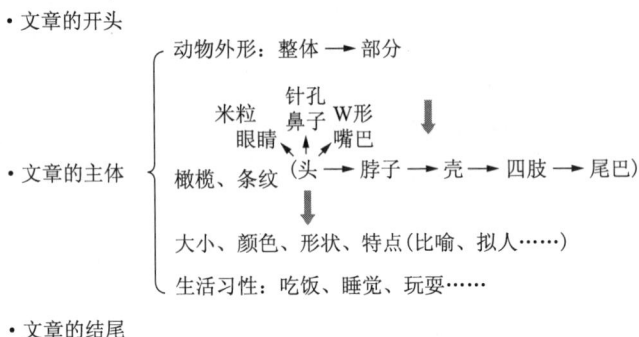

图 5 - 1 - 22

【简要解读】

本次习作按照常规的教法就是先要求学生读书上描写鸽子的例文,分析作者的写法,教师讲解如何分外形和动作两方面来描写,学生学习后讨论自己想写什么动物就开始完成习作,学生兴趣缺失,写出来的文章也缺乏新意和想象力。而一上课教师先出示乌龟图片,运用图式指导学生观察外形,先整体再局部,学生头脑中形成鲜明的观察要有序的认识。接下来教师进行细节描写的指导,很快形成清晰的构思图。可见,在图式的帮助下,教师有效精简了教学环节,避免繁复的范文分析指导,避免学生丧失对写作的兴趣,用图式在脑海中画一幅"学习地图",教学更有效。

五、运用图式梳理知识脉络的实施策略

美国认知心理学家奥苏伯尔强调:有意义的学习就是把新知识和原有知识联系起来,将新知识纳入原有知识结构中。由此可见,学生原有的认知结构是新知识的生长点,梳理知识脉络就是帮助学生不断建立起良好的认知结构的过程。

学科知识是一个有机的整体,有其内在的联系。学科知识间的这种内在联系反映在学科知识本身的逻辑关系以及人类认知科学知识的序列之中。学生在学习时,头脑已经接受或产生零散的想法和知识点,为了帮助学生将这些零散的知识点集合在一起,加强学习的效果,教师需要引导学生抓住知识的内在联系与要领,将认知过程中零散、杂乱的分散知识系统化,让学生形成良好的认知结构。

图式是由信息组成的单元,它能够运用于范围广泛的情境之中,是加工信息的基本框架。认知结构是一种图式,人们的认知结构就是由大大小小、各种各样的图式组成的。利用图式梳理知识脉络就是教师引导学生正确选择图式、灵活运用图式、不断构建图式的过程,就是帮助学生形成知识的"网格"的过程。系统的知识结构转化为图式后,就能以"组块"储存于记忆中,学生利用这种认知结构可以举一反三,同化新的信息。在图式迁移的过程中,学生的认知结构就会不断地得到丰富、发展,不仅有助于对知识的记忆,而且会使学习变得轻松。在图式教学过程中,教师可以引领学生绘制"图表""知识树""思维导图"等梳理知识的脉络,整合知识点,将知识"碎片"建构、连接成一个体系,将"平铺"的知识点"立起来",进而让学生感受到学科内隐含的方法和思想,优化学习效果。

1.串线构图

学生自主对单元知识进行回顾,根据自己的认识对知识梳理、分类整理,用自己独特的方式,把知识系统形象、简洁、科学合理地表现出来,初步形成自己的认知结构。使这些知识在学生头脑中竖成串,横成链,构成网,形成一个完整的知识网络体系,这样不但能加深对知识的理解,而且便于学生将成块的知识储存在大脑中,便于今后运用。例如:"长方体和正方体"是在平面图形的基础上学习的,因此整理复习时,在学生掌握长方体和正方体的特征、体积的概念和常用的体积单位后,教师把重点放在表面、体积的计算、单位进率等知识间的联系与区别上,引导学生梳理知识,并运用这些知识解决生活中的实际问题,为今后更复杂的图形知识学习打下扎实的基础。

2.比较对照

学生学完一章节或整册教材后,将其中相似知识点或易混淆知识点进行比较、整合,在同中求异或异中求同的辨析过程中进行梳理、建构知识,形成相应的知识图式。第十册《品德与社会》教材中的知识庞杂,从古至今、从中到外,有人名、时间、事件,内容跨度大。教学时可以从纵向的时间角度、因果角度,横向的人物角度、重大事件角度进行梳理,采用图表的方式将纵横交错的知识形成图式,学生就能提纲挈领地掌握知识点。

3.辐射聚合

在学习新知识时,将已有知识或获得知识的方法向新知识"辐射",这样不但能触类旁通,获得新的知识,还能"聚合"成知识规律。比如教学说理性文章时,先让学生读课文,找出文章的中心句,然后寻找归纳证明中心的事例,从整体上形成课文脉络图式。仔细研读事例时,引导学生将说理性文章的事例与一般记叙文事例进行比较,进一步丰富图式内容。从而形成说理性文章一般结构、写法特点的学习结构图式,对今后学习起到优化的作用。

【课例在现一】——串线构图[苏教版《数学》五年级(下册)《长方体和正方体》]

课前,教师提出用图式方式梳理一个单元知识点的具体要求,由学生自主梳理单元知识点，并绘制图式呈现单元知识点（图 5-1-23 至图 5-1-26）。课上，先由学生分小组交流自主整理的图式，然后各小组推荐一名同学借助整理好的图式汇报本单元知识点，接着，教师呈现精心设计一组本单元重点练习，进行对比训练。最后由教师借助图式帮助学生分析数量关系，归纳本单元的知识重点，促进学生对单元知识的理解与建构。

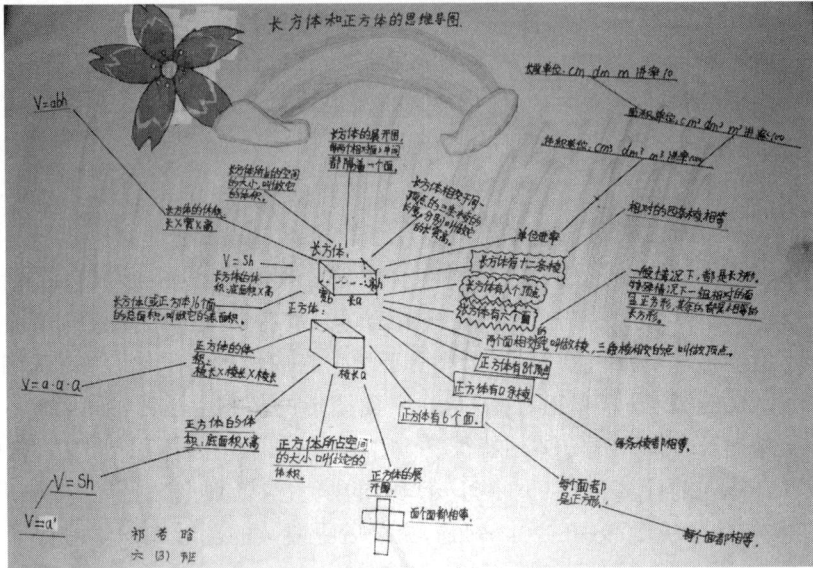

图 5-1-23

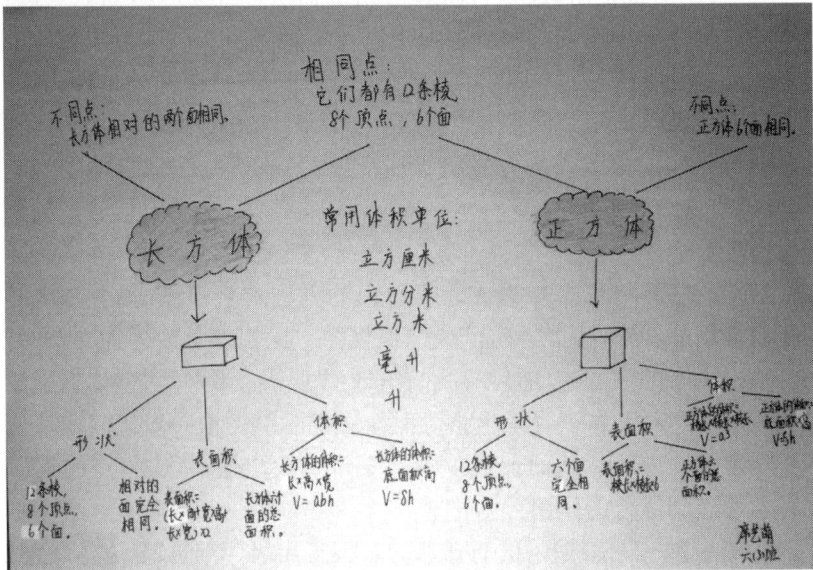

图 5-1-24

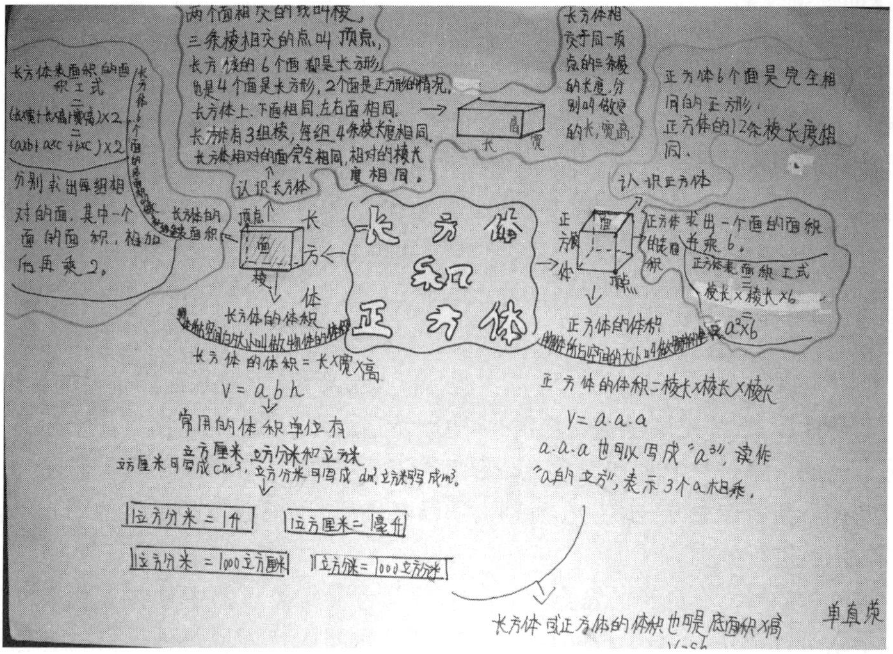
长方体和正方体
认识长方体
认识正方体
长方体的体积
长方体的体积＝长×宽×高
V＝abh
常用的体积单位有
立方厘米、立方分米和立方米
正方体的体积
正方体的体积＝棱长×棱长×棱长
V＝a·a·a
1立方分米＝1升
1立方厘米＝1毫升
1立方分米＝1000立方厘米
1立方米＝1000立方分米
长方体或正方体的体积也是底面积×高
单真荣

图5－1－25

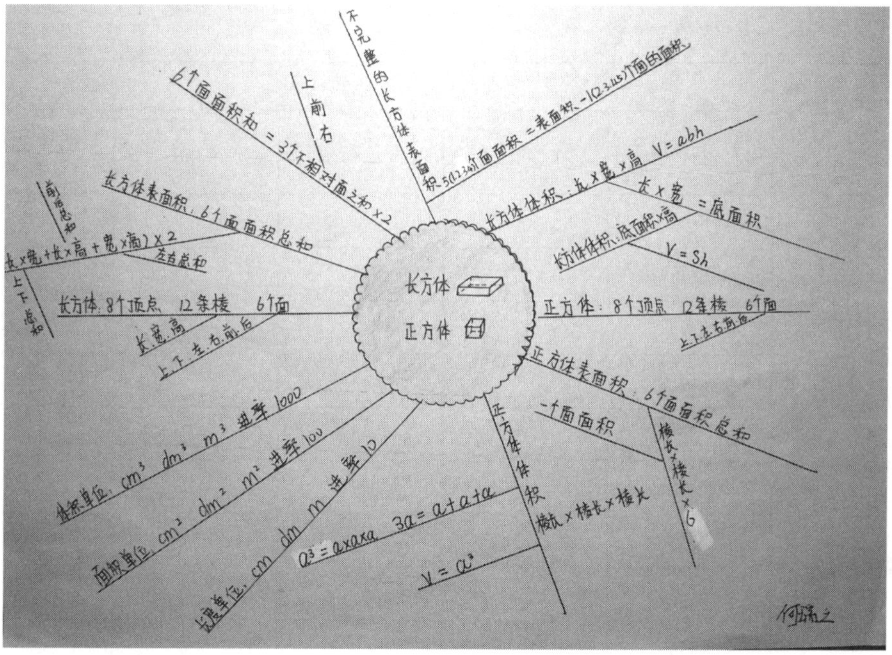
长方体
正方体
长方体：8个顶点　12条棱　6个面
正方体：8个顶点　12条棱　6个面
长方体表面积：6个面面积总和
正方体表面积：6个面面积总和
长方体体积：长×宽×高　V＝abh
V＝Sh
V＝a³
何诺之

图5－1－26

【简要解读】

学生在梳理、辨析、练习的过程中全面掌握了长方体与正方体的概念,熟练地掌握正方体、长方体的表面积和体积的计算方法。通过解决实际问题,让学生感受到数学与生活的密切相关,使学生积极参与数学教学活动,并主动地获得了与人合作获得成功的体验。通过梳理,对平时所学的孤立、分散、繁杂的知识进行概括、归纳、整理,使之系统化、简单化、典型化,使单元知识点成为有机联系的整体。在梳理知识的过程中学生看到了知识的全貌,掌握了知识间的相互关系,这样便于学生理解和记忆,达到举一反三、触类旁通的教学目标,从而优化了学习效果,提升了学生数学思维能力与素养。

【课例在线二】——比较对照[苏少版《音乐》五年级(上册)《西洋乐器的认识》]

教学此课,教师先请学生欣赏乐曲,边欣赏边思考:乐曲中运用了哪些乐器?学生将自己的了解一一记录在黑板上,接着,学生将教师事先准备好的乐器图片一一对应贴在乐器名称上方。学生在辨别出乐器名称后,再根据教师提供的图式将各种各样的乐器进行分类。

每一种乐器都有自身的特点,教学中,教师先从每类乐器中选择有代表性的乐器让学生听音,然后让学生根据自己听觉,结合乐器图片说说每种乐器的音色特点与差别,并用列表的方式呈现出来(表5-1-5)。最后通过欣赏独奏片段,感受不同音乐的表现内容和风格。

表5-1-5

		西洋乐器的认识			
	名称	外形特点	音色特点	用途	典型曲目 (著名演奏家)
木管乐器	长笛				
	短笛				
	单簧管				
	双簧管				
	萨克斯				
铜管乐器	小号				
	大号				
	长号				
	圆号				

续　表

西洋乐器的认识					
	名称	外形特点	音色特点	用途	典型曲目（著名演奏家）
弦乐器	小提琴				
	大提				
	琴中提琴				
	竖琴				
键盘乐器	钢琴				
	手风琴				
	电子琴				
	竖琴				
打击乐器	定音鼓				
	架子鼓				
	木琴				
	小军鼓				
	大军鼓				
	三角铁				

【简要解读】

教学中,通过听音、看图片辨别乐器名称,通过听音、观察发现乐器音色特征,将学生的视觉和听觉进行有效整合,直接将每一件乐器的音色等特点深深地印在了学生的脑海中,比如:单簧管与双簧管外形极为相似,如果没有图片(或实物),光靠教师讲解是无法那么鲜明深刻的。另外,本节课的容量庞大,用图表进行梳理知识能起到事半功倍的效果。课堂上,学生不仅能认识众多的乐器、辨别它们的细微差别,而且能了解名家、名作,能用心灵去感受音乐作品,提高了他们的音乐欣赏水平和鉴赏能力。

【课例在线三】——辐射聚合［苏教版《语文》五年级(下册)《谈礼貌》］

教学一开始,教师先让学生自己阅读文章,在文章开头找到作者的观点:"礼貌待人,使用礼貌语言,是我们中华民族的优良传统。"在文章末尾找到作者通过阐述得出的结论:"学会礼貌待人,恰当地使用礼貌语言,就能使任何人之间的关系更加和谐,社会生活就会更加美好。"那么,文章中间部分是什么? 教师讲解:为了证明自己的观点需要进行证明,这就是论证过程。这样,学生就发现说理性文章可分为三部分:"提出观点—进行论证—得出结论",并以图式呈现文章的脉络,使学生对文章结构一目了然(图5-1-27)。接着让学生再读课文,概括:本文列举了哪几个事例论证自己的观点? 然后引导学生明白:作者之所以选择这三个事例,是因为它们代表不同方面的典型事例。最后,教师将《谈礼貌》的事例与《天鹅的故事》等记叙文的事例比较,进一步丰富已有的图式(图5-1-28),学生不难得出:说理性文章有三个特点:一是简洁;二是可以抓住人物语言、动作、神态描写;三是可以采取"事例"加"道理"的方法进行论证。

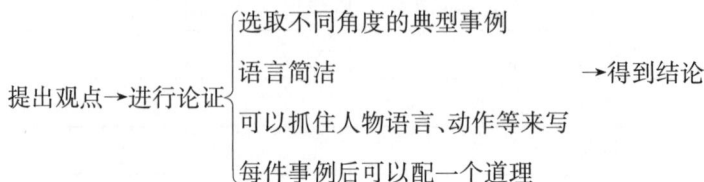

图5-1-27

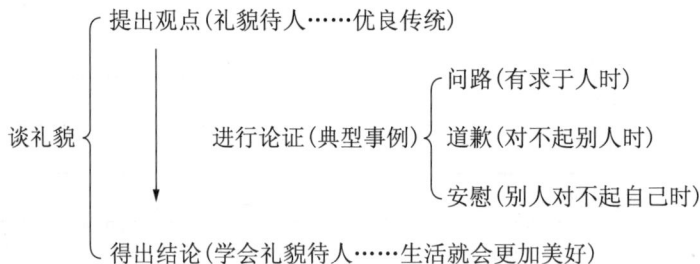

图5-1-28

【简要解读】

运用图式引导学生梳理《谈礼貌》的文章脉络,在比较论证过程中引用的三个事例与记叙文事例的区别,列出注意要点,进一步丰富图式,使学生对文章的结构、表达方式等有了深刻的认识。由《谈礼貌》联想到学过的《滴水穿石的启示》,即将学习的《说勤奋》《学与问》三篇文章的结构,激活了学生原有的知识图式,很容易使学生获得说理性文章的一般阅读方法,掌握说理性文章的一般写作规律,从而形成新的图式。

六、运用图式发展学生思维想象的实施策略

美国图论学者哈里有一句名言:"千言万语不及一张图。"说的就是学生思维想象的发展离不开图式。图式能形象、具体、直观地将思维呈现出来,这比学生用抽象的语言描述事物容易得多。事实上,运用图式教学可以激发学生左右脑的协调,激活学生的思维由表象产生丰富的联想,使具体的事物更形象、更夸张。教学的过程中,学生借助图式会将自己的思维想象毫无障碍地表现出来,他们通过联想等方式,

不断将自己的想象纵深迈进,向宽阔拓展,从而思维想象能力更具发散性、深刻性、灵活性和批判性。有时候我们教师看着孩子们创作的一幅幅图式画,也不得不惊叹于图式优学给学生带来的"奇思妙想"。

1. 相似联想

联想是指感知或回忆某一事物,连带想起其他有关实物的心理过程。联想的种类有接近联想、相似联想、对比联想、关系联想等。图式相似联想是指对于在性质上相似或接近的事物借助图式进行联想的思维想象过程。例如,由绿色的图片或图式联想到环保,联想到生命;由地球等图片构成的图式联想到火星;由圆的图片联想到月亮、闹钟、笑脸,等等。童谣中"麻屋子,红帐子,里面住个白胖子"文字的出现,让读者一下子就联想到花生的外形图片,这就是运用相似联想。相似联想常常给人以启发,很多思维想象活动必须借助图式并由相似联想诱发产生。

2. 空白拓展

教材中有许多制作精美、色彩明丽的插图,表现的是一瞬间的情境,具有趣味性、教育性、故事性,给学生留下极大的想象空间,教师可以巧妙地利用它让学生猜想插画所描绘的内容,训练学生思维想象能力。教材中也有像《狐狸和乌鸦》一些故事性较强的文章结尾处,给读者留下无限的想象空间。教学中紧扣插图,引导学生利用已有的知识和生活经验,按照文章的思路,进行艺术再创造续写课文。这样的续编故事,有利于学生展开想象,发挥潜能,培养学生的想象与创造思维。苏霍姆林斯基说过:在人的心灵深处,都有一种根深蒂固的需要,这就是希望自己是一个发现者、研究者、探索者。正是这种心理,运用插图补写故事、运用图式续写故事是学生喜闻乐见的一种形式,也是学生发展思维想象能力的良好契机。

3. 操作演示

《数学课标》明确指出:"要培养学生的运算能力、逻辑能力、空间想象能力以及运用所学的数学知识解决实际问题的能力。"恰当地运用模型进行操作演示,是培养学生空间思维想象能力的前提,是学生顺利进入立方体几何学习之门的钥匙。在实际教学中,教师让学生摸一摸、量一量、折一折、摆一摆、搭一搭,有效地帮助学生形成了图式,建立了空间概念。学生动手操作或演示过程不仅是一个实践过程,更是一个尝试过程、思维想象过程。比如,教师在教"观察物体"时,先让学生动手搭一搭、摆一摆、折一折,了解平面图形还原立体图形基本过程,形成了平面的图式、立体的模型。这样,学生就能直接展开空间思维想象,迅速判断组成立体图形的立方体的个数。

【课例在线一】——相似联想[浙教版《美术》三年级(上册)《图的联想》]

教学导入时,教师先在黑板上画了一个几何图形——圆,让学生发挥想象进行添画,比比谁的图形变化多而妙,体验基本图形联想的乐趣,激发学生学习兴趣。一个小小的圆,在小学三年级学生的眼里会变为太阳、月亮、球、饼、气球、轮子……学生们长于联想,善于想象,想象出了各种事物(见图 5-1-29)。紧接着教师展示苹果、足球实物，引导学生观察身边的事物，说说自己想象中的图形。因为学生平时对各种身边的图形往往不太注意，特别是用线描方法来准确表现，所以，教师示范绘画步骤和方法，使学生在练习时能较快、较准地画出心目中的图形。最后，让学生学会观察身边的事物（树叶、鱼等），并对所观察事物的形状和大小展开联想，启发学生想象创新作画（见图 5-1-30 至图 5-1-34）。

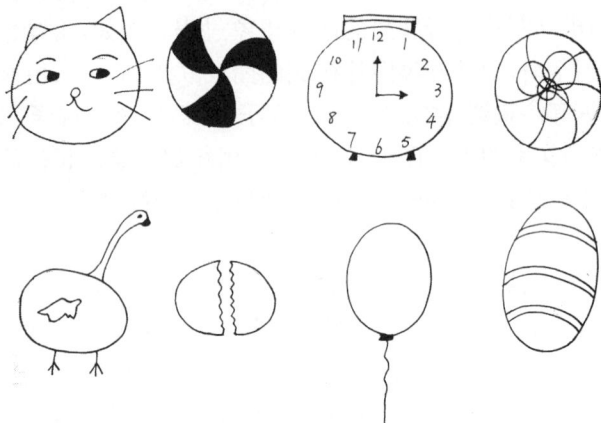

5-图 1-29

图 5-1-30 苹果、茄子、南瓜实物

图 5-1-31 叶的联想创意画

图 5-1-32 手的联想创意画

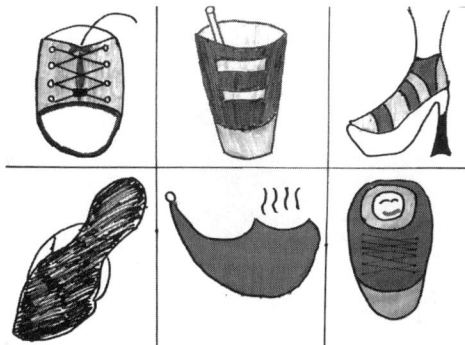

图 5 - 1 - 33　鞋的联想创意画

图 5 - 1 - 34　灯泡联想创意画

【简要解读】

小学生对世界充满着好奇和新鲜感,这是他们的优势。图式本身是视觉空间设计中的一种符号形象,联想能力是人类创造灵感之源之一,两者结合在一起,既激发了学生的学习兴趣,又培养了他们的想象能力。教学时,先用一个简单的图式——圆,让学生体验"圆的联想"带来的乐趣,然后采用实物展示、画法演示、作品欣赏等手段辅助教学,让学生感受圆的奇妙,最后,以相似联想为依托,开启学生想象之门,让学生亲自动手绘图式,让他们充分展示自己的想象思维。教学过程中学生多次讨论、交流,并借助图式采用"添一添""变一变""减一减"等方法对身边的事物展开联想,用自己的语言将设计方案描述出来,并在教师的引导下将具体的事物通过自己的思维想象转化为心目中的新形象。学生每一次看图、每一次说图、每一次绘图都是在与图式对话,都是在发展自己的思维想象能力。

【课例在线二】——空白拓展[人教版《语文》四年级(上册)《巨人的花园》]

《巨人的花园》讲到:孩子们在巨人的花园里欢快地游戏。而文中并没有对孩子们如何快乐游戏的详细描写。为了帮助学生更好地理解课文,突出孩子们在花园里快乐游戏的画面,训练学生的想象力,教学时结合插图(图 5 - 1 - 35)设计如下教学流程:教师在学生读通读顺课文,认识孩子们快乐地游戏和花园里美好春色的基础上,启发学生思考:孩子们会在花园里怎样地游戏?此时花园里的景色如何?如果你看到了这样的画面会怎样?学生结合生活经验,直接展开思维想象。接着教师引导学生编写剧本,最后,学生再根据"剧本"分别扮演图画中或想象中的人物,一定要抓住故事中人物的语言、动作、神态等突出他们的性格特点。

图 5 - 1 - 35

【简要解读】

由课文中的一幅插图为基点，引发学生阅读、想象：想象花园的美景，想象孩子们怎样游戏，想象孩子们的语言、动作、表情。三次想象说话，将学生带进童话的世界，学生充分感受到春天巨人花园的美丽与温馨，与巨人的冷酷无情形成了鲜明的对比，为巨人的改变留下伏笔，深化了文章的主旨。教学过程中，学生通过小组合作想一想、画一画、写一写、说一说、演一演，唤醒了学生记忆的表象，丰富了学生的想象，将一幅原本静止的插图变成了鲜活的动态图，多幅活页图，真正实现了图式优学启迪学生思维想象能力的效能。

【课例在线三】——操作演示［苏教版《数学》五年级（下册）《图形的旋转》］

课始，教师出示两个钟面（图 5 - 1 - 36）请学生注意观察：甲、乙两个钟面上的指针分别是怎么旋转的？任意选择一个钟面，通过空间思维想象来说一说指针的旋转过程，得出图形旋转的一般规律（图 5 - 1 - 37）。教师加入空白钟面（图 5 - 1 - 38）让学生一边操作，一边想象，并把自己思维想象的过程通过语言叙述出来，从而把握旋转的基本要素。在此基础上，教师利用旋转前后的两条线段，补充第三条线段围成了一个三角形（图 5 - 1 - 39），问：三角形 ABC 绕点 O 顺时针旋转 90°后，得到的是什么样的图形呢？从图 5 - 1 - 36 到图 5 - 1 - 40，学生乘着思维想象的节奏轻松地跳转到了"图形的旋转"教学（图 5 - 1 - 40）。

图 5 - 1 - 36

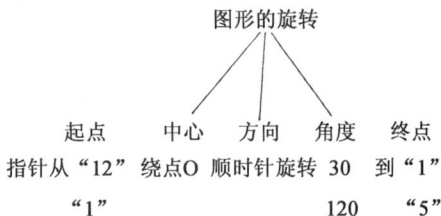

板书：

图形的旋转

起点	中心	方向	角度	终点
指针从"12"	绕点O	顺时针旋转	30	到"1"
"1"			120	"5"

图 5 - 1 - 37

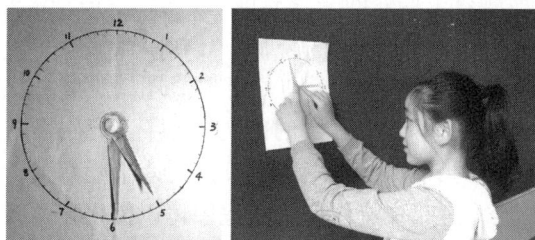

图 5 - 1 - 38

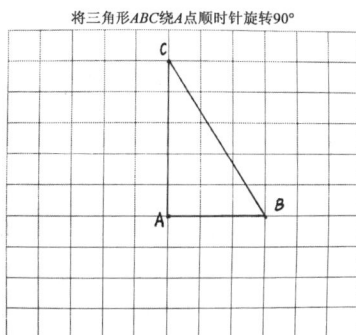

将三角形ABC绕A点顺时针旋转90°

图 5 - 1 - 39

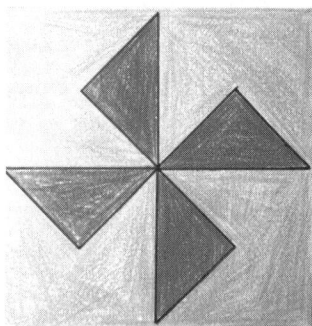

图 5 - 1 - 40

【简要解读】

图形旋转教学时,教师借助看一看、画一画、摆一摆等演示、操作活动,打开了学生空间思维想象,有效地引发了学生平面与立体思维朝纵深发展。在观察的基础上,教师特别加入空白钟面和指针这些实物教具,引领学生反复操作,不断进行思维想象,学生对旋转要素有了全面的认识。学生在想象过程中形成的图式是学生思维过程形象化的体现,在操作过程中,将抽象的知识变成学生能看得见、摸得着的图式,鼓励学生能够用数学语言描述物体的旋转过程,促进了学生思维想象能力的发展。

七、运用图式妙导拓展运用的实施策略

课堂教学拓展是指在课堂教学过程中依据该课的教学内容、教学目标、教学目的,在一定范围、深度上和外部相关的内容密切联系起来的教学活动。随着教育部新《课程标准》(新课标)的贯彻执行,课堂教学拓展已成为课堂教学的重要组成部分。它不同于传统教学只注重知识的传授,而是从更高的层次对教师和学生提出了要求。有效的课堂拓展能深化课堂教学,提高课堂效率。

将"图式"运用于课堂教学拓展中,其目的在于促使课堂教学拓展的"优化"。具体而言就是:第一,发挥图式"生动、形象"等特点,激发学生参与课堂拓展的兴趣,启

发学生的思维,逐步形成自主探究的兴趣和能力。第二,借助图式"网络化、结构化、可视化"等特点,帮助学生建构知识网络,加强对教学内容的深入理解,促使学生对所学知识进行进一步的拓展和提升,帮助儿童形成图式的学习方法与学习能力,促进思维能力的发展,最终提高自主学习的能力。第三,运用图式"趣味、直观"等特点,创设真实有效的情境,拓展学生学习的空间,促使学生综合运用所学知识,从而形成解决实际问题的能力。其在具体实施过程中可以使用以下策略。

1. 信息输入法

巧妙运用图式围绕课堂教学文本对学生所学内容进行拓展,丰富课堂信息的输入,能够有效地开拓学生的视野,启发学生的思维,从而帮助学生进一步主动建构和完善已有的认知图式,并潜移默化地培养学生自主探究事物的兴趣。例如:在学习译林版《英语》六年级(下册)Unit 6 An interesting country (第四课时)一课时,在学生通过前三课的学习已经基本掌握了关于澳大利亚这个国家的基本信息和一定的语言知识后,这节课开始可以播放一段有关澳大利亚风土人情的英文短片,并请学生根据短片所提供的信息结合自身所掌握的语言知识用英语谈一谈自己对澳大利亚在天气、城市、动物、文化等方面的了解。紧扣文本,以学生已有知识为基础的丰富、直观的图文信息的输入,帮助学生进一步拓展和完善了已有的认知图式,促进语言知识的内化,从而帮助学生形成丰富而有效的语言输出,进而促进学生语言技能的提高。

2. 综合对比法

综合对比法是指运用图式将知识进行综合对比,从而发现知识间的关联及异同点,并在此基础上对已有知识进行进一步的建构,从而加深对所学知识的理解。同时,形成图式的学习方法与学习能力,促进思维能力和自主探究能力的发展。例如:学生在学习苏教版《数学》五年级(上册)《数字与信息》一课中,教师在学生学习了数字信息的价值以及数字在表达信息时是具有一定规律的知识以后,可以通过火车票、车牌号码、图书馆里的图书编号等大量含有数字编码的图片及信息,引导学生通过对比分析发现不同种类的编码规律,在帮助学生进一步丰富头脑中已有的认知图式的同时,还帮助学生逐步掌握探究事物的方法,激发了学生主动探究事物的兴趣。

3. 归纳联想法

建构主义理论认为:学生是信息加工的主体,是意义的主动建构者。在教学中教师可以围绕某个知识点引导学生对所学知识进行一定的归纳和联想,从而促进学生主动建构更加开放、更加丰富的图式。例如:四年级学生在学习完动物类的英语单词之后,教师可以让学生对所学词汇进行分类并展开联想,如动物(animals)可分为昆虫类(insects)、鱼类(fish)、鸟类(birds)、哺乳类动物(mammals)等,而每一类里又有许多的动物,如:昆虫类里有蜜蜂(bee)、蝴蝶(butterfly)、蚂蚁(ant),等等。归纳联想法的运用,能够促使学生积极主动地展开思考,从而对学习的知识进行进一步的拓展和提升,同时帮助学生逐步形成发散性思维和自主学习的能力。

4．拓展运用法

学习的最终目的是能够运用所学的知识解决实际问题。课堂教学中教师可以联系教材与实际生活,通过图式创设真实、有效的情境,拓展学生学习的空间,促使学生综合运用所学知识来做事,从而帮助学生形成解决实际问题的能力。例如:在苏教版《科学》五年级(下册)《搭支架》这一课中,在学生学习和了解了不同形状的支架坚固程度不同;三角形支架具有稳定、坚固、耗材少的特点之后,教师可以让学生欣赏建筑学家在生产建设中运用上述知识建造桥梁、电视塔等方面的图式,并让学生总结建筑物的结构特点。最后,让学生讨论并举例子说一说支架在我们的生活中可以解决哪些问题,可以如何运用。以此将课堂知识与生活实际相结合,引导学生运用所学知识解决实际问题。

【课例在线一】——信息输入法［苏教版《语文》四年级(下册)《三顾茅庐》］

在学习此课时,老师呈现了蜀国主要人物关系网(图5-1-41):位居最高的刘备是蜀国君主,汉昭烈皇帝;第二排的诸葛亮、庞统、徐庶为刘备主要谋臣,其中刘备曾三顾茅庐请出诸葛亮……第三排五虎上将,是蜀国的三军统帅,其中刘备与关羽、张飞为结义兄弟,赵云曾在长坂坡冒死救出刘备家眷……第四排是蜀国重要文臣武将……通过这一图式,老师巧妙地引导学生以图式人物为导学线索,运用"阅读原著有关章节、弄清历史人物关系、讲述名人经典故事"等多种手段,促使学生进一步了解这一经典故事的相关知识。

图5-1-41

【简要解读】

对于小学生而言,三顾茅庐的故事离学生的生活实际相去较远,学生在学习这一内容时容易产生疏离感,不容易对文章内容产生共鸣。这节课上,教师围绕教材内容通过大量图文并茂的信息输入,为学生的学习提供了丰富的内容和素材,开展了形式多样的拓展性阅读。从而激发了学生的阅读兴趣,拓宽了学生的视野,加深了学生对课文的理解，增加了学生的知识储备，提高了学生探究事物的兴趣。将活的语文资源引进课堂，促进了学生语文素养与综合素质的相应提升。

【课例在线二】——综合对比法［译林版《英语》五年级（上册）Unit 8 At Christmas（Story time）］

在学生学习完有关圣诞节的课文的基础上，教师通过和学生的讨论拓展了有关中国最重要的节日"春节"的相关信息。并在此基础上，让学生对比中西方这两个重要节日的异同之处（图 5 - 1 - 42）。

Christmas Chinese New Year

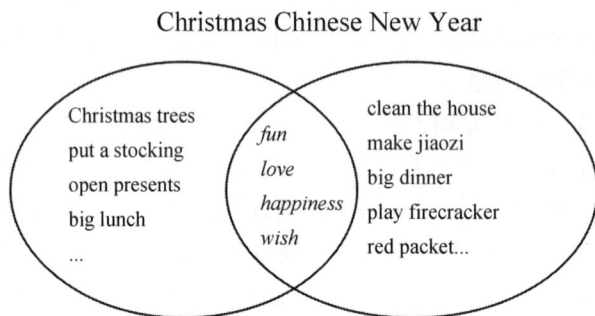

Christmas trees
put a stocking
open presents
big lunch
...

fun
love
happiness
wish

clean the house
make jiaozi
big dinner
play firecracker
red packet...

图 5 - 1 - 42

【简要解读】

通过 At Christmas 一课的学习，学生对有关圣诞节的语言知识和文化知识有了一定的了解。而中国的春节是学生非常熟悉的节日，教师以此为契机引导学生通过对比来发现这两个重要节日的异同点，帮助学生加深对中西方文化的理解，形成跨文化交际的意识，从而达到课堂教学拓展的目的。在这一活动中，教师借助图式"直观、形象"的特点，优化了教学方法和学生的学习方法，使学生将新旧知识联系在一起，以旧的知识为生长点顺利完成对主体新知的意义建构，从而进一步完善了学生的认知图式，并帮助学生逐步掌握探究事物的方法，形成自主探究事物的能力。

【课例在线三】——归纳联想法［苏少版《音乐》五年级（下册）《田园交响曲》］

本节课上教师为了让学生对《田园交响曲》形成更加深入的了解，带领学生对其作者——著名音乐家贝多芬及其音乐特点等知识进行了一定的梳理，并鼓励学生课后对已掌握的知识进行总结归纳，同时展开联想，并查找相关资料，通过绘制图式的方式完成对贝多芬及其作品等方面知识的进一步了解和学习（图 5 - 1 - 43）。

【简要解读】

学生通过归纳联想图式仔细追踪了德国著名音乐家贝多芬的生平，寻找了他作品的整体音乐风格，总结了他的音乐在欧洲乃至世界音乐史上的重要地位和对后人的影响。这是一个学生主动学习和思考的过程，也是一种有效的学习方法，充分体现了学生在学习活动中的主体性，也培养了学生的发散性思维。这一教学活动，正

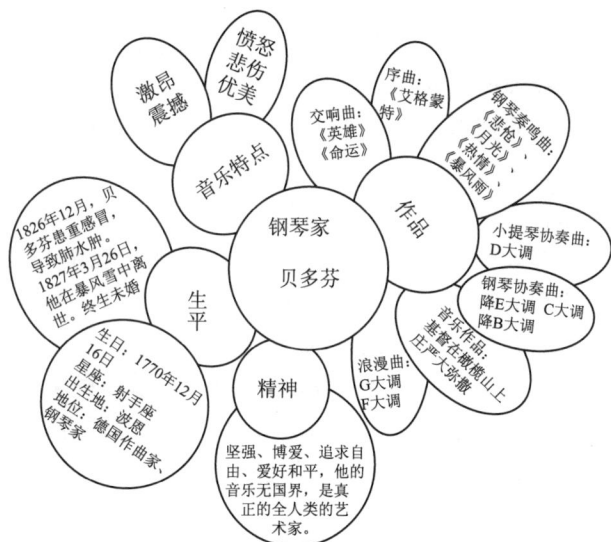

图 5 - 1 - 43

体现了"图式优学"所倡导的促进学生思维能力发展的理念。

【课例在线四】——拓展运用法［译林版《英语》三年级（下册）On the farm (Fun time & Cartoon time)］

本节课上，学生在学习完 Cartoon time（即 Bobby 向 Sam 展示自己绘画作品的故事）后，教师通过图式设计了一个故事续编的活动，创设了 Sam 向 Bobby 展示自己手指画的新情境，从而引导学生综合运用所学的语言知识进行口语交际（图 5 - 1 - 44）。

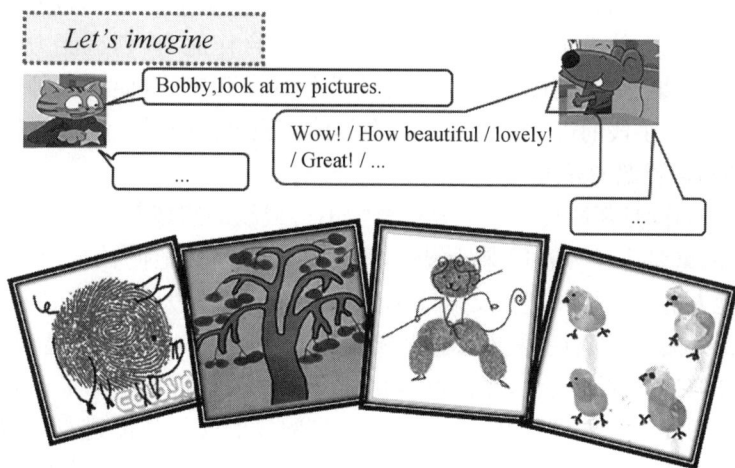

图 5 - 1 - 44

【简要解读】

《义务教育英语课程标准(2011 年版)》指出,英语学习的最终目的是要"用英语做事情"。这节课中,教师运用图式创设了较为真实而又具有趣味性的情境,帮助学生将所学的语言知识延伸到新语境中尝试运用。同时在故事续编的过程中,鼓励学生尝试运用本单元没有出现的语言来使故事内容更加丰富、完整,从而达到课堂教学拓展和提高学生综合语言运用能力的目的。从这一案例中,我们不难发现,运用图式创设真实、生动、有效的情境,符合儿童学习的兴趣与规律,它能有效激发学生主动参与课堂拓展活动的热情,启发学生思维,提高课堂拓展活动的效益,促进学生综合运用所学知识,提高解决实际问题的能力。

运用图式优学妙导拓展运用既是一种教学方法,也是一种学习的策略和思维方式。它使得教师的教学在立足教材的基础上得到了有效的提升;它符合儿童学习的特征,将学生的思维引向深入,使学生的实际运用能力和思维品质得到了提高,从而实现了课堂教学拓展的"优化"。

八、运用图式开发课程资源的实施策略

课程资源是课程教材设计、编制、实施和评价等整个过程中可利用的一切人力、物力以及自然资源的总和。它按照空间分布不同主要分为校内的课程资源、校外的课程资源、信息化课程资源等。从当前课程改革的趋势来看,凡是有利于学生主动、和谐的发展和学习,有助于课程实施的要素和条件都是资源。

我校结合图式优学特色及校内外资源,开展了课程资源开发和利用的研究。其目的在于:第一,运用图式的思想与策略,提高课程资源开发的品质,使其更符合儿童的身心特点,更有利于儿童的学习。第二,运用图式的思想与策略,使学生的学习方式得到优化,从而使学生在学习意识、思维品质、合作能力、创造能力等方面得到进一步的提升。第三,借助图式优学课程资源的开发和实施,促使教师教学理念的进一步更新、教学手段的进一步优化。其在具体实施过程中可以使用以下策略。

1. 课外阅读资源的开发

开展课外阅读是新课程理念下教育教学不可或缺的组成部分,是提高学生素养和学习能力的重要途径。通过课外阅读,学生还可以间接地向社会、自然、生活、实践学习,对他人的经验教训进行反复体味、咀嚼,从中不断发现、丰富、完善和超越自我。因此,课外阅读可以说是提高学生素养的有效切入口,也是学生成长的"助推器"。那么如何进行课外阅读,提高阅读的质量呢? 鼓楼区第一中心小学的老师们一方面,借助图式直观、生动的特点对适合学生阅读的文学作品进行了进一步的创编,通过图文结合的方式,使其更能激发学生的阅读兴趣,更易于学生理解;另一方面,借助图式可视化、网络化的特点,引导学生把零碎的、散乱的知识进行有序的组织,形成系统,并以一定的结构呈现出来,内化为学生的认知结构,从而帮助学生实

现阅读方式的"优化",促进学生阅读效率和阅读水平的提高,加速阅读能力的发展。例如:学生在学习《语文》五年级(上册)《少年王冕》这篇课文后,对王冕这位历史人物产生了浓厚兴趣。教师可以鼓励学生课后阅读有关王冕生平事迹的书籍,并绘制文本结构图,来帮助自己理解和掌握阅读的内容。

2. 生活资源的开发

皮亚杰认为:儿童的心理结构或认知结构,正是在与环境的不断的适应过程中,在这种动态的平衡过程中形成和发展的,让儿童获得充分活动的机会,对他们的认知发展是极为必要的、不可缺少的条件。由此可见,课程资源的开发不应仅仅局限于书本,现实生活、自然环境、社会发展等都可以成为"活教材"。教师在进行生活资源开发的过程中,还应结合儿童的心理和认知特点,选取与儿童生活相接近的、生动的、具有吸引力的资源进行开发和利用。而生活中丰富多彩的图式资源,恰好符合这一教学理念。其运用于实际教学中,拓宽了学生学习的途径;增强了学生参与课程学习的热情;提高了学生参与课程开发的积极性和能力。例如:在英语教学中,学生在学习食品类的单词后,教师可以鼓励学生观察和收集日常生活中的各类英文菜单,如比萨店内的、咖啡馆内的、快餐店内的,等等,并带来和同学们进行小组交流及介绍。和"吃"有关的内容是学生最喜爱的事情之一,图文并茂的菜单图式为他们了解和学习生活中的英语知识提供了丰富的资源,也使学生在收集整理信息、合作研究的过程中,不知不觉中成为课程资源的开发者。

3. 文化资源的开发

文化资源是以精神、理念等观念形态存在的课程资源。文化资源作为一种潜在的、弥散在学校每个角落的课程资源,对学生发展起着潜移默化的、持久的作用。教师在教学中应充分发掘校园内的文化资源以及具有学科特点的文化资源,拓展学生的学习空间,丰富学生的学习内容,开阔学生的学习视野,增强学生的学习意识。例如:鼓楼区第一中心小学作为一所有着悠久历史及深厚文化底蕴的学校,随着图式优学理论研究的不断深入,结合学校的足球文化、童话文化、宝葫芦文化等方面,开发了围绕合作图式开展的魅力足球课程;围绕成长图式开展的童话绘本课程;围绕创意图式开展的葫芦画课程等。

4. 信息化学习资源的开发

信息化学习资源是指经过选取、组织,使之有序化的,适合学习者发展自身的有用信息的集合。Internet 与校园网的接轨,为学校教育教学提供了丰富的资源,其中专题学习网站的应用越来越广泛。它是指在互联网络环境下,围绕某门课程与多门课程密切相关的某项或多项学习专题进行较为广泛深入研究的资源学习型网站。

将图式优学的研究与信息化学习资源的开发相结合,围绕图式优学设立不同课程的专题学习网站,将图式优学的相关课程资源进行分类和整合,使其满足不同层次、不同教师教学和学生学习的需要。例如:围绕童话绘本课程开发相关的专题学习网站,将相关的童话绘本资源、运用图式创编童话绘本策略指导、童话绘本作品展示、童话绘本创作互动交流平台等方面的资源进行整合和建设，从而对教师的教和学生的学起到良好的促进作用。

【课例在线一】——课外阅读资源的开发

【课例名称】诗歌的品读

在六年级的语文教学中，老师将一些优秀的诗歌和散文配以情景相融的图片，通过图文相结合的方式，来引导学生品读这些优美的文章。例如：教师在指导学生品读作家齐昀的作品《叶子》这篇诗歌时，首先呈现了叶子在不同季节所展现出的不同姿态的图片，并配以相关的诗歌内容，引导学生体味诗歌所表达的意境。接着通过绘制图式的方式帮助学生弄明白诗人是如何把不相关的事物，通过富有跳跃感的想象串联起来，形成一个统一体或形成一种意境的（图 5 - 1 - 45）。

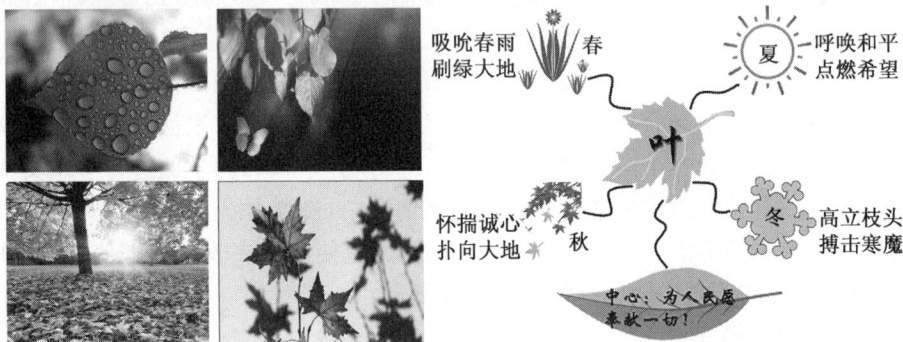

图 5 - 1 - 45

【简要解读】

在这节课上，老师利用图式对《叶子》这首诗歌进行了进一步的开发，借助图文并茂的方式，使诗歌所要表达的中心内容更加直观、生动地呈现出来，从而帮助学生更加准确地体会诗歌所要表达的意境。学生的阅读兴趣和阅读能力也在这样的阅读教学中得到了提高。

【课例在线二】——生活资源的开发

【课例名称】生活中的英文标志

译林版小学英语六年级上学期的教材中出现了有关标志的内容。学生在学习完这部分内容后，老师鼓励学生们收集生活中出现的其他英文标志，如：Nestle，Nike，PEPSI，等等，并上网查找这些英文标志的经典广告语，课上和大家进行交流和展示（图 5 - 1 - 46）。如：

Nike：Just do it.跟着感觉走。（耐克）

Sprite：Obey your thirst.服从你的渴望。（雪碧）

Olympus：Focus on life. 瞄准生活。（奥林巴斯相机）

Nestle：The taste is great.味道好极了。（雀巢咖啡）

······

图 5 - 1 - 46

【简要解读】

语言学习需要大量的输入,丰富多样的课程资源对英语学习尤其重要。本课中这些经典的标志在生活中处处都能见到,与学生的生活非常贴近,对学生具有很大的吸引力。另外,这些商品的宣传语也是经过仔细推敲的,非常经典,对于增加语言信息的输入,提高学生的英语语言能力发挥了重要而积极的作用。在教学中,教师结合儿童的心理和认知特点,创造性地开发和利用了现实生活中鲜活的图式资源,激发了学生的学习兴趣,拓展了学生学习和运用英语的渠道,使学生通过接触和适应环境不断丰富、完善、发展自己的认知结构;使学生在探索和合作学习的过程中,实现了学习方式的转变,提高了自身的学习能力。

【课例在线三】——基于校园文化资源的开发

【课例名称】创意葫芦画

我校作为电影《宝葫芦的秘密》的拍摄地,有着很深的宝葫芦情结。"宝葫芦"作为学校的文化符号,其旨在倡导"快乐的童年、智慧的宝库、成长的奥秘、无穷的可能"的学校文化理念。依托这一学校文化,我校的美术教学以葫芦为载体,引导学生运用自己掌握的美术技能手法,在葫芦上进行创作,形成了独具特色的"葫芦画"(图 5 - 1 - 47)。

【简要解读】

学校文化与美术教育的结合,教师传递的绝不只是绘画技能,还有对学生创造思维的启迪和个性发展的引领。围绕校园文化和图式优学所开展的课程资源开发,丰富了学校课程的内容,提升了学校课程的品质,拓展了学生学习的空间,有效地促进了学生综合素养的提高,实现了学生个性化的发展,受到学生和家长的喜爱。

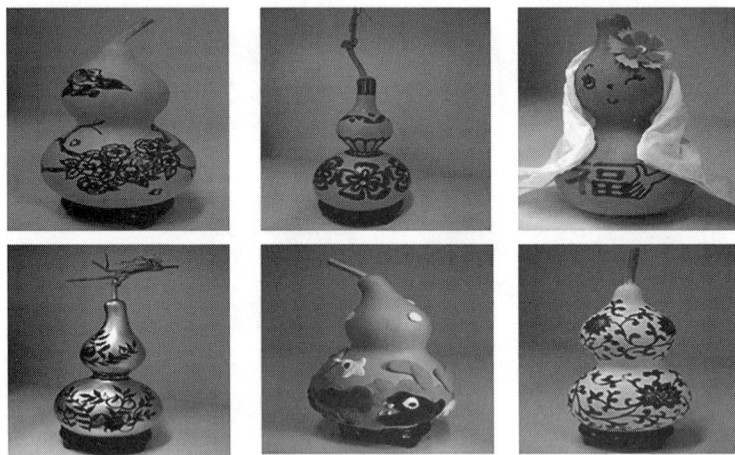

图 5 - 1 - 47

【课例在线四】——基于学科特点的文化资源的开发

【课例名称】中西方的节日

在高年级的英语教学中，老师组织学生开展了中外节日文化的学习活动。鼓励学生以小组活动的形式，通过书籍、互联网、电视等多种渠道，学习和了解中国与外国传统节日的来历、习俗等知识，并开展了制作节日海报、节日庆祝物品（如复活节彩蛋、圣诞节礼帽）等有趣的活动（图 5 - 1 - 48）。

图 5 - 1 - 48

【简要解读】

英语课程标准提出:语言与文化是密切相关的。英语教学应有利于学生理解外国文化,加深对祖国文化的理解,进而拓展文化视野,形成跨文化交际意识和初步的跨文化交际能力。

本节课通过制作节日海报、节日庆祝物品等有趣的活动,为学生营造了浓厚的学习和文化氛围,激发了学生学习的热情,增强了学生对不同文化的理解,从而帮助学生丰富和完善了自身的认知结构,获得了丰富的情感体验。在这一活动中,图式不仅是以显性的图文形式存在,它更包括动态的合作的过程、思维的过程、行为与行动的过程等诸多流程化、策略化的隐性的形式,从而实现了学生学习方式的多样性。

【课例在线五】——信息化学习资源的开发

我校一直在进行思维图式课程——珠心算的校本课程研究,研究团队的老师们正在通过校园网站逐步建立起有关"珠心算"的专题学习网站。网站内含有丰富的课程资源,如:珠心算口诀表、珠像图、珠心算练习题,珠心算微课程视频等。网站的建立拓展了学生学习的渠道,也对教师的教学起到了良好的辅助作用(图 5-1-49)。

直减进位加微视频
上传时间:2014-03-04
播放次数:120

破五减
上传时间:2013-12-08
播放次数:193

满五加
上传时间:2013-11-14
播放次数:240

图 5-1-49

【简要解读】

"珠心算"专题学习网站主要围绕低年级学生的思维特点,重新划分和整合了珠心算的学习内容,形成一个既有逻辑,又符合学生认知结构(即图式)的结构体系。其中设立了与专题相关的多个知识点,通过文本、图片、微课程视频、多媒体等丰富的资源,为教师的教学和学生的自主学习、协作学习、自我测评搭建了平台,实现了教师教学和学生学习的多元化。

第二节　图式优学的学科教学范式

为了深化研究,我校开展了一系列的研讨活动,通过近百节的研究课、一次次的交流反思、一次次的思维碰撞,最终逐步形成了各个学科的教学范式。

一、语文学科教学范式

1. 图式识字教学范式

义务教育《语文课程标准》(2011年版)明确提出,小学低年级语文教学要以识字为重点。学生只有掌握了一定数量的汉字,才能进行进一步的书面阅读和表达交流。从小学生开始,就必须具备与其年龄相适应的识字和写字能力,这是小学语文教学的首要任务,也是小学语文低年级教学的重中之重。

图式教学对于学生智力开发、能力培养具有重要作用。从图式理论出发,注重应用多种教学方法和手段进行识字教学。探索出图式识字的教学范式:图式导学,激趣引趣;图式助学,辨析感悟;图式展学,拓展延伸;图式写字,规范提升。教师通过图式激发学生的识字兴趣,拓展识字途径,提高识字效率,培养了学生主动识字的习惯。

环节一,图式导学,激趣引趣。

在教学的初始阶段使用图式,可以让学生在轻松愉快的氛围中进入识字课的学习。教学中可以借助词语描绘的画面,创设学习情境,营造和谐的学习氛围,激励儿童积极主动地参与到学习活动中。这里的情境既可以是一幅具体的实物图,也可以是一段学生喜爱的音乐、一个有趣的小故事,即"情境激趣图式"。还可以借助学生已有知识经验组建的图式,唤醒学生大脑中与新知相关联的部分,激活相关图式,迁移到新授课的学习中,从而激发学生对新知识的学习兴趣,即"经验唤醒图式"。

【课例】苏教版《语文》二年级(下册)《识字8》

导入新课环节,教师向学生介绍原来世界上并没有字,最初的字是一幅幅有趣的画。接着出示古文字组成的文字画(图5-2-1),让学生认一认其中的汉字。这些古文字学生大多认识,但组合成这样神奇美丽的文字画还是吸引了他们的注意力,在此基础上,教师适时进行讲解:古人可聪明啦,在没有汉字的时候,他们就照着事物的样子画下来。像这样的字,就叫作象形文字,汉字可真奇妙,今天就让我们一起走进识字的大门。

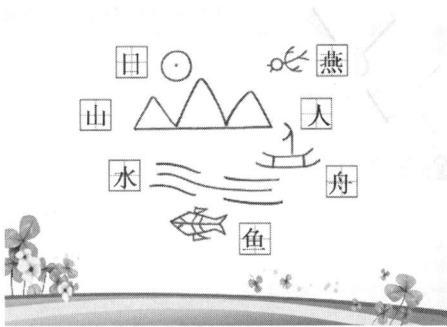

图 5-2-1

汉字是中华民族智慧的结晶,每一个汉字都是一幅精巧的构图,方方正正、结构严谨,蕴含着丰富的文化艺术内涵。教师在导入环节巧妙运用了文字画的图式,为学生的学习搭建了旧知到新知学习的桥梁,激发了学生学习祖国语言文字的兴趣和探究意识。

环节二,图式助学,辨析感悟。

学习汉字的目标是读准字音、认清字形、理解字义,但汉字字音相同,字形字义相近者数量繁多,传统的对比教学法枯燥乏味,学生容易产生畏难情绪,而图式作为一种运用文字和图片促进学习的教学形式,能够在辅助汉字学习时化繁为简,突出重点,突破难点,使汉字学习简单化、形象化,帮助学生有效理解和记忆字音、字形、字义。

【课例】苏教版《语文》二年级(下册)《识字8》

教师在教学"隹"这个偏旁的时候,为了帮助学生理解,出示了一组图表(图5-2-2),让学生仔细观察,并想一想它们之间有什么联系。一石激起千层浪,学生纷纷提出了自己的疑问:为什么都是鸟,它们的名字中要用不同的偏旁呢?

图 5-2-2

此时教师接着出示"说文解字图"(图5-2-3),引导学生发现并小结:我们通过图表,认识了鸟字旁和隹字旁,并且发现带有鸟字旁和隹字旁的字义大多同鸟有关,同一个事物可以用两种不同的字表示,汉字真有趣。

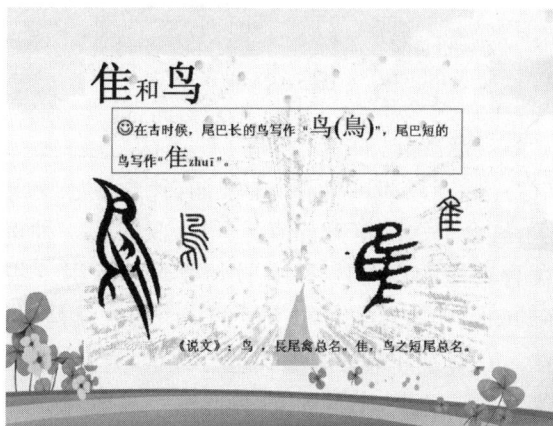

图 5-2-3

此处两组图表以及说文解字图的运用解决了教学的难点，恰到好处地帮助学生理解了古时候短尾巴的鸟写作"隹"，长尾巴的鸟写作"鸟"，学生不仅水到渠成地掌握了这两个偏旁，同时对汉字的造字规律有了一定的了解。

环节三，图式展学，拓展延伸。

识字教学的过程，不仅仅是掌握汉字的过程，更应该是对汉字结构意义的领略和对中华传统文化感知的过程。我们在强调学生识字的数量、质量与速度的同时，还应该以文化的视野对其进行审视与修饰，向学生传递中华文化的内涵。图式的运用，恰到好处地激发了学生想象联想，对课堂学习内容进行合理的拓展延伸，使训练更开放、更有深度。

【课例】苏教版《语文》二年级（上册）《识字8》

教学中教师出示学生创作的"包"字趣学图（图5-2-4），让大家一起来看看"包"字结出了哪些果实。在师生互动中让学生明白：一个"包"字多种意思；既可以表示名词，又可以表示动词，还可以表示量词。让学生认识到小小一个"包"字蕴含着这么多秘密。师生创作的形态各异、丰富多彩的图式，不仅提高了识字效率，扩大了学生认字识字范围，更激发了学生认字识字的兴趣。

图5-2-4

环节四，图式写字，规范提升。

义务教育《语文课程标准》（2011年版）中强调，让学生感受汉字的形体美，在书写中体会汉字的优美，体会书法的审美价值。可见，汉字是一种审美性文字，识字与写字教学也是具有美育功能的。在教学中，教师要善于运用一些美的方式、美的画面，让学生了解汉字的知识和体会汉字的各种美。而图式就是引导学生发现汉字之美最好的工具与方法。在写字环节利用图式进行教学，直观、简洁，能使学生轻松掌握字的大结构和小笔画的注意点，书写规范，提升写字水平。

【课例】苏教版《语文》一年级(下册)《识字4》

本课的三个生字"虫、天、牛"都是独体字,虽然简单,但对一年级的小学生来说,要写美观并不简单。教师出示了写字图(图5-2-5),几条简单的辅助线清晰地把汉字的大结构展示出来,学生一目了然,书写时从大结构入手,轻松掌握了汉字的书写规则。

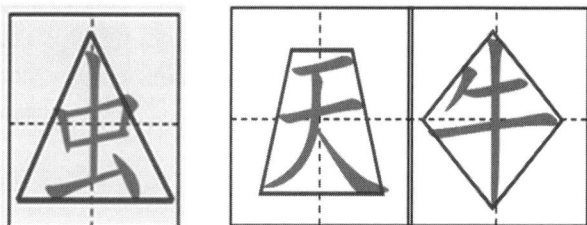

图 5-2-5

写字图突出了汉字的大结构,帮助学生学会分析字的间架结构和观察字的间距。学生在构建图式的过程中学会辨析生字,通过写字图,自主学习,先看大结构,再看小笔画,比宽窄,看高低。通过互动交流,课堂气氛融洽、热烈,学生学习更为主动,写字教学因图式而更加规范、扎实。

2. 图式阅读教学范式

阅读教学是语文教学中的一个主要形式,图式理论是一种用以说明阅读理解过程的知识理论。图式理论认为,阅读对象即课文本身并不具备既定的意义,但它向读者提供了如何从已有的知识和经验中,使用一定策略来创造意义的条件和方向,课文本身的意义最终取决于学生阅读过程中对大脑中相关图式的启动和激活。被激活了的图式又反作用于阅读对象,对其中的信息进行评价、选择和整理。以图式创设情境,以图式理清思路,以图式引导思维,以图式解决重点,以图式突破难点就成了图式阅读教学的关键所在。

【课例】苏教版《语文》四年级(上册)《雾凇》第二课时

本课时教学目标是"有感情地朗读课文;运用图式优学,了解吉林雾凇奇观形成的原因、过程以及雾凇的奇异景象;练习由词及句、由句及段、由段及篇的高效学习并能背诵课文段落"。教学重点是了解雾凇形成的原因,感受雾凇的奇异景观。教学过程如下:

一、借助实景图,复习回顾

1. 齐读课题。【出示词语】这些词语还能读正确吗?指名读,正音。

长堤　　　缀满　　　洁白晶莹　　　银光闪烁

饱和　　　凝结　　　零下　　　　　摄氏度

笼罩　　　淹没　　　模糊　　　　　蒸腾

忽如一夜春风来,千树万树梨花开

2. 吉林的雾凇与长江三峡、云南石林、桂林山水并称为我国的四大自然奇观,通过上节课的学习,相信雾凇奇特的景象一定在你脑海里留下了深刻的印象。【出示图】

图5-2-6　　　　　　　图5-2-7　　　　　　　图5-2-8

看到这些画面你想到了哪些词? 能把这些词连起来说说雾凇的样子吗? 把词语去掉还能说吗?

3.【出示词语图】齐读第一自然段(板书:样子)

图5-2-9　　　　　　　　　　图5-2-10

小结学法:同学们,你们借助几幅实景图就把雾凇的样子深深地印在自己的脑海中,这就叫借图复习,是一种很好的记忆方法,这节课啊我们还将运用图表了解雾凇形成的过程!

【点评】 此环节由复习词语引入,意在帮助学生再现吉林雾凇的奇特景象,并逐渐形成个体独自的"雾凇"知识图,学生将雾凇的样子从词到图、从抽象到具体,再从形象转化为语言文字深深印在脑海中,借助"雾凇"图,丰富了形象,增强了记忆。

二、依托演变图,理解成因和过程

1. 指名读第二自然段,思考雾凇是怎么形成的。

2. 出示"雾凇,俗称树挂,是在严寒季节里,空气中过于饱和的水汽遇冷凝结而成的"。这句话直接说明了雾凇形成的原因,你知道需要哪些条件?(饱和、遇冷)

3. 吉林的松花江边具备这两个条件吗? 从哪儿看出? 请用不同的符号在第二自然段中勾画,完成图式优学单。

【点评】 学生借助图式优学单的提示,能比较容易找到形成雾凇必须具备"饱

雾淞		洁白晶莹、缀满枝头、银光闪烁、美丽动人		
	饱和的水汽			
	遇冷凝结			

图 5－2－11

和的水汽""遇冷凝结"这两个条件的关键词:弥漫、笼罩、涌、随风飘荡、零下 30 摄氏度。

4.【出示一组雾淞形成的演变图】 让学生观察后提问:你想到了课文中的哪些词句?

图 5－2－12　　　　　　图 5－2－13　　　　　　图 5－2－14

"这蒸腾的雾气,慢慢地,轻轻地,一层又一层地给松针、柳枝镀上了白银。"

5.每一幅图都能关联文中描绘的一个过程,引读:这松针、银柳最初(像银线)逐渐(变成银条)最后(十里长堤上全部是银松雪柳了)。教师有意识地放慢速度,让学生感受雾淞形成过程中"逐渐""缓慢"的特点。

【点评】 此处出示的三幅雾淞形成演变图,由"线"到"银条"再到"银松雪柳",帮助学生由抽象的语言文字转化成具体形象的画面过程,再现了雾淞形成时的渐变过程,反过来又加深了对语言文字的理解,建构了自己的"雾淞"形成知识图。

三、继续完成表格图,理清脉络

吉林的雾淞已经深深地印在同学们的脑海中了,同样,来观赏雾淞的人们都被这千姿百态的琼枝玉树吸引,情不自禁地赞叹——[读书声中教师再次在表格式优学单(表5－2－1)板书:忽如一夜春风来,千树万树梨花开]。

(出示前面的表格优学单)同学们,这张图式优学单其实还帮助我们梳理了《雾淞》这篇课文的写作结构,大家想想每一部分重点讲的内容(师生合作完成表格优学单,板书:样子　成因过程　赞美)。这是一篇写景状物的文章(板书:写景状物),以后我们在描写一种自然现象或是景物的时候也可以采用这样的结构。

表 5-2-1

雾凇		洁白晶莹　　缀满 银光闪烁　美丽动人	样子	写景状物
	饱和的水汽	笼罩　淹没 零下30摄氏度左右	成因过程	
	遇冷凝结	最初　逐渐　最后	赞美	
		忽如一夜春风来, 千树万树梨花开。		

能初步把握文章的主要内容,体会文章表达的思想感情是义务教育《语文课程标准》(2011 年版)中明确指出的中年段学段目标,这一目标就是培养学生把文章由厚读薄的能力,即培养学生的概括能力。概括能力有很强的综合性,而小学生又以形象思维见长。一篇课文要用一两句话表达出主要内容,对小学生来说确实不易。从以上课堂呈现不难看出,优学图在帮助学生梳理课文知识、理清文章脉络方面发挥着举足轻重的作用,它不仅使我们的阅读教学重视文字信息,更能使学生摆脱被动地吸收文章知识的局面,变被动为主动地获取各种信息,并在头脑中建立起相关的知识链接。

3. 图式作文教学范式

生活就如源泉,很多事情都是学生作文时鲜活的素材,但它们常常以零散的碎片储存在学生的记忆中,因此,学生作文有畏难情绪,也写不好作文。认知心理学家认为:图式就是围绕某个主题组织起来的认知框架或者认知结构,其中含有许多空位,以便容纳新的知识。图式作文教学巧妙地利用学生认知优势,帮助学生整理、筛选记忆,引领学生构思、确定文章的中心。在一定的框架结构下,学生选择突出中心的素材,并通过恰当的表达方式叙述自己的见闻,表达自己的感受,其作文"溪水"自然就能"活活泼泼地流个不停"。

环节一,构思图,解决写什么的问题。

写作前围绕中心组织素材,并通过简笔画绘制出图式,就是作文优学的"构思图式"。苏轼曾在诗中说到"横看成岭侧成峰,远近高低各不同",说的就是:同一事物,我们从不同角度观察,就会有不同的效果。作文也一样,同一种作文题目,思考的角度不一样,头脑中所呈现的素材也不一样,如果加以精心选择,越是常人不易想到的角度,越是奇妙无穷。

【课例】苏教版《语文》五年级(上册)《习作 5》

《习作 5》向学生呈现了四幅神情各异的图,请学生写一件亲身经历、具体、感情真实的事情。教学时,由歌曲《说唱脸谱》导入,请学生看图(图 5-2-15)说说自己想到哪些四字词语。接着,让学生选择一种表情,用一句话写出自己记忆中最深刻的事。然后,引导学生表达:看到这四副表情,你想起什么事? 最后,让学生各自完成构思图,并根据自己的构思图分享交流(图5-2-16至图5-2-18)。

图 5-2-15

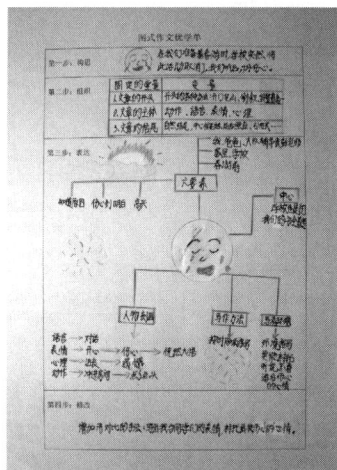

图 5-2-16

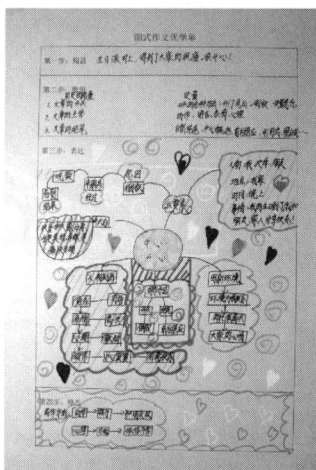

图 5-2-17

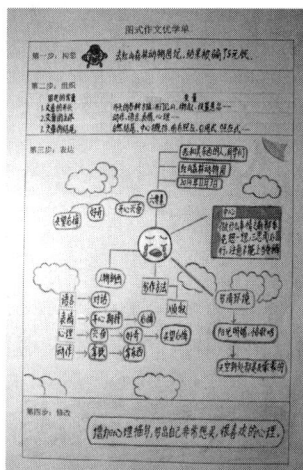

图 5-2-18

　　学生的作品,不同的表情反映不同的情感。教学中紧扣学生表情画的图式,巧妙引领学生回忆生活画面,帮助学生确立了文章的中心,从而开启了写作的"源泉"。

　　环节二,组织图,解决文章结构框架的问题。

　　义务教育《语文课程标准》(2011年版)指出:写作时要围绕表达中心,合理安排内容的先后顺序和详略。恰当的构思选材是一篇好作文的基本前提。确定了要写什么内容,究竟如何谋篇布局? 这就是谋篇布局时形成的组织图。

　　【课例】苏教版《语文》四年级(上册)《习作5》

　　这是一篇采用拟人化手法状物的文章,教师在指导学生选材时,先让学生默读例文《小闹钟》,想想:作者是从哪些方面来介绍的? 然后,学生学习例文,想《小溪流的自述》这篇文章又是怎么写的？最后，师生共同设计文章框架结构，形成《小溪流的自述》一文的组织图（表5－2－2）。

表5－2－2

固定的常量	变　　量
文章的开头	开头的各种方法：开门见山、说明来历、表达喜爱……
文章的主体	大 小、颜色、形状、结构、用途……
文章的结尾	自然结尾、中心概括、前后照应、引用式、照应式……

图式直观、形象地呈现出文章的结构，让学生心中明晰开头是什么，中间怎么展开，怎么过渡，怎么照应，结尾又如何，从而全文有条不紊，层次分明，文脉相通。所记录的事件如在眼前，作文"动笔可成"。

环节三，表达图，解决怎么写的问题。

义务教育《语文课程标准》（2011年版）明确：写记叙性文章，表达意图明确，内容具体充实。能根据文章内在的联系和自己合理想象进行细节描写。从多年的教学实践看，表达图式中除了帮助学生理清如何修辞、怎样表述外，最重要的莫过于指导学生进行细节描写了。

【课例】苏教版《语文》三年级（上册）《习作3》

《习作3》有两个要求，一个是：观察插图，有序地描写景物，注意详略得当；另一个是：发挥想象，使用简单的修辞和积累的好词、好句子，把事物描写具体。其中"发挥想象，用简单的修辞语把事物描写具体"就要求学生会写，会表达。教学时，教师以谈话的形式导入：现在已经是秋天了，小河、天空、树林……会有什么变化呢？我们帮它们穿上漂亮的衣服吧！然后，让学生自由涂色。学生在涂色时兴趣盎然，教师适时给画面加上几笔"风"，添上合适的"动物"，画面立刻充满生机。最后，教师带领学生展出涂好色的画（图5－2－19和图5－2－20），并请学生将自己的作品有声有色地介绍给大家。

图5－2－19

图 5 - 2 - 20

　　客观事物是丰富多彩、千变万化的,用于描写客观事物的语言也应该如此。教师在学生勾画好景物的基础上引导着色,引发学生回忆、想象自己勾勒的画面:花的芳香、树的色彩、孩童的快乐……"风"、"动物"等事物的加入,使静止的画面"活"了起来,学生的思维也一下子被激活了,原有的生活储备被完全调动了,写作的"细节"被放大了:花草有了香味,树叶会跳舞了,鸟儿会唱歌了,鱼儿会说话了……他们手中描绘的画面就是他们记忆中储备的有趣的生活、美好的世界,他们口中叙述的就是他们手中描绘的画面,生活真的成了他们作文的"源泉",作文充满了童真、童趣。

　　环节四,修改图,通过比较、诊断发现自己或者他人的文章的优劣,是对前三个图式的修正和丰富。

　　义务教育《语文课程标准》(2011 年版)中有这样一段话:根据表达的需要,借助语感和语法修辞常识修改自己的作文,能与他人交流写作心得、沟通见解。这就说明:作文修改在本质上就是一个重新认识、重新发现、重新创造的过程。

　　【课例】苏教版《语文》五年级(上册)《习作 5》(作文修改图)

　　图 5 - 2 - 21 是苏教版《语文》五年级(上册)《习作 5 一件亲身经历的事》中教师下水文《一件令我开心的事》的写作结构图,它为学生提供了一个"立体"作文范例:一篇完整、具体的文章,不仅要有六要素,也要注意写作技巧。在课堂实践中,教师借助图式(图 5 - 2 - 21)调动学生已有作文经验,引导学生回忆生活、彰显个性,他们从环境、对话、心理活动等角度提出了许多鲜活的建议,并修改构建了新的图式(图 5 - 2 - 22),形成了独具自己个性的新"图式"。"好作文是修改出来的。"学生在一次次思考与修改图式中,不但丰富了自己的创作内容、修正了自己的创作方式,而且提升了自己作文能力,自然就乐于"作文"了。

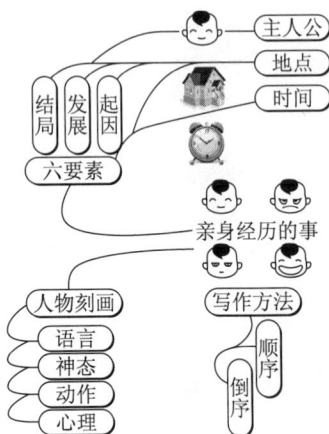
图 5－2－21

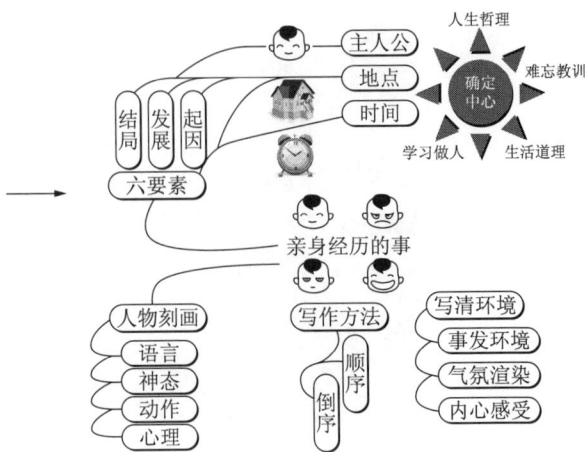
图 5－2－22

二、数学学科教学范式

1. 图式新授课教学范式

小学生的思维以具体形象思维为主,逐步向抽象逻辑思维过渡;由具体运算为主,逐步向形式运算过渡,这是一个缓慢的、渐进的发展过程。为了使学生准确地理解数学知识,需要教师充分了解学生的学习基础,"以学论教,顺学而导"。而"图式教学"正是着眼于学生的知识生长点的需要,在数学新授课上,通过借助"图式"引导学生掌握合理的学习方法,激活数学思维,优化数学思想,让学生在富有吸引力、充满智慧的课堂中掌握数学新知。运用图式表征,使之实现助学、展学、辨析、归纳和拓展等各项教学功能,契合了"优化学习活动、发展学习能力"的研究目标。

以苏教版六年级(上册)《解决问题的策略》为例。本课的教学目标:会用假设的策略理解题意、分析数量关系;运用图式优学让学生自主经历各种方法,体验假设策略;通过对比,让原有的、模糊的、笼统的认知结构不断扩充,逐渐清晰化,推动了学生思维的发展。教学难点:感受策略的价值。

一、图式助学,自主探究

1. 出示例题,请位同学读题。

2. 说说你是怎么理解"小杯的容量是大杯的 $\frac{1}{3}$"的?

3. 课前我们也自主完成了一份这样的优学单。

《解决问题的策略》自主优学单

班级＿＿＿＿＿＿＿＿ 姓名＿＿＿＿＿＿＿＿

我尝试

① 小明把720毫升果汁倒入6个小杯和1个大杯，正好都倒满。已知小杯的容量是大杯的 $\frac{1}{3}$，大杯和小杯的容量各是多少毫升？

说一说：怎样理解题中数量之间的关系。

试一试：用你喜欢的方式表示出思考过程，再列式解答。

你还有不同的方法吗？也来试一试。

图 5－2－23

4.请一位同学为大家读一下小组合作要求。

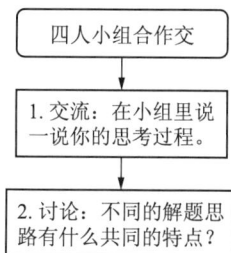

四人小组合作交

1.交流：在小组里说一说你的思考过程。

2.讨论：不同的解题思路有什么共同的特点？

图 5－2－24

【点评】 课前教师让学生自主理解题意,并用"你喜欢的方式表示出你的思考过程",唤醒学生已有的知识经验,让学生经历自我分析、自我表达的过程,构建学生的元认知。通过学生的表象材料,可以让教师更好地了解学生的思维起点,有利于教师调整以教为主的设计。这样一来也将新课标所提倡的"教师的教学是基于学生的学情"这一理念真正落到实处。

二、图式展学、突出重点

学生汇报展示各种方法。

(1)大杯看作小杯 (2)小杯看作大杯 (3)方程

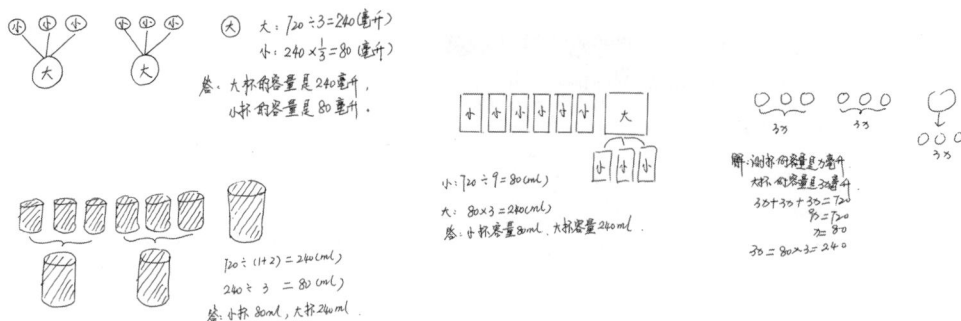

图 5 - 2 - 25

【点评】 在执教《用"假设"的策略解决实际问题》时,通过对学生课前完成优学单的调查了解,教师发现几乎 90% 学生都会做,那这节课上什么? 所以在课堂展学环节中,让学生先对自己的解法进行阐述,其他同学在倾听的基础上,给予评价或提出疑问。目的是通过形式各异的图式呈现及孩子之间思维的碰撞,让原有的、模糊的、笼统的认知结构不断扩充,逐渐清晰化。

三、图式辨析、方法优化

1. 将 3 种不同的方法放在一起对比,启发:比较一下这 3 种不同的解法,大杯看作小杯、小杯看作大杯、列方程,有没有相同之处?

2. 追问 1:为什么要假设?

3. 追问 2:假设前后什么变了? 什么没有变?

学生讨论交流明确:假设的目的将两种量与总量之间复杂的数学关系转化为一种量与总量之间的数量关系。

【点评】 在教学例题时,学生已经理解了"小杯容量是大杯的 $\frac{1}{3}$"的含义后,教师组织学生进行小组讨论,随后出示学生中出现的 3 种不同的解决问题的思路,帮助学生清晰要点、优化方法。"虽然他们的解法不同,仔细观察有没有相同之处?"图式呈现,并将这些问题抛给学生去思考,一方面让他们再次感受到假设的思考过程,更重要的是明确假设的真正价值在于使问题简单化。这一环节意在借助图式对正确解答方法进行分析、归纳、总结;让学生在认知活动中产生认识冲突,在比对、辨析中激发有效的思考,从而达到提炼思路、优化方法的目的,意在推动学生思维的发展,让学生的思维由具体直观到抽象概括,达到真正理解。

四、图式归纳、拓展提升

1. 回顾一下,运用假设的策略解决问题,你有什么体会?

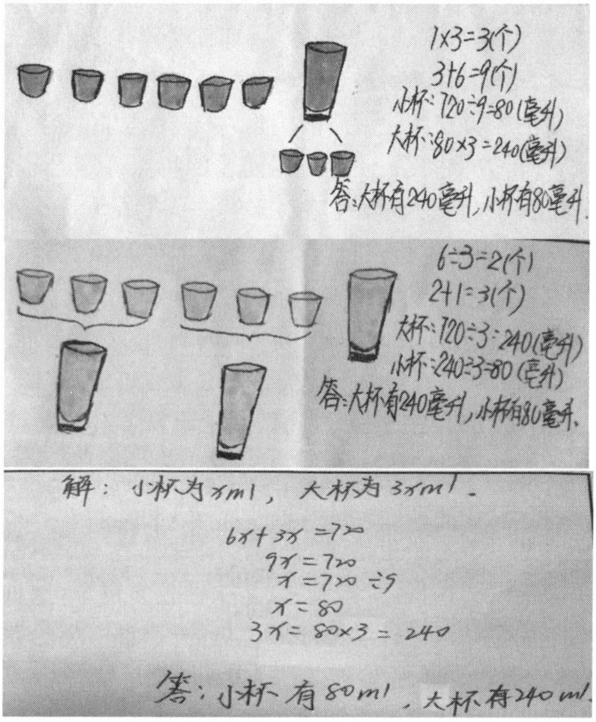

图 5 - 2 - 26

2. 在过去的学习中，我们已经多次用到这个策略，你能举出一些例子吗?
让学生体会在解决很多问题时，都用到了假设的策略。

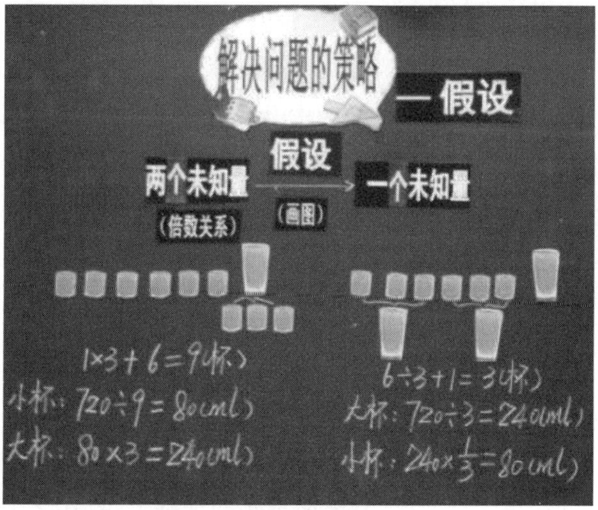

图 5 - 2 - 27

【点评】 随着学生讨论与交流,教师适时呈现板书,这些脉络清晰、明快醒目的板书图式,可以将课堂内容形象、精练地呈现,可以将学生思维的过程直观、动态地展示,也可以将知识的形成、发展的过程清晰、凝练地演示。

本节课意在让学生经历并体验策略的价值,图式优学促使学生不仅学会了用假设的策略理解题意、分析数量关系,还能根据问题的特点确定合理的解题步骤,在不断反思解决问题的过程中,感受假设策略对于解决问题的价值,增强了解决问题的策略意识,获得了解决问题的成功体验。

2. 图式练习课范式

数学练习课是在新授课后设计的一节以巩固新知、发展技能为主要目的的课型,是新授课的补充和延续。"图式纠错"练习课主要通过借助"图式"引导学生自主对易错点反思,促进学生在"自主析错、纠错"中提升数学素养,打造有风格、有品质的好课堂。

环节一,错例解析,合作交流。

皮亚杰说:"学习是一个不断犯错误的过程,同时又是一个不断反复思考招致错误的缘由并逐渐消除错误的过程。""错误"也是一种教学资源,这种思想无疑体现了新课程的理念。善于挖掘并运用教学中形形色色的"错误",将给我们的练习课带来勃勃生机与活力,有效促进学生的发展。研究中,教师培养学生圈出平时作业中的错题或有条件地做错题集的好习惯。纠错不能只针对出错的某个学生,而要在教师的引导下,使全班学生从个别学生所犯的错误中发现带有普遍性的错误。所以练习课一开始,教师提出明确的小组合作要求,各小组先在小组内交流分享自己的错题并讲解提出注意点。这样一来,不仅有利于暴露每个学生知识的漏洞,引起学生注意,又在这种儿童话语体中,找准易错点,提高学生正确解题的能力。

环节二,图式纠错,梳理板书。

学习的实质是学生的自主建构,而教师的引领,主要是指教师通过有效的教学手段激发并达成学生对知识的理解和感悟,继而将之内化为学生的数学思维基础。此环节主要是根据各小组找到的错例,学生自主地提出一些为避免这些错误的合理化的建议,教师以关键词的形式板书在黑板上,这样串联起来就形成了一幅幅图式。图式纠错让知识以板块的形式呈现在学生面前,使知识具有完整性与系统性。这一环节,不仅可以发展学生的知识迁移能力和创新能力,还可以改善学生的认知结构和信息处理能力,使数学知识更加清晰化,培养了学生抽象概括能力及认真、严谨、细致的习惯。

【课例】苏教版《数学》五年级(上册)《小数除以整数练习课》

学完"小数除以整数",学生的作业错误率很高,在练习课上,教师打破常规,先让学生自我梳理,在小组合作交流、分享易错题的基础上,再让学生提出建议。教师主要以关键词的形式板书在黑板上,逐渐形成一幅知识的结构图(图5-2-28),使学生在潜移默化中掌握一些解题和检验的技巧,提高了自我纠错能力。

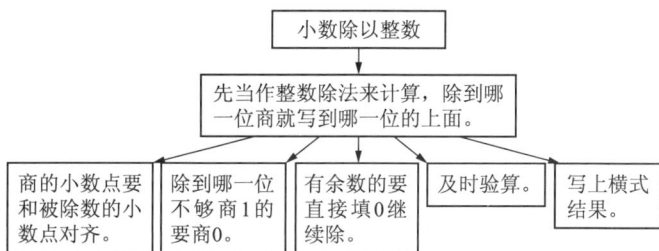

图 5-2-28

环节三,分层精练,提高能力。

图式纠错练习课不是搞题海战术,而是通过丰富多样的练习形式,激发学生的学习兴趣,以达到巩固练习的作用。这一环节的练习设计要做到以教材习题为主,根据教学内容、教学目标和学生实际,可将教材习题进行适当的组合和改编。在分层精练中,主要设计了这样几个板块:(1)与易错点相平行的基础题;(2)辨析题;(3)综合性的习题。让学生通过"点—线—面",层层深入练习,充分发挥习题的功能,使学生有效地理解和掌握基础知识,形成基本技能,领悟基本思想,积累基本活动经验。

环节四,拓展延伸,发散思维。

在"图式纠错"最后一个环节,可根据教材的编排和学生的情况,选择最具代表性和典型性、最能说明问题的题目,激发学生的学习动机,促进其思维的发展(图 5-2-29)。此环节,一要注意体现综合性,培养学生综合运用所学知识解决有一定思考

图 5-2-29

价值的问题；二是注意拓展到课外，与学生生活紧密结合，用所学的知识解决学生生活中的实际问题，体现数学学习的价值。只有这样，才能满足不同层次学生的学习需求，激发他们的探索精神，提高学生分析问题、解决问题的能力。

【课例】苏教版《数学》四年级（上册）《连除练习》

在执教《连除练习》时，教师是这样设计的：看了题目后，一些同学就会想当然地认为不就是"300 米÷3 只＝100 米"吗。教师并没有立刻否认，而是先请三位同学将题目中的数学信息表演给大家看，然后教师进行了巧妙的提问："三只小猴两两搭配，有几种搭配方法？用你喜欢的图式表示出来。"于是学生很容易地就画出了 3 种搭配的图式。

3.图式复习课教学范式

"图式梳理"是指复习课教学环节中，学生学习完一单元或一部分数学知识后，按知识点和与之对应的易错题"易淆点辨析"、典型题例"题组优练"、提高思维能力的"思维拓展"等进行系统的梳理，建构出知识关联的"图式"。教师在复习课教学环节中，激发学生主动性，让学生合作交流，提高他们思考、归纳、总结的学习能力，把知识"串点成线，织线成网"，形成对数学知识的"图式"认知，进而内化为较系统的认知结构。

环节一，图式梳理，建构关系。

在数学教学中，帮助学生梳理知识点的内在逻辑联系、建构知识间的联系是至关重要的，教会学生构建关系图式就是一条非常重要的学习途径。在复习课前，教师引导学生对本单元（或部分）的知识点在复习、熟知的基础上，自己按照一定的内在联系做出梳理、归纳和重新编排，使得原本相对分散和比较凌乱的知识点连成线，构建成网，形成各自的优学图。

环节二，图式交流，系统辨析。

课堂上学生在整理知识的基础上，先在小组里用自己的语言、知识点图式关系的表现方式，交流自己的整理成果。教师观察掌握不同层次思维水平的学生整理知识的结果，并在学生小组进行交流讨论时进行指导。通过互相交流、教师点评，学生对所要复习的内容认知会更加完整。

【课例】苏教版《数学》二年级（上册）第四单元《表内除法复习课》

本课要求学生体会平均分的方法，会表达两种关于平均分的表述，初步认识除法的含义，读、写除法算式，知道除法算式各部分名称，理解掌握用乘法口诀求商的方法，熟练地用 1—6 乘法口诀计算相应的除法算式，体会乘、除法之间的联系。以下是小组交流中部分学生展示的"思维的图式"（图 5－2－30 和图 5－2－31）：

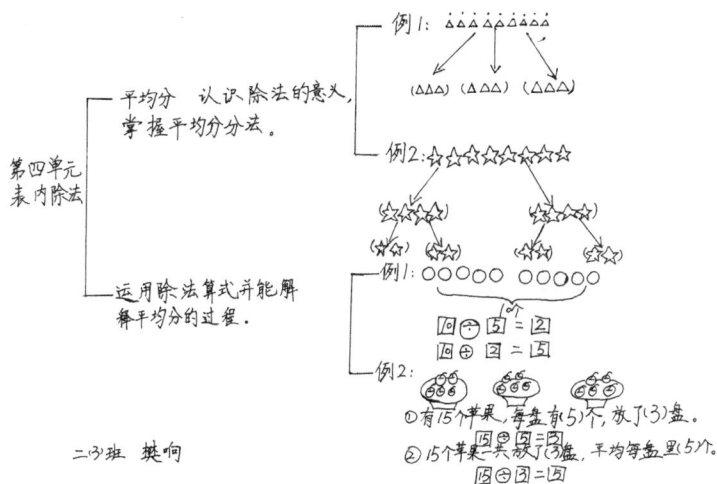

图 5－2－30

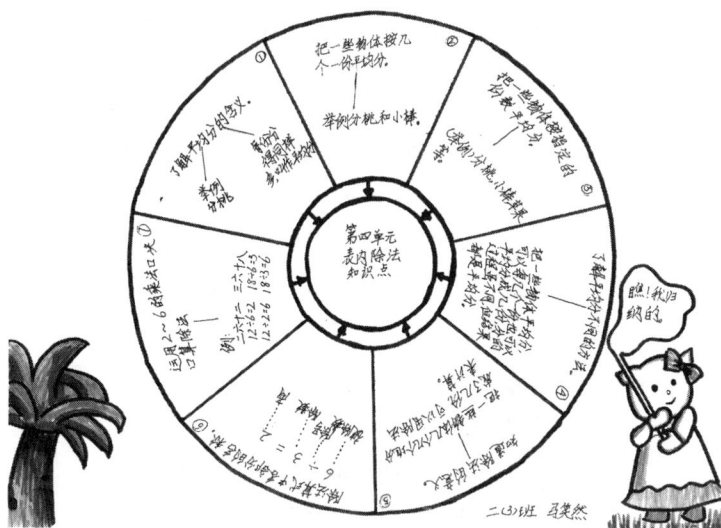

图 5－2－31

课堂实践表明,在数学知识的总结中,学生交流梳理图式、彼此阐述观点和论据的时候,高度组织化图式能使学生个体探究问题的张力扩大、指向性增强,从而提高学生完善知识体系的效率。

环节三,图式练习,巩固提高。

教师在做此研究时进行了"易错题辨析"整理、"题组优练"整理、综合性"思维拓展"等不同角度和层级的训练,在保持一定练习量的同时,突出了练习的灵活性和综合性。

1. 易错题辨析

为了使学生善于从题目中抽取与有关图式相同的因素,教学中采用课前完成

"优学单"形式，让学生找出知识点相对应的"易错题"，对各类差错做出详尽的图式分析，找出错误根源。在课堂交流讨论时，让学生借助图式阐述：怎样发现问题、分析解决问题，用了哪些方法和技巧，积累了哪些有益的成功经验，以及怎样去拓展延伸。

2. 题组优练

完成易错题辨析后，即开展"题组优练"，放手让学生自己画一画，做一做。前期学生通过完成课前优学单，已自行概括出每个知识点应用的题目类型，通过课堂交流和教师点评又进一步明确了各种题型的解题关键。在此环节，教师应针对学生所做的总结进行归纳概括，出示相关题组进行练习巩固，加深学生对易错点的理解，使概念更加清晰。

3. 思维拓展

这部分安排数量关系比较复杂、隐蔽的综合性问题，涉及多个数学知识点和多方面数学方法，灵活性强。教师明确问题考察的知识点，找出问题所涉及的知识点的"图式"，将提优题分解成几个"图式"的组合，再根据每个图式的知识点进行思考分析，从而解决问题，以此引导学生学会建立知识的关联，内化认知结构，学会进行思维的重组解决数学问题。

【课例】苏教版《数学》五年级（上册）《小数乘法和除法整理和复习》

通过图式（图 5－2－32）学生可以直观地看到 $2.82 \times 1.5 \rightarrow 28.2 \times 0.15$ 和 $28.2 \times 0.85 \rightarrow 2.82 \times 8.5$ 的转化，明确了解决这类问题除了要用乘法分配律以外，还要涉及的转化知识点及思考方法，提高了学生的认知水平和思维能力。

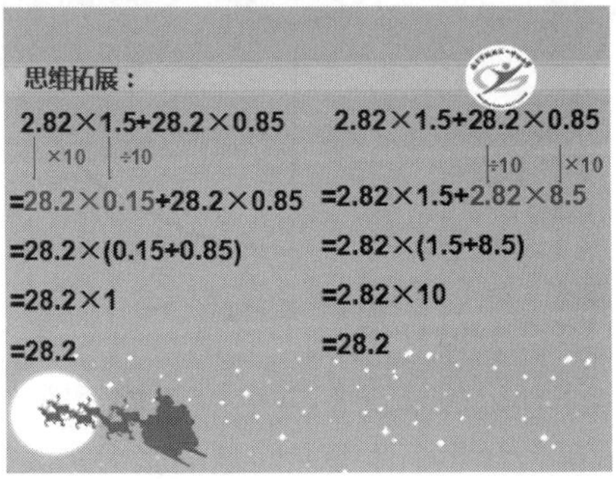

思维拓展：

$2.82 \times 1.5 + 28.2 \times 0.85 \qquad 2.82 \times 1.5 + 28.2 \times 0.85$

$\times 10 \quad \div 10 \qquad \qquad \div 10 \quad \times 10$

$= 28.2 \times 0.15 + 28.2 \times 0.85 \quad = 2.82 \times 1.5 + 2.82 \times 8.5$

$= 28.2 \times (0.15 + 0.85) \qquad = 2.82 \times (1.5 + 8.5)$

$= 28.2 \times 1 \qquad \qquad = 2.82 \times 10$

$= 28.2 \qquad \qquad = 28.2$

图 5－2－32

三、美术（创作）教学范式

在以往的美术教学中，虽没有刻意强调图式教学，但教师发现很多教学内容的思路或板书、示范图都呈现了隐性图式。美术学科的特点就是大量的图。课上，丰富的范图就是无声的图式,它有分类、有递进、有启发,这种直观美观的图式是其他学科无法替代的。课堂上 15 分钟的精讲时间也在考验、衡量教师的授课质量与效率,往往一节思路清晰的授课内容是非常适合用图式呈现出来的。

经过实践与探讨,我们把美术创作教学范式研究分为四个内容版块:导入创设情境、图式发散思维、作业多样呈现、课后拓展链接。

环节一,巧用图式,创设情境。

美术课堂要求精讲多练,课堂导入不需过于繁复,但需形式多样、切合主题。导入部分直接影响到学生的学习兴趣与热情。一般美术课的导入有表演式、对话式、欣赏式等多种形式,而美术作为一门视觉艺术的学科,在日常的课堂中以图式导入是一种常态,它可操作性强,在不同的班级灵活使用,无须千篇一律。

导入图式关键在于选用图式的引导性,它可以是结合本课主题的欣赏图,可以是激发学生学习兴趣的情境图,也可以是一些相关知识的分类介绍图。教师在选用图式时需结合学生学习生活的实际经验精挑细选,巧妙应用,方可发挥导入图式的预设效果与最大功用。

【课例】校本课程《葫芦上的艺术》

在教授葫芦艺术课时,教师并没有从介绍葫芦古老文化入手,而是选用了学生最为熟悉的葫芦小花园和每位学生力争的代表优秀与荣誉的葫芦娃作为本课的导入(图5-2-33)。这样的图片导入,把学生一下拉到亲切而熟悉的情境中,伴随着图片的播放,学生跟随教师了解学校葫芦文化的由来与发展,了解自己学习葫芦特色绘画的意义所在。亲切、新奇、兴奋、求知、探索,学生的学习兴趣被充

图 5 - 2 - 33

分调动,他们渴望了解更多关于葫芦的知识,渴望用各种方式方法来进行葫芦艺术的创意设计。

环节二,图式梳理,发散思维。

在美术课的新授环节中,往往会出现本课的知识重点与技法难点,是教师教与学生学的关键所在。如何进行难点重点的突破,是美术图式研究的重要意义所在。在课前预设中,教师在授课前以图式归纳设计思路,形成一目了然的分类,要点图表,配合相关范图,让学生的学习过程思路清晰。让想象创意不是天马行空、信口开河、不着边际、无从下手,而是为学生直观感受构建与本课相关的知识体系的基础上,激发创意潜能,有效地进行系列想象创作。

【课例】苏少版《美术》四年级（上册）《我设计的怪兽》

像此类的想象设计课在小学美术学习内容中占有很大的比重，这一类的学习内容旨在让学生充分大胆地发挥想象力，固然有不少学生想象力丰富，但往往眼高手低，由于年龄、表现力的差异性，呈现的画面不似口头表达与脑海想象般美好。此时，教师的思路梳理、技法教授就显得尤为重要。不需要在黑板上示范具体的怪兽画法，而是通过一张图式（图5-2-34）告诉学生如何去理解、思考怪兽的特点，用哪些方法能表现出怪兽的怪和奇，表现出具有个人风格的画面。

教学难点过程：

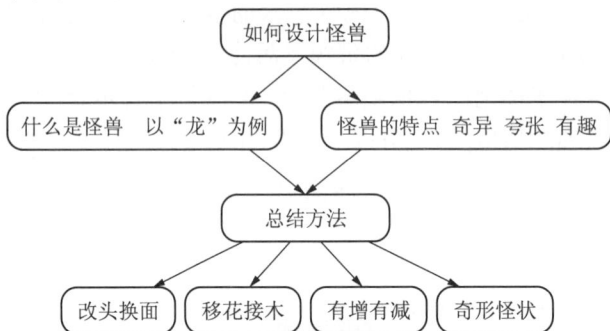

```
                      如何设计怪兽
                    ↙            ↘
     什么是怪兽 以"龙"为例      怪兽的特点 奇异 夸张 有趣
                    ↘            ↙
                      总结方法
              ↙        ↓       ↓        ↘
          改头换面  移花接木  有增有减  奇形怪状
```

图 5-2-34

学生通过图表归纳结合教师的适当点拨，对设计方法清晰明了，想象创意一目了然，创意作业自然轻松自如。但此类图式也不宜框住学生的思维思路，宜鼓励学生在此类图式的基础上大胆拓展，形成适合自己个性特点的作业思路和表现方法。

环节三，以图激趣，作业分层。

美术课的最终学习效果体现在学生作业中。课堂上，范图与教师现场板演以思路图式为基准，多重演示，生成演示，开拓思路、激发灵感、展现技法为一体，让学生直观学习。作业环节，教师也可根据本课的学习内容、特点、发挥空间及学生不同的创作、表现能力，设置不同难度梯度的作业，让学生能根据自己的水平及喜爱的方式进行创意表达，让每个学生都愿画、都能画、都会画。

【课例】苏少版《美术》三年级（下册）《形形色色的人》

在此课学习中，教师把作业课时分为两课时，分别用绘画与手工的形式进行本课的作业表现形式。在细化作业要求时，教师通过作业图式（图5-2-35）罗列了本课表现的方法和要求。创意体现在内容上，更可以体现在作业工具、材料和表现方法上。无须在作业形式上为学生定下条条框框的标准，只要符合本课主题，让他们自由选择有兴趣、有把握、突出拿手、愿意尝试的方式方法，让作业各具特色、百花齐放，让学生永远对创意绘画保持最新鲜的态度和最积极的热情。

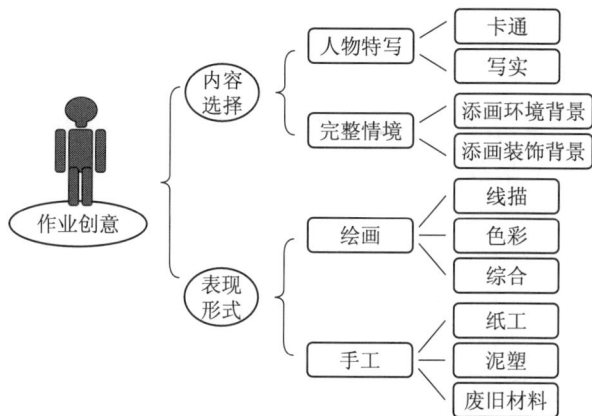

图 5 - 2 - 35

环节四,课后拓展,图式归纳。

让学习延伸到课堂之外,让学生保持一份善于发现、热于探究的热情与状态也是美术课程的学习目标。当本课内容学习结束,教师以图表的形式布置需搜集查找的资料范围,鼓励学生通过各种形式进行答案的搜集与整理,也可以以图式展示其完成结果。图式可以是教师预先设置,可以是课堂灵活生成,更可以是学生经过自己的探究学习归纳绘制出来的,图式渗透在美术学习的每一个环节中。

【课例】苏少版《美术》三年级(上册)《剪纸》

在进行《剪纸》一课的学习之后,教师为学生布置了如下资料查找作业:剪纸的历史演变、南北剪纸的特色差异、与我们日常生活的紧密联系、生活中剪纸元素的运用图片搜集,以进行课堂知识的延续与补充,激发学生主动参与学习的积极

图 5 - 2 - 36

性,学习效果会事半功倍(图 5 - 2 - 36)。

美术图式教学研究还需更多的时间、空间,由于美术学科的特殊性,对其他学科可借鉴,不可生搬硬套,应形成自己的学科特色。今后还要以大量生动鲜活的课堂实例感受验证"图式"助学、趣学的高效手段,将"图式"有机渗透到"难点学习"的教学中,充分展现优学课堂多元、自主、发散、整合等特质。美术教学有很多形式表现,图式教学要选择合适的教学内容,用得巧、用得好,这才是以图式提升教学品质的根本所在。

四、音乐(歌曲)教学范式

在近几年的研讨中,我们一直尝试着把"图式优学"贯穿于课堂教学中,逐步总结出图式助学课堂的教学范式。

环节一,图式导学,激发兴趣。

我们发现只要创设的情境能体现"趣",即具有"情趣、趣味",赋予情境儿童化、趣味化,即便将那些枯燥的知识、技能渗透在所创设的情境中,也能有效地激发学生学习和参与的兴趣。我们常常在课程的初始阶段采用情境激趣图式来激发学生兴趣。情境激趣图式以视听感染图式和体态律动图式居多。

1. 视听感染图式

【课例】苏少版《音乐》一年级(上册)《萤火虫》

这节课的初始教学中,运用充满童真的视听感染图式让学生的注意力很快就集中到课堂上来。

这首《童年》带我们来到了夏天的池塘边。真是凉爽舒适的天气呀。夏天的池塘边都有些什么呢?	◇ 听觉感受图式 以律动音乐片段,构建画面感,营造课堂氛围,导入新课。
这是什么? 你认识么? 是的,它就是萤火虫。 你知道萤火虫有什么特点吗? 介绍萤火虫(萤火虫,头小小的,眼睛是半圆形的,一般腹部有 7—8 节,末端是发光器。雄性的有两节发光器,雌性的是一节)。	◇ 视觉感染图式 通过图片欣赏,了解萤火虫。
你想见见萤火虫吗? 今天的这节课就让我们一起走进萤火虫的乐园吧!	

图 5-2-37

2.体态律动图式

在音乐教学初始阶段我们常常用动作和有节奏的肢体语言导入,在学生上新课之前安排一些音乐律动,这个律动可以是和节奏有关的游戏,也可以根据拍子做动作(图5-2-38)。这样既缓解了学生的疲劳状态,使学生大脑得以调整,还调节了课堂气氛,保持了学生愉快的学习心情,有利于进行下面的新课教学。

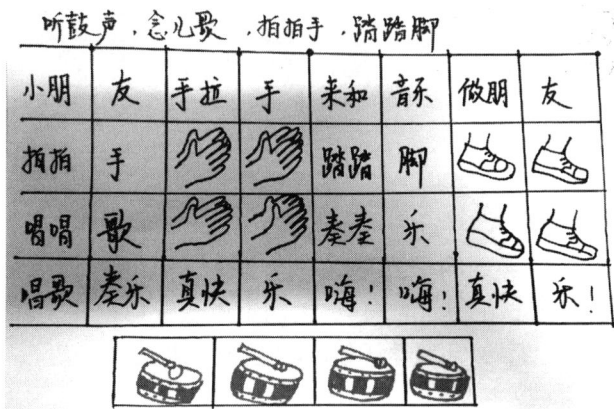

图 5-2-38

环节二,图式助学,解决重点。

新歌学习是音乐课学习的重要环节,以学唱新歌为主。我们在此环节运用图式助学,帮助学生克服困难,解决重难点,从而为歌曲的学习扫清障碍。

我们在学唱新歌的环节中,分成听、想、说、唱四个部分:

1.听　听曲画线感受起伏,听音画图感受情绪

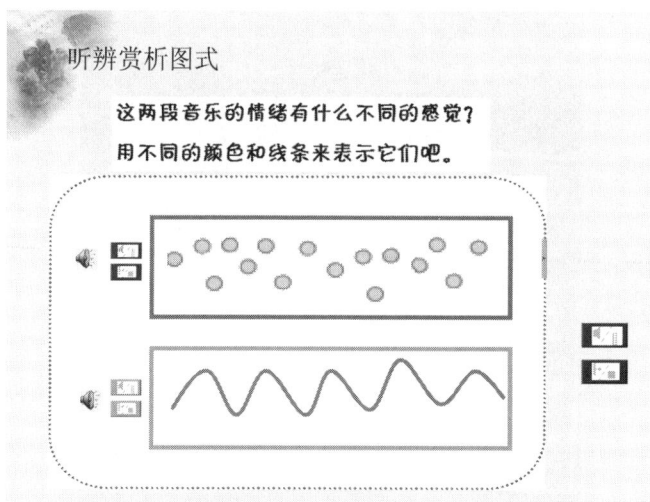

图 5-2-39

2. 想　音符变换手势，辨识音符，唱准音高

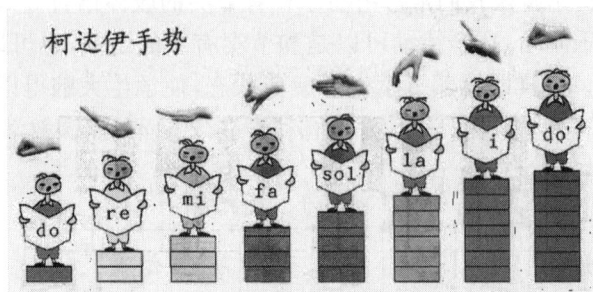

图 5 - 2 - 40

对于中低年级学生来说，对音高这一抽象概念是很难理解的。为了让学生们记住音高，我们用柯达伊手势创编手势游戏：将一条旋律先拆分为单音用柯达伊手势表示出来，学生根据手势试唱单音，这样学生们不但很快地记住了音高，而且调动了学习积极性，高效地完成了课堂教学任务，师生互动也拉近了距离。

3. 演　直观演示　掌握节奏

节奏是歌曲的脉搏和精髓，是组成音乐的核心要素之一。而在学习新歌的过程中，有些音符的节奏区别有时会让学生茫然，这时教师就会用直观的折纸图式来帮助学生分辨音符的时值，从而让学生对音符的时值一目了然，在新歌的乐谱学习中轻松掌握。

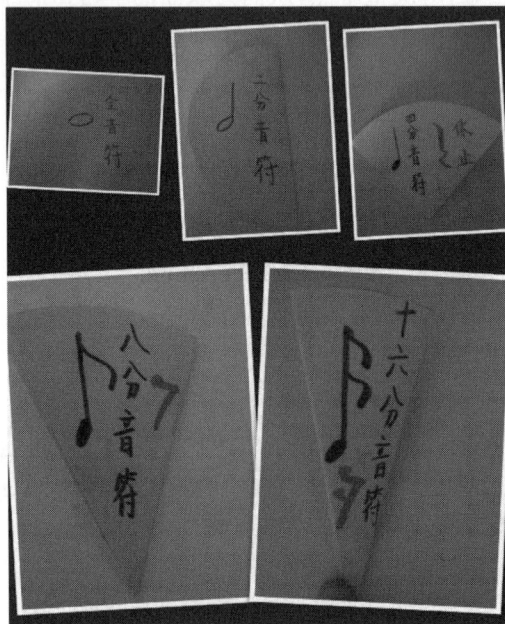

图 5 - 2 - 41

这样充分直观地了解了时值的区分,很快全班同学都能轻松掌握,气氛异常活跃! 在以后的乐谱学习中,学生再也没有唱出时值混乱的节奏。

4. 唱　新知旧识交替　注重前后交汇

【课例】苏少版《音乐》六年级(上册)《和我划船》

让学生借助图式,来了解齐唱、轮唱、合唱的区别(图 5 - 2 - 42)。

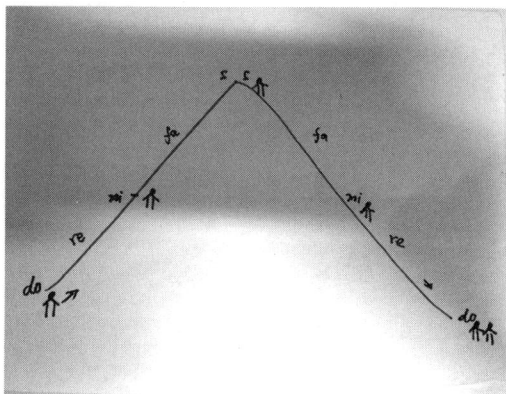

图 5 - 2 - 42

通过图式创设学习情境,爬山学习齐唱、合唱及轮唱的区别,在情境的创设中感受体验,实践感悟,让学生一步步走进音乐。

学生先唱,师后唱,让学生领悟轮唱的演唱形式,再让一部分学生帮老师进行轮唱,接着给学生讲解轮唱和卡农,对起句和应句有所了解。

设计意图:让学生根据老师的图式教学,逐步从节奏入手,领悟齐唱、合唱与轮唱的区别,并且能够很好地予以掌握,了解轮唱和卡农、起句和应句。

环节三,图式展学,开拓视野。

1. 图式拓学,欣赏经典

音乐本来就是从生活中创造出来的,来源于生活又高于生活。在音乐经典歌曲的学唱之后,让学生再顺势了解相关的音乐素材,可以开拓学生视野,更激发学生了解经典作品、学习经典作品的愿望。例如:在完成《什么节子高又高》的歌曲教学后,教师继续让学生欣赏《刘三姐》的相关传说图片及其他的经典对唱歌曲,学生不自觉地在课程结束后就能哼唱其中乐句,并能即兴加词予以改编,课间欢乐无限。

2. 图式创编,学科综合

《新课标》中提倡学科综合,在实施中,综合应以音乐为教学主线,通过具体的音乐材料构建起与其他艺术门类及其他学科的联系。

【课例】苏少版《音乐》二年级(下册)《时钟》

让学生随着音乐摆动,在钟表声出现时加上自己设计的动作,一部分学生做出秒针摆动的造型,一部分学生模仿大钟的钟摆当当摇晃的造型,有的学生则在练习本上画出自己喜爱的钟表造型,贴在自己的小脑袋上摇头晃脑,还有的学生则模仿布谷鸟的报时声响,教室里一片欢乐和谐的钟表合唱曲(图 5-2-43)。这样相关艺术间的横向联系和相关学科的整合,拓展了学生的思维,拓展了学生对不同艺术的综合感受,使新课程的教学理念得以体现,教学过程的结构更加合理,提高了学生的学习兴趣和教学的效率。

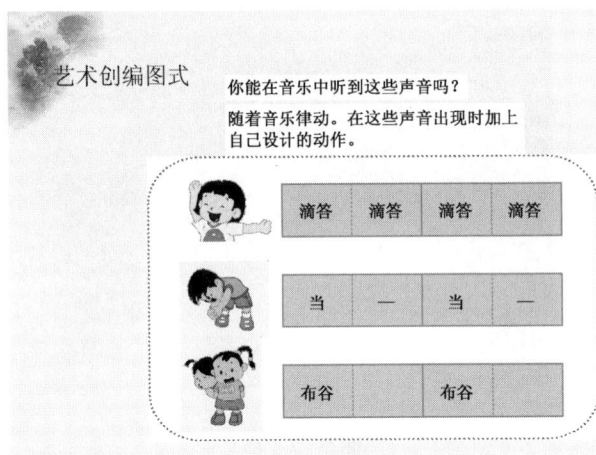

图 5-2-43

在低年级进行曲之类的歌曲学习后,在老师的带领下,同学之间相互合作,设计队形及行进路线,然后随着音乐精神饱满地走一走.既发展了学生的想象力,又增强了学生的创造意识(图 5-2-44)。

图 5-2-44

经过近几年的图式探索研究,学校在音乐教学中运用图式范式教学已经初见成效,能尽力让每一个学生都享受音乐的乐趣,增强学生音乐表现的自信心,学会树立平等的多元化文化价值观。

五、信息学科教学范式

在信息技术课的教学中,把图式作为一种认知的方式和学习的工具,"画"无形为有形,提高学生的逻辑思维能力、分析问题和解决问题能力。下面是我们在信息课教学中,经过反复的实践与创新,总结出的助学课堂的教学范式。

环节一,图式助学,激发兴趣。

在信息技术的教学中,我们借助一些生动的童话故事、卡通人物形象,创设一个学习情境来激发学生的学习兴趣,激励学生的主动参与。

【课例】苏科版小学《信息技术》五年级《初识 Logo》

本课作为 Logo 语言的第一课,除了让学生认识 Logo 语言外,更多地要吸引学生的学习兴趣,激发学生的学习热情。因此在课堂教学中,教师借助图式认知的作用,选择了一些有趣的能体现 Logo 语言画图特点的图形,演示给学生看,从而让学生体会到 Logo 语言的学习充满了乐趣(图 5-2-45)。

神奇宝贝:
名　字:小海龟
系　别:计算机系
出生地:美国
发明者:西摩尔·帕伯特
生活环境:
LOGO软件
技　能:听从训练师的指令,创作独特的作品。
要　求:取决于指令的准确性。

图 5-2-45

教学环节 1:导入环节

通过观看视频,引出神奇宝贝"小海龟";再展示"小海龟本领卡"图片,老师带领学生一起欣赏这些精美的作品图片;最后引出主题——我们将一起走进小海龟的神奇世界,一起去体验 Logo 语言的神奇魔力(图 5-2-46)。

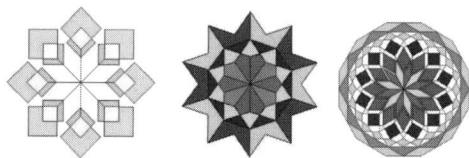

图 5-2-46

揭示课题，并板书。

导入环节从学生感兴趣的小海龟入手，通过展示精美的图片，充分调动学生的积极性，激发了学生的学习需要，使学生对本单元的学习充满了期待和信心，也为Logo语言整个单元的学习开启了一个良好的开端。

环节二，图式展学，突出重点。

在Logo程序设计语言的教学中，很容易出现我讲你听、我说你练的场面，没有师生间的互动，没有教学情境的生成、重难点的突破，效率可想而知，学生也常常是一头雾水。而以图式教学和图式学习为基础的优学课堂模式，则很直接地调动了学生学习的兴趣点，揭示了思维发展的路径，突出重点。

【课例】苏科版小学《信息技术》五年级《定义过程》

"定义过程"这一学习内容对学生来说就是一个难点，理解起来比较抽象，其中编辑和调用过程又是一个重难点。利用"图式"帮助学生把抽象的思维转化为形象的视觉感知，帮助学生更好地理解和掌握过程的意义，帮助学生提升运用过程来画图的能力。

从老师绘制的过程图式中，学生对过程这一个概念的理解和应用一目了然，再通过老师的引导，学生逐渐具备分析问题、简化问题的能力。学生通过自己设计、绘制过程的图式，在掌握知识点的基础上，对过程的作用加以理解、分析、归纳和运用，学习重点和难点在学生绘制图式的过程中迎刃而解，编辑、调用过程也在学生借助"图式"画图的过程中慢慢解决了，学生应用知识解决问题的能力得到了提升，自主学习的能力也得到了提高（图5-2-47和图5-2-48）。

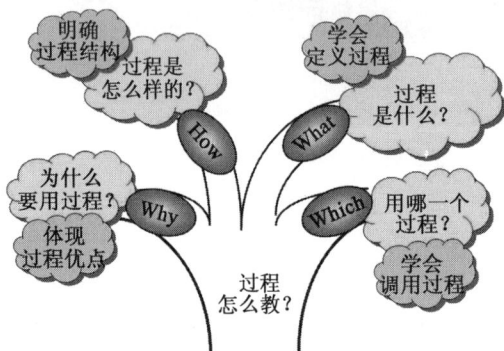

老师绘制的图式
图5-2-47

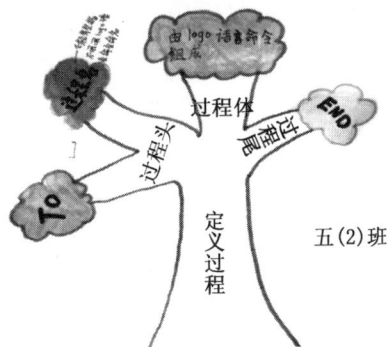

学生绘制的图式
图5-2-48

以上两幅树形图式进行对比，老师的图式侧重于学习的方法和手段，从思想上灌输给学生为什么学、怎么学，等等；学生的图式则侧重于知识的掌握和记忆，两者有效地结合起来，形成互补，更加有利于学生对过程这一概念的领悟，也就能更好地突破重难点，创作出更好的更符合学生的Logo作品。

环节三,图式辨析,方法优化。

信息技术课堂中利用图式优学,将日常生活中的物体或现象以图式的形式在课堂呈现,学生乐于也易于接受,并能在此基础上进行创新与拓展。

【课例】苏科版小学《信息技术》三年级《画方形和圆形》

本课是学生系统学习"画图"程序的开始,教学设计中出示各种组合图形,通过让学生观看图形,说出它们是由哪些图形组合而成的;通过让学生分类图形,老师总结,并在黑板上呈现下列图形(图5-2-49),让学生将图形归类。

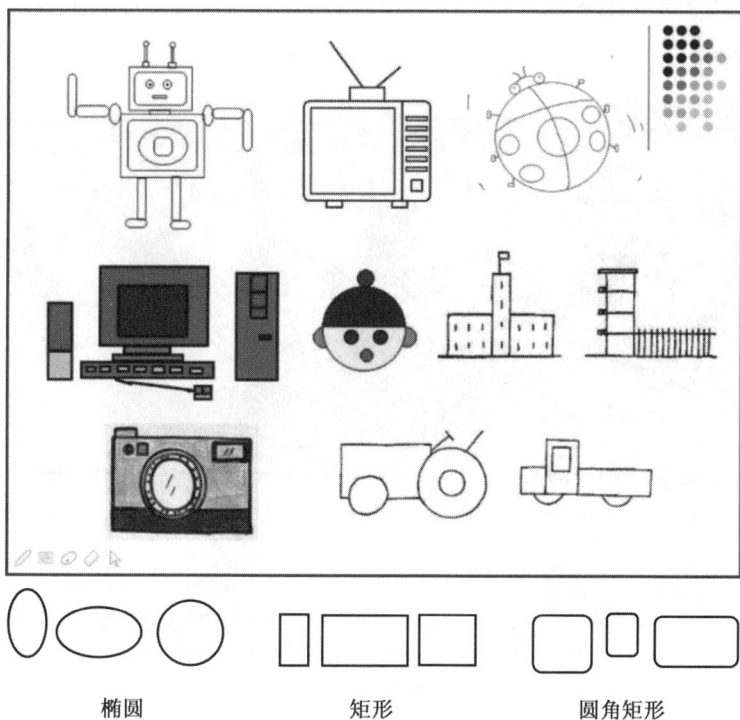

图 5-2-49

老师在呈现图式的同时还从结构、布局、颜色等方面简单地和学生一起分析图例,从而让学生在接下来的创作中更有针对性。

利用图式,帮助学生将图形分类,让学生在实践中发现问题,寻找方法,解决问题,明确学生认知方面的正确性。使学生在画图单元的学习对自己的作品有一个大致的规划,培养了学生合作意识,增强学生的操作技能,很好地达成了本课的教学目标。

环节四,图式归纳,拓展提升。

只有教师的创新,才能引发学生个性化的学习。在教学中,除了把图式作为一种学习的工具外,还可以要求学生尝试着绘制自己的图式,对学过的知识进行归纳、整理,形成自己的知识系统。随着图式优学课堂的深入推进,学生对自己绘制图式梳理知识的方法越来越感兴趣，学生绘制图式的想法越来越多，图式的结构和内容也越来越丰富。

【课例】苏科版《小学信息技术》五年级《Logo语言复习课》

学生在学完Logo语言内容后，根据自己的理解将Logo语言的命令和知识进行了重组，分成基本命令、图形命令以及定义过程三块，这样便于更有效地记忆和掌握Logo语言命令（图5-2-50）。在对知识点和命令进行重组的时候，因缺少相对的系统性和全局统筹性，部分命令和知识点没有归纳进来，小小的失误却也更加激发了学生利用图式来完整地掌握知识的积极性，从而有效地促进了学生自主学习能力的提升。

图5-2-50

通过图式的绘制，老师快速地发现了学生在知识整理中存在的问题，及时地反馈了学生学习中的不足之处，更加有针对性地对学生进行指导和帮助，也起到了一个查漏补缺的作用。

课堂教学中，"纸上得来终觉浅，绝知此事要躬行"。让学生亲手绘制一幅树形图式，让学生用心去体验下归纳知识的方法，比光看老师的图式更有价值。在这一过程中，学生不仅获取了知识，掌握了解决问题的能力，还培养了实际运用能力，使自己慢慢地成为学习的主人。

六、科学学科教学范式

实验是科学探究中的一个重要环节，它是搜集数据和证据的一种方式。另一方面,实验还是科学教学中儿童最感兴趣的一个触点,学生极有热情。实验还是探究技能训练的一个载体,学生要在这一过程中锻炼分析、归纳、规范操作等能力。图式实验教学是运用图式展开实验教学的方式,主要运用在实验教学的两个环节:实验步骤和实验结果分析。图式的优势在于更贴近儿童的思维水平和方式,图式更易激发儿童兴趣,去探索实验的全过程;图式把实验过程和细节呈现得直观和生动,有利于儿童理解重点和难点;图式使每个环节更清晰易懂,便于儿童有效率地进行自主学习。

环节一,实验操作。

1. 图式导学,引领观察(实验之前)

实验教学中会使用到各种器材,在实验操作之前,孩子们往往因为好奇不断摆弄器材,忽视了对器材作用的思考。在教学中我们通过先图式器材,引导学生观察、比较,再激发学生思考器材的使用方法、器材的特征、器材与实验步骤的关联等,最后展开操作。图式器材和真实的器材相比,更容易集中孩子的注意力去观察和思考。

【课例】苏教版《科学》五年级(下册)《国旗怎样升上去》

在出示仪器之前首先出示了滑轮的图片(图5-2-51至图5-2-53),边观察边思考:(1)观察滑轮,发现它和普通轮子有什么区别? (2)预测,这些结构在组装滑轮的时候,怎样使用滑轮来提起重物? 滑轮的使用可能带来哪些好处? (3)在组装的时候,有哪些不同的组装方式? 它们有什么区别?

图5-2-51　滑轮　　　图5-2-52　定滑轮组装　　　图5-2-53　动滑轮组装

2. 图式流程,规范操作

在实验教学中,实验步骤是最为重要的一个环节,它有严谨的逻辑以及严格的操作规范。每组步骤都是学生的训练过程。所以我们主要采用流程图的方式呈现,引导学生在整体把握实验的步骤的同时,注意每个流程中的提醒。另一方面,一些流程图中的实拍图片还具有示范性,学生在读图的过程中可以进行对照和自我评价,便于他们通过图式提高自主学习的效率。

【课例】苏教版《科学》六年级(上册)《显微镜下的世界》

这个教学内容属于高年级仪器操作的部分。教师在介绍完显微镜各部分名称之后,出示这样一幅操作流程图(图 5-2-54),依据流程图指导学生使用显微镜的步骤。并通过图式中的一些提示,提醒学生在使用仪器中应注意的一些规范和要求。在图式分析的基础上,由学生完成自主操作。这样的流程图式相比单纯的文字说明来得更清晰和简洁,便于学生更快速地入门操作。

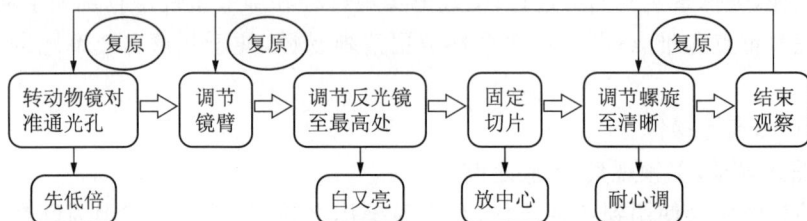

图 5-2-54

流程图式,让人一目了然,便于学习者从整体把握实验的全貌,对实验过程形成一个完整的逻辑认识,也避免了教师在实验指导中单调的重复阐述,让学生对照图去尝试,自己则作为活动的指导者。

环节二,实验结果呈现。

1. 图式展学,聚焦难点

图式实验现象指在实验过程中,选择一些内容用图式记录每一个实验步骤之后的结果。这里的图式记录是要求学生通过制作简图或示意图等,从具体现象中提取特征或规律,从观察中逐渐转到科学思考中来,把学生的注意力聚焦到现象中隐含的本质和原理之中。

【课例】苏教版《科学》五年级(上册)《点亮小灯泡》

在教学过程中,学生假设了很多种可以连通电路的方法,表达在贴图记录(图5-2-55 左)上。通过实验测试,发现其中的一些连接方式可以点亮灯泡。于是教师把成功点亮的贴图放在黑板上,请学生把贴图中的连接方法描述在白板的简图(图 5-2-55 中)上,演变出一组连接方式。接下来,通过对比简图,思考这些连接方法有什么共同之处。启发学生通过对比观察发现并总结电路的奥秘(图 5-2-55 右)。

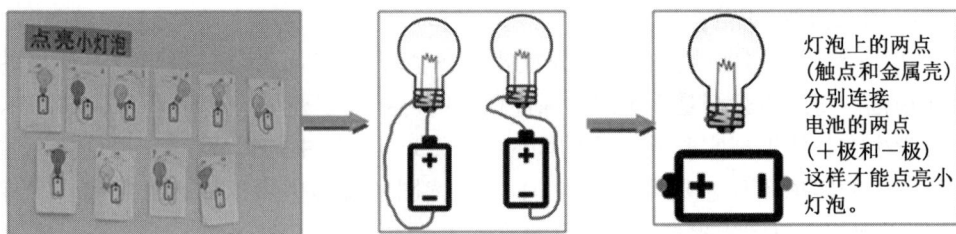

图 5-2-55

通过三组图式现象的制作,学生不断地去聚焦现象中的核心,发现规律,不断地在规律中思考原理,逐渐完成了从具象到抽象的归纳过程,对实验现象的理解更有深度。

2. 图式结论,突出重点

图式结论指运用图式来展现实验得到的结论。图式呈现直观易懂,但要制作结论图式相当考查学生对结论的理解程度。所以,指导学生制作图式结论,一方面可以帮助学生全面总结实验结论,另一方面也能给学生创意表达的空间。

【课例】苏教版《科学》四年级(下册)《摆》

在师生探究实验后,通过数据,我们分析出摆的运动快慢与摆线长短有关(摆线越长,运动越慢;摆线越短,运动越快),摆运动的快慢与"摆锤轻重""摆角大小"无关。在陈述结论的时候,学生通过简单的图式,画出了摆的运动速度的规律,并在其中表达了另一个研究结果,就是摆动快慢与摆锤轻重无关。这样的呈现,相比于单一的文字,更为生动,也非常清晰(图 5 - 2 - 56)。

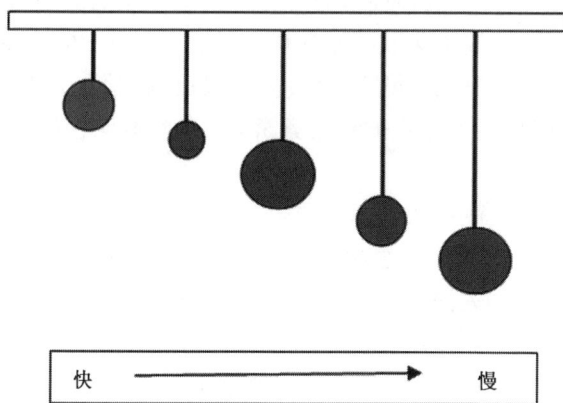

图 5 - 2 - 56

第六章 图式优学的校本开发

　　校本课程意指学校教职员工为改善学校教学品质所计划、开发的各种课程。作为一种明确的教育课程理论，"校本课程"在 1973 年的一次国际性课程会议上由菲吕马克等人提出。其实质上是一个以学校为基地进行课程开发的开放民主决策过程，即校长、教师、课程专家、学生以及家长和社区人士共同参与学校课程计划的制订、实施和评价活动。

　　鼓楼区第一中心小学的基于"图式优学"的校本课程开发，一方面是指在校本课程建构中，运用图式的思想与策略来设计校本课程的目标及内容，重视联系教材与生活实际，关注学生的思维能力发展，努力提升校本课程的品质，使校本课程真正成为教材的拓展与补充，使校本课程更加有利于"优学"；另一方面，是指在校本课程的具体实施中，巧用图式的思想与策略，创设多种渠道"趣学"，力求能够激发学生的探究热情，产生情感共鸣，培养学生的核心素养，提升校本课程的效果，使校本课程得以"优学"。

　　我校依据自身教学特点、条件以及可利用资源，由学校教育人员与校外资源整合，拓展出了一系列的基于图式优学的校本课程。校本课程开发不仅关注了学校办学特色与理念的凸显，也关注了教师作为课程开发主体作用的发挥，对教师提出了新的要求，并为教师的专业发展提供了可能性，成为促进教师专业发展的又一条重要途径，使得教师的教学理念进一步更新、教学手段进一步优化。我校色彩鲜明的图式优学校本课程的积极开发，更为学生提供了丰富而适性的课程沃土，使得学校的课程结构更加合理，并可以依据学生需求适时作出调整与改变，更富机动性和多样性。重视活动过程，努力保持课程的开放性、灵活性与适应性，也使得每一位独具个性的学生在道德、身体、智力、情感等方面得到充分发展，让学生在学习活动中"学会做人、学会学习、学会合作、学会创造"，使学生的文化知识、学习习惯、学习技能、意志品质、创造能力等方面得到进一步的提升。

　　我校的图式优学实践涵盖图式整合课程、图式拓展课程和图式创编课程等多种类型，主要体现在项目性特色课程和主题性微课程两方面。例如项目性特色课程中的"小公民教育"，即是跨学科的图式整合课程，它可以减少知识的分割和学科间的隔离，将学生所需要的不同的知识体系通过图式统一联结起来。再如图式拓展课程，学校开发了"葫芦画"、"珠心算"等项目，将其作为促进国家课程的教学成效的补充，这类课程既可以通过补充剪报、视频、图画、模型、图表、游戏等材料来助力国家课程目标的实现，也可以作为学生所学课程专题有关内容的延伸，适度拓展国家课程所覆盖的广度和深度,为学生提供获取知识、内化价值观和掌握技能的机会。此外,我校还开发了"童话绘本阅读"、"足球"等全新的图式创编课程,并产生了一批具有代表性的主题性微课程作品。

我校的两类校本课程都十分关注校本课程对学生认知建构的影响,特别强调在校本课程中图像、图表、图式等形象手段的教学实践应用。一方面鼓励图式在校本课程教学中的大胆应用,积极体现图式优学的倾向性获取、主体性解读、规范性融合归纳的过程;另一方面认真在实践层面上开展巧用图式的研究尝试,关注图式优学对教学问题解决的影响,探究如何设计好的校本课程资源,更有针对性地促进学生优学的图式建构。

第一节　基于图式优学的校本课程开发策略

一、校本课程的图式优学实践特征

校本课程的实践,受学校、地域、文化及经济环境的影响,会存在明显的差异性、地方性,但校本课程资源开发的途径也有其独特的规律性,存在着共性特征。

1. 十分强调图与文的结合

图式优学课程引导学生对所需要掌握的知识"文本"找联系、辨异同,用"图式"的形式使掌握的知识条理化和系统化,并体现出其科学性和逻辑性。课程的编写布局上,体现出直观性和适当的趣味性,使得学生在学到知识的同时,通过观察,编制不同颜色、不同形式的"图式"不断引起注意,激发兴趣。

2. 十分强调形象与抽象的结合

"图式"课程搭建了从形象思维到抽象思维的桥梁,提供了以建构图式为中心的整体认识观,促进学生从整体上把握知识、方法和观念,从而有效地克服肢解知识和方法的现象。"图式"有助于克服教学只注意知识点增长作为学习重点的倾向,增强学生学习的整体意识和结构意识。"图式"能使学生把习得的知识提高到功能强劲的原理性结构上的可能性增大,也使学生在已有知识的基础上,向新知迁移以及洞察新知的倾向增大,因此有助于提高教学的效率和效益。

3. 十分强调系统性与结构性

运用图式梳理知识,可以把零碎的、散乱的知识进行有序的组织,形成系统,并以一定的结构呈现出来,内化为学生的认知结构。同时,系统性和结构性的学习,又会改进学生的学习方式,使之更加优化。

二、校本课程的图式优学实践经验

1. 重视图式校本课程的选题

在设计图式优学校本课程时，首先要注重选题。我校的校本课程未以传统的开发方式去搞静态的预设，而是采用主题式综合学习活动，通过教师实现课程内容的整合。以一个主题形成一个单元课程的主题式综合学习活动方式较好地解决各年段知识点之间的对接，既能引导学生从某一类现象中提出一个明晰的问题，又能引导学生体会知识点的内在联系，好的主题还能自然而然地实现学科资源的整合。图式校本课程的选题应选择不局限于课堂教学中的主题，鼓励拓展到课前、课后都可以使用。在课前运用时，"图式"可作为预习工具，具体的编拟可由教师完成，也可让学生自己动手操作；在课后运用时，"图式"可用来巩固知识、归纳总结，可以以作业的形式出现。这样的主题式综合学习活动设计，既可增强"图式"运用的弹性，也有利于发挥学生的主体作用。

2. 注重建构过程与图式的整合

在问题解决中，图式能使个体探究问题的张力扩大、指向性增强，能提高探索正确解题方案的效率。在学习中，帮助学生构建知识间的联系或改善他们已建构的知识间的联系是至关重要的，特别是对那些低效的问题解决来说，教会他们构建条件式的图式不失为一条有效的学习途径。考虑到学生的学习是一个不断建构的过程，在课堂教学中，我们应该留出一定的空间用于展示或讨论学生关于主题所形成的图式。

3. 强调运用图式呈现课程结构

通过建构"图式"，学生可以得到简约的、结构化的知识，这有利于学生系统地掌握知识，有利于学生把知识加工成有联系的网状结构，从而促进学生头脑中的图式的形成和发展，培养学生思维的整体性和敏捷性，优化学生的思维方式。学生能根据已有的知识和学习经验，通过联想类比来探索新问题。特别是学生之间的互相补充与修正，为学生不断完善建构的"图式"提供契机，在不断修整的过程中，学生头脑中建构的图式也在不断完善，所有这些都是在建构"图式"的平台上得以实现的。

4. 关注图式资源的整合

校本课程的开发、实施，资源的共建和利用非常重要，教师是校本课程开发的建设者、实践者，最能了解学生的知识、能力、兴趣，可以尊重学生的需要设计相关的校本课程内容。一方面，通过互联网搜集、整理相关信息，形成具有校本特性的信息资源；另一方面，充分发掘教师开发图式校本课程的潜能，注重搜集和整理教学中的优秀课例，形成具有个性化的校本教学案例资源，并通过多种途径形成具有校本意义的资源库，再通过校园网，实现资源共享。

5. 科学开发"图式"校本课程

"图式"校本课程注重利用图表、符号等引导学生学习。一般来说，图表、符号的信息量越大，获取知识的速度就越快；而图表、符号越复杂、越抽象，学习的困难就会越大。所以，必须科学地编写"图式"校本课程，在具体设计时要精益求精，以免学生对"图式"产生反感，降低学习的兴趣，结果适得其反。

三、主题性微课程的独特魅力

鼓楼区第一中心小学围绕国家课程或地方课程中的一个点伸发出去的，生长出若干有一定主题的微课程，称之为"主题性微课程"。我校主题性微课程的设计比较短小精悍，有助于消除学生学习过程中的负荷和倦怠情绪。它以微型教学为核心，包含与教学相配套的微教案、微课件、微练习、微点评等支持性和扩展性资源。除了相关的资源外，还包括相应的教学活动，具有简短教学的多元表征，包含文字、图片、动画、视频等多种图式优学形式。主题性微课程的设计主体为教师，实施对象是班级，教学内容涉及各个学科。在国家课程校本化实施的研究中，我校进行了多类型主题性微课程的研究实践。例如："知识点微课程"，即通过知识点展开教材的逻辑序列，用知识点去搭建知识结构；"拓展性微课程"，即针对某个知识点的理解、巩固和拓展而设计的具有丰富层次性的变式应用；"活动类微课程"，即通过调查、实验等实践活动，锻炼学生收集、整理、分析数据的能力等。在图式优学实践中主题性微课程具有直观形象化、情境趣味化、思维可视化、过程网络化的独特魅力。

1. 直观形象化

我校主题性微课程的研究问题多为国家教材的校本延伸，立足于教学反思、生活思考、重点强调等，因而利用直观形象的图式，可起到化抽象为具体、化难为易、化重点为突破口的作用。对主题性微课程进行教学实践时，会尽量采用直观、形象的呈现方式图式优学，可以有效帮助学生了解一个主题性微课程各个部分的内在逻辑联系，建构起被了解事物的表征，并让学生学习策略更优化，让学生的视野更开阔、思维更有深度。

2. 情境趣味化

在主题性微课程的图式优学实践中，教师总是尽量设置一些与现实问题联系在一起的情境来感染学生，特别是在中低学段，卡通人物、童话故事等情境图式对于学生的情感具有积极的影响，教师在教学内容、合作方式、练习设计上往往富有趣味性、游戏性的特点，以吸引学生的注意，激发学生的参与热情，教师还常通过激励学生完成指定的任务来培养学生解决实际问题的能力。

3. 思维可视化

思维方式其实比答案更重要，因而我校的主题性微课程重视思维的可视化，既具有教师的思维可视化，也具有学生思维可视化的特点。一方面，由于受教材、时间的限制，在教学中教师解析问题的思路往往是很难呈现的，所以学生很难学会解析问题的思路，而主题性微课程的图式优学设计，使教师得以在这个空间里，呈现自己最精准的思维方式，呈现如何从中央图到末级分枝，条理清晰、层级分明的思维过程。另一方面，在微课程的图式优学过程中，学生通过借鉴他人经验与自我研究实践，梳理知识内容，拓展思维宽度，逐渐培养能将孤立零乱的知识点结构化的能力。

4. 形式多样化

我校的主题性微课程内容短小精悍，所以研究内容易于表达，研究成果容易转化。微课程容量微小、用时简短，因而利用视频图式传播的形式也趋于多样化，将微课程的优势充分发挥出来。比如，网络视频播放、手机文件下载、微博微信讨论或者发到班级 QQ 共享等。利用互联网平台可以将典型案例化的教学情景迅速再现，有利于实现教学观念、技能、风格的模仿、迁移和提升，在促进教师提升课堂教学水平的同时，促进学生的重难点突破及思维能力的培养。

第二节　项目性特色课程的图式优学实践

我校在实践过程中，逐渐形成了比较成熟的项目性特色课程，例如：思维图式课程——《珠心算》、合作图式课程——《校园足球》、行动图式课程——《小公民教育》、创意图式课程——《葫芦画》、成长图式课程——《童话绘本阅读》，还产生了一批具有代表性的主题性微课程作品。

一、思维图式课程——珠心算

珠心算是在大脑中以算珠表象为载体，运用珠算法则进行心算的方法，俗称"在脑中打算盘"。学校在图式优学的大环境下，开发有助于学生思维发展的珠心算校本课程，进行珠心算"脑图"的学习研究，帮助学生在打算盘的基础上，从建立脑中的"静珠"图式，到逐渐成为把拨珠过程充分"内化"成脑中珠像图叠加的"动珠"图式，从而进行加、减、乘、除等动珠高速运转的图式叠加运算。珠心算课程因其可以充分利用符号抽象性与图式具象性相统一的优势，使得学生在发展脑图思维功能的过程中，计算能力、观察力、记忆力、注意力等得到提高，从而成为一种独具魅力的图式优学活动。

1. 设计背景

珠算已列入教科文组织人类非物质文化遗产，太平洋地区每年也都会举行国际性珠心算比赛，很多计算机发达国家流行着"珠算热"，都在兴办珠心算教育，这一切都标志着"小算盘"走向"大世界"已势不可挡,这都是源于珠心算课程强大的教育功能。算盘档位清晰,容易形成"脑图",计算变得快而准,提高了学生的计算能力;珠心算通过"珠像图"的不断叠加运算,使得学生的记忆力不断提高;心算激化思维力、注意力、空间想象力、手眼协调能力等来完成运算任务,促进了与其紧密相连的大脑皮层相应部位的发育,开发右脑,提高智力水平。

2006年,鼓楼区第一中心小学开始开展珠心算课题研究,2012年,学校被授予江苏省首批珠心算教育实验学校,近十年的品质化追求中,学校珠心算图式优学活动取得丰硕的成果,学校还培养了一批较为成熟的珠心算教师,这使得珠心算具有成为学校特色校本课程的实力。

2. 课程目标

通过拨、看、听、思、记、赛等形式,培养和提高儿童记忆力、注意力、观察力、想象力、动手操作能力、协调能力、快速反应的计算能力;培养儿童思维的敏捷性、准确性、良好的思维习惯和意志品质。

充分利用珠心算符号抽象性与图式具象性相统一的优势,在教学过程中利用好图式进行优学,处理好珠算和珠心算、听和看、快和准的关系。注重珠心算教和学的实效性、操作性、趣味性,有助于儿童养成脑思维习惯,开发儿童智力和非智力潜能。

3. 要点解析

(1) 巧用图数对比,形成静态图式。珠心算的过程是实拨算盘熟练后,把算盘的盘式、档位及珠子的拨动变化描绘到脑子里形成的计算过程(图6-2-1至图6-2-3)。首先要建立基础静态图,算盘档、珠的颜色、形状是由学生自由想象,但以尽量少有干扰为原则(算珠为不规则图形,算盘上有装饰物等),逐渐形成固定的背景模板。以此为基础,开展多样化的拨珠练习,让学生正确并较为轻松地在脑中形成静态图式。

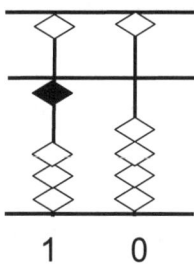　　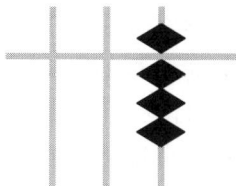　　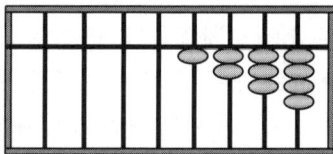

图6-2-1　　　　　　图6-2-2　　　　　　　图6-2-3

◆珠译数静态图式:珠译数就是将看到的静态图式译成数的过程(图6-2-4至图6-2-6)。它是学习想拨的基础。

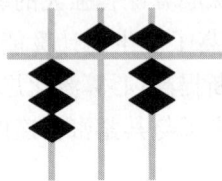

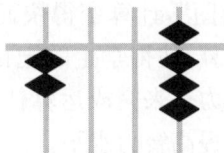

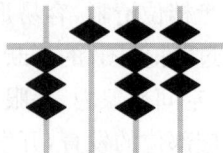

（357） （2008） （2587）

图 6-2-4　　　　　　　图 6-2-5　　　　　　　图 6-2-6

◆ 数译珠静态图式：数译珠就是将看到的数想象拨珠过程，并转化为静态图式的过程（图 6-2-7）。它是学习看心算的基础。数译珠分为听数译珠和看数译珠。

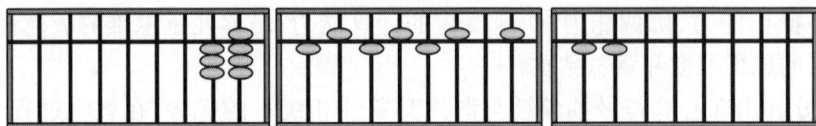

图 6-2-7

在珠译数、数译珠对比训练之后，可以进行数珠互译。在此过程中，要注意循序渐进、速度由慢到快、数位由少到多，并且形式要多样、注重调动学生学习的兴趣和积极性。比如可以创设"蜜蜂采蜜""打地鼠""比比谁的年龄大""小猫钓鱼"等问题情境（图 6-2-8）。

图 6-2-8

（2）巧用图式优学，达成心算技能。学生通过练习进入动态形象图式，再经历过程的活化图式训练，可以进行由简单的两笔计算到复杂的加、减、乘、除多笔计算。

◆ 同组练习：学生利用脑中的图式进行拨珠计算的时候应该分层、分类进行教学，要对某一部分的内容进行强化练习后再进行后面的教学，这样不仅能让学生更清晰地掌握拨珠方法，而且能更好地达到自动化的程度，为更快更准地进行心算做铺垫。如破五进位加+6的教学可以在学生理解7+6，加6去4进一的时候由于个位下珠不够，所以要借上珠，出现了"上1去5"的过程，所以"几加6"就是本节课的重点，要让学生在拨"7+6"的基础上自己试着拨"9+6"、"8+6"，等等，设计如下（图 6-2-9）：

7 + 6 = 13

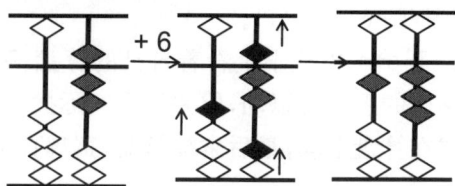

例题到练习

试一试

9 + 6 =   8 + 6 =

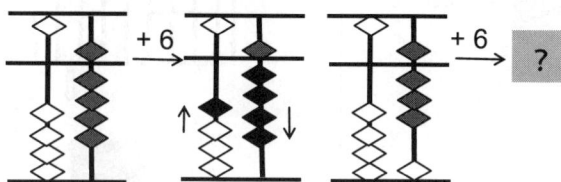

?

图 6 - 2 - 9

◆图组练习:运用图式优学,逐步脱离算盘进行心算的时候,借助图组练习,可以强化动态图式的运动过程,可以遵循数位少到数位多、2笔到多笔的原则进行练习,形式多样,可以说一说、画一画,让心算过程从模糊到逐步清晰(图 6 - 2 - 10)。

6 + 8 = □   5 + 9 = □

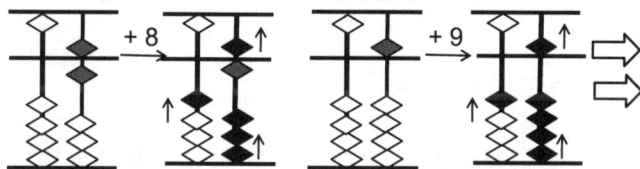

7 + 18 = □   8 + 17 = □

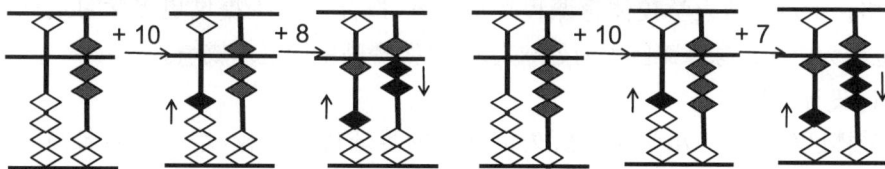

图 6 - 2 - 10

（3）从显性图式到隐性图式，巧用实拨—空拨—看拨—想拨四部曲进行教学。

教学过程中，可以巧用实拨（用珠算）—空拨（模拟拨珠）—看拨（看盘想珠）—想拨（想象拨珠）这四个步骤进行练习（图6-2-11）。

在实拨形成图式的基础上，一开始可以让学生看着自己的算盘，手在算盘相应的档位上模拟拨珠，这个过程中学生的手指可以动，但并没有实际拨珠；然后让学生看着算盘，手不动想象脑中的图式在算盘上动；最后拿掉算盘，实现真正意义上的心算（图6-2-12）。

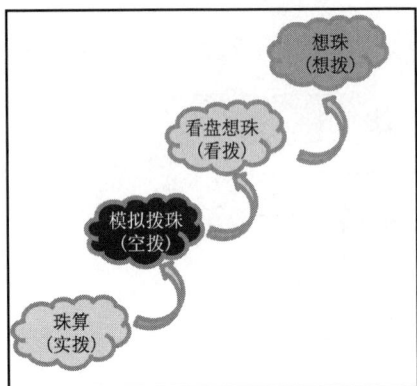

图6-2-11

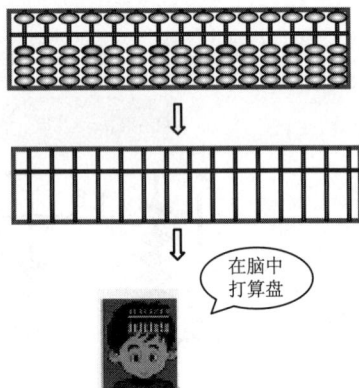

图6-2-12

训练学生经历静态图式到动态图式的模式也可以用到平时的教学中，提升学生的数学思维水平。学生对珠心算校本课程的学习兴趣浓厚，脑中的图式最初形成时，学生需要借助算盘这一实物，经过半学期的学习，大部分学生可以完成从静态图式到动态图式的迁移，拨珠过程中逐渐实现图式的不断更迭。

二、合作图式课程——校园足球

《中国足球改革发展总体方案》和即将发布的《关于加快发展青少年校园足球的实施意见》中，都将校园足球的目标确定为"育人"，即通过校园足球，达到育人的目的。具体来说，就是通过校园足球，增强学生体质，提高学生运动能力，培养学生健全人格。把足球纳入学校体育课程教学体系，既能为学生提供更多学习足球的机会，也能为中国足球开辟巨大的足球人才来源，提高中国足球成绩。

1. 设计背景

鼓楼区第一中心小学是一所久负盛名的足球传统学校，培养了多名国字号球员、一批专业足球运动员和大量的足球爱好者，积累了丰富的校园足球训练经验。

足球运动是一项集体运动，它需要在个人技术的基础上通过团队合作来获取成功。因此，合作是进行这项运动的核心要求。我校将图式理论运用到校园足球领域,让学生通过图式更清楚地理解足球基本动作要领、站位要求、战略战术等,更好地掌握足球运动的核心技能,提升学生的个人足球技能和团队合作能力。

2.课程目标

（1）体现新课程精神,实现国家课程、地方课程和学校课程的分级管理,体现学校的足球传统特色,让教师充分享受新课程带来的教育"自主权",实现我校"立壹争优"的办学目标。

（2）通过双人或多人的足球训练形式,在足球教学活动中培养学生与同伴合作的主动性,使其具有较强的合作与竞争意识、良好的心理品质和社会适应能力。同时,培养学生对足球运动的兴趣与爱好,使每个人都能参与其中。

（3）通过图式足球训练形式,在足球教学活动中培养学生与同伴合作的主动性,使其具有较强的合作与竞争意识、良好的心理品质和社会适应能力。同时培养学生对足球运动的兴趣与爱好,使每个人都能参与其中。

3.要点解析

校园足球的合作图式教学力求简化足球运动模式,找出最核心的单元进行训练。在英超联赛中,球员控球大约80%是一次触球（传球）或者两次触球（控球然后传球）,而且70%的进球来自直接射门（触球即射门）。可见,足球比赛实质上是一种传球比赛,越少的传球和越快的传球,整个比赛才会灵动精彩。因此,学生要掌握足球这项技能,传球无疑是最基本的图式。结合现代运动理论,我们认为校本足球课程要重视三个阶段的图式作用:图式认知、图式联结、图式自动化。

（1）应重视位置示范图、动作分解图等具有显性具象特征的图式的启蒙。认知是学习的最初阶段,在这一阶段学生全神贯注于传球的基本原则和特征。这一阶段教练员的任务是给学生提供完成动作技术的必要信息。这些信息主要通过观察步骤图、动作分解图以及教师的示范获得。例如传球主要主要有六种:脚内侧互相传球;脚外侧互相传球,一名队员用脚内侧或脚外侧传球,另一名队员用脚弓接停球,再用脚内侧或脚外侧传回;一名队员传球,另一名队员脚弓停球迅速拉回,然后用脚内侧拨球从支撑脚后方通过,再用原支撑脚脚弓横向拉球通过体前传回;一名队员传球,另一名队员用脚内侧将球接停在支撑脚后,然后用另一只脚传回;一名队员左脚向右侧横拉球通过体前,同时向右侧移动一步,连续重复3次,然后斜线传球,跑回开始的位置,另·名队员重复上述练习。六种传球方式用语言描述费时费力,传球时内外侧用脚也很容易混淆,采用图式的方法,可以让学生清楚地知道传球的要求和使用脚的哪个位置传球,加以训练后,学生可以逐渐形成固定的基本动作条件反射。动作技能的基本原理和机制在联结这个阶段学习,学生开始探索怎样使动作做得更好。这一阶段,错误的动作逐步减少,动作控制更有节奏,动作形式更加流畅,动作表现的不稳定性开始减少。例如下面两个图式分别用来指导A、B原地或前后左右移动中用左右脚进行各种脚法的正面传球和A、B在跑动中用左右脚各种脚法进行地面长短结合传接球（图6-2-13和图6-2-14）。

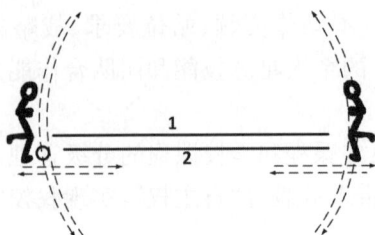

图 6 - 2 - 13

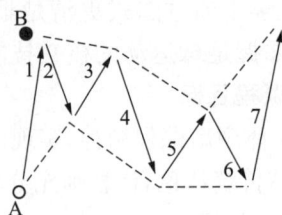

图 6 - 2 - 14

引导学生对足球教学内容进行静态图式的描述，通过实线、虚线、波浪线的方法和特点来描述足球技战术的动作方法，形成正确的动态图式。

（2）应重视位置战术步骤分解图等阶段性特征图式的联结。单个的技术动作组合成小的技战术，运用到足球场上，使得队员在场上清楚地知道如何通过配合去比赛，比赛中如何传球、跑位、接球等，合理有效地完成，教学中的战术讲解，需要运用单个的分解图逐一讲解，最终把分解图进行联结，形成独特的教学模式；例如"二过一"是两个进攻队员，进行一传一切的配合，通过传球配合突破一个防守队员。"二过一"是集体配合的基础，可以在任何场区、任何位置上运用这种方法来摆脱对方的抢截或突破防线。要求传球平稳及时，一般多用脚内侧、脚外侧等脚法，传地平球为主。主要方法如下（图 6 - 2 - 15）：

例图：1. 横传直插二过一：

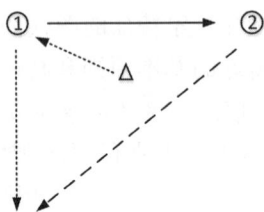

2. 横传斜插二过一：

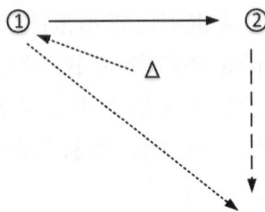

3. 斜传直插二过一：

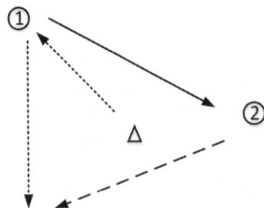

4. 反切式二过一：

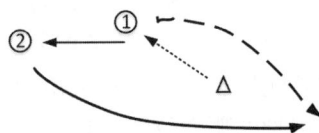

图 6 - 2 - 15

再如有防守的二过一配合射门练习：三人一组，两人进攻一人防守，进攻者根据防守者的位置练习二过一配合射门。清楚位置、步骤，便于复习（图 6 - 2 - 16）。

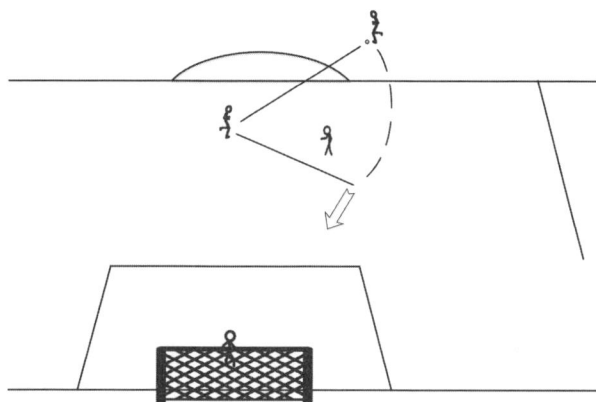

图 6-2-16

　　（3）应重视赛场战略变化、位置跑动等综合运用时动态图式的强化。这是学习的高级阶段,学生开始无意识表现技能,并且形成独特的风格。学生开始能够觉察自己的错误,并适当地调整以改正这些错误。这些调整可能很迅速,动作表现后即时评价而后发生,并在下次动作做出改正。动态图式的形成需要教师示范讲解,环环相扣,形成具有特色的教学模式(图 6-2-17 和图 6-2-18)。

图 6-2-17

图 6-2-18

学生传球已经形成自己的风格，动作很少有变动和错误。这一阶段的评价主要是对比赛中传球到位率的评价，因为在比赛中节奏更快、对抗更加激烈，要传好球不仅要技术，更要有视野和意识，还需要对队友的了解。

通过合作图式的练习，学生能够初步学会并掌握足球"运、控、过、传、接"的足球技术动作和简单的战术配合，从而达到强身健体、磨炼意志、锻炼体魄、享受足球之目的。

三、行动图式课程——小公民教育

"公民法制教育实践活动"（简称"小公民教育"）是省教研室从美国引进的一个已积累了20年实践经验的中美合作课题，它有一套完整的理论与操作体系。我国公民教育尚处启蒙阶段，主要反映在学生公民意识的淡薄。学生缺乏公民感，甚至并不知道什么是"公民"，不知道自己也是小公民当中的一员。我们通过公民教育让学生主动关注社会，培养现代公民与社群应有的"自主、公心、宽容、理解、同情、正义、责任、参与、奉献"等风范和风尚。

1. 设计背景

2005年，鼓楼第一中心小学成为江苏省首批公民法制教育实践活动项目学校，10年中，孩子们参与研究了近70个项目活动，有35个项目在省市各级评比中获得一、二等奖。该实践活动是培养关注社会、有责任感的现代小公民的平台，通过选题设计、活动策划、团队合作、校外行动、图式听证等过程，让孩子们体验自主、体会责任，它是一种研究性学习，也是一种呈现行动图式的课程。在活动的开展中，教师发现，无论是在理论的指导上，还是在实践的操作中，借助图式优学能简明扼要地把所需掌握的基础知识表现出来。图式有助于学生记忆，能激发学生的联想，使学生能更容易、更直观、更方便地把握公民法制教育实践活动的整体结构及内在联系，优化课堂教学，完成认知的构建。

学校小公民教育行动图式课程的研究旨在运用图式优学帮助学生建立公民基本概念，培养具有爱国、爱他人、守法、履行公民义务、人格健全等基本素养的合格社会公民。在小公民教育行动图式的引领下，明白作为国家的一个合法公民，既享有国家宪法和法律规定的权利，又必须履行宪法和法律规定的义务；既享有国家和社会提供的资源、服务，又必须以自己的智慧和行动参与社会生活，服务社会，报效祖国。加强公民教育，增强学生的公民意识，是提高民族素质的重要途径。

2. 课程目标

（1）通过行动图式学习，明白公民法制教育实践活动的整体结构及内在联系。

（2）根据行动图式引领，组织学生开展"公民法制教育实践活动"，培养学生的公民意识、法律意识和社会责任感。

（3）通过学生自绘图式，提高学生与人沟通、与人合作的能力，提高学生搜集、整理信息、分析问题、解决问题的能力，并使学生在活动中品尝进步、成功的快乐。

（4）运用图式构建优学课堂，达到优化实践活动，发挥个体优势，促进个性成长的目标。

3. 要点解析

（1）用图式建构小公民教育课程。"小公民教育行动图式课程"是一门综合性实践课程，主要由六个行动图式模块组成：确认社区存在中的公共政策问题，选择班级要研究的问题，收集班级所要研究问题的有关资料，编制班级方案，报告方案（听证会），总结学习经验（图 6-2-19）。在教学实践中，以图式优学为核心，通过简要的符号、浓缩的文字、线条（箭头）、图表、简笔画等图式进行六个模块的学习，具有直观性、易懂性、趣味性。运用图式构建优学课堂，达到优化实践活动，促进个性成长的目标。

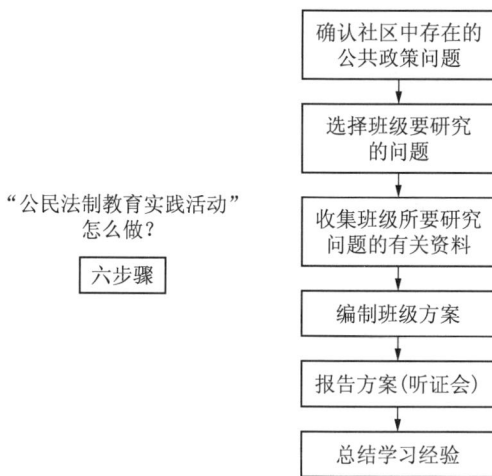

图 6-2-19　小公民实践课程行动图式

（2）用图式助探公民实践活动策略。现代信息论表明，文字可以传递信息，语言可以传递信息，而图文结合的图式，更能有效地传递信息，对于较复杂的信息，用许多语言文字去表述、说明，费时费力，而效果不佳。有的则不能准确表现，而有时简单的一个图式却能恰如其分地揭示知识及知识间的内涵，一看就懂，一见就明了。例如在教学时，老师向学生介绍"公民法制教育实践课程"，先阐述实践活动的六个模块及具体怎么操作，为了让学生能弄明白，老师还播放了一段视频资料【以五年级（2）班所做的课题为例：暑假里全班学生留心观察周边社区存在的问题，做好记录，开学初，同学们把观察到的问题拿到班会课上来讨论，全班有 50 多个问题，究竟哪个问题最严重，需要集全班同学的力量来解决呢？于是同学们通过举手表决的方式，选择了全班要共同研究的问题。随后,同学们分成外出采访小组、法律小组等,一共8个小组,在老师和家长的帮助下,展开了相关的调查研究,收集到有关这个问题的很多信息,包括这个问题的一些现行公共政策。通过整理汇总,同学们了解到这个公共政策问题产生的原因,那么如何解决? 全班同学再次讨论,并编制解决方案,除了制造展板外,同学们还形成自己的问题研究资料夹。究竟同学们的方案做得怎么样? 他们请来了一些政府部门领导,举行听证会,向他们报告自己的方案,听取他们意见,最后同学们通过总结反思,不断完善解决问题的方案,并且用展板的形式展现了研究成果。】看完视频,听完了介绍,老师问同学们对这门课程有什么了解,学生的回答很零乱,效果不佳。教学中教师就结合学生和教材实际,有针对性地设计图式,借助图式帮助学生构建课程框架,明细操作流程,力求使"图式"科学有效地优化基础知识的学习过程。

发现公共问题策略图式(图 6-2-20):

图 6-2-20

确认公共政策问题操作图式(图 6-2-21):

图 6-2-21

展板制作图式(图 6-2-22):

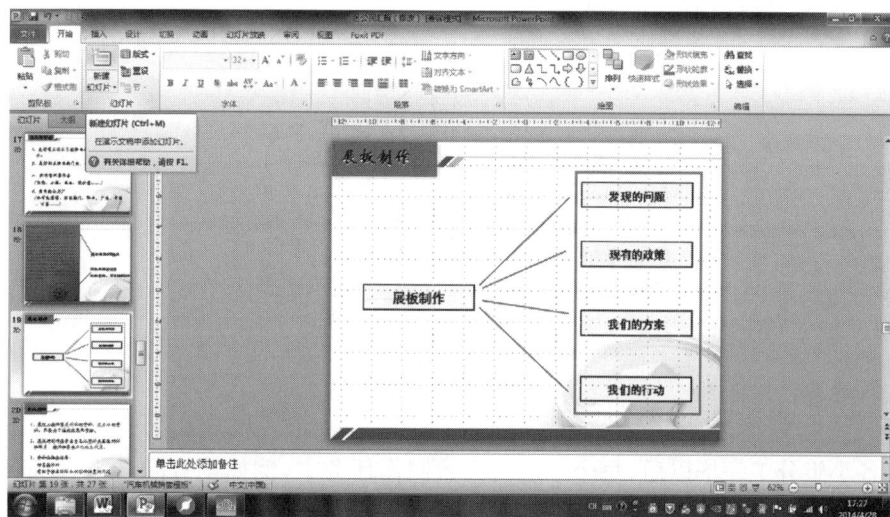

图 6-2-22

教师借助这些图式进行教学,图文结合,相互补充,相互说明,协同表达整个实践活动课程的体系,用图式表现小公民实践活动过程各个步骤间的内在联系,用简要的文字起到画龙点睛的作用。这样借图式助讲解,借图式助分析,借图式助探索,形式新颖,易激发学生学习兴趣,图式优学在公民教育的课堂生花。

(3)用图式展示公民实践活动过程。小公民实践课程的第三模块是"收集班级所要研究问题的有关资料",在这个模块的教学中,老师让学生明确了第三步骤的目标后,让学生根据自己的兴趣和能力自由选择研究小组,开始收集资料、采访和调查等实践活动,为下面的各步骤打下坚实的基础。在此环节的教学中,学生开始尝试用图式优学,自己绘制了第三模块的流程图、研究小组分工图和相关的分析图表。

第三模块流程图式(图 6-2-23):

图 6-2-23

研究小组分工图式(图 6 - 2 - 24):

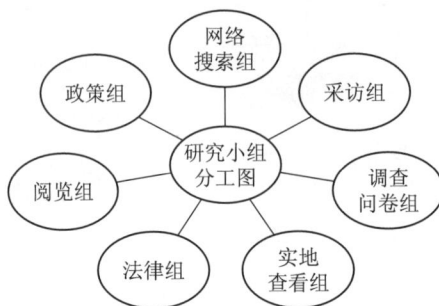

图 6 - 2 - 24

各小组分工完毕以后,每个小组就开始制作任务卡,例如调查问卷组,他们的任务卡片是:A. 根据研究课题设计问卷调查表;B. 组内 6 人再次分小组,确定问卷的份数及各自发放问卷的地点;C. 组内对调查问卷进行统计分析,写出调查报告。

调查分析表(表 6 - 2 - 1):

表 6 - 2 - 1

实际上孩子每天早晨几点钟到校?					
项目	7:20	7:30	7:40	7:45	7:50	8:00
教师	/	/	24.9%	/	56.3%	18.8%
学生	28.1%	34.4%	21.9%	12.5%	/	3.1%
家长	17.6%	26.5%	32.4%	20.6%	/	2.9%

学生以直观的形式,展现抽象的思维过程,展现和指明了思维的路线,依图分析,依图探索,依图导思,抓住了本模块的重点和关键,依图揭示各条件、结论、中间结果之间的错综复杂的关系。通过小组合作完成资料的收集,学生自绘图式,发挥自身学习优势,优化了公民法制教育实践活动,学生从一个个、一次次、一步步的"壹"出发,不断追求,接近活动的目标,每一个学生都在努力地成为最好的自己,成为最优秀的自己。

(4) 用图式呈现小公民实践成果。前文图式已阐述展板由四块内容组成(我们研究的问题,现有政策,我们的方案,我们的行动)(图 6 - 2 - 25),评价标准(好:3 颗星;良好:

图 6 - 2 - 25

2颗星;一般:1颗星)。

◆ 展板上要保留最精华的资料、最原始的资料。

◆ 资料选择时信息要准确。

◆ 发挥图式的作用。图式包括图表、照片、绘画、政治卡通、报纸题目、统计表等。

◆ 图表要与方案各部分的内容直接有关,每一个图式应有一个标题或题目。

◆ 关键语句应该用不同颜色、字体、字号醒目地书写。

◆ 选用的纸、笔颜色和底板不要同一色系的。最好选鲜亮的颜色,和底色形成对比,给人醒目的视觉冲击。

(5)图式听证会推进研究成果。听证会是学生活动过程的汇报,是班级研究成果的展示与推进,也是学生自身成长经历的感受。听证会能增强学生的公民意识和社会责任感,并通过开展听证会让学生获得能力、方法、自信。它是一个班级研究历程的抵达,更是公民教育实践活动新的启程(图6-2-26)。听证会上四个小组将进行演示,每一个小组代表班级对他们调研成果和所推荐的一项公共政策的某一个方面进行陈述。当对每一个小组进行评价时,考虑采用评分表对该组的学生进行评价。

图6-2-26

四、创意图式课程——葫芦画

创意葫芦画美术课程是学校根据自己的办学理念、办学特色,以挖掘当地文化资源和学校资源自行规划、设计、实施的课程,是学校进行美育的另一个主要途径,是美术基础统一课程的有益补充。以葫芦为素材进行一系列的美术创意是人文的、趣味的,以更好地满足学生的实际发展需要,促进教师专业成长,完善校园特色文化体系为设置目的。认真开设好此课程,对培养学生人文素养,提高审美能力,培养创新意识,完善个性发展,凸显校园特色,促进学校发展有着重要意义。

1. 设计背景

1963 年,著名童话作家张天翼的作品《宝葫芦的秘密》由上海天马电影制片厂在鼓楼区第一中心小学(原五台山小学)实景拍摄,影片中,宝葫芦传递的脚踏实地实现梦想的电影精神激励了一代又一代的儿童少年。在校园文化中,宝葫芦寓意着快乐的童年、智慧的宝库、成长的奥秘和无限的可能,2010 年葫芦文化被我校正式确立为童话教育的文化核心与理念标志,而以葫芦这种中国古老传统爬藤植物为表现载体的各类绘画手工美术形式也逐渐形成学校的美术校本特色。

传统文化背景:在中国的传统文化中,葫芦有着独特的地位。它外形圆润,象征和谐美满,其内多籽,寓意子孙繁衍,谐音"福禄",代表福禄双全,极受民间大众的喜爱。从古至今,民间艺人就喜好以各种不同材质制作葫芦外形的器具、装饰品,或以葫芦本体为素材,以绘、雕、刻、烙等多种手法进行葫芦艺术的创作。

校园文化背景:葫芦画校本课程植根于校园文化,丰富学校"宝葫芦"文化的内容与形式,是一个具有校本特点与特色的课程,它不只是一个在葫芦上进行绘画的趣味活动,更是一个系统完整的让儿童了解民间工艺、认识传统文化、提升美术素养、发展创意思维的课程平台与成长路径。通过葫芦画特色课程的研发与实施,借以图式思维、图式创意、图式优学手段推动美术校本课程的形成与发展,进一步丰富与完善校本课程的校本化、专题化、个性化发展,进一步拓展实施素质教育的途径,丰厚学校文化的内涵。

2. 课程目标

(1) 以葫芦文化为切入点,领略民间艺术与民族文化的博大精深,让学生在实践中感知新知,形成操作技能,培养自信感与成就感;在参与中学会学习、学会审美,富于创新,享受快乐,提升美术素养,为学生的终身学习与发展奠定基础。

(2) 引导学生接触葫芦典故,了解葫芦文化的起源与发展、民间艺术的方法和特点。借助以图激趣、以图助思、以图展学等多种教学手法,引导学生尝试用多种工具、多种形式进行立体葫芦的创意绘画、制作,设计创作出和生活相关的葫芦实用艺术品,实现艺术多元化。

(3) 为教师搭建课程创新平台,深入研究传统艺术与校园美术教学之间的切入点、契合点,寻找适合学校美育的教学方法,学习、传承、融合、创新传统文化艺术,进一步促进专业发展,提升专业素养。

(4) 通过葫芦创意画校本课程的研发,课程的实施,促进学科特色发展,完善学校葫芦主题文化体系。

3. 要点解析

(1) 确定课程。校本美术课程定位于传统与创新的融合,即在传承古老艺术中体现创新,在创新艺术形式中品味传统。葫芦艺术是中国传统文化的精髓之一,千百年来伴随着百姓的生活,现在却鲜有传承者、接班人。民间艺术进校园,旨在让孩子近距离接触、了解、深入逐渐与现代生活相行甚远的传统文化。学生在教师系统搜集的资料视频中了解葫芦传说、葫芦工艺品的多种传统制作手法,拜访民间艺人,深度感受葫芦艺术浓厚的传统气息,由此关注民间艺术,热爱传统文化,学习技艺手法,传承民族精髓(图 6-2-27)。

图 6-2-27

　(2) 课程阶段分层。葫芦画校本课程设计贯穿于日常美术教学,一定要遵循各学段学生年龄、水平、特点,按照阶段分层图表进行课程教学难易度的操作,利于学生有足够的能力以独立或合作的形式完成学习(图 6-2-28)。低年段学生从平面绘画入手,绘画或平面装饰,生成生动有趣的图形内容,为今后的葫芦实物创作绘制打下良好的基础。中高年段尝试用多种工具、多种形式进行立体的创意绘画、制作,进行葫芦生活用品的创作,在过程中相互交流,寻求方法,在结果中体验成功,感受喜悦。

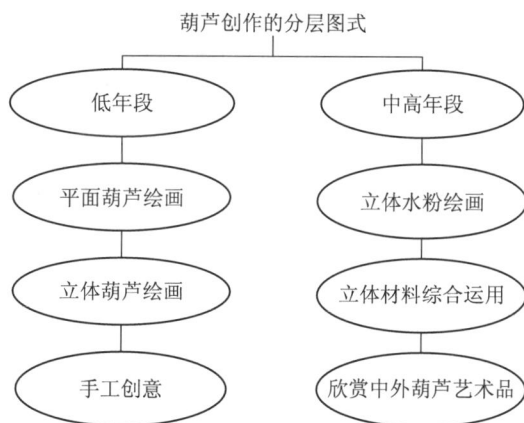

图 6-2-28

（3）创意教学方案

学段	课程教学主题	课程具体内容	课程教学目的
低学段 （一、二年级）	葫芦文化教育	·了解葫芦的传说。 ·阅读葫芦民间故事。	让学生初步接触、了解葫芦的典故，培养学习兴趣和热情。 让低年段的学生从平面绘画入手，设计出符合外形特点又生动有趣的图形内容，为今后的创作绘制打下良好的基础。
	葫芦教学实践 平面绘画	用彩笔在平面葫芦形里进行创意绘画	
	平面装饰	利用纸、绳、线等材料在平面葫芦形里进行装饰美化。	
	平面创意	利用综合材料，进行更有创意趣味的平面设计制作。	
中学段 （三、四年级）	葫芦文化教育	·了解葫芦历史起源、民俗内涵。 ·搜集、吟诵相关的古诗词。 ·初步了解葫芦民间艺术的制作工艺。	了解葫芦文化的起源、民间艺术的方法和特点。 尝试用多种工具、多种形式进行立体葫芦的创意绘画、制作。
	葫芦教学实践 纸模绘画	用彩笔、颜料等工具在葫芦纸模上进行不同内容形式的美术绘画创作。	
	葫芦实物绘画	用彩笔、颜料等在葫芦实物上进行不同内容形式的美术绘画创作。	
	葫芦实物创意	利用综合材料对葫芦实物进行想象艺术加工、趣味造型创意。	
高学段 （五、六年级）	葫芦文化教育	·尝试栽种葫芦，观察生长过程。 ·进一步了解民间葫芦工艺的制作方法。 ·赏析中外葫芦艺术品。	参与、体验葫芦栽种和成长的全过程。深度挖掘葫芦的文化底蕴和艺术内涵。 学会参考各类资料，尝试在葫芦创作中实现艺术多元化。能设计创作出和生活相关的葫芦实用艺术品。
	葫芦教学实践 葫芦实物绘画	结合传统文化特点，吸收国外艺术精髓，进一步运用更为丰富的材料进行葫芦立体绘画的综合练习。	
	葫芦生活创意制作	能结合生活实际，创作出富有生活气息、实用价值、艺术品位的葫芦生活用品。	

（4）内容设置细化。葫芦画校本课程的细节化设置,使得无论是课堂教学、兴趣小组还是社团活动的学习过程都可以有的放矢,有据可循。根据美术学科的特点,葫芦画分设为手绘和手工两大类别,表现内容则从低中高年段贯穿由简易难的点线面,人物花卉风景设计,学生在明确了这样的设计主线后,在此基础上进行材料的选择、创意的发挥就显得驾轻就熟,作品从内容到形式也显得丰富多样(图6-2-29)。

葫芦创作构思图式

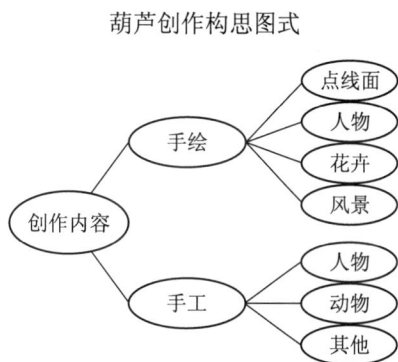

图 6-2-29

五、成长图式课程——童话绘本

童话绘本是一种以简练生动的语言和精致优美的绘画紧密搭配而构成的儿童文学作品。它呈现的是形象、生动的童话人物或情节画面,表现的是孩子们眼中的世界,因而特别容易引起孩子们内心的呼应。低年级孩子识字量少,更喜欢通过一幅幅精美的图画去读懂一个故事,因此童话绘本故事特别适合低年级孩子阅读。阅读童话绘本,是引领孩子成长的一把金钥匙,将其开发成校本课程,可以很好地体现学校的优学新理念。教师在教学时,巧妙利用每一页绘本的精美图式,引导学生探究其隐藏着的“神秘地图”,通过色彩鲜明、直观细腻的视觉影像,产生情感上的共鸣,并挖掘其中易被忽略的细微之处,品味其蕴含的深刻道理,能更好地促进学生对文本的理解,逐渐培养学生的独立阅读能力,而童话绘本阅读也能成为语文优学课堂的一种课外拓展和补充。

1. 设计背景

儿童在与绘本进行对话的过程中,在生动有趣的字里行间徜徉时,必定会开阔眼界,丰富内涵,健全人格。如何让学生的阅读能力在绘本这样充满童趣的图式中成长,是对绘本教学展开研究的初衷。

“童话绘本阅读”是我校校本课程中绘本教学团队开发的图式优学板块。省级“十二五”规划重点自筹课题“用童话创造幸福的小学教育——普通小学童话教育的校本研究”经江苏省教育科学规划办审定,被批准立项。学校也因此确立了“以童话教育为载体,创建文化特色学校”的办学新思路,以童话故事中那些具有亲和力的成长榜样,不断促进学生道德认知与意志品质的提升,以童话阅读活动来培养学生的想象和写作能力、表达与表演技巧。

2. 课程目标

（1）培养阅读习惯,指导阅读方法,引领孩子在童话的图式情境中成长。在教学过程中,教师一定要摒弃自己的阅读成见,拥有儿童立场,做到真正的平等参与和引导,让孩子真正享受阅读带来的快乐,在不断的倾听与阅读中产生兴趣,让阅读逐步深入。

（2）提升写作水平，鼓励奇思妙想，引领孩子在丰富的图式内容中成长。童话绘本故事情节简单，预留给孩子许多想象的空间。课堂中老师引导孩子们根据绘本的整体意境，关注细节，对故事情节展开丰富的联想，发挥各种图式的作用，丰富故事语言、动作，促进学生语言表达能力和想象力的发展，帮助阅读、写作。

（3）陶冶净化心灵，感受丰富内涵，引领孩子在深刻的图式情感中成长。在阅读中既让学生感到快乐有趣，又能领悟一些其中蕴含的道德观、价值观、人生哲理、亲情乃至对生命的认识。让童话绘本成为学生亲密的好朋友，浸润儿童的心灵并让儿童在阅读中逐步成长。在净化学生精神世界的同时，引导同学们走进美妙的童话世界，感受阅读课带来的快乐。

3. 要点解析

【课堂实例】绘本故事《爷爷一定有办法》（图6－2－30）

这个绘本故事的作者是加拿大菲比·吉尔曼，故事来源于一个古老的犹太民间传说。作者用重复而富有节奏的文字讲述了一位智慧而又慈爱的老爷爷用慈祥的爱心和灵巧的双手，让一块很普通的布料在不断地变化，一份长者的亲情，一种化腐朽为神奇的大智慧呈现在读者面前。图画则细腻地描绘出充满浓厚人情味的小镇和约瑟的家庭，画面下方的老鼠家庭更带来额外的阅读乐趣。

图6－2－30

教师带领孩子通过一起阅读图画，在情节发展的关键地方适当停顿，让孩子们猜测一下故事接下来会怎样发展，这样就可以在阅读的同时，培养孩子的想象力。

（1）图式导学，自主梳理。首先让孩子通过图式知道绘本书籍的每部分名称，了解书籍的相关文化（图6－2－31和图6－2－32）。

图6－2－31

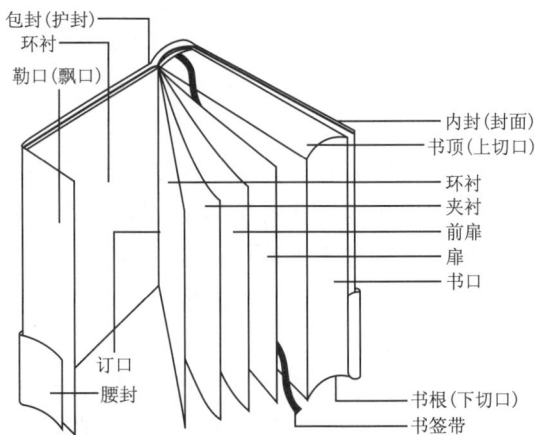

图6－2－32

（2）图式助学，生生互动。接着教师以讲故事的方式带领学生一起阅读并结合绘本的各种特点来进行互动，在读的过程中，注重师生、生生的交流、对话。在读完整本故事后，再用图式帮学生梳理出文章的脉络图，在不知不觉中升华学生的情感，明白每次爷爷先后缝制的不同物品其实就是故事的主线，约瑟舍不得的其实是爷爷对他深深的爱，是那份浓浓的亲情（图6-2-33）。

讨论：这条奇妙的毯子在爷爷的改造下先后变成了什么？

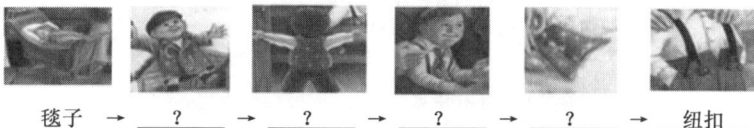

毯子 → ___?___ → ___?___ → ___?___ → ___?___ → 纽扣

约瑟为什么舍不得丢掉这些旧东西？

图6-2-33

（3）图式展学，引发思考。以优学课堂为展示平台，开展多种形式的阅读活动，师生共同创设"书中有乐，读中有乐"的氛围，在阅读中培养健康的审美情趣。当故事读到这里，孩子都以为结束时，老师再抛出一个问题，孩子们的积极性立刻又被调动起来。开始跟着老师一起思考：爷爷每次缝完以后的边角碎料都到哪里去了呢？（图6-2-34）

故事到这里，还没有结束……

每次丢掉的神奇布料都到哪里去了？

图6-2-34

（4）图式研学，整理回顾。读完故事情节后，可以让孩子们自己总结出本节课的读故事方法：看一看、猜一猜、想一想。孩子们发现老师提出的问题又引出了小老鼠一家的故事，因为小老鼠一家的故事还等着自己编呢，这样即使故事读完仍有余兴（图6-2-35）。孩子们的阅读能力正是通过各种图式在这个看似简单的故事中潜移默化地不断成长。

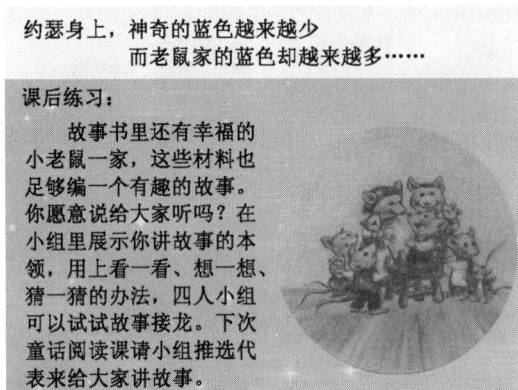

图6-2-35

这个故事的开头就是它的结尾，结尾就是它的开头，这个故事就像一个完美的圆。不过这个绘本故事的高潮还在于图画中有许多值得引发学生令人思考的小细节：爸爸是个修鞋匠，故事里没说，你怎么知道的？每次妈妈都说要把这些变旧了的东西扔掉，为什么最后那颗小小的纽扣被丢掉时却大惊失色，周围所有的人都跟着着急呢？老师围绕整个图式意外提出的问题，可以让学生饶有兴趣地一遍又一遍地翻看研究这本绘本，甚至提出自己的问题来"盘问"老师。阅读能力在这样的主动思考中自然而然得以成长和提高，让优学课堂贯穿于整个故事，把绘本图式的作用发挥到了极致。

第三节　主题性微课程的图式优学实践

该校的主题性微课程通过各种优学图、优思录、思维导图及生动形象的视频画面来激发学生学习兴趣。灵活机动的课时安排，以及简洁精练的学习模式，有效地把国家课程向生活应用和素养提升延伸开去，实现了对教师教的资源和学生学的资源的有效补充，提供了地方课程和校本课程的有效实现模式。

一、语文童话写作主题性微课程

1. 认识

图式是学生认识事物的前提和基础,当学生对图式有反应能力时,他们才能感受到刺激,才能有写作欲望,而要有这种反应能力,必先有反应的图式,简而言之,没有图式,学生就不能反应刺激和认识事物。图式是学习事物的形式和手段,学生运用图式来识别、处理外来的刺激,并加以区别和概括,形成对写作对象、写作内容的认识。再次,图式是对写作经验的保持,学生在写作活动中,形成对写作对象、写作内容的动态认识,会以行为模式或智力结构的形式记忆下来,并同先前的图式组织起来,形成图式系统。

在童话写作主题性微课程的教学实践中,我校把图式优学的童话课程结合在语文课程实践中。以语文写作课为例,七巧板作为一个写作系列活动,运用学生喜闻乐见的七巧板帮助学生在动手动脑中快乐地学习写作。微课程《七巧板拼童话》以"动手拼搭—展开想象—练习说话—完成写作"为基本实施过程,帮助学生在现有写作水平上得到提高。

2. 课例

上课开始,教师讲述学生由熟悉的古诗改编而成的故事《锄禾》,边讲述边拼搭七巧板(图 6-3-1)。

图 6-3-1

随后学生拿出自己的七巧板,兴致勃勃地拼搭出各种图式。这时教师讲述一个故事开头,请同学们来解决七块拼板兄弟争当大哥的问题。同学们立刻被吸引了,各抒己见。老师肯定学生的想法,同时为故事编结尾:七巧板兄弟变身各种数字图形,随后老师和同学们一起拼搭各种数字(图 6-3-2)。

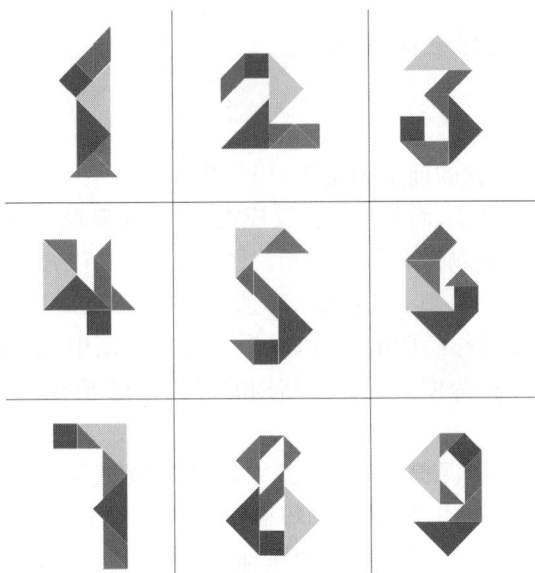

图 6-3-2

　　根据同学们搭的数字图提出生成性要求，四人小组可以先说说这个故事，互相补充，然后试写，并进一步引导学生明白编写童话故事的时候，小动物可是常常当主角的。

　　教师结合学生的回答进行小结，给学生一定的动手实践的时间，同时提出四人小组合作要求，把每人手中拼搭的图形组合在一起，编成一个有趣的小故事。

　　教师对七巧板拼搭的图形难度、范围、类型进行拓展提升，告诉学生不仅可以写诗《锄禾》，可以编童话，还可以帮助赏析一首优美的词。同步出示李清照《如梦令》（图 6-3-3）：

　　　　常记溪亭日暮，沉醉不知归路。

　　　　兴尽晚回舟，误入藕花深处。

　　　　争渡，争渡，惊起一滩鸥鹭。

图 6-3-3

根据三年级学生的学情,教师需要简要讲述这首词的大意,让学生并听讲解边观察七巧板拼搭的图形。学生有的发现老师用七巧板拼了几幅像漫画一样的完整的故事;有的觉得编童话故事很简单,人、动物、数字、物体等都可以作为故事的主角;有的认为编童话故事的时候,可以是单幅图,也可以是多幅图编故事;还有独到发现的:可以把几种不同的东西组合起来编故事。老师要鼓励学生不尽相同地去发现,最后让学生进行写作练习。

3. 课堂评析

本节课例以七巧板拼搭图式作为切入点,引导学生自主学习,真正让孩子站在了课堂这座大舞台的中央。作文课一直是孩子比较"畏惧"的课程,如何让作文课从令人望而生畏到每个人都跃跃欲试,图式是一条独特的途径。这样的课堂上,图式是学习的结果,学习就是帮助儿童形成图式、建构图式,七巧板在童话作文课上就是图式的具象化呈现。拼搭七巧板是学生的已有知识经验,写作技能的习得和其他技能一样,必须建立在已有的知识积累上。

在第一个部分中,运用图式导入学习,体现了情境趣味化的学校主题性微课程的重要特征。当学生看见老师的操作过程后,必然激发学生参与童话写作的兴趣。由耳熟能详的七巧板图式和家喻户晓的古诗这两种学生熟悉的事物引入学习,也是降低学生学习难度。在中低学段,运用卡通人物、童话故事等情境图式对于学生的情感具有积极的影响。

在第二个环节中,让学生动手拼搭七巧板图形的过程中,主要训练学习写作技能的形成,对写作对象的特点要加深认识并强化记忆,在写作时会自然而然地运用。相对第一个环节,图式难度不大,但重在让学生参与其过程。

第三个环节中,多幅图式构建了一个完整的童话故事画面,鼓励学生大胆想象,丰富内容,而学生在拼搭七巧板创作画面写作时,充分体现了思维可视化的主题性微课程的独特魅力他们,已经对所喜欢的图式(或人、或物等)赋予了人物情感,当这种情感借助优学图式形成后,在编写童话的过程中也会流露出来。更为重要的是,这种知识经验会以一种行为模式存储下来,并内化成为一种技能和情感体验。

二、数学图形拼搭主题性微课程

1. 认识

三、四年级起学生开始进一步认识各类平面图形的特征,学生对于这些平面图形特征的理解一般来说是单个观测,为了使学生在学习平面图形的知识之后,增强对几何图形的分解和组合的能力,领略几何图形中的数学美,例如对称美、简洁美、和谐美,提高对几何图形认识的兴趣,在课程实践中,结合学校主题性微课程图式优学实践的一般特点,通过教师设计并提供富有趣味性的学习内容,学生各种优学图的设计,实现把课堂内容向课外生活进行延伸,实现课内有限单个内容的有效补充。

用图式，使得学生的理解更具体、思维更深刻，通过图式优学来改变学生学习方式，挖掘图式在数学图形主题性微课程中对学生改变学习方式的作用，将其贯彻实施在主题性微课程中。

对于小学中年级学生来说，采用图式学习利于学习数学时的心理活动，形成自己的组织结构，达到改变学习方式的目的，同时把有用的知识结构化，发展综合应用能力。

在主题性微课程的图式优学中，把图形的图式优学的课程结合在数学课程实践中。

以数学图形课为例，各种图案设计作为一个图形综合实际运用系列活动，运用学生学习过的平面图形和立体图形创设各种生活中的图案。微课程《图形搭拼割》基本实施过程分为三步：第一是赏图中，了解知识背景，确定设计目标；第二是搭图中，动手操作实践，展开丰富联想；第三是展图中，多方法多途径展示设计作品。通过这节微课，学生可以综合运用学习过的数学图形的基本特征，进行巧妙的生活图案的设计和创造。

2. 课例

环节一：赏图中，了解知识背景，确定设计目标。

上课开始，老师展示简要的商标知识，商标是刻在或者印在商品表面或者包装上的一种标志或者记号。它具有自己的独创性，可以将某一个商品和其他商品区别开来。有的商标是由纯的几何图形设计而成，展示图案（图6-3-4）。

图6-3-4

让学生欣赏各种几何图形拼成的商标，并且探究这些商标有什么特点，从而得出由几何图形构成的商标具有简洁、明快、对称、立体感强等美感，同时，几何图形之间的差异明显，容易给人留下效果明显的印象，所以这样的商标容易得到更多的人的喜欢，给购买者留下深刻的印象，也起到了广告的作用。

接着，带着学生明确这节微课的学习目标，就是用学习过的平面几何图形设计商标，设计出的商标要有简洁、和谐、对称等美感，让人留下深刻的印象。

然后，给学生再欣赏一组图片，学生分小组展开讨论，补充设计商标还要注意什么。得出商标设计除了要符合上述的一些美学上的要求之外，还要和所出售的商品的意义相通，不然的话，就算设计得再美，但是和商品本身联系不大，也很难给购买者留下深刻的印象，达不到推销商品的目的。

环节二：搭图中，动手操作实践，展开丰富联想。

分小组拿出准备好的工具，例如：已经准备好的一些几何平面图形，通过摆一摆、拼一拼,拓宽思路,看看图形叠加和组合后会产生怎样的效果(图 6-3-5)。

图 6-3-5

环节三:展图中,多方法多途径展示设计作品。

给定设计作品,围绕商品"雨伞"设计一个商标。学生通过画、拼、摆等方式展现自己的作品,作品中有的进行平面几何图形的对称平衡,用菱形的旋转摆放体现雨伞给人的视觉感觉;有的进行两种色彩的三角形的重复对比,整个设计也是对称;有的则从雨伞的意义出发,与图形结合,体现商品的意义(图 6-3-6)。

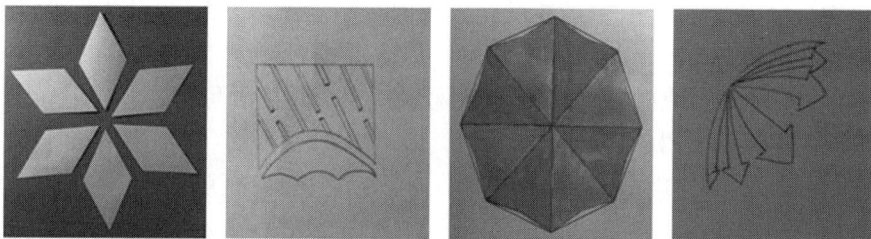

图 6-3-6

3. 课堂评析

本课例以平面几何图形巧妙拼割进行商标设计作为切入点,不是数学学科课堂知识的再学习,而是一种延伸、重组和提升。

在这节微课中,第一个环节选择了一些由几何图案组成的汽车标识,让学生通过欣赏这些图式,体现了学校主题性微课程图式优学的情境趣味化的特征,创设有趣的游戏性的教学情境,让学生很快适应几何图形生活化应用的思维转变。

在第二个环节中,学生通过扮演设计师,进行商标设计,在设计定稿之前进行图式的拼搭,使得学生不仅潜移默化地理解了这些几何图形的基本特征和它们之间的区别,了解各图形之间的内在逻辑关系,同时利用搭图的操作训练,体现学校主题性微课程图式优学的直观形象化特征,达到学生学习策略优化,易于进行自主探究,用画图、拼搭图、创造图来激发学生的学习兴趣,拓展学生的思维和想象,最终影响学生的数学核心素养的养成。

在第三个环节,学生通过图式创作,体现学校主题性微课程图式优学的形式多样化的特征,一节微课程受到容量和时间的限制,为了学生研究成果便于表达,采用图式展示,可以发挥课程优势,延伸和拓展学生理解这些图形的异同,进行个性化的设计和创造。

关于数学图形的整个系列的微课，体现的是由单一的图形的认知和计算向生活的实践发展，让学生真正体会身边的数学，也促进学生体会数学和经济知识等方面的联系，促进学生学习创作的美好愿望，这些数学学习经验的积累，促进了学生数学能力的发展。

三、英语写作"My travel plan"主题性微课程

1. 认识

2012 年起，我省采用了新版教材《译林版小学英语》。和旧教材不同的是新教材打破了以往对学生写作能力的培养重视不够的现象，对学生"写"的能力提出了更高的要求。在此背景下，结合学校主题性微课程图式优学的课程实践，教师在教学中充分利用图式"直观形象化、情境趣味化、思维可视化、过程网络化"等特点，根据学生的知识结构和实际情况，围绕教材充分发掘写作资源，开展了以英文写作为主题的图式优学实践活动。

随着这一实践研究的不断深入，笔者发现其在小学英语写作能力的培养方面发挥了重要而积极的作用。其主要表现为：

（1）图式为学生的写作提供了丰富的内容与素材，其直观形象、趣味生动的特点，符合儿童的思维和心理特征，有利于激活学生的思维，激发学生的想象，提高学生参与写作的积极性。

（2）图式可以帮助学生将写作中的思考过程外显，以图的形式表现出来，展示思维过程的全局，从而促进学生对文章的框架进行深入的思考，进而提高学生"谋篇布局"的能力。

（3）图式作为一种学习的过程和方法，有助于教师对学生进行写作策略的指导，从而帮助学生优化学习过程，形成自主学习的能力以及综合运用所学知识完成英语写作的能力。

在主题性微课程的教学中，将图式优学的英语写作活动结合在英语课程实践中。

以六年级的写作活动"My travel plan"为例，围绕学生感兴趣的话题，通过"运用图式展开话题讨论—围绕主题思考写作步骤—展开想象，绘制写作提纲—围绕提纲，口头练习—完成话题写作"这样几个步骤，帮助学生掌握英语写作的方法，提高英语写作的能力。

2. 课例

环节一：Lead-in（话题导入）。

上课伊始，老师和学生谈论了即将到来的暑假的计划（Summer holiday is coming. What will you do?）。在和学生的交流中，引出有关旅行的话题。接下来，老师通过多媒体播放有关世界各地及不同城市的自然风景及人文景观的图片，通过图式（图 6 - 3 - 7）创设话题情境，激发学生参与话题讨论的热情，从而引出本节课的

写作主题：My travel plan。

Sydney　　　Beijing　　　London

Hong Kong　　　New York　　　Taipei

图 6 - 3 - 7

环节二：Preparation（写作前的准备）。

首先,老师和学生讨论如何制订旅游计划(How to make a travel plan?)。在讨论中明确制订旅行计划的步骤:首先,确定要去的地方。然后,查找和了解有关目的地的相关信息。最后,制订具体的旅行计划。教师逐步呈现操作的流程图(图 6 - 3 - 8)。

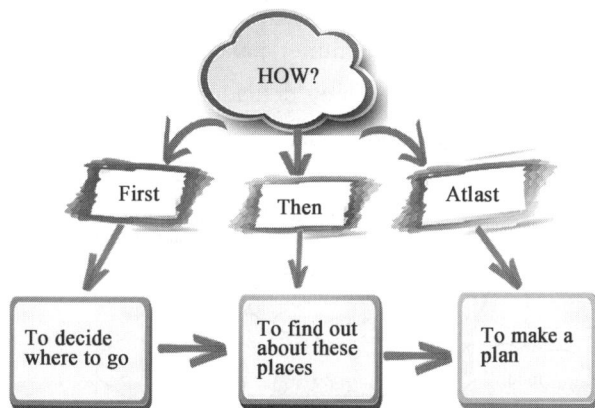

图 6 - 3 - 8

然后,老师让学生思考,当确定了目的地之后可以从哪些方面进行了解。（If you want to a place, what do you want to know?）

有的学生说想要了解那里的天气(want to know the weather);有的学生说想要了解那里的美食(want to know about the food),有的学生说想要了解那里的名胜古迹(want to know about interesting places),等等。

教师根据学生所说的内容,运用图式进行归纳,使学生的思维过程通过图式显现出来,从而明确写作的方向(图 6-3-9)。

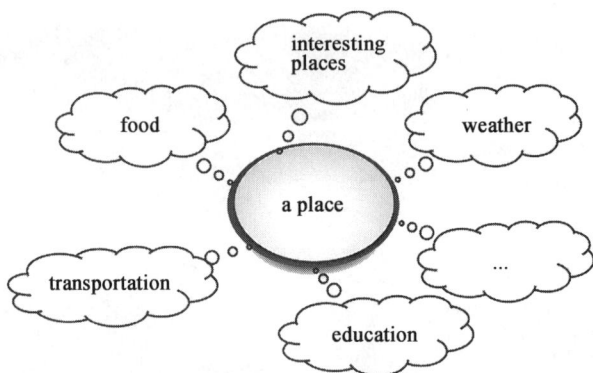

图 6-3-9

环节三:Try to write(写作示范)。

接下来,老师告诉学生今年暑假自己将要去北京旅行,请学生帮助自己制订一个去北京旅行的计划(I will go to Beijing in this summer holiday. Can you make a travel plan for me?),从而对学生的写作起到示范的作用。

老师和学生针对北京的天气、名胜古迹、交通、美食等方面的内容展开具体的讨论,并带领学生逐步完成有关北京旅行计划的文章结构图式(图 6-3-10)。例如:北京的夏天很炎热。(It is hot in summer.)我将参观故宫、颐和园等名胜古迹。(I will visit the Palace Museum, the Summer palace...)北京有很多美食,如:北京烤鸭、焦圈、豌豆黄,等等。(There are many delicious food there. You will eat Beijing roast duck, fried ring, pea cake and so on.)

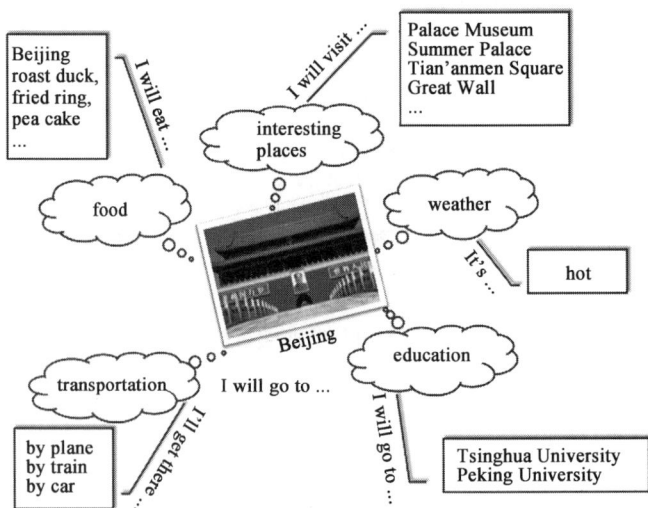

图 6-3-10

之后,老师请学生以小组为单位根据文章结构图式展开讨论,完成口头作文。

例如:Summer holiday is coming. In this holiday,I will go to Beijing. Beijing is very hot in summer. So I will wear thin clothes:like T-shirts,shorts and skirts. There are many interesting places there. I will visit the Palace Museum, the Summer Palace,Tian'anmen Square and the Great Wall...

老师根据学生的口头叙述,对文章内容加以指导和润色,使文章更加生动。

环节四:Draw and write(学生完成作文)。

通过之前的铺垫和指导,学生已经明晰了写作的方法。接下来,老师请学生画出自己的文章结构图,并在此基础上完成话题的写作。

3. 课堂评析

长期以来,英语写作一直是学生学习的难点,学生常常对写作内容感到无从下手,从而产生畏难情绪。这节微课选取了学生熟悉的话题"travel"为切入点,在第一个环节中借助"情景图式"为学生的学习创设了真实、有趣的情境,体现了学校主题性微课程图式优学所倡导的"直观、生动、趣味"的特点,激发了学生参与话题写作的热情。另外,在这一过程中,学生原有的认知图式被激活,这也为接下来的写作活动做好了准备。

在第二和第三个环节中,教师通过"写作步骤流程图"、"文章结构图式"的呈现,充分调用了学生原有的知识储备,并在此基础上促使学生对原有的认知图式进行进一步的建构。这些活动的开展,体现了图式优学所重视的"思维可视化、过程网络化"的特点,不仅帮助学生明晰了写作方向和写作的具体方法,使学生对如何进行英语写作有了一个清晰的概念,也促进了学生思维能力的提升。

通过"图式优学"理念指导下的英语写作主题性微课程的学习,英语写作不再是一件令人生畏的事情。课堂上学生们开动脑筋,积极主动地参与话题讨论;努力发挥想象,构思写作提纲;互助交流,丰富写作内容。学生在活动的过程中收获的不仅是写作能力的提升,也获得了积极的情感体验。

四、美术漫画人物主题性微课程

1. 认识

根据儿童的身心发展规律,儿童小学阶段的绘画发展一般包含图式期、想象期和写实期三个发展阶段。这个时期的儿童常借用线条形态符号,借用幻想夸张手法来表示同一事物。漫画形式正切合这个时期年龄特点。所谓漫画即以简单而夸张的手法来描绘生活或时事的图画。一般运用变形、比拟、象征的方法,构成幽默、诙谐的画面,以取得讽刺或歌颂的效果。

我校的漫画人物主题性微课程设计凸显了新课标中要求美术课程回归本体的新理念,切合了小学儿童美术思维特点,也展示了我校学生图式思维个性特长。漫画人物主题性微课程试图以趣味、夸张、个性手法，激发孩子们充分想象并用线条形态符号，表现出人物某一突出特征和特点。在教学中通过运用图式优学方式引领学生学会抓住人物的本质，掌握表现手法，将纷繁复杂的人物面貌表情特点简单化、概括化。从而在此基础上学习人物绘画的技巧，发展儿童人物绘画的技能，通过人物漫画的学习，让学生达到对人物神态、动作、漫画特征绘画的技巧掌握，使儿童在表达与表现过程中有一定的成就感与满足感。

2. 课例

以漫画人物《我心中的老师》主题性微课程为例，老师是学生心中既尊重又神秘的人物，漫画学生心中的老师主题非常贴近儿童的生活，学生既兴奋也难以把握。这样在教学设计中，我们通过视频充分激发学生漫画兴趣，运用图式引导学生把握人物特征，借助图式指导学生掌握漫画技巧，通过图式展示学生优秀作品，逐步教会学生掌握人物漫画技能技巧。

环节一：上课开始，老师问学生，是否认识老师，然后告诉学生，自己是五年级美术老师，迁移到学生对自己的老师更加熟悉，对学生能仔细观察给予肯定。先给学生看些视频，欣赏视频中教师的教学。【播放配乐教师教学视频】

教学引入由温情的画面开始，让孩子从情感上进入人物观察主题，回忆老师工作的点滴，回忆自己喜欢的老师，上课时的神态，或者她的样貌，以及老师平时习惯性的动作、言语，等等，让孩子脑海里初步勾画老师形象面貌的大体轮廓。

环节二：图式出示趣味教师照片，引导孩子进行形象回忆。问学生，跟老师这么熟悉和亲近，要考考学生的眼力。看播放的老师照片，请同学们猜一猜遮住脸部的这位老师是哪位老师(图 6 - 3 - 11)。

图 6 - 3 - 11

让学生说说为什么能很快猜出是谁？从什么地方判断的？从学生的回答小结：可以从发型脸型判断，有的老师圆脸，有的老师尖脸，有的是短发，有的是长发……(老师相机示范)然后请小朋友用小纸画一画各种脸型、发型，看看谁画的多。

用这种遮脸竞猜的图式，让学生既有兴趣又可以根据自己对老师熟知的特点来判断，这样可以依据教师的长卷发来猜，可以依据老师的一身运动服来猜，或者依据老师手中教具来猜，这样无形中就把如何表现老师特征的难题给解决了(图 6 - 3 - 12)。

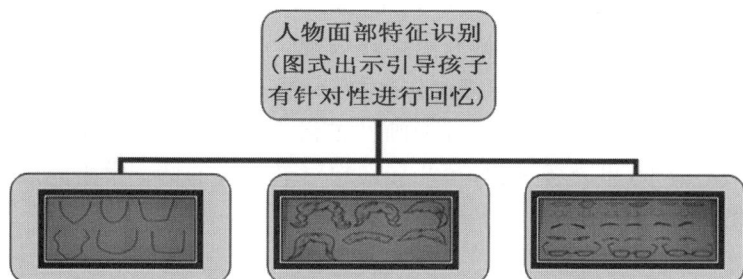

图 6 - 3 - 12

环节三:欣赏教师完整的照片。让学生看完整照片,看看老师的五官,各自有什么特点?(老师同时演示不同特点的五官样子、挂范图)这时,学生已经知道了怎么去表现各种不同面部的细节,然后让学生尝试用可爱有趣的漫画形式把他们所喜爱的老师描绘出来。通过《父与子》的介绍,理解什么叫漫画人像。先让学生看一组照片(图 6 - 3 - 13)。【欣赏名人漫画】播放幻灯名人漫画和真实照片对比。学生看到这些都是很熟悉的名人漫画,让学生仔细观察,他们是怎么画出来的? 看到的漫画人物都有哪些特征?(头大身小)教师小结:他们的特征都被放大夸张化了,所以显得更生动有趣。告知学生今天要使用的漫画绘画方法就是(结合幻灯举例总结得出):头大身体小、抓住特征(五官,表情,身材,动作)、夸张放大。带着学生一起来回忆一下身边的老师有什么样的特点(如:王老师脸圆肚子大,姚老师脸瘦黑穿运动服,黄老师眼睛小戴眼镜有点胖,杨老师脸长头发卷,秦老师头发短,彭老师眼睛小喜欢穿裙子)。借助名人漫画欣赏对比,既可以让学生对人物漫画有更大的兴趣,也可以打开他们设计漫画人物的思路,同时通过图式启发学生掌握漫画的基本方法和技巧。

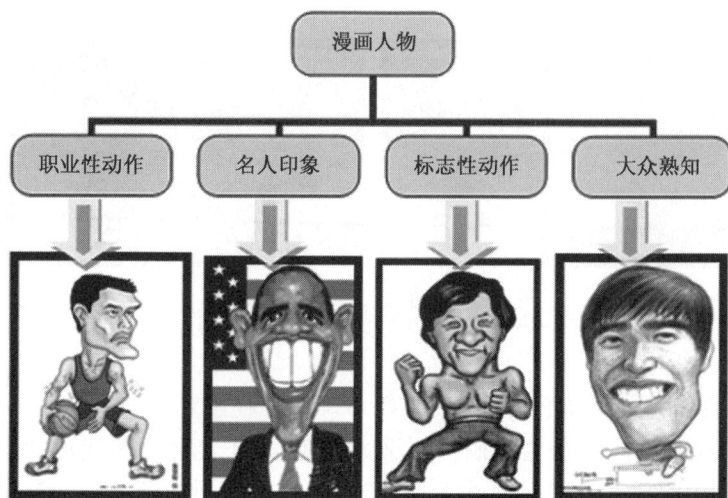

图 6 - 3 - 13

环节四:教师引导学生,要完成一张完整的漫画人像,还要有身体部分,老师示范给这个漫画人像画上身体,让她有点动作表现。(教师继续在原先脸部范画上添加身体)(图6-3-14)【播放幻灯漫画作品】再出示一些作品,让学生从视觉上体验。教师布置任务:给熟悉的老师画一幅漫画! 注意把特征放大。作业要求:用水彩笔直接画,做成心意卡,里外各一幅,写几句最想对老师说的话。学生完成漫画作品,示范作品图式循环播放。

图6-3-14

以漫画人物表现孩子心目中喜爱的老师既让孩子体会到漫画的乐趣,也在学习漫画表现手法的同时,借助图式方法解决了本课如何表现人物表现特征的难点。

环节五:作业展示互评互学(图6-3-15)。问学生画的是哪位老师,他的特点是什么? 想对这位老师说句什么心里话?

图6-3-15

3. 课堂评析

漫画人物作为二年级学生的人物画练习确实存在困难,画写实性作品学生还没有达到应有的能力水平,画儿童画形式又太简单,也不能体现要表达的老师的个性特点,那么利用图式方法进行漫画人物教学,问题就迎刃而解了。我校微课的特点之一是直观形象化,因而利用直观形象的图式,可起到化抽象为具体、化难为易、化重点为突破口的作用。对主题性微课程进行教学实践时,会尽量采用直观、形象的方式来体现图式优学,可以有效帮助学生了解一个主题性微课程各个部分的内在逻辑联系,建构起被了解事物的表征,并达到学生学习策略优化,让学生的视野更开阔、思维更有深度的目的。

本节课由视频图式引起兴趣,激发学生学习漫画的内心冲动;以动物遮脸照片图像教会学生如何抓住人物特征;以名人漫画图式拓展学生漫画思路;同时借助图式指导,引导学生掌握漫画技巧;最后借助教师示范作品图式,帮助学生逐步体会掌握漫画人物绘画方法。从课堂实施效果来看,无论是课堂气氛还是作业质量都是非常出彩的,这样的图式优学方式提升了学生美术素养和能力,让学生在获得成就感的同时也更喜爱美术教学。

五、Scratch 故事会主题性微课程

1. 认识

Scratch 是一款由麻省理工学院(MIT)设计开发的一款面向少年的简易编程工具。Scratch 针对 8 岁以上孩子们的认知水平,以及对于图形化界面的喜好,MIT 做了相当深入研究和颇具针对性的设计开发。不仅易于孩子们使用,又能寓教于乐,让孩子们获得创作中的乐趣。

该主题性微课程教学依托图式优学,通过图式引导学生学会分析并编写流程图,同时采用自主探究法和知识迁移法,创设激发学生学习欲望的教学情境,结合任务驱动教学法完成教学。通过创设合理情境和任务分解,使教学内容脉络清晰,层次渐进。教师引导贯穿始终,充分调动学生积极性,激发学生探究欲望,变被动学习为主动学习,力争达到教学效果的最优化。

2. 课例

◆渐入:本课教学开始的时候,教师并没有急着带领学生明确本课学习内容,而是出示了一张图式,带着学生畅想图式中发生了什么事情。之后提高了难度,引导他们通过"绘图编辑器"创作角色库中没有的角色和造型。这已经是基于图式的一种创作模式,从这一环节开始,学生丰富多彩的想象空间便开始缓缓展现在我们眼前。

◆设境:情境的导入从这一环节开始。教师向学生展示了课前用 Scratch 制作好的一个小动画,动画中小猫缓缓走进山洞,并定格在山洞门口,此时,这张图式(图 6 - 3 - 16)再一次引起孩子们的兴趣——进入山洞中的小猫会遇到什么? 于是,大火龙出现了,隐藏的宝藏之门出现了,世外桃源出现了,甚至连天空之国也出现了……

图 6 - 3 - 16

　　一番猜想之后,动画继续,展现在学生们面前的便是图 6 - 3 - 17 所示的这个略显简陋的迷宫。教师学生们准备了四个不同的迷宫,在迷宫的基础上,开始了舞台场景设置的学习。学生们很快便选择了自己喜欢的迷宫并设置为舞台背景。

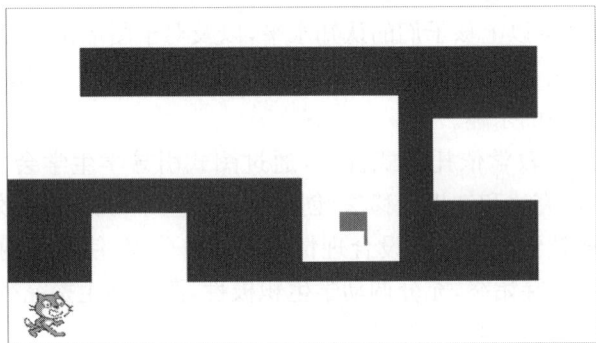

图 6 - 3 - 17

　　紧接着,教师并没有急着演示如何用键盘控制角色走出迷宫,而是请一位学生上台用鼠标带着他的主角走一走这个迷宫。在动态化的图式中,学生们一下子便发现,在走迷宫的过程中实际上是在重复向上走、向下走、向左走、向右走这几个动作。在明确这一点之后,结合教材,大多数学生都能自主探究出新控件的用法,顺利让自己的角色听从键盘命令走出迷宫。在完成后,学生们也都顺利绘制出了富有个性的流程性图式。

　　◆ 创编:本环节学习中,教师首先引导学生比较"当小旗被点击"和"当按下空格键"这两个控件的相同和不同之处(图 6 - 3 - 18 和图 6 - 3 - 19)。继而延伸出用键盘控制场景切换的操作练习。在这一阶段,教师为学生们搭建了一个更为开阔的想象平台,引导他们创作角色走出迷宫后的后续故事情节,再根据自己创设的情节制作

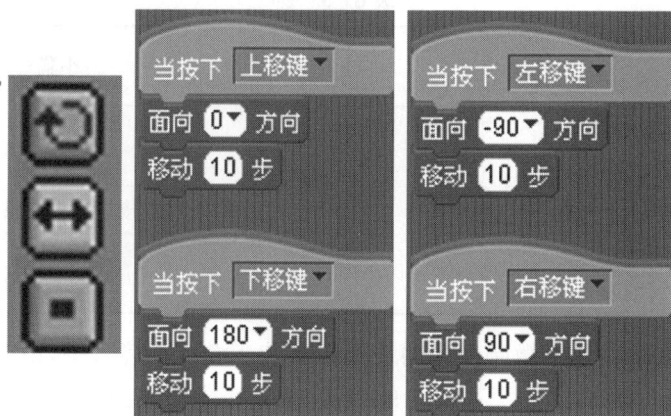

图 6 - 3 - 18

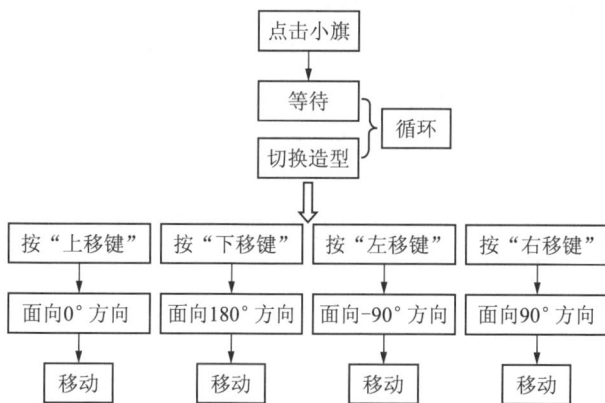

图 6 - 3 - 19

相应的脚本,最后根据自己的创意绘制出属于自己独一无二的流程性图式。课堂的气氛也在这一阶段发展到最高潮,学生们个个都兴致勃勃地和同桌叙述着自己的故事,涨红着小脸高举小手希望能将自己的故事分享给全班同学。

◆ 总结:在最后的展示交流中,孩子们迸发出的创意火花久久激荡在心间。教师也适时告诉他们:在我们的学习和生活中,不论遇到什么问题,记住,只有我们想不到的,没有我们做不到的! 只要大家勇于尝试,敢于实践,任何想法,都能变为现实! 看见他们认真点头的模样,你怎能不为 Scratch 带给孩子们的全新蜕变而激动不已!

3. **课程评析**

该微课程教学对象为小学四年级学生。主要内容为角色的移动问题,对角色移动的步数、通过键盘控制角色移动的方向等问题进行了讲解。教学中以图式呈现故事带领学生快速进入学习状态,以图式展现情节引领学生学习掌握新控件,以图式创设发散性情境激发学生设计后续流程,依托图式完成本课教学。

表 6 - 3 - 1

事件 　　　　角色	舞台	小猫
小旗被点击（触发）	切换到迷宫	切换造型
当按下"上下左右"键	无动作	按规定方向移动
当按下"1"键（触发）	切换到背景 2	上下左右……

本节 Scratch 主题性微课程课例从其特有游戏设计情境入手，由图式带领孩子们快速地入情入境，并采用了系统论的观点，构建小学信息技术课程中任务驱动学习设计的教学模式，以图式为自主创编平台，实现学习过程的最优化，体现了我校微课程特有的直观形象化和情景趣味化特点。

同时，本节课例在教学中采用了层次递进式的任务设计颠覆了很多惯常的知识统整方式：相对以知识点为主旨的传统学习设计形式而言，它采用了任务分层的形式以及流程性图式自由创编的模式，使得学习过程变得更有针对性和创造性。学生在学习过程中并不是在老师的指引下完成直线性程序编写，而是根据自己的想象创编出能体现自己想法的、富有创造力的程序流程。最后学生们绘制出的流程图也各具特色，既体现了自己的编程思路，也富有极强的个性特色，展现了我校微课程思维可视化和形式多样化的特点。

第七章　图式优学的校本研修

　　图式优学的校本研修是基于学校的以图式优学研究为主体的教研、科研、培训的活动。与一般的校本研修相比,它不仅局限于工作研讨、改进教学,而更多地关注教师图式优学教学理念与方法的研究。我校主要以图式优学的课堂观察、教学红黑辩研讨会、特级教师工作室、知行读书会等形式,积极开展图式优学的校本研修,提高图式优学的校本研修质量,促进构建"图式优学课堂"。

第一节　图式优学的课堂观察

　　课堂观察作为研究课堂的一种方法,受到学界和中小学教师的关注与青睐。课堂观察就是指研究者或观察者带着明确的目的,凭借自身感官(如眼、耳等)以及有关辅助工具(观察表、录音录像设备等),直接或间接(主要是直接)从课堂情境中收集资料,并依据资料做相应分析的一种教育研究方法。

　　图式优学的课堂观察是以研究图式优学的课堂为中心,通过图式优学的课堂运行状况进行记录、分析和研究,并在此基础上谋求学生课堂图式学习的改善,促进教师发展的专业活动。通过课堂观察,营造相互借鉴、共同提高的良好氛围和教研环境,促进教师图式优学教学研究的自我成长,提升课堂图式优学的水平和质量,实现从儿童出发,构建一个适合儿童、属于儿童的优学课堂。

一、图式优学的课堂观察意义

1. 改善学生的自主学习

　　当观察者进入图式优学的课堂,观察学生的学习,关注学生如何利用图式学习,利用图式学习效果如何时,图式在一定程度上会引发学生思维和行为上的改变。通过图式优学的课堂观察,我们记录并研究学生在学习过程中的体验,努力让学生运用图式展开学习,明晰学习的路径,拓展与完善学习的思路,最终呈现良好的学习效果,从而提高学生自主学习的水平和能力。

2. 促进教师的专业发展

　　图式优学的课堂观察是一种科学研究活动,它在图式优学理论和教学实践之间架起一座桥梁,为教师的专业发展提供了一条很好的途径。通过图式优学的课堂观察,教师借助合作的力量在实践性知识、反省能力等方面将获得新的发展,进而提高教师图式优学的教学水平,提高自身的教研能力。

3. 营造学校的合作文化

教师要开展图式优学的课堂观察,就要改变原来单兵作战的工作方式,从教学上孤立的个人主义走向合作的专业主义,通过图式优学的课堂观察,教师在心理与行为上会发生一些变化,变得开放、民主、善于合作,这些变化会感染同伴,影响组织,进而使学校变成合作共同体的联合体。

二、图式优学的课堂观察需遵循的原则

1. 客观性原则

图式优学的课堂观察要根据学习者、学习环境、教学者、不同学科进行客观评价。客观的课堂观察有助于研究者做出符合实际的判断,这里的客观强调三点:观察讲全面,不要以点带面;观察要及时,不能问题堆积;观察作分析,不被假象迷惑。

2. 启发性原则

图式优学是根据儿童学习的特点对学理意义上的"图式教学"进行适合与适度的延伸,从而形成的一套具有校本认识的理论与实践系统。因此,图式优学的课堂观察要给后面的研究和实践以启发,让课堂有风格有品质,让教学有方法有追求,实现图式优学的教学观:建构适合儿童的学习模型,培育适应学习的思维品质。

3. 趣味性原则

图式优学相对于传统的教学方法更直观鲜明,易于激发孩子的学习兴趣,使得学生"乐学",所以在图式优学的课堂观察中,要充分观察图式优学是否以激发学生的学习、钻研的兴趣为着眼点,目标设计、课程拟定、内容安排、形式选择、情境创设、效果评价等都应得以体现,使学生乐于参与,达到寓教于乐、启智于动的目的,让学生享受成功的喜悦。

4. 目标性原则

图式优学课堂观察的目标要明确指向一定的教育现象和教育问题,在课堂观察中,研究者(包括观察者与被观察者)通常要根据自己的研究目的来从事观察活动。课堂是错综复杂且变化莫测的,不可能观察到课堂里发生的每一件事,所以在进行图式优学课堂观察时要尽量避免因关注问题过多,使课堂观察仅停留于表面现象,无法深入而流于形式。要从图式教学中存在的具体的、可操作的、有代表性的、有研究价值的问题入手,有选择有目的地进行观察。

5. 发展性原则

图式优学的课堂观察关注教师的课堂教学过程,而这个过程的效率和师生间的互动交流直接关系着教学目标的完成。因此,课堂观察时需要考虑的是如何通过图式优学来进一步提高课堂教学的效率,找到图式优学中还应该改进的地方,而不仅

仅是评判教师的教学过程现状。同时,课堂观察主体之一就是教师自己,课堂观察本身也应该是教师对图式优学的过程与行为的批判性反思,这将有效促进教师的专业发展。

三、图式优学的课堂观察基本步骤

1. 准备工作:确定图式优学的课堂观察的目标和规划。
2. 课堂观察:深入图式优学的课堂,实地观察并记录相关资料。
3. 研究分析:对观察到的现象进行分析、归纳、总结,得出结论,供研究交流所需。

四、图式优学的课堂观察信息采集及分析要素

1. 图式设计是否激发学生的学习兴趣

学习兴趣是指一个人对学习的一种积极的认识倾向与情绪状态,是可以推动学生求知的一种内在力量。学习兴趣分为直接学习兴趣和间接学习兴趣两类,前者是由所学材料或学习活动——学习过程本身直接引起的,后者是由学习活动的结果引起的。杜威在《教育中的兴趣和努力》中提出:"以兴趣为基础的学习的结果与仅仅以努力为基础的学习的结果有质的不同。因此,让学生形成并保持良好的学习兴趣可以提升学习的效率与效果,进而提升教学质量。"

教学中学生学习兴趣的发生及程度,直接影响了教学的效果,因此,图式优学设计的核心内涵之一就是要有效地培养与激发学生对学习的兴趣,形成良好的学习动机与学习品质。从这个层面上来看,图式教学是具有先天优势的。图形图像的直观性、生动性、趣味性可以成为形成与激发学习兴趣的良好的基础:

首先,教学中的情境图式能让学生在一种生动、具象的学习情境中轻松愉快地学习。

其次,知识结构图式能让学生更加直观、形象地把握知识的核心要点与内在联系,使学生的学习压力与难度进一步分解。

最后,图式优学中倡导学生在适当的环节进行个别或小组的自主图式设计,这种过程能充分发挥学生的学习创造性,让学生对进一步的学习产生渴求,保持积极的兴趣。因此,图式教学设计应在考虑教学内容、教学资源、学生特征等前提下,突出趣味性。

具体的图式教学设计与实施是否很好地激发了学生的学习兴趣,至少应该包含如下一些课堂观察与评估的内容:学生的课堂参与率是否达到100%;学生的课堂发言率是否达到80%;学生的课堂学习是否具有主动性;学生的学习注意力是否能够贯穿始终(表7-1-1)。

表 7 - 1 - 1

观察指标	指标内容	评价等级		
		★	★★	★★★
激发学习兴趣	课堂参与率			
	课堂发言率			
	主动性学习			
	注意力集中			

2. 图式设计是否突破教学的重点难点

教学重点是学生必须掌握的基础知识与基本技能，是基本概念、基本规律及由内容所反映的思想方法，是学科教学的核心知识。教学难点是指学生不易理解的知识，或不易掌握的技能技巧。难点不一定是重点，也有些内容既是难点又是重点。难点有时又要根据学生的实际水平来定，同样一个问题在不同班级里不同学生中，就不一定都是难点。突破重难点就是要根据学生的实际，通过有效的教学设计及学习活动安排，使学生有层次地理解和掌握好重难点知识。在教学设计中要力求分散重点，突破难点。

图式教学设计的基本价值前提就是要能有效地突破教学的重点和难点，帮助学生掌握良好的学习方法，促进知识的有效建构，提升教学的效率与效果。这是图式教学的基本功能，也是其价值所在。图式教学过程当中，没有实现重难点的有效突破，就说明图式的设计、运用不够合理、适当。其实现的方式通常表现为：

首先，在具体教学过程中情境图式，往往可以通过一幅或几幅图帮助学生理解教学中重点与难点，例如在小学数学的相遇问题中，通过线段示意图可以很直观地帮助学生理解教学的重难点"总路程＝速度和×时间"这个数量关系。

其次，在知识系统中的认知图式，能帮助学生通过简明扼要的关键词与相互关系迅速抓住知识点的核心，并与之前所学的知识建立联系，形成体系。例如在小学数学的平面图形总复习当中，通过系统的图表就能让学生把小学阶段所学的平面几何知识形成一个完整的体系。

最后，通过学生设计的自主图式，能很好地展现学生对知识重难点的理解，形成个别的学习信息反馈，通过观察与评判学生的自主图式，能发现学生对知识掌握的情况，并进行有针对性的学习辅导。

图式教学设计与教学实施在突破重点时要紧扣教学内容与学生的成长目标，在突破难点时首先要准确了解和分析学生的基本状况，正确确立难点，进行适当的教学设计（表 7 - 1 - 2）。

表 7 - 1 - 2

观察指标	指 标 内 容	评价等级		
		★	★★	★★★
突破重难点	教学重点突破			
	教学难点突破			
	整体学习效果			
	差异学习情况			

3.图式设计是否帮助学生理清问题层次

问题层次是指在教学活动过程中,教师根据教学内容提出和安排的学习问题的次序、层级、梯度与逻辑过渡。教学是师生、生生的多边活动,在这个过程中,通过问题的逻辑层次帮助学生一步步认识、理解、掌握、应用知识,是课堂学习的一个重要形式。这也是最近发展区理论在教学中最常见的具体实践。教学中的问题能不断引起学生的注意,使学生积极参与教学活动,同时能激发学生的学习积极性,并使教师及时了解学生的掌握程度。

图式的教学设计与学习设计需要清楚、科学而有逻辑的问题,可以是主题式的大问题,也可以是递进式的系列问题,这样可以辅助学生完成学习,帮助每一个学生完成适合的学习,从一定程度上实现个别化教学。图式教学设计在帮助学生理清问题层次方面也应该起到积极有效的作用,其情境性、直观性、简洁性的特征能帮助学生更好地理解问题,从而思考并解决问题。

图式教学设计与实施,在课堂观察与评估中应该要关注以下几点:

(1)问题设计的层次性是否逻辑合理清晰。问题的层次设计对分散重点、解决难点是非常重要的内容,问题设计不宜过密过细。因此,问题的逻辑结构,特别是对学生思维活动和学习品质的关注,才是问题设计层次性的关键所在。

(2)图式在问题层次设计中是否起到促进作用。图式对问题的层次设计要起到积极的辅助作用,帮助学生理解问题的背景与情境,准确把握问题的核心,让学生正确理解问题、思考问题,寻求解决的最佳方案(表 7 - 1 - 3)。

表 7 - 1 - 3

观察指标	指 标 内 容	评价等级		
		★	★★	★★★
理清问题层次	问题层次的科学性			
	问题层次的逻辑性			
	问题层次的有效性			
	问题层次的学习效果			

4.图式设计是否优化教学过程

优化教学过程是指在一定的教学条件下寻求合理的教学方案,使教师和学生花最少的时间、精力获得最好的教学效果,使学生获得最好的发展。

优化教学过程不是某种特别的教学方法和方式,它是在对教学规律与原则把握的基础上,教师对教学过程的一种明确的安排;是教师有意识地、有科学根据地选择一种最适合于某个具体条件的课堂教学方案,优化教学过程是提高教学质量的关键。

课堂中我们需要观察以下几个方面:

(1) 图式能否起到细化课堂教学目标的效果。教学目标,是整个教学活动的指导思想。每一节课的教学活动,都应该围绕教学目标展开,细化教学目标,是提高课堂教学效率的前提。通过图式优学的引入,让学生对教学目标有一定的认知,如知识导图等。

(2) 图式能否起到优化组合教学内容的目的。优化组合教学内容,有利于学生借助旧知,主动积极地探索新知,有利于学生智力、能力的发展,使每一堂课都处在一个有序、发展的整体中,从而起到事半功倍的作用(表7-1-4)。

表 7-1-4

观察指标	指标内容	评价等级		
		★	★★	★★★
优化教学过程	细化课堂教学目标			
	优化组合教学内容			

5.图式设计是否帮助学生理清知识脉络

所谓理清知识脉络就是将知识加工成图式,以图式中每一元素为停靠点展开知识网络,引发儿童向多元化思考。

理清知识脉络能够帮助儿童更好地梳理课堂中的教学知识,进一步形成知识网络,构建更清晰的知识体系,以达到对课堂教学知识的认知和掌握。

在具体教学中,我们要注意观察和评估以下内容:

(1) 图式是否具有条理性。有条理性地梳理课堂中的教学知识,使知识节点之间具有高度的组织化,从而能够帮助学生形成知识网络,提高课堂效率。

(2) 图式能否教会学生认识各知识点间的联系,从而形成图式迁移能力,以丰富认知结构。系统的知识脉络转化为图式后,可以举一反三,同化新的信息。在图式迁移的过程中,学生的认知结构就会不断地得到丰富和发展(表7-1-5)。

表 7-1-5

观察指标	指标内容	评价等级		
		★	★★	★★★
理清知识脉络	具有条理性			
	认识各知识点间的联系			

6. 图式设计是否能启发学生思维想象

启发学生的思维想象就是课堂中在学生预测或推测时,教师利用一定的教学方法将学生的所思所想尽可能地发散,激发学生的创造性思维。

想象是一种重要的心理活动,也是一种具有特殊形式的思维活动,它有助于学生正确地了解各学科学习内容,是由感性认识上升到理性认识不可缺少的环节。思维是在感性认识的基础上,运用概念、判断、推理等形式对客观世界间接、概括的反映。借用图式启发学生的思维想象,是将学生隐性的思维显于纸面,强化训练学生的推理、判断及想象等思维能力,使学生的思维逻辑性有较大提升。

课堂中我们需要观察以下几个方面:

(1) 图式教学能否实现学习方式和思维方式的统一。图式可以作为学习的起点与素材,在课堂呈现中,它还可以作为一种教学和学习的策略与方法,在知识建构的同时,实现学习方式和思维方式的引导与培育。

(2) 图式教学能否达到激发学生创造性思维的效果。有针对性地选取图式优学的方法,能够激发学生的思维想象,使思维飞跃,对课堂教学知识点能有一定的自我认知,以及进一步的创新,以达到激发学生创造性思维的效果(表7-1-6)。

表 7-1-6

观察指标	指 标 内 容	评 价 等 级		
		★	★★	★★★
启发思维想象	实现学习方式和思维方式的统一			
	激发学生创造性思维			

7. 图式设计是否巧妙引导学生拓展运用

随着《新课程标准》的贯彻执行,课堂教学拓展已成为课堂教学的重要组成部分。所谓拓展运用就是指学生能够根据课堂所学的新内容,延伸、运用在不同意义的练习情境中,以提高学生灵活运用知识、迁移知识的能力。

在课堂中合理应用图式,可在深度和广度上培养学生的探究意识和兴趣,建立科学的思维方法和探究方法,使学生提高认识问题和解决问题的能力,促进学生均衡而有个性地发展。

在具体教学中,我们要注意观察和评估以下内容:

(1) 教学内容与学生的生活实际和经验背景是否有联系?合理的生活实际和经验背景有利于学生更好地理解和掌握这些知识,并能运用这些知识解决简单的实际问题,使学习成为生活的需要。

(2) 是否引导学生通过图式,自主观察发现规律,探索寻找方法,从而学生可以自我验证推导原理,突破难点?学习时学生需要通过自主地探索、合作、研讨主动获得知识和技能,以此提高灵活运用知识的素养,而图式是培养学生获取、加工和利用信息的有力工具。在课堂上教师应有效使用图式,引导学生看图式、读图式、用图式。

(3) 教学活动是否有挑战潜能意识及挑战学生独立思维?课改以来越来越注重学科课程要贴近生活、贴近时代,要求学生具有一定的文化生活知识和思维拓展的能力,尤其是半开放型的书面表达题中,学生必须具有一定的思维拓展和空间想象才能拿高分。因此在日常教学中要通过图式,培养学生对课程的亲切感、好奇心、求知欲,认识的独立性,思维的发散性。当然,图式是学生加工课文中信息形成的基本知识的框架。头脑中的图式形成以后,并不是一成不变的,伴随着图式例子积累的增加和认知结构的发展,被不断激活并得到不断的修正、补充,形成的图式也会不断得到润色,即出现演化或改进(表7-1-7)。

表7-1-7

观察指标	指标内容	评 价 等 级		
		★	★★	★★★
引导拓展运用	联系生活实际、经验背景			
	自主发现、自我突破			
	挑战独立思维			

8. 图式设计是否提高学习效率

学习效率就是学习快慢的表示形式、学习成果的展现,它与学习兴趣、学习能力三者是和谐统一的辩证关系。提高学生的学习效率是每个教师的心愿,更是学生及家长的追求目标。图式设计以其可视化的信息加工、信息的压缩与提炼、便于知识的快速记忆的三大优势,快速帮助学生建构知识框架,提高学生学习兴趣,变被动接受为主动参与,充分调动人体多个感官,联觉想象,将所学知识更有效、更深刻地存储在大脑中。

学习效率最为直观的体现形式便是成绩的快速提高,学习情绪的饱满有力、学习效能的完善健全。在具体教学中,我们要注意观察和评估以下内容:

(1) 学生的学习兴趣;

(2) 学习情绪的变化;

(3) 利用图式对知识的延伸、扩展、深化的能力。

图式设计是为学习服务,只要自己了然于心,不必纠结于是否美观、是否足够完整全面,从而浪费过多的时间在绘制图的本身上。

图式优学是帮助儿童完成学习、完成认知建构的过程,是培育学生养成图式的思维方式与思维品质的过程。在课堂观察中,我们要重点关注图式教与学的行为,捕捉教学中的复杂现象,诊断图式教学中存在的问题,及时调整图式教与学思路、方式,从而让学生在图式学习的过程中通过模仿、积累、运用、完善,逐渐形成图式的学习方法与策略,让图式最大限度地支持学生的课堂学习,使学生获得自主学习的方法与能力(表7-1-8)。

表7-1-8

观察指标	指 标 内 容	评价等级		
		★	★★	★★★
提高学习效率	学生学习兴趣			
	学习情绪的变化			
	知识的延伸、深化的能力			

附:鼓楼区第一中心小学图式优学课堂观察表

图式优学课堂观察表

学校_____ 教师_____ 课题_____ 班级_____

观察指标	指 标 内 容	评 价 等 级		
		★	★★	★★★
激发学习兴趣	课堂参与率			
	课堂发言率			
	主动性学习			
	注意力集中			
突破重难点	教学重点突破			
	教学难点突破			
	整体学习效果			
	差异学习情况			
理清问题层次	问题层次的科学性			
	问题层次的逻辑性			
	问题层次的有效性			
	问题层次的学习效果			
优化教学过程	细化课堂教学目标			
	优化组合教学内容			
理清知识脉络	具有条理性			
	认识各知识点间的联系			
启发思维想象	实现学习和思维方式的统一			
	激发学生创造性思维			

观察指标	指标内容	评价等级		
		★	★★	★★★
引导拓展运用	联系生活实际、经验背景			
	自主发现、自我突破			
	挑战独立思维			
提高学习效率	学生学习兴趣			
	学习情绪的变化			
	知识的延伸、深化的能力			
综合评价				
	评价人：　　　　　　　　　　　　　　　年　　　　月　　　　日			
总体评价等级				

第二节　图式优学的教学辩论

我国古代思想家墨子曾说："夫辩者，将以明是非之分，审治乱之纪，明同异之处，察明实之理，处利害，决嫌疑。"也就是说，辩论有助于划清是非的界限，探察世道治乱的标准，判断区别事物同异的根据，权衡利害得失，解决存在的疑惑。辩论式教学研讨，就是以反向思维和发散性思维为特征的一种教研方式，教师们通过精彩的辩论能够辩出是非、辩出规律、解决疑惑。图式教学红黑辩是学校正在探索的一种创新的教学研讨模式。辩课活动分为红黑双方，红方为"导师团"，负责指导执教教师备课，帮助其开展试教与磨课活动，同时在辩课活动中坚持与肯定备课及教学中的各项预设与生成；黑方为"观察团"，负责观察与剖析教学中存在的问题，提出自己的反对意见和调整建议。正所谓激辩优学主张，直入图式教学核心，支持儿童学习成长。

一、图式优学红黑辩的基本思想

教学红黑辩主旨是为教师提供独立思考、充分发表自己见解的时空与平台，可以让教师敏锐地发现问题、勇敢地正视问题、创造性地解决问题，使教师对图式优学的理念、观点理解得更透彻、更深入。交流过程中,红黑两方围绕图式优学主题,结合具体课例,各抒己见,展开针锋相对的辩论。让教师在辩说中明确图式优学的理念内涵,在辩说中明白图式优学的操作策略,在辩说中明了图式优学的教学价值。让教师清楚地意识到:我们不仅仅要倾听,还要思考;我们不仅仅要思考,还要发出自己的声音,达到以下五个目标维度:

1. 通过黑红双方的教学辩论引导教师关注教学细节,思考图式优学的意义与价值,使教学研讨更有针对性、趣味性、思想性和引领性;

2. 创新教学研讨和校本研修的形式,打造具有学校特色的校本研修品牌活动,推动学校图式优学的个性化、特色化校本研修体系的形成与发展;

3. 通过教学辩论活动,展现学校骨干教师的教学智慧,指导青年教师的专业成长,促进学科教师的教学思辨与探究,培育教师团队的学习与思考习惯的内驱力;

4. 通过教学辩论活动,推动教师教学能力的成长,推动优学课堂教学的优化,推动图式教学质量的提升,支持学习中的儿童实现优势发展;

5. 以教学辩论活动为平台,聚集一批教育教学的专家与学者,形成学校学科教学与教师专业发展的智库,创造学校具有真正的职业幸福感的教育生活。

二、图式优学红黑辩的基本模式

立足图式优学课堂,关注课堂观察要素,创设教学红黑辩,在语文数学信息等不同学科的实践之后,逐步摸索整理形成了图式教学红黑辩的基本模式。

【模块一:活动前期酝酿】

1. 活动前向参与听课教师发放活动交流卡(表7-2-1)。

表7-2-1 鼓楼区第一中心小学"图式教学红黑辩"交流卡

上课教师		上课时间	
学　科		课　题	
课堂 关注	1. 简要质问表达核心关注		
	2. 提出批判质疑设计实施		
	3. 创新设计更优化更精巧		
	4. 肯定嘉许阐述课例亮点		
听课教师			

2. 提示参与教师可就自己关注的教学视角,结合课堂观察要素有重点听课,如图式运用、优学策略、学生参与、活动组织、儿童发展、问题探究、练习设计,等等。

3. 要求每一名教师在后面的辩论活动中做好参与准备。

【模块二:课堂教学实例】

提供一节图式优学课堂实例,要求突出图式教学的三个环节:图式导学、图式助学、图式展学,在教学中灵活运用图式分类,结合图式优学的课堂观察信息采集及分析要素,有效达到本节课教学目标。

【模块三:辩课研讨环节】

1. 背景问答环节:黑方向红方提出需要进行核实与背景了解的主要问题,不超过三个,工作人员同时打在大屏幕上,红方做简要陈述。

2. 自由辩论环节:由黑方质疑,红黑双方进行辩论,主持人进行适当调控,提醒语言立场与发言时间,适当安排现场教师的参与。

3. 观点陈述环节:双方陈述自己对于图式课例设计、优学实施的观点,黑方在总结中对质疑辩论后仍不认同的环节设计与教学处理,要提出自己的设计方案,红方可对对方的设计方案提出赞同或反对意见,双方分别不超过5分钟。

4. 立场交换环节:双方交换立场,黑方指出设计与实施中的优点与亮点,红方则对本节课的设计与实施进行反思、再思考。

5. 自由交流环节:现场教师提问、交流,可以本节课为素材,也可以放开到自己的深度的教育教学思考。

三、图式优学红黑辩实例

课例:苏教版《语文》二年级(下册)《识字8》

【辩论实录】

主持人:图式教学红黑辩是我校新型的教研模式,一般有四种辩课环节:我提问,我回答。我说不,我反驳。我来教,我反对。我点赞,我反思。结合《识字八》教学,根据填写的交流卡,以"图式优学"为核心,在"图式导学"、"图式助学"、"图式展学"三个环节设计中,图式教学设计是否达到优学效果,展开教学辩论。

黑方1:本节课的教学中我们确实看到执教老师很努力地使用各种图式,尤其是在帮助学生理解"杜鹃、大雁、老雕"等词语时起到一目了然的作用,但你们是不是觉得这些图式一直在牵着学生走,没有给学生足够的留白空间,抑制了学生的想象力?我们在教学中如何体现对学生学习能力的提升呢? 从支持儿童学习长远发展来看,这才是我们教师更应重视的问题。我想听听红方备课组的想法。

红方1:我方一直参与本节课的备课中,其实黑方老师提到的要适时用图的问题,我们在与执教老师共同备课时已经充分考虑到。执教者在进行助学板块的图式教学时分别运用了重点品析图式、难点启思图式,也非常恰当地使用了要素辨析图式。在复习导入后,出示了偏旁演变的几个要素:实物图、古文字及偏旁,通过几个要素之间的对比,让学生辨析它们之间的异同。老师再适时进行引导,引领学生经过自主探究,尤其关注到学生区分短尾巴的鸟大多是隹字部,长尾巴的鸟大多是鸟字部。教师正是充分发挥了要素辨析图式的作用来主动发展学习汉字的能力,让学生的思维得到了锻炼和提升。

黑方2：各位老师，听完这节课，有个疑惑：这节课执教老师通过优学单解决了教学的难点，但每节课都有优学单吗？优学不等于优学单。现在特别提倡环保，大道理不说，我方觉得这也是一种浪费资源。前几天，刚听完一节特级教师上的《台湾的蝴蝶谷》，特级老师在本节课中充分地体现了"四色学习单"的理念，可在课堂中并没有发下来四张不同颜色的学习单，而是很自然地运用它的教学理念和精髓。如果抛开优学单，是不是显得更常态的教学呢？如果一样能达到优学效果，为何又这样繁琐呢？想问问红方，设计优学单的意图是什么？

红方2：对于常态的教学来说，老师们是非常清楚每一课学习的重难点，并通过设计相应的图式，组织有效的教学手段引导学生掌握相关知识，训练有关技能。但对于学生来说，特别是低年级的孩子，他们在学习的过程中，学习的目的，尤其是重难点部分其实并不是特别明确，需要通过清晰、直观的强调突出，所以我们认为优学单的设计非常有必要。通过优学单，不仅能有效地引导学生学习，更关键的是让学生也明确本课学习的重难点，而且它给予学生自学必要的帮助，提供适合学生学习的信息环境，创设合理的活动情景，为学生搭建自学的阶梯，提高自学的效能，这不就是我们主张的"图式优学，能支持儿童学习"的教学观吗？

黑方3：执教老师的图式展学部分我方还有一点想法：图式展学重在复习归纳、拓展延伸。展什么？往哪拓？执教老师设计的是让学生拓展带鸟字的成语，如果是我来上，我想这里让学生再说说，你还认识哪些鸟，拓展鸟类的知识，这样不是与本课内容更加贴切吗？对学生区分两种偏旁是不是更有意义？

红方3：图式展学具体是指通过借用图式让学生将课堂上习得的新知在进行归纳的同时，进行适当的有效的拓展延伸，展的是我们的教学内核：鸟旁与隹旁的字形和字义的联系。黑方提出的将归纳与鸟有关的成语改为说说还认识生活中的哪些鸟，我觉得虽然语文学科的外延很广，但就语文学科教学本身的特点来看，成语背后，有更丰富的画面、故事、文字，能有效促进脑海中的图式建构，结合成语去进行与鸟有关汉字的积累，更能有效地加深学生对字形和字义的认识，丰富学生的语言积累。

主持人：教学红黑辩为教师提供了独立思考、充分发表自己见解的时空与平台，老师们敏锐地发现问题、勇敢地正视问题、创造性地解决问题，让老师们对图式优学的理念、观点理解得更透彻、更深入。交流过程中，红黑两方围绕"图式"主题，结合具体课例，各抒己见，展开针锋相对的辩论。这样的交流让教师清楚地意识到：我们不仅要倾听，还要思考；我们不仅要思考，还要发出自己的声音。

在这场图式教学红黑辩论中，我们对教学坚持"和而不同，同而不和"的原则，在阐明本方立场、反驳对方观点的同时，能忘其所属，追求真理，从不同角度张扬优点、指出缺点，该肯定的肯定，该否定的否定，发现问题，提出有效解决策略，寻找、探讨教学的真谛，真正达到"以辩促研"的目的。"辩课"是"辩论"，也是"辨析"；是"鉴赏"，也是"鉴别"。我们辩课，不是为了推翻和否定，而是为了优化课堂的完善和提升。这种辩论式评课效果非常明显，让每位参与的老师都有收获，充分重视同伴的互助作用，提升了教育教学能力，促进了上课老师、听课老师的共同提高。同伴的凝聚力更加加强了，吸取了别人经验的同时提高了自己。

通过红黑辩教研活动，老师们对"图式优学"有了更加准确、深入的认识，对于今后课堂上如何运用图式分类，解决教学重难点，优化课堂效率，具有切实的指导意义。另一方面，辩论本身锻炼了老师们的逻辑思维、临场应变和语言表达等多方面能力，这对于平时的课堂教学也是大有裨益的。

第三节　图式优学的理论储备

教师是教育的第一资源，是学校发展的决定性因素。只有建设一支高质量、高素质的教师队伍，才能提高学校核心竞争力，提高办学水平，才能在激烈的竞争中持续发展。教师的专业发展受到来自内、外双重因素的影响。要使教师专业持续发展，就必须从内、外两个方面入手，解决当前教师专业发展过程中存在的动力不足的问题。

我校一直提倡教师多读书，多读一些能够提高自己文化底蕴，帮助自己业务成长的好书。每学期，我校都会组织教师进行读书活动并进行相关的读书学习。"知行读书会"是我校教师自主学习，进行图式优学的理论储备的重要平台。每逢单周的周一下午就是"知行读书会"活动的时间，参加的主要成员有学校参与图式优学课题研究的成员、学校的骨干老师以及对读书有热情的老师。在"知行读书会"里，主要以读书沙龙的形式组织教师们一起读书，交流读书体会。教师们在读书会上畅所欲言，围绕图式优学的主题开展持续的学习、交流、讨论，广学博求，提升了自身思考的眼界与层次，提高了实践的水平。

一、专业理论的学习

教育教学理论是教育教学工作的先导。作为新时期的教师，一个重要的标志，就是要有丰富的教育教学理论知识。为了更好地开展图式优学的课题研究，教师们除了阅读和教育教学有关的专业理论书籍，还专门找来和图式教学有关的书籍或文章进行阅读，如：《图式理论与数学教学》《论皮亚杰的图式理论》《皮亚杰图式理论在词汇教学中的应用》《图示教学法理论与实践研究》《论康德"图式"概念之作用》《康德图式说》，等等。

以前，教师们认为图式主要就是指课文中的插图、教学中的挂图、板书中出现的脉络梳理图，现在，通过这些专业理论的学习，教师们对图式的内涵有了更深层次的认识。图式不仅有我们能看得见的显性的静态图，如课文中的插图、教学中的挂图、板书中出现的脉络梳理图等，还有我们能看得见的显性动态图，如教学中播放的视频、动画等，甚至有我们看不见的隐性图，如音乐课上播放的乐曲旋律，足球课上足球队员们的站位、跑位等。

对于图式的运用,教师刚开始更多地倾向于图式是自己有效教学的辅助手段、方法,这里的优学更多地理解为是教师的优化教学,但随着对图式相关理论的学习,教师慢慢体会到图式同时也是学生学习过程的体现,甚至是他们学习结果的展示,这里的优学更多地体现为学生的优化学习。

二、教学策略的探讨

专业理论的学习是为了支持和提升教师的教学水平,而这些又离不开教学策略的总体考虑。在"知行读书会"上,教师将理论学习与教学策略相结合,把重点放在图式优学上,共同探讨图式在教学策略中的作用,以及如何合理运用图式才能实现我们心目中的优学。如:什么是微课,翻转课堂教学模式的运用,图式在音乐学科中的运用,换个角度思考学生绘制的思维导图,等等,都是教师学习讨论的内容。

策略1:运用图式帮助学生记忆

在小学英语语篇教学中运用思维导图,能够让学生在整合新旧知识的基础上,整体理解课文,建构知识网络,提高记忆效果,为学生提供语言输出的拐杖,有利于学生综合运用语言能力的提高。如图:在学习 I can play...(图7-3-1)句型时,将它的一般疑问句表达方式及对应的对话回答等相关知识点以图式呈现,突破传统的词句教学形式,帮助学生紧扣单元主题,按照一定的认知规律整合新旧知识,学生就能非常清楚地了解并掌握,从而达到有效记忆,进行优化学习。

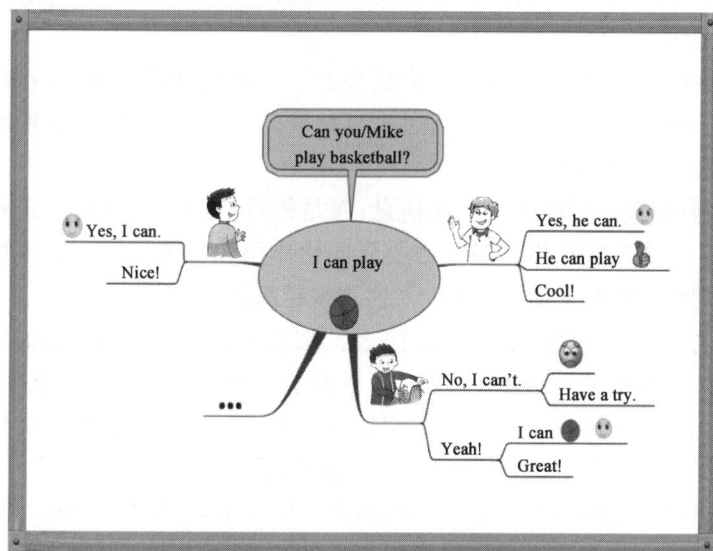

图7-3-1

策略 2：运用图式帮助学生理解难点

苏教版《语文》二年级（下册）《识字 3》属于形近偏旁的比较识字。课文将"木""禾"两组容易混淆偏旁的生词集中在一起让学生认读。由于学生缺乏一定的生活经验，如果老师直接讲述这两个汉字字形和字义的区别，有一部分的孩子仍然是无法理解并掌握的。在这样的情况下，教师直接出示如下图式（图 7－3－2 和图 7－3－3）。

图 7－3－2

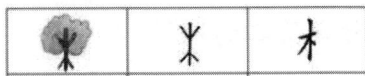

图 7－3－3

该知识点教师没有直接教给学生，而是通过"木"旁和"禾"旁的演变图进行对比，让学生自己观察发现，在学生讨论交流之后，老师指出不同之处在于禾上面多了一，表示植物结出的谷穗，对照着相应的偏旁，禾比木多的一笔撇就相当于植物结出的谷穗。通过这样的一组要素辨析图式，学生们就非常清楚地掌握了"木"和"禾"在字形、字义上的区别，从而为他们后面学习区分带有木字旁和禾木旁的字打下坚实的基础。

三、实践感悟的交流

借助"知行读书会"这样的学习交流平台，教师学习和图式有关的教学理论，探讨和图式优学相关的教学策论，随着活动的一次次的开展，教师们对图式优学有了更深的理解与感悟。

吴小卫老师：图式在珠心算学科中更多的是一种"脑图"的学习，它是思维的艺术，是全脑的开发，是智力的启迪，通过丰富精彩的图式学习活动，呈现出思维的图式，让珠心算的学习更容易了。

毛敏老师：图式不是被动地接受信息，而是积极地把新信息和图式表征的旧知识加以联系。每个图式在发展过程中受到同化作用和协调作用而发生变化。低级的图式通过同化、协调、平衡而逐渐向层次越来越高的图式发展。

彭洁莉老师：在学习前，学生还处于一种"似有所悟"的状态，他们的思考呈现出很多的"碎片"。教师适时出示了"图式"，帮助学生把这些碎片进行整理，并对学习方法进行优化，让此段的学习进入一个"呈现—纳入—碎片—整理—优化"的过程。学生有了"导学图"的指引，不仅学习步骤清晰了，学习目标也更明确了。

戴迎冬老师：优学利用"图式"，提炼思路。课堂上，学生发言非常踊跃，呈现出各种不同的解答方法。那么学生课堂中产生的这些"学习图式"既是形象生动的运演，也是形象思维过渡到抽象思维的一种具体表现。在利用图式助学的过程中，数学思想方法得到了升华。

王苑老师:随着图式优学的深入,学生可以把板书呈现的"图式"逐步过渡到在脑海中形成一幅隐性的思路导图,并能利用这样一幅隐性图式,在具体解决问题的过程中合理、灵活地运用。

通过实践交流的感悟,全体教师更加明确了图式优学的优势在于直观、形象,引发学习的兴趣,它指向的是学习方式与思维方式的培育,它的价值在于符合儿童学习的特征。

第四节 图式优学的智慧汇聚

图式优学的研究需要智慧的引领,立壹大讲堂、特级教师工作室、"图式优学"专题论坛为"图式优学"提供了渠道和重要平台。

一、立壹大讲堂

"立壹大讲堂"是我校主题活动的一个重要平台,在这个平台中,我们邀请不同专家来开设讲座,还给本校教师提供了一个展示交流的机会,力求开阔教师的视野,争取做到海纳百川。图式优学课堂不仅在于教学实施层面的方法与操作,它更需要文化的氛围和思想的骨骼,为此,我校开设了"立壹大讲堂"作为教师和课堂的引领。这座教育讲堂力求提供开阔甚至争鸣的教育视野,同时也期望呈现微距的、细节的、真实的教育观察,以让教师感受教育的魅力,学会激扬与指摘,用思考来把优学课堂的探索变得主动、积极而有目标,变得有态度、有温度、有厚度、有力度。

立壹大讲堂活动开展两年来,讲座内容丰富,形式多样,层次分明。不仅有从校外邀请的专家,还有本校的教师讲解自己的一些学习心得。

我们邀请了不同学科领域的专家教授给我们开展了不同的讲座,在这些讲座中,每位教师在不同类型的讲座中都有所收益。比如我们邀请的南京师范大学教育心理学博导谭顶良教授就给我们开展了《研究学生特征,增进教学效益》的讲学,从人的心理活动、学生的年龄特征、性别特征、个体差异、时代特征谈到要如何因这些特征而施教。从提升教学水平、增强自身魅力、改进教学策略谈到如何将教学效益提高。运用生活中人们耳熟能详的话语,生动形象地描述了 80 后、90 后甚至 00 后学生的时代特征,引起我们的思考,让我们从中感受到心理教学策略在实际的教学中作用如此之大。为了丰盈教师生活,让教师们的生活舒展缱绻,我们邀请了南京艺术学院音乐学院院长周建明教授开展了《音乐与生活的对话——并非纯粹谈音乐的有关音乐的话题》的主题讲座。周教授从自己的专业、经历、生活和民族文化出发侃侃而谈,语言生动幽默,既讲什么是艺术、什么是音乐,也谈他对艺术、对音乐的充满个性和情感的观点与看法。一个半小时的交流让现场的教师们重新做了一回学生，也重新唤醒了内心里对美的艺术、美好生活的憧憬，让教师们学会了不仅要工作，还要学会享受生活、感受美。

此外，"立壹大讲堂"还得到了《江苏教育》编辑部张俊平、姚亮等专家的指点，也有宋运来、仲广群等特级教师面对面的课堂教学评点。当然，"立壹大讲堂"更是我校教师绽放思维火花的舞台，在这里，教师交流自己的点滴工作，细述自己的教学思考，分享管理的成功喜悦，讲述生动的教育故事，展现实践的教学主张，张扬自己的教育梦想。比如，王媛老师给我们分享了自己关于阅读的体会，陈雯嫣老师向我们介绍了自己爱看的话剧，让我们看到了工作之外老师的生活。在这一系列活动中，老师们博采众长，从不同领域和学科中感受到了魅力，学会了思考。思考是教育的生命力和温度，"立壹大讲堂"的开设促使教师们乐于思考、善于思考。

二、特级教师工作室

教师的成长需要名师的引领，课堂的研究需要名师的指导，我们的图式优学研究更需要凝聚名师的智慧。2013年第一中心小学筹划设立了"特级教师工作室"，邀请了不同学科的特级教师进驻工作室。这些特级教师除了对教师们上课、论文等进行常态指导，在教学实践上也给予老师们帮助，还走进课堂和老师们一起上课，进行同课异构，对同一节课根据自己的实际、自己的理解，自己备课并上课。和特级教师同台上课进行"同课异构"的教学研讨为教师们提供了一个面对面交流互动的平台。在这个平台中，教师们共同探讨图式优学中的热点、难点问题，探讨教学的艺术，交流彼此的经验。从优学课堂诞生以来，每一步的前行都离不开这些特级教师的参与、指导与启发，他们通过教学讲座、专题研讨、课堂示范、备课研究等多种形式真诚务实地参与其中，成为我们这个团队的一员。

在我校的图式优学课堂研究中，语文中高年段的图式作文教学一直是研究的重点，也是语文教师们的教学难点和困惑之处。我校为此特邀了特级教师宋运来。宋运来老师在国内首创"童漫作文"，长期致力于"张力语文"的研究，形成了"交往中突显民主，探究中展现创造"的教学风格。他结合我校的"图式优学"以及"童漫作文研究"开展"童趣、童言、童真"系列作文研讨活动。与教师同台上课，进行同课异构，探寻作文教学的便捷通道，让教师好教、会教，学生乐学、会写，说童趣、吐童言、显童真。

在作文探航这一专场活动中，宋运来老师和我校唐静老师围绕图式作文教学和童漫作文两大主题进行同课异构。第一节唐静老师上三年级童漫作文指导课《新乌鸦喝水》。课堂上，唐老师通过活泼的漫画，结合思维导图和优学图式，一步步引导学生，发散学生的思维，规范学生的语言表达，最后呈现了一堂别开生面的作文课。宋运来老师执教的也是该课，他从不同的角度进行构思，以赏评课的形式对该课进行教学。作文课难上，讲评课更难上。宋老师上习作讲评课之前没有和学生进行交流，在课上直接请学生读自己的作文，抓住学生作文中的关键词，"顺叙""倒叙"的写作方法就这样轻松地在学生心中扎根了。什么是"想象",怎样进行"想象",宋老师又是抓住学生的习作,轻而易举地让学生明白了。作文教学的难点,在宋老师的课中轻松突破,最关键的是他的指点都能深入学生心中。没有深厚的作文教学功底,没有一次又一次的讲评历练,谁敢轻易尝试这样的教学。从学生兴奋的眼神、高举的小手以及让人惊叹的妙答中,不难看出学生是多么喜欢这样的讲评课!不仅学生喜爱,宋老师这样的作文教学也让老师们耳目一新,惊叹原来作文还可以这样教!

宋运来老师此次参与活动的指导还亲自走到课堂中执教,让我们更加坚定了我校图式作文教学研究的步伐,老师们在这样的活动中对图式作文教学又有了新的思考,收获颇丰。特级教师进校园和一线教师一起走到课堂的中央进行同课异构,和儿童进行零距离的接触,这样的活动形式不仅让老师们打开了教学的新视野,更让我们的儿童在快乐和思辨的教学中获得了更长足的发展。

这些专家和特级教师的宝贵建议,对我校来说是一场充满建设性的"图式优学"头脑风暴,对学校的"优学课堂"研究进展取得了积极和富有突破性的效果。

三、"图式优学"专题论坛

"图式优学"专题论坛是我校图式研究活动的一种重要形式,旨在通过邀请不同的特级教师和专家参与图式优学课堂论坛活动,着力解决我校在图式优学课堂改革推进过程中出现的问题,探索我校图式优学课堂教学改革的有效策略和方法,提炼课堂教学改革的经验和成果,促进教师间、学科间的学习与交流,以此营造团队研究氛围,提高教师专业化水平,推进图式优学课堂的研究。

围绕我校的图式优学课堂研究主题,我校邀请了不同学科的特级教师和专家展开了图式专题论坛活动,活动分为课堂教学和交流研讨两个部分,特级教师和专家们针对学校近期图式优学课堂研究的主题及对课堂教学的观察提出建设性的意见和指导,为下一阶段的图式研究提供思路和方向。

针对我校的图式研究成果,语文和数学学科分别展开了图式论坛活动。"图式优学"课堂研究——第二届特级教师工作室主题论坛数学专场活动如约而至。活动特邀了特级教师仲广群和王凌来校指导。活动分为课堂教学和交流研讨两部分。首先由我校青年骨干教师戴迎冬、孔令芳老师执教"图式优学"研讨课。她们分别执教了四年级的《混合运算》和六年级的《解决问题的策略》。两节课都让学生经历了自主探究—对比分析—深入理解—方法优化—总结提升等过程,学生的知识在自然中生长与建构,促进了学生思维的发展与能力的提升。两节课无一例外地体现了"图式优学"的特色,支持学习中的儿童。两节展示课结束后,特级教师们发表了各自的看法:仲广群特级感受到优学课堂是大问题下的教学,学生的研究过程有个性、有发现、有创造,让学生真正经历了发现问题—提出问题—解决问题的过程,培养了学生的问题意识。王凌特级指出"图式优学"课堂使学生学的方式与教师教的方式和谐共振，有利于思维的程序性、关联性与发散性，王凌特级并结合图式理论给出了建议，他提出教学设计该如何更好地体现最近发展区，引发教师思考。紧接着，"图式优学"课堂研究——第二届特级教师工作室主题论坛语文专场活动相继展开。活动特邀了特级教师周婷和力学小学张国宝校长来校指导。活动流程亦分为课堂教学和交流研讨两部分。首先由我校青年教师唐艳、毛敏老师执教"图式优学"研讨课。她们分别执教了课内阅读《大禹治水》和课外阅读《城里最漂亮的巨人》。两节课都从语文图式优学课的范式图式导学、图式助学、图式展学三个板块进行教学，力求有效导入，以图帮助学生突破重难点，拓展延伸，将孩子的视野拓展到课堂之外，促进了学生语言的发展与能力的提升。两节课鲜明地体现了"图式优学"的特色，让儿童站在课堂的中央。两位专家分别提出了自己的观点。张国宝校长对我校语文优学课堂的三个板块大加赞赏，认为这是符合学生的学习过程特点的，有顶层的设计，有课堂的落地生根。用几句话概括了图式文本之间的关系，图式只有在最恰当的时刻和时段出现才能解决教学重难点，要与文本有机地巧妙融合，图式要彰显语文关键能力，达到巧学的目的。周婷特级指出"图式优学"课堂要从语文核心素养的三个方面——学习素养、交往素养、人格素养出发，认为我校的优学课堂验证了图式优学的主张，教师们也在践行着构建教学的策略。她认为图式不是为了优学而学，而是为了学和教服务，最终还是要和语文学科的本源结合，从师助走向互助再走向自助，图式最终应该是有助能力的提高和有助思维的发展的。

通过这样的图式论坛专题活动，从特级教师们的交流与讨论中，我们感受到了信任与支持、肯定与鼓励，让我们更加坚定了做好图式优学的信念与勇气，相信通过专家的持续指导和我们的积极努力，图式优学一定会成为一个好课堂的标签，成为我校的课堂风格和学习风格。

不同形式的活动，不同专家的指导，不同老师的分享，不同课堂的呈现，都为图式优学提供了丰富的资源，也是图式优学研究的智慧汇聚。

第八章 新技术环境下的图式优学

当前世界范围内教育信息化建设进入了新的发展阶段。信息技术在教育教学中的应用，从计算机、互联网、多媒体等数字化技术逐步进入校园，到交互式电子白板、虚拟仿真实验等技术的应用，数字化教育蓬勃发展中各种数字技术丰富了教与学的过程。这些改变推动着教学研究与实践从数字化逐步走向智能化、互联网化。

在信息技术—社会—教育变革三元互动结构中，如何在社会信息化大背景下，推动教育信息化进程，解决当前教育发展难题（公平与均衡、优质与创新、个性与灵活），以理念创新、技术创新、教学法创新等落实教育信息化创新发展，图式教学成为鼓楼区第一中心小学在素质教育上的新追求。这是在《学习的革命》《学习地图》的加速学习系统的理论指导下，根据学校的实际条件，以帮助学生从绘制学科"学习地图"起步，充分开发学生的全脑，调动学生的潜能。改善学习情境，努力提高学生"快速学习"和"清晰思考"的能力，创新一种高效、快速的学科教学方式。

第一节 基于图式优学的校园信息化管理

在校园信息化管理方面，要基于"图式优学"利用信息技术实现校园信息管理的自动化，实现学校各部门、师生之间更迅速便捷的沟通，实现不同管理部门之间的数据共享与协调，实现"图式优学"下的资源共享与积累，提高决策的科学性和民主性，形成充满活力的新型信息化管理模式。

一、基于图式优学的校园信息化保障

第一中心小学建有计算机网络系统、多媒体教学系统、视频点播系统、无线校园网络、标准化数据中心。录播教室、网络教室、美术室、数字实验室、音乐教室、舞蹈房、体育馆等专用室配备齐全，装备先进。利用多媒体、网络技术可以实现高质量教学资源、信息资源和智力资源的共享与传播。

学校利用互联网技术促进教学科研资源和设备的共享，加快了教学科研信息传播，开展网上合作研究，启动了校园信息化管理系统（图 8-1-1），在"网上管理"、"网上办公"、"网上教学教研"、"网上服务"四个方面，利用信息技术实现部门信息管理的自动化，实现不同部门之间的数据共享与协调。学校实现网络到班到室，无线

网络覆盖教学区域。学校为每位教师都配备了办公电脑,每个教室都装有多媒体投影设备,建有学校网站,教师都能运用、制作和开发多媒体课件,各学科都建有多媒体课件库。学校还开发了成绩管理系统,对教学质量进行实时、综合、高效的管理,保证了信息反馈的时效。这样的数字化信息环境极大地保障了图式优学的深入研究。

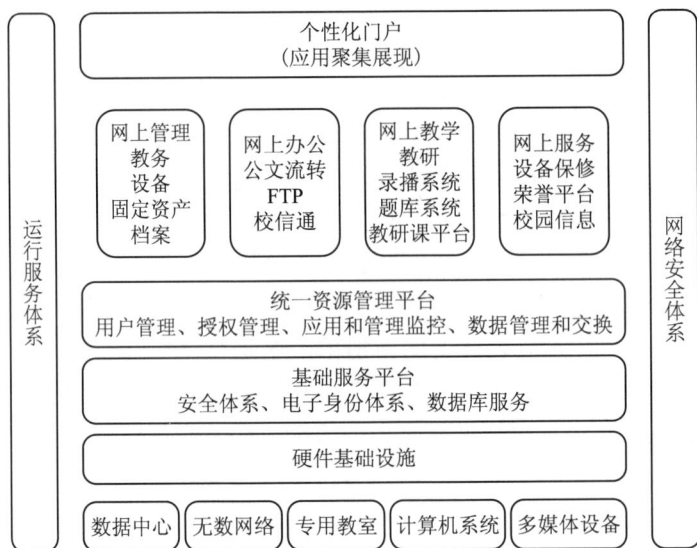

图 8 - 1 - 1

　　构建图式优学的学习环境是鼓楼区第一中心小学实现学与教方式变革的基础,图式学习环境正是以适当的信息技术、学习工具、学习资源和学习活动为支撑,科学分析和挖掘全面感知的学习情境信息或者小学生在学习过程中生成的学习数据,以识别学习者特性和学习情境,灵活生成最佳适配的学习任务和活动,引导和帮助小学生进行正确决策,有效促进小学生的能力发展和行动出现(图 8 - 1 - 2)。

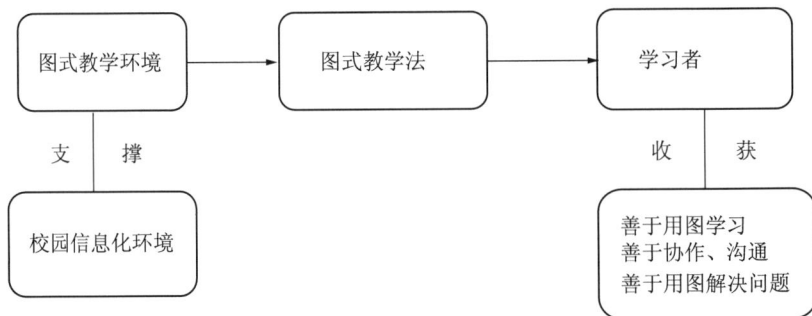

图 8 - 1 - 2

二、校园信息化对图式优学的创新

1. 基于图式优学的学科整合

《国家基础教育课程改革纲要(试行)》指出:"教学过程中要大力推进信息技术在教学中的普遍应用,促进信息技术与学科课程整合,逐步实现教学内容呈现方式、学生学习的方式、教师教学方式和师生互动方式的改革,充分发挥信息技术的优势,为学生的学习和发展提供丰富多彩的教育环境和有力的学习工具。"以计算机为核心的信息技术的不断发展及其在教育中的应用,对学校教育教学工作产生了广泛而深刻的影响,无论是宏观的教育目的、教育内容,还是微观的教学组织形式、教学方法、教学手段,最终都将因之而发生根本性的变革。

学科整合为图式教学创设真实的情境、为学习者之间的交流协作提供了许多新的潜在可能性。学科整合与图式教学的结合,体现了在保证学生主体性的前提下,促进学生全面发展的现代教育思想,必将成为教育改革的着力点和发展方向。鼓楼区第一中心小学着力此方面的研究,就是要实现教育的最优化。

(1) 基于"辅助"的理念,学科整合在随机性问题、珍稀场景、时空变化及创设情景等方面起到了非常显著的作用,图式教学则在教学内容、教学模式、学习方式上带来改变。在学科整合辅助下的图式教学如虎添翼,为课堂的高效、创新带来了新的活力(图 8-1-3)。

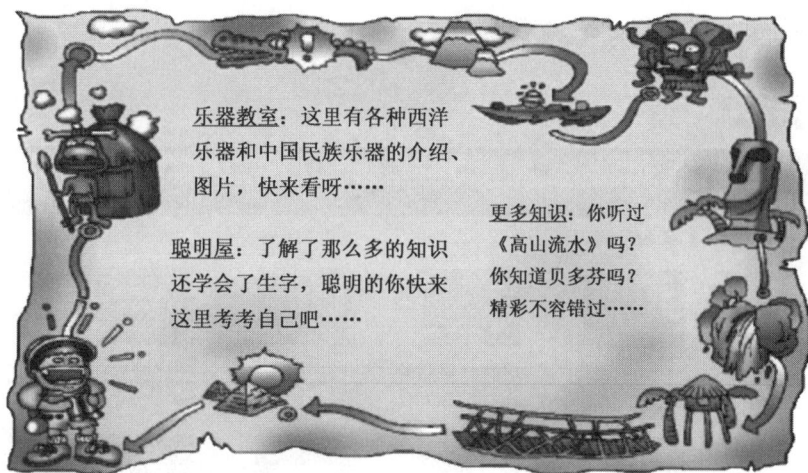

乐器教室:这里有各种西洋乐器和中国民族乐器的介绍、图片,快来看呀……

聪明屋:了解了那么多的知识还学会了生字,聪明的你快来这里考考自己吧……

更多知识:你听过《高山流水》吗?你知道贝多芬吗?精彩不容错过……

图 8-1-3

(2) 基于"整合"的理念,使信息技术作为自主探究学习环境的重要因素来支持学习,使开放的网络环境作为探究学习的一个平台。学科整合下的图式教学在这个层面上主要有以下几个特征:

① 教学过程的侧重点不在于知识的传授，而在于对知识的整理和对已有材料的筛选。

② 网络实际上并没有造成信息总量的增加，而是增加了人们驾驭信息的能力。在网络教学中，图式教学把学科知识作为载体，让学生知道学什么（学习的目的）。而对整个学习来说，学生到底学会了什么并不重要，重要的是在这个学习过程中学生的主观能动性是否得到了充分发挥。

③ 利用现代教育技术可让学生动态地掌握每个知识点，使学生通过自己的观察、推理、分析及动手操作等真正学会知识，提高课堂教学效益。

具体地说，这种全新学习方式是以信息技术环境、资源和图式教学法为依托，以具有深化和扩展学科知识与技能的学习活动为引导，以高效达成学科教学目标和提升信息素养为目的的教学或学习。

2. 录播平台对图式课堂教学效果的价值分析

全自动课堂录播系统集多媒体技术、自动控制跟踪技术、网络流媒体技术等于一体，将教师视频、学生视频及多媒体课件等 VGA 信号进行智能化跟踪切换录像，自动生成视频课例资源。它将课堂录像变为一种常态行为，将学校课例资源的建设变得简单容易，对图式课堂的有效性分析也起到了重要作用。无可置疑，全自动课堂录播系统将给教育带来深刻的变革，给图式教学带来更多的创新可能性。

几年来，鼓楼区第一中心小学的信息团队共录制各类精彩的图式课堂实例 100 多节（图 8 - 1 - 4），搭建了录播课堂的点播平台，开设了直播课堂和网络电视台，老师不仅可以观看课堂直播，还可以观看课堂录像进行网上教研，从而更加方便、更加灵活地对图式教学进行讨论、交流。

图 8 - 1 - 4

鼓楼区第一中心小学信息团队还对录播系统为图式教学提供服务的相关研究进行了一系列的分析与量化，从而可以对图式课堂的实际效果有一个全面、客观、科学的价值分析，帮助图式教学进一步改进和创新。

围绕微格教室的应用进行图式课堂有效提问的数据分析（表8-1-1至表8-1-3）：

表8-1-1

学科	语文	年级	六年级
班级人数	42	男生人数	22
		女生人数	20
教师提出问题次数	52	学生回答问题次数	64
男生回答问题次数	28	女生回答问题次数	36
最多回答问题次数	6	最少回答问题次数	1
学生回答问题正确率	94％	小组讨论问题次数	2
默读、朗读课文时间	7分20秒	课堂练习习作时间	2分10秒

表8-1-2

学科	数学	年级	一年级
班级人数	38	男生人数	22
		女生人数	16
教师提出问题次数	74	学生回答问题次数	62个人回答 12集体回答
男生回答问题次数	38	女生回答问题次数	24
最多回答问题次数	3	最少回答问题次数	0
学生回答问题正确率	91％	小组讨论问题次数	4

表8-1-3

学科	英语	年级	五
班级人数	44	男生人数	23
		女生人数	21
教师提出问题次数	36	学生回答问题次数	41
男生回答问题次数	16	女生回答问题次数	21
集体回答	4	学生回答问题正确率	95％
最多回答问题次数	4	最少回答问题次数	0
默读、朗读课文时间	6分10秒	小组讨论问题次数	2（同桌）
课堂练习习作时间	3分10秒	学生表演	2分半

　　微格教室为图式教学科研提供了良好的技术支持平台，在图式教学研讨中，使用这样一张课堂提问统计表，可以最大限度地回头看，围绕提问的有效性进行深入研讨。仔细观察和研究上面的图式课堂提问统计表中呈现的信息，就可以非常清楚地了解图式课堂上教师提问的有效性、学生回答的正确性以及两者之间的特殊联系。

　　顾泠沅老师曾说过：一节课上对于同一个学生的重复提问不得超过 3 次。这是非常有道理的，即使是在小班额的教室内，并不是所有的学生都得到了老师的关注。对于已多次发言的同学，可以请他寻找自己的代言人来发言。这样既可以维护其自尊心，又提供了合作学习的空间，也加大了提问的覆盖面。

　　借助课堂提问率、提问覆盖率，定量描述学生的课堂学习行为可以帮助我们提升图式课堂教学的有效性。

　　课堂提问率＝参与发言的总次数/学生总数×100％

　　提问覆盖率＝参与发言的学生人数/学生总数×100％

　　录播平台为图式课堂的分析提供了一种比较有效的方法和工具，可以从不同的角度记录图式课堂上的学习现象和师生行为，从而横向可以对比传统课堂，纵向可以比较不同的图式课堂，帮助老师找到问题，改进课堂模式，思考、定位今后的图式课堂教学行为，让图式课堂更优化、更有创新力。

三、校园信息化对图式优学的促进

1. 基于图式优学的资源库建设

　　随着社会的发展，计算机和网络逐步走进人们的生活，人类进入了信息时代，网络教学资源库作为新时代的产物遍及社会的各个角落。教育资源库的重要性已为越来越多的学校所认可。在网络环境中汇集了大量的数据、资料、程序、教学软件、兴趣讨论组、新闻组等学习资源，形成了一个高度综合集成的信息库，并随时向教师、学生开放，为学校的图式教学和图式学习提供帮助。这种开放式的网络教育资源库为鼓楼区第一中心小学的图式教学研究创造了最有利的条件。

　　教师和学生是教学活动的参与者，他们的经验更贴近于资源库使用者的需求，教师群体和学生群体是取之不尽、用之不竭的教学资源的源泉。在鼓楼区第一中心小学的教学资源中（图 8-1-5），不仅有图片、文字、动画、课件等现成的素材，还有教学活动中最重要的具有互动关系的教师和学生以及他们所进行的教学活动、教学过程的资源。教学资源建设围绕图式教学研究的需要坚持"开放、动态"的建设观，将教师和学生在图式教学活动的过程资源纳入校园网教学资源建设中，实现资源建设从"库"（存放已开发好的资源、课件、试题、案例、论文、文献）的观念发展到动态的"流"资源观。教师和学生将自己在图式教学中的教学经验、学习过程（如学生的电子作品集、教师和学生的讨论过程）充实到资源库中，这些内容可以随着时间的推移不断地更新，进而使得资源库不断更新，建设成有校本特色的、个性化的、动态的校园网络资源,可以为图式教学研究的不断深化提供可靠的数据资源。

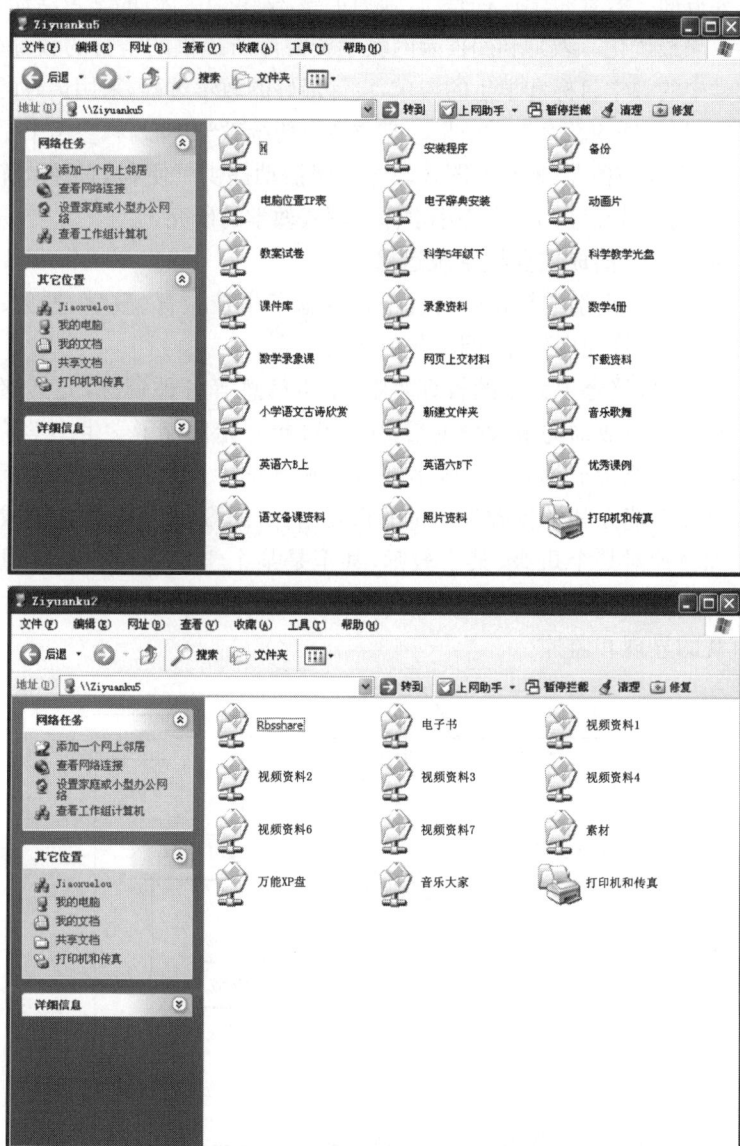

图 8-1-5

教师在图式教学中对教学资源库的利用,是我们建设资源库的最终目的。教师在学校教学资源库的支持下,可以根据实际情况开展图式教学探究,培养学生自主获取信息、辨别信息、处理加工信息的能力和创造性。同时,资源库内容全面、素材丰富,系统介绍各学科前沿研究的新思想、新理论、新技术,详细讲述不同地域、不同级别、不同年龄段教师的先进教学实践经验,启发教师教学创新思路,充实丰富教学素材,培养教师创新素质。

教师通过调用校园网资源库中的教学资源,用于图式课堂教学,是校园网在教学中应用的主要方面。教育教学过程是"教师为主导,学生为主体"的学习活动,结果应达到教育教学效果最优化。教师利用校园网教学资源库所提供的丰富的教育教学资源,根据图式教学中的教学目标和学生的需求,设计最好的教学过程,采用最好的教育教学资源和方法,达到最好的教育教学效果。它改变了传统教学中教材、参考书是唯一的信息源的现象,为教师的备课、教师的图式教学科研活动提供了便利的条件,优化了教师的工作环境,有利于鼓楼区第一中心小学深化图式教学的研究。

2. 基于图式优学的成绩监控系统运用

鼓楼区第一中心小学的校校通管理平台涵盖了学校教育、教学、教务、后勤等许多方面,是体现学校管理现代化、网络化的优秀平台。

在这个平台里,整合了大量的教育教学、学生信息等各种资源,尤其储存了学生在图式教学和学习下成绩的最大数据量,从 2002 年开始保存了学生小学阶段历次测试的各项学业测评原始成绩,学生学业成绩是衡量学生全面发展状况的重要指标,也是衡量教师教学能力和学校教学质量的重要指标(图 8-1-6)。这些成绩数据可以帮助学校和教师对某个班级、某个教师,甚至是某个学生进行一些客观准确的数据分析,借助这些科学的分析,图式教学下班级的接力、年段的延伸、学生的成长都可以得到直观的显现和监控。

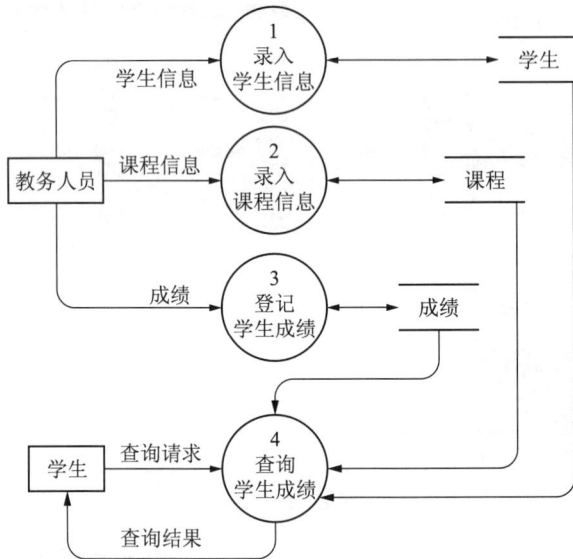

图 8-1-6

图式教学质量监测成绩的监控,不只是简单关注学生的学业成绩以及教师和学校的升学成绩,还要注重学生、教师综合素质的发展状况,关注影响教学质量的各个相关因素和环节,通过多因素、多方位、多指标的综合监控与评价,促进学生、教师和学校全面、和谐、可持续发展(图 8-1-7)。教学质量监控与评价,不只是简单关注教学质量结果的评价，更要注重过程的监控，要抓源头、抓过程、抓动态监测、抓及时调控，把教学中的问题矫正于始发时期，坚持横向与纵向相结合、动态与静态相结合，使监控和评价更加客观、公正、全面、有效(图 8-1-8)。

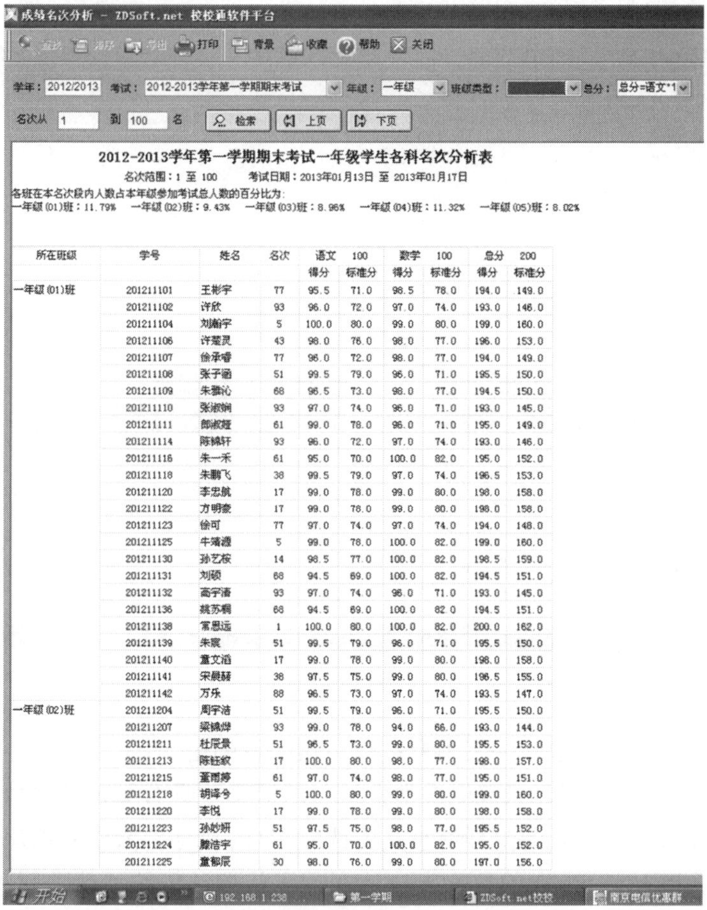

2012-2013学年第一学期期末考试一年级学生各科名次分析表

名次范围：1 至 100　　考试日期：2013年01月13日 至 2013年01月17日

各班在本名次段内人数占本年级参加考试总人数的百分比为:

一年级(01)班：11.79%　一年级(02)班：9.43%　一年级(03)班：8.96%　一年级(04)班：11.32%　一年级(05)班：8.02%

所在班级	学号	姓名	名次	语文 100		数学 100		总分 200	
				得分	标准分	得分	标准分	得分	标准分
一年级(01)班	201211101	王彬宇	77	95.5	71.0	98.5	78.0	194.0	149.0
	201211102	许欣	93	96.0	72.0	97.0	74.0	193.0	146.0
	201211104	刘瀚宇	5	100.0	80.0	99.0	80.0	199.0	160.0
	201211106	许蕊灵	43	98.0	76.0	98.0	77.0	196.0	153.0
	201211107	徐承睿	77	96.0	72.0	98.0	77.0	194.0	149.0
	201211108	张子涵	51	99.5	79.0	96.0	71.0	195.5	150.0
	201211109	朱雅沁	68	96.5	73.0	98.0	77.0	194.5	150.0
	201211110	张淑娴	93	97.0	74.0	96.0	71.0	193.0	145.0
	201211111	郎淑雅	61	99.0	78.0	96.0	71.0	195.0	149.0
	201211114	陈锦轩	93	96.0	72.0	97.0	74.0	193.0	146.0
	201211116	朱一禾	61	95.0	70.0	100.0	82.0	195.0	152.0
	201211118	朱鹏飞	38	99.5	79.0	97.0	74.0	196.5	153.0
	201211120	李忠航	17	99.0	78.0	99.0	80.0	198.0	158.0
	201211122	方明豪	17	99.0	78.0	99.0	80.0	198.0	158.0
	201211123	徐可	77	97.0	74.0	97.0	74.0	194.0	148.0
	201211125	牛靖源	5	99.0	78.0	100.0	82.0	199.0	160.0
	201211130	孙艺桉	14	98.5	77.0	100.0	82.0	198.5	159.0
	201211131	刘硕	68	94.5	69.0	100.0	82.0	194.5	151.0
	201211132	高宇涵	93	97.0	74.0	96.0	71.0	193.0	145.0
	201211136	姚苏桐	68	94.5	69.0	100.0	82.0	194.5	151.0
	201211138	常思远	1	100.0	80.0	100.0	82.0	200.0	162.0
	201211139	朱宸	51	99.5	79.0	96.0	71.0	195.5	150.0
	201211140	童文滔	17	99.0	78.0	99.0	80.0	198.0	158.0
	201211141	宋晨赫	38	97.5	75.0	99.0	80.0	196.5	155.0
	201211142	万乐	88	96.5	73.0	97.0	74.0	193.5	147.0
一年级(02)班	201211204	周宇洁	51	99.5	79.0	96.0	71.0	195.5	150.0
	201211207	梁锦烨	93	99.0	78.0	94.0	66.0	193.0	144.0
	201211211	杜宸景	51	96.5	73.0	99.0	80.0	195.5	153.0
	201211213	陈钰欽	17	100.0	80.0	98.0	77.0	198.0	157.0
	201211215	董雨婷	61	97.0	74.0	98.0	77.0	195.0	151.0
	201211218	胡译兮	5	100.0	80.0	99.0	80.0	199.0	160.0
	201211220	李悦	17	99.0	78.0	99.0	80.0	198.0	158.0
	201211223	孙妙妍	51	97.5	75.0	98.0	77.0	195.5	152.0
	201211224	滕浩宇	61	95.0	70.0	100.0	82.0	195.0	152.0
	201211225	童郁辰	30	98.0	76.0	99.0	80.0	197.0	156.0

图 8-1-7

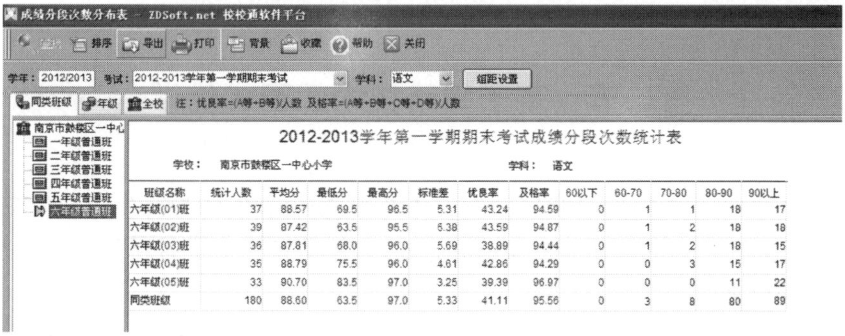

2012-2013学年第一学期期末考试成绩分段次数统计表

学校：　南京市鼓楼区一中心小学　　　　学科：　语文

班级名称	统计人数	平均分	最低分	最高分	标准差	优良率	及格率	60以下	60-70	70-80	80-90	90以上
六年级(01)班	37	88.57	69.5	96.5	5.31	43.24	94.59	0	1	1	18	17
六年级(02)班	39	87.42	63.5	95.5	6.38	43.59	94.87	0	1	2	18	18
六年级(03)班	36	87.81	68.0	96.0	5.69	38.89	94.44	0	1	2	18	15
六年级(04)班	35	88.79	75.5	96.0	4.61	42.86	94.29	0	0	3	15	17
六年级(05)班	33	90.70	83.5	97.0	3.25	39.39	96.97	0	0	0	11	22
同类班级	180	88.60	63.5	97.0	5.33	41.11	95.56	0	3	8	80	89

图 8-1-8

在教学质量监测与评价系统中,学校、教师和学生既是监控评价的对象,又是监控评价的主体,在地位上是完全平等的(图 8 - 1 - 9)。要充分开发学生和教师主体作用及潜在能力,使每个人、每个部门都承担自己应该承担的责任,积极促进教师和学生的自我管理、自我教育、自我完善。

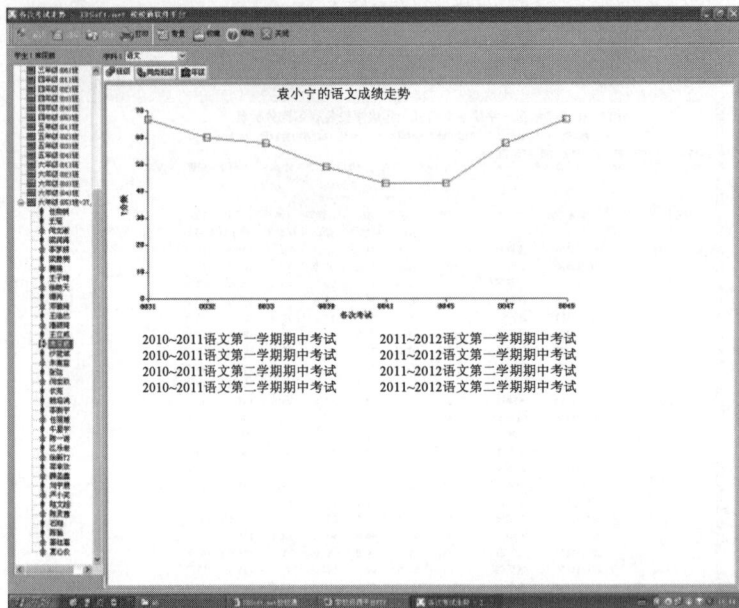

图 8 - 1 - 9

佐藤学在《教师的挑战》一书中有这样一句经典的语句:教育是一种创造性的活动,其核心是学生的学习。只有促进学生学习的课堂才具有真正的教育意义。在新技术环境下的图式课堂正是这样有意义的课堂,它的教育价值取向正从"形而下"的关注到"形而上"的追求;它的教育方法的变革正从被动依赖到鼓励创新;它的教育方式的转向正从脱离儿童到回归儿童。相信只要鼓楼区第一中心小学继续坚持图式课堂的改革与深化研究,一定可以抓住教育的今天,赢得教育的明天。

第二节 基于网络技术的图式优学

网络技术的发展,改变着我们的教育环境,改变着我们的教育理念和教育手段。图式优学则是一种新的认知方式和学习方式,它简明扼要地把教材的知识点及其内在联系表现出来。

基于网络技术的图式优学,优化了学习策略,丰富了教学内容,改变了学习方式,提高了课堂教育教学质量,培养了学生良好的学习习惯和终身学习的能力。

一、多媒体网络教学的特点

多媒体网络教学简单来说就是网上教学（E-Learning）或网络化学习，利用计算机，学生通过互联网进行学习的一种全新的学习方式。通过网页发布教学内容，通过电子邮件、BBS与学生交流，通过网络传递视频信息，通过微博、微信等基于网络应用的研究型课程等都属于"网络教学"。它向学习者提供大量的学习资源和协作学习交流工具，让学习者自己选择、确定、设计研究课题或项目，自己从中收集、分析、选择资料去解决学习中的实际问题。因此这样的一种教学活动是独特的，是其他媒体无法取代的。

1. 主体性

网络教学立足于促进每位学生的发展，强调学生主体性、能动性的充分发挥，让每位学生在各自的原有基础上学有所得，获得相应可能的充分发展。在这个过程中，老师在与学生的互动过程中也会获得共同成长。因而，从这一层面，也可以说，网络教学促成了师生双主体的共同发展。

2. 童趣性

网络教学所使用的课件或网站是面向小学生这一对象的，由于其年龄小、阅历浅、偏动态、重好奇的特点，因此，网络的信息内容与呈现方式必须形式多样，深入浅出，图文并茂，富有动感，注重童趣。

3. 操作性

网络环境下引导学生自主探究学习，不仅要考虑学生对知识的接受能力和媒体的操作技能，而且要综合考虑媒体合理运用的问题。既要使学生成为构建自己内部知识结构的主人，又要使现代媒体真正成为学生获取知识和提高能力的得心应用的助手，因而网络教学必须注重可行性与操作性，才能受到学生的欢迎。

4. 开放性

（1）时空开放性。网络教学是一个以 Internet 为平台的网络化的教学模式，它提供并管理教学资源，支持师生实现专题探究学习，在这种环境下，学生接触的知识内容除了来自教师，还有来自网上的资源，学生在一个开放协作的空间下学习，按自己的步骤完成学习任务。

（2）内容开放性。网络教学的资源具有一定的扩展和整合，内容是开放的，除了本学科之外，还可能包括与主题相关的多学科的学习资源。学习资源在学生学习和应用的过程中还可以不断地补充添加。教学中生成的知识和成果可以充实教学资源，使用网站的师生也可以将相关资源上传到教学资源库中，便于其他学生共享。

5. 创新性

知识创新及信息获取的能力是当代素质教育的重点之一，网络教学中采取多种教学策略，以便充分体现学生的认知主体作用，使学生在学习过程中能进行积极的思考，而不是处于被动接受知识的状态，从而在培养学生的创新能力和增强信息文化素养方面发挥应有的作用。

二、网络技术在图式优学研究中的积极作用

1. 优化了图式教学方法

利用网络的方法与手段，将原本分散于各学科书本、图书馆、互联网的相关知识经过收集、整理、加工、重组，以图式的形式呈现在学生面前。丰富的教学资源，绚丽的画面，真正激发了学生的学习兴趣，提高了学生在网络教学中的参与度，学生的主体地位得到明显加强。教师不再是简单讲解和演示知识点，而是让学生积极主动地参与到教学中，以自主学习、分层教学和小组合作等多种教学方法进行课程的教学。

如在《金陵文化》的学习中，我们设计了相应的图式优学进行网络教学，"金陵之窗"将教材的内容以图片、文字、视频等图式的形式整合到一起（图8-2-1）。在教

图 8-2-1

学开始,同学们争着观看这个网站的内容,反复观看并反馈相应的信息,从而进一步提高学生自主学习的能力以及对知识和内容的甄别能力。而以图式优学呈现的知识点很快升华为学生自己的认识。在网络教学的设计中,巧妙地利用图式优学将知识点呈现在学生眼前,使得学生在一学习过程中再进一步想象、感受,反复品味,学习和积累便到了最佳境界,学习方法得到了优化和提升。

2. 丰富了图式优学的内容

(1)网络教学的内容通常用于展示某一学科或多个学科的知识,把与课程学习内容密切相关的文本、图形、图像、动画、视频等资料以图式的形式进行结构化重组,便于学生集中浏览。它来源于课本,又高于课本。网络技术与图式优学相辅相成,在满足学生课堂知识学习的同时,增加了课外阅读知识拓展与提升,并注重一定的学科性(图 8-2-2)。

图 8-2-2

为了配合小学苏教版美术教材《桥》这一课的教学,老师制作设计了有关"桥"的网络教学课件,除收录了与美术教材相关的知识外,还收录了传统木桥、浮桥、天桥、吊桥……现代铁路与公路两用桥、斜拉桥、跨海大桥、环形多层立交桥等各式各样的桥梁及其相关的诗歌、音乐、绘画、特点、功能以及其他有关知识。这些知识点以图式的形式清晰地呈现了相互之间的关联,使得学生在学习中一目了然。

(2)网络教学的一大特色是自主学习,在课件设计中其知识结构以图式的形式呈现,以学生的"学"为中心,强调自主性、生成性。为学生提供大量有利于自主学习的"图式"有用资源是网络教学一大特点。而在学习过程中生成的知识点或学生完成的作业也增加了图式优学的内容与资源。学生再以自己的方式加以学习与运用,有利于发展和促进学生的理解能力及知识迁移能力。同时在"品德与社会"《低碳生活，从我做起》的教学活动中，学生利用图式呈现的教学知识点，自主学习，完成了一系列学习任务和活动作业，而学生完成的作业和任务又可以充实到图式资源中(图8-2-3)。这幅图就是学生在本课学习中所作，经学校评选后收录到图式的资源库中。由此我们也可以看出，网络教学除了给我们提供日常教学所需要的资源和素材以外，还可以生成各类延伸拓展性的图式资源，进而充实和丰富网络教学内容。

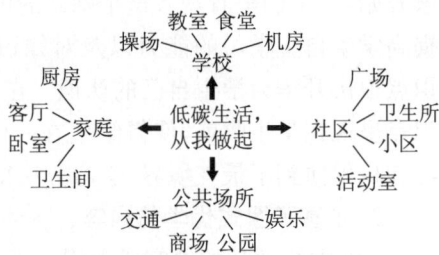

图 8-2-3

3.增强师生的多边互动

我们借助图式优学提升了课堂教学效果，但学生群体活动尤其是师生的互动开展起来比较困难，而网络教学的方法使这一问题迎刃而解。教学中教师通过网络把分散在课堂中的学生链接成小组性的学习团体，他们运用网络来传递声音、文本、图像等各种图式符号，以此达到在有限的时间内同步传递信息，加强互相交流的目的。同时老师对学生传递的信息进行筛选和评价，学生再根据老师的评价及时地对自己的信息进行修改和调整。

在综合实践课《环保知识我知道》的网络教学中，学生利用图式优学，结合小组交流、讨论来完成学习任务，通过BBS、论坛等网络形式上传汇报自己的学习结果，课堂活动中，每个学生数次甚至多次发表自己的见解，教师则及时对学生提交的信息加以分析、指导，并及时做出反馈。这种没有任何思维限制的师生互动充分发挥了学生的想象力，充分提供了让学生自由表达的空间和时间，对培养学生的创造性思维起到积极作用。

值得一提的是，这个过程比常规课堂上的语言交流要节省时间，因为学生可以在同时间内发表自己的观点，老师也能同时进行评价和反馈，这样的师生互动模式节约了大量时间，激发了学生学习的主动性和积极性，课堂效率和学生的学习能力都得到了提升。

4.提高学生图式学习能力

(1)网络教学过程中，教师一般要创设一个合适的学习环境，以帮助学习者应用网络资源和各种学习图式进行网络学习。这样的学习方式方便学生进行个体探究、小组协作、角色扮演和开展讨论。图式的呈现体现活泼生动的教学策略，界面设计直观清晰，学生在使用时方便、快捷。

例如，在美术欣赏课中，通过网络教学，充分发挥、利用图式进行学习和交流，让学生交流自己在欣赏美和学习、创造美中的经验与感受，在交流中产生进一步学习的动力，提高学生学习的兴趣，解决在学习过程中的一些难题。提升学生的信息素养和主动学习的能力!

（2）在网络教学中，利用"图式优学"直观性的优势，节约了学生在学习过程中二次分析处理资源的时间，而有序地进行归类和链接；避免了学生对资源的二次搜集，学生可以直观有效地选择对自己有用的资源，有效地提高了课堂效率（图8-2-4）。同时学生还可以更加有效地进行自主探究或小组协作式的学习，学生的学习能力在图式优学的引导下得到了提高，教学效果得到了明显的提升。

图8-2-4

在科学课《地球上的水》网络教学活动中（图8-2-5），在教学媒体的选择和设计中，根据学生特点，将收集到的大量网络资源制作成一个"图式学习网站"。该图式分成五大部分，第一部分是"水资源的分布"，结合教材介绍了水在地球上的主要分布，可以点击具体了解分布在哪个领域，观看图片。第二部分是"淡水资源的重要意义"，这里着重列举了我国和世界主要缺水地区的情况、缺水的原因，以及一些数

图8-2-5

据可以分类查看到相关的资料。第三部分是"水资源的利用和保护",点击可以进入工业用途和农业用途两大板块,观看相应的图片。第四部分是"节约用水",该模块提供了大量的各领域的节水技术和方法,以及政府关于节水所采取的一些措施和政策,节水的标志和纪念日等,极大地拓宽了学生的知识面和学习面。第五部分是"你知道吗?",分为"看一看",让学生了解一些跟水有关的趣闻逸事;"请你欣赏"是一些视频资料,让学生欣赏祖国美丽的水景;"友情链接",能够链接到一些有关水资源的网站,进一步拓宽学生的知识面。

三、网络环境下开展图式优学要注意的问题

1. 要提高教师素养,有效发挥网络作用

随着多媒体和网络技术的飞速发展,人类进入了信息时代。网络改变生活,也改变着教育的环境。人类和教育进入一个瞬息万变的网络时代,它给教育思想、教育内容、教育方法、教育手段等都带来了巨大的改变。教师要适应网络教学的挑战,改变自身的教育教学理念,提高自身的素养,才能促进网络教学环境下的"图式优学"教学改革高质有效。

(1)理论素养。新课程改革,新媒体的出现,要求教师改变自己陈旧的观念,认真学习前瞻性的理念,树立新的专业理念。教师的理论修养直接有关学生观、课程观、教学观、评价观的梳理和凝结,不仅对教师的教育教学实践活动起着重要的规范、优化和调控作用,而且对于教师自身的专业成长也起着重要作用。

网络环境下的"图式优学",不仅要求教师具备网络的知识和能力,更要求教师具备先进的教育教学理念,掌握"图式优学"的核心内涵,唯有如此,才能在"图式优学"教学实践中,合理而有效地结合自身的教学特点,灵活运用网络技术和资源来创设形象逼真、个性突显、图文简约而有趣的图式,真正达到优学的目标。

(2)道德素养。"教师道德是一种职业道德。它是教师和一切教育工作者在从事教育活动中必须遵守的道德规范和行为准则,以及与之相适应的道德观念、情操和品质。"网络是虚拟的,网络文化的表现多种多样,而且还在不断变化发展。教师在利用网络教学的过程中,要具备高度的社会责任感,既正确有效地运用网络教学资源,还要保证自己的劳动成果的纯洁性和科学性。教师要树立正确的网络文化价值观,才能更好地开展"图式优学"教学研究。比如,网络资源多元,在网络教学中,可以共享越来越多的"图式"教学资源,如果教师缺乏高度的责任心,就会浪费教学可用资源,反而达不到"优学"的目标。网络教学环境对传统教师的角色也进行了挑战,教师的道德要体现出平等的关怀,要承认个体生命的独特性及其具有的潜能,这都是对教师道德素养的新要求。

(3)信息技术素养。信息技术推动了整个社会的发展,利用网络技术和资源与"图式优学"整合,不仅增加了"图式优学"的研究路径,为"图式优学"的教学研究提

供了丰富的资源,也丰富了"图式优学"的教学内容、手段和方法。网络环境下的"图式优学"研究,需要教师、教学设施、信息资源等多方面因素结合,其中,教师的信息素养尤为重要,是实现网络资源与"图式优学"研究整合的关键。所以对学校教师而言,除了应该具备先进的教育教学理念和道德素养,还必须具备网络教学实际操作层面上的素养,比如比较熟练地运用网络系统的基本操作能力,网络系统各软件的使用能力,网络资源的利用能力和网络资源的开发能力。唯有如此,才能促进网络资源与"图式优学"研究的整合,才能创造性地以多种方式活用信息于图式教学,并不断在图式教学研究中积极创新,达到图式优学的目的。

2. 要深入钻研教材,优化"图式"学习内容

图式不是目的,是一种认知方式,也是一种学习方式,是为了帮助儿童更好地学习,因此运用网络开展图式教学,要找准点。

(1) 要深入钻研教材,找准"图式优学"的落脚点。"图式"适用于任何教学环节和教学内容,但不是说,我们就可以随心所欲使用图式,一节课的教学时间是有限的,每一个知识点或者技能的获得方法也是多样的,图式并不一定都是最佳的。我们一定要根据学情,深入钻研教材,找到发挥"图式"最大化功能的教学环节或者教学点。

在图式教学实施过程中,教材是最重要的课程资源,更是教师图式教学的依据,因而,图式网络资源的开发必须依据教材、服务教材,若与教材相分离,则会大大降低图式使用的实际效果。教师既是图式资源的开发者,更是实践者,利用网络进行图式教学,教师要善于挖掘最佳图式资源,达成"优学"的目标。

(2) 要认真分析图式目标,寻找网络资源的结合点。图式教学研究中,不仅要求教师很好地使用教材,还要求教师要善于开发教材资源。我们可以充分发挥网络的优势,对"图式"教学的内容进行补充、延伸、拓宽、重组,或添或删,灵活使用资源;还可以利用网络的独特优势,丰富"图式"的表现形式,使"图式"更具开放性、生动性、具象性。在运用网络开发图式资源的过程中,我们要提高科学素养和责任感,减少科学性、常识性错误;要分析教学实际需要,避免脱离图式教学目标;要注重对各级各类资源进行有效筛选,促进资源的优化组合。

我们还要根据自己的教学特点,结合学生的客观情况,灵活、合理地使用网络资源,设计制作最优"图式"教学课件,使图式教学形象、生动、有效,能最大限度地调动学生学习的积极性,开发学生智力,发展学生的思维。

3. 要合理运用网络,达成"优学"目标

网络资源作为重要的课程资源,对于图式教学研究中改变教师的传统教学方式方法和学生的学习方式方法,对于教师创造性地实施图式优学都具有非常重要的现实意义。

(1) 图式网络资源的选用,要有利于达成教学目标。网络教育资源集图像、文字、声音、颜色为一体,以其新颖性、趣味性、艺术性吸引学生的注意力和好奇心,可以调动学生的多种感官参与学习。而网络资源的音、像动态画面，更能为学生创设生动有趣的学习情景，使学生入境动情，在轻松愉快的气氛和美的感受中学习知识，大大调动了学生学习的积极性和学习兴趣。

但在教学实施过程中，对于网络资源和手段的运用要适时适宜，要围绕教学目标，将网络资源和技术与"图式优学"进行整合，进行系统化的教学设计；要尽量把相关知识联在一起，形成完整的教学体系，不能偏离原来的教材。

（2）图式网络资源的运用，要有利于学生知识的自主建构。建构主义认为，学习是学习者在原有知识经验基础上，在一定的社会文化环境中，主动对新信息进行加工处理，建构知识意义的过程。这一学习过程随着计算机技术和网络技术的发展实现了理论到实践的飞跃。

图式优学的课程观是支持学习中的儿童，我们开发图式网络资源，要注重从教育哲学、学习理论和教学理论三方面选择有利于学生知识与技能、过程与方法、情感态度与价值观的发展的图式网络资源。图式教学的校本理解既是把图式作为学习的起点与素材，也是作为学习的终端与成果。在课程呈现中，它更多的是作为一种教学与学习的策略和方法，在知识建构的同时，求得学习方式和思维方式的引导与培育。因此，图式网络资源的运用要能让学生在一定的情境下通过与他人的互动、合作获取学习的资源，充分发挥网络作为学习平台和交流介质的作用，积极、主动地学习，从而获得知识的自主建构。

4. 要培养团队合作意识，实施资源共享

在网络学习环境中，学习者不仅可以共享丰富的信息资源，而且能够利用网络进行信息交流，突破了地域和时间上的限制。研究表明，网络支持的合作学习对高级认知能力的发展、合作精神的培养和良好人际关系的形成有明显效果。

（1）发挥网络优势，开启师生图式合作学习。网络为师生、生生合作提供了广阔空间，使个性化学习成为现实。学生可以自主、自助从事学习活动，根据自我情况安排学习，而且可以通过师生、生生交流商议，集体参与等形式实现合作学习，并在合作中提高学习兴趣和学习效率。

网络教学意味着学生可以与教师和学习伙伴共同设计图式，开发图式资源，交流图式经验。可以让学生有足够的机会表达自己的观点。学生将自己的学习"图式"放在班级的管理平台上，这样每个人都可以看到，可以互相借鉴，互相交流。一方面提高了自身的图式学习水平和能力，另一方面也能给同伴图式学习提供良好的借鉴。教师利用网络和学生展开图式学习交流与资源共享，成为学习的引导者和学习伙伴。

（2）利用网络教研，培养教师的合作能力。网络环境下的教师合作，是当前教育现代化环境下必然的趋势，可存在于教育教学的各个领域。通过网络展开教师间的教研活动，可以使教师的经验条理化、明晰化、结构化和概括化，从而有效地提高教师知识的获得、创造和传播。

"图式优学"的教学研究活动,建立在教师的合作与分享上,更具有实效。一方面,在图式优学实践中,教师不仅是图式教学的实践者,还是图式理论、策略的探索者和研究者,图式教学问题的发现和解决者。借助网络资源和平台,能使我们的发现、探索、研究之路更加便捷和宽广。另一方面,发挥网络技术和资源的作用,与"图式优学"教学改革整合,也是一项艰巨的工作,单凭个人或少数几个人是很难完成的,运用网络能让大家合作分享,更加有效和有利。

(3) 通过网络合作,达成资源共享。"图式"教学研究,图式教学资源的合作共享十分重要,教师可以利用网络共同设计图式,相互交流与分享图式。让教师在实施图式教学过程中,更加省时、高效、灵动、活跃。我们根据图式教学的需要,可以开发和建设图式教学网络资源库。网络资源库对于图式优学的研究和教学意义重大,教师在使用资源时需要什么,就到这个库里进行检索和点击,可以节约大量寻找资源的时间。而且,同一资源可以为不同的教师反复使用,提高了使用效益,还有可能在此基础上得到进一步的开发与创新。

第三节　基于白板应用的图式优学

随着科技的迅速发展,全球都将以科技化教学的导入作为现阶段教学的重点,而白板技术导入课堂就是科技化教学的一个重要环节。图式教学是一种新颖的教学方法,在课堂教学中灵活应用多种图式呈现方式,能有效激活大脑,提高学生的学习效率。基于白板技术和图式教法的课堂教学拥有很多传统多媒体教学不具备的功能,不但便于灵活高效地实施教学过程,更便于课堂动态资源的生成和保存等,从而显著提高课堂效率。

一、交互式电子白板技术简介

1. 基本概念

交互白板硬件系统的核心组件由白板(AC-TlVboard)、投影机(Projector)、计算机(Computer)和感应笔(E-Pen)组成。白板同时是计算机的显示器,感应笔具有书写笔和计算机鼠标的双重功能。不同品牌的感应笔还会有不同功能。此外,交互白板还配备了多种扩展组件可以完成课外备课(ACTIVprep-pad 和 AC-TIVtablet)、课堂遥控(ACTIVslate)和课堂投票(ACTIVote)等教学功能(图8-3-1)。

加拿大 Smart 技术(中国)有限公司欧天惠经理在教育信息化杂志社主办的"信息时代的课堂教学研讨会"中说道:"从任何技术获得的最高价值在于其取得的结果如何。如果孩子们能够积极听课和参加活动,就可以实现有效的学习。课堂正在成

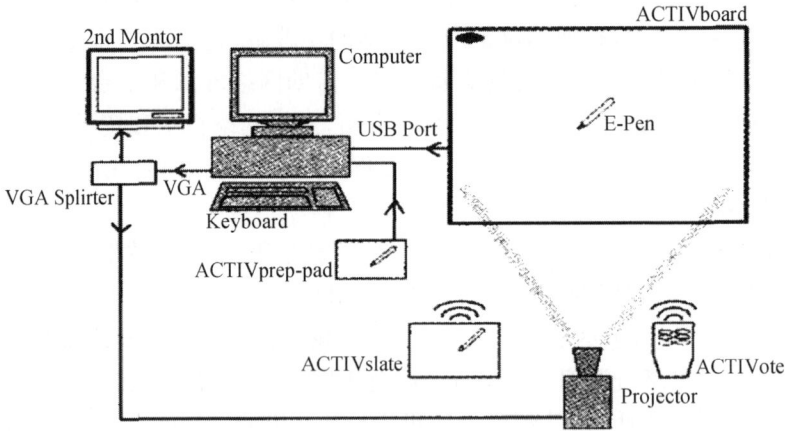

图 8 - 3 - 1

为以技术为基础的协作学习中心，在这里，交互式白板的优势体现在，能够有效地提高学生们的热情，并且促进以探索为动力的学习……"

南京市鼓楼区第一中心小学于 2007 年引进 Smart 品牌交互式电子白板，七年来经历了畏难、摸索、推广、普及等阶段后，目前校内 35 岁以下教师已全部参加过国家、省、市、区组织的各项交互式白板培训，在全国等级的各项赛课活动中获奖二十余次。2008 年开始，鼓楼区第一中心小学组织青年教师将交互式电子白板与学校特色课题图式教学进行有效结合，在课堂上加以推广实践，在白板技术的基础上，将图式教学的优势体现得更加淋漓尽致。

2. 交互式电子白板的特性

2004 年初至今，首都师范大学丁兴富教授等开展了将交互白板引入中小学日常课堂教学的行动研究，取得了一批有影响的成果。他们提出的"交互式电子白板"的三种应用层次等，具有较强的实践指导意义。大量的研究成果表明：交互白板有利于教师创设学生主动参与的情景，有利于开展引人入胜的课堂教学，有利于提高课堂教学的效果和效率。

在交互白板的课堂教学活动中，教师通过白板让教育者、学习者、媒体、学习信息四要素之间的联系更加紧密，从而对整个教育传播系统产生良好的影响，提高了学习者接受有效信息、排除无效信息的能力，增强了教育信息传播的有效性。我们发现，以交互式电子白板为主要教学媒体呈现方式时，其直观性、多样性、便捷性以及教学信息传递的双向性等都与图式教学的相关理念非常契合。同时还能将课堂生成的图式信息进行及时的保存，使其作用能得到延续与强化。基于交互式电子白板技术的图式教学追求的是更高的效率，是强化过程评价和目标管理的一种现代化教学理念。它既是一种信念，更是一种行为和实践。在交互电子白板的实践研究中，鼓楼区第一中心小学坚持用图式教学的理念来实践基于白板的教学方法创新

（图8-3-2），在更高层面上突显图式教学的优势，并激发出教师创新教学理念、教学策略、教学方法的热情，从多方面将多媒体技术与图式教学理论推进到更高的层次。

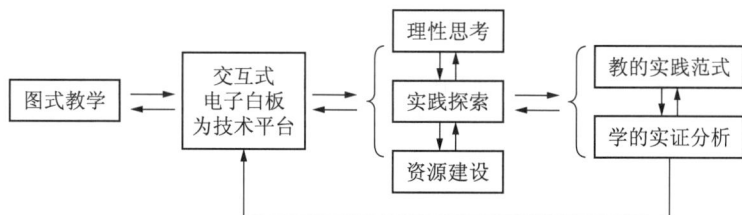

图8-3-2

二、交互式电子白板技术引入图式优学课堂的优势

基于交互式电子白板的课堂教学拥有很多传统多媒体教学不具备的功能，便于灵活高效地实施教学过程，便于课堂动态资源的生成和保存等，从而显著提高课堂效率。将交互式电子白板与图式教学策略相结合，则可以达到优化课堂教学、促进学生学习方式的转变的目的。

图式教学是以奥苏伯尔的教育心理学为基础的。奥苏伯尔极力倡导学生的"有意义学习"，其实质是将所学的以符号为代表的新知识，与学习者已有的知识经验建立非人为的、本质的联系。图式教学策略是一种可视化思维工具。它可以形成促进思维发展的引导框架和网络，将解决问题过程中的各种思维结构以各种直观、形象和清晰的结构图式、图表以及符号表现出来，促使学习者整合新旧知识，建构知识网络，浓缩知识结构。它是大脑组织信息的方式，包括概念图、思维导图、维恩图等。

随着科学技术的不断发展，教育工具和方式也随着先进科学技术的应用而不断提高。交互式电子白板是一种国际上新近崛起的替代传统黑板、粉笔的数字化教学演示设备，是当前课堂教学环境中信息技术（包括数字电子技术、计算机技术、网络技术、多媒体技术和视音频技术等）的最佳集成者。它适应新时期新的教学要求，有效推动了教育事业的发展。电子白板和图式教学策略相结合，解决了画图耗时长的问题，调动了学生的积极性，促进了课堂的优化。

1. 以白板为平台，把握整体，形成网络

课堂教学中，许多基本概念既是独立的，又是相互联系的，有个性也有共性。应用图式理论指导教学，学生学习时可使大脑兴奋区域增多，建立多条神经通路，使知识的学习在学生头脑中留下的痕迹深且多，这样学习效果就会提高。

多媒体教学课件的目的是为了把书本的知识更好地展示出来，图式教学"以图为本"，传统的多媒体课件，如PPT等，只能让知识（图式）呆板地呈现，交互式白板则

可以让书本上的知识和静止的图式"活起来"。当然,要让学生更深刻地学习、理解知识,仅靠书本上的文字和图式是远远不够的,还要使这些素材更加生动、灵活,才能让它们在课堂上发挥最大的价值。用图式的方法,借助交互式电子白板技术,图形、代号和连线就能较好地批量掌握生物学基本概念以及各概念间的区别和联系,记好一个,带动一片。

以小学中高年级学生为例,他们已经有了一定的自学能力和概括比较能力,帮助学生将知识加以梳理、沟通,使知识点之间发生联结,形成知识的网络系统,这样形成的认知图式才是贴近学生年龄特点,更便于学生理解、记忆和提取运用的。

以我校语文学科赖赞赞老师获全国交互式电子白板赛课一等奖的《九寨沟》一课中一个环节为例。

《九寨沟》是苏教版小学语文第七册第三单元的第二篇课文。这篇课文以生动的笔触,饱蘸着对祖国山河的一片深情,精心描绘了九寨沟奇丽美妙的自然景观,使人不禁陶醉于祖国的山水美景,折服于灵幻的异兽珍禽。赖老师从自然风光和异兽珍禽两个方面组织教学,而自然风光主要以瀑布和湖泊为主,略学雪峰和森林,

图 8-3-3

以读代讲,品悟特点,异兽珍禽部分则放手让学生自学,小组合作当小导游介绍金丝猴、羚羊、大熊猫、小熊猫,配合句式练习,启发想象。总结全文时师生共同配合画出了下图(图8-3-3),对这篇课文形成了整体的知识网络。

从上面的例子不难看出以交互式电子白板技术为平台进行图式教学的优越性。交互式电子白板提供了一支感应笔,这使得教师脱离了原来多媒体中的鼠标,离开了控制台,可以像用传统的黑板上课那样面对着学生。通过整合思维导图软件,很容易就绘制出了简单的思维导图,随后利用白板中感应笔的拖动功能,将课前准备的一些图表直接拖到所绘制的思维导图中,组合成完整的图。这样出现在学生眼前的就是一节课的主要内容。但是紧接着用白板的拉幕功能遮挡住已经绘制好的图,让学生以小组为单位,结合先前的体验和老师绘制的过程,讨论图的绘制思路和方法,然后每小组派代表到白板前绘制,并保存。最后大家一起分析讨论图的准确性和完整性。

2.以白板为平台,串点成网,理清概念

"概念图"是一种用节点代表概念、连线表示概念间关系的图式方法,是教师和学生理解、构建知识的有效表达工具,也是人们产生想法(头脑风暴)的手段。它通

常是将有关某一主题不同级别的概念或命题置于方框或圆圈中,用各种连线将相关的概念或命题连接,这样就形成了关于该主题的概念或命题的知识网络,以此形象化的方式表征学习者的知识结构及对某一主题的理解。在新一轮的课程改革中,包括苏教版在内的很多课标教材已经将概念图引入许多章节的检测中,并明确指出:"画概念图是指将一组相关概念用线条和文字连接成图形,直观而形象地表示出这些概念之间的关系。"并强调"这种方法可以帮助你梳理所学的知识,从而建立良好的知识结构"。

　　苏科版《信息技术》三年级《认识计算机》一课中,了解计算机的一般硬件组成,是本课教学重点。在计算机整体结构图(图8-3-4至图8-3-6),并储存在白板资源库中。在教学过程中,教师一边讲授一边将相关的关键字用图片的形式展示出来。最后由学生到白板上操作,白板笔工具或连线工具,把相关的关键词连接起来。这一过程,一方面可以使学生了解概念,更加容易理解一些概念或计算机组成之间的关系,达到知识的有效迁移;另一方面也可以让学生感受到教师是如何利用概念图对知识进行分类、整理及表示的,激发学生对绘制概念图的兴趣,从而更好地实施图式教学,突破课堂教学的重难点,理清重要概念。

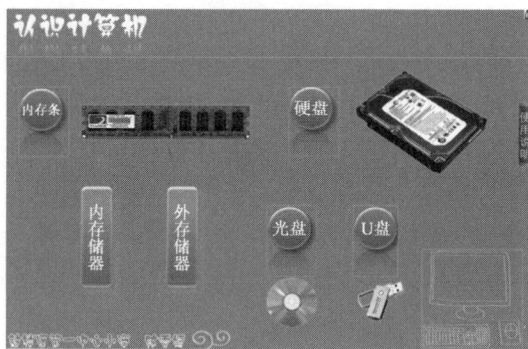

图8-3-4

图8-3-5

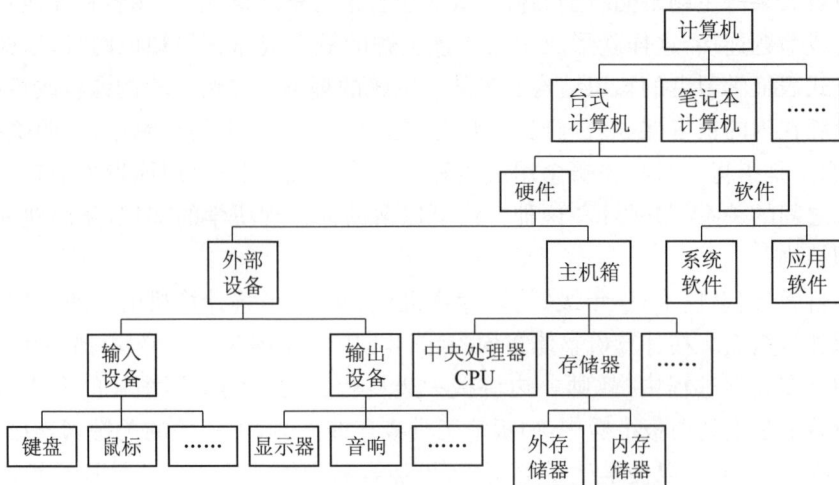

图 8 - 3 - 6

一幅清晰的图式呈现在师生面前,利用这幅图式,教师和学生在头脑中构造出了一个清晰的计算机构成图。

再如,认识"我的电脑"是小学中年级信息技术课的内容,也是学生全面掌握电脑操作相关知识的基础,对学生小学阶段信息技术课的学习有着至关重要的作用。在教学中从认识"我的电脑"的四大模块出发,帮助学生从理论和操作两方面掌握"我的电脑"的相关知识(图 8 - 3 - 7)。在传统多媒体图式教学中,分类比较信息的

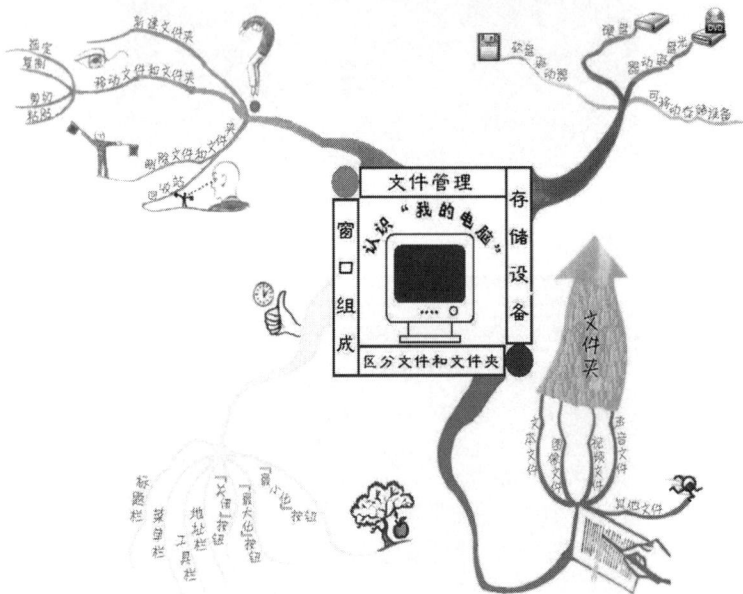

图 8 - 3 - 7

方式得不到直观的体现,学生没有可以利用的简单图形,很难通过绘制(拖动相应素材)整理出清晰、完整的概念性图式。引入交互式电子白板后,学生可以充分利用白板提供的资源库,选择合适的素材进行组合,形成科学、准确的图式,学生思路清晰,很容易就能突破难点,达到预期的目标。

3. 以白板为平台,活用功能,突破难点

图式教学要真正融入课堂,最重要的是学生和教师的参与,而没有多媒体辅助技术的图式也几乎被挡在了教室之外。随着科技的不断发展,和现代学生成长环境潜移默化的变迁,学生对多媒体技术辅助课堂教学的要求也在不自觉地提高,传统的教学模式其实已经很难满足对各种新兴技术"见多识广"的学生,在这样的环境和时代交割点,交互式电子白板也将图式教学由"传统"向"新兴"推进了一大步,其中的一个重要推动机就是白板功能的多元化(图8-3-8和图8-3-9)。

课堂教学功能比较表(白板PK黑板)	
基于交互式白板的课堂教学	基于黑板与多媒体的课堂教学
适合小班课堂教学	适合大型课堂教学
操作开放直观、可视性强	操作隐蔽不直观、可视性差
统一在白板操作、简便	计算机桌面、投影机分离,来回操作不便
学生主动参与	学生被动接受
白板、电脑合一	黑板、电脑分离
交互丰富	交互局限
资源与白板整合一体	资源(各类软件课件)分散
适应师生群体协作,同时兼顾个性化	主要表现为教师个人独立行为
适应多种教学模式	适应教师主讲模式
课堂教学过程易于控制,凝聚力强	控制程度低,凝聚力差
过程及生成内容可存储、重用	不易记录教学过程和生成内容
有多种交互白板配套专用教学硬件	无
有多种交互白板配套专用教学软件	无
有多种交互白板配套专用教学资源库	无
适用于强化教研活动	较弱
适用于强化教学培训	较弱

图8-3-8

Smart交互式电子白板功能简介		
分类	工具	特点及功能
书写功能	Whisper-tip™笔	四支笔颜色分别为：黑红绿蓝；持久耐用，如果不慎丢失，可用其他塑料制品代替，用来在白板上进行书写、绘画等操作。
	创意笔	改变笔尖的形状、花样和大小，以满足特殊要求。
	橡皮擦	擦除用笔书写的内容，既可局部擦除，也能方便的进行大面积擦除。
	笔槽	放置笔工具，通过光传感器自动识别所选取的工具。
	OCR中文手写识别系统	直接将书写的文字、数字等字符以图片形式保存在电脑中。
控制功能	触摸屏	与投影机配合使用，即成为电脑的大型触摸屏，用手指或笔工具取代计算机鼠标，在白板上进行单机、双击、右击、拖放等控制操作。
	记录器	录制在交互白板上进行的每一个操作，形成视频文件。
	视频播放器	播放计算机，录像机，CD-ROM，DVD等视频文件。
	屏幕遮罩	遮罩白板的部分或全部区域，拖动手柄选择遮罩的方向，遮罩区域的大小等，按需显示。
	聚光灯	高亮显示某一区域，大小，形状，位置及透明度均可调节。
	放大镜	放大显示某一区域，拖动放大器的窗口边缘，随意改变其大小。
	Office软件结合	直接对Office软件的各类文档进行操作，随意添加批注，并按需以不同方式保存的源文件中。

图 8-3-9

此处以 Smart 交互式电子白板中较能吸引学生注意的一个功能——魔术笔（详细功能见表 8-3-1）为例。

表 8-3-1

功能	操作	效果
魔术笔	画一个封闭的圆形（椭圆）	聚光灯聚光显示教学重点
	画一个封闭的方形	放大镜
	书写	隐性墨水即书写的文字停留三秒后消失

以苏科版《信息技术》三年级《认识键盘》一课为例。用键盘图（图 8-3-10）带领学生认识键盘是必不可少的一个环节，传统 PPT 课件只能让图式出现，难免枯燥，也很难将学

生的注意力集中在一张简单的图式上。而在魔术笔的帮助下,看键盘图的环节可以轻松地变得更清晰、有趣,从而帮助学生更好地记忆键位分布。

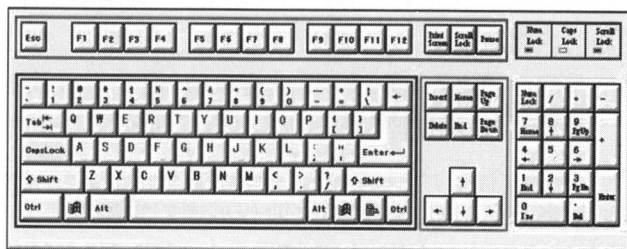

图 8 - 3 - 10

　　首先使用到的是魔术笔的聚光灯功能,待聚光灯出现后,移动聚光灯帮助学生区分键盘上不同的分区,也可请学生上台拖动聚光灯进行学习内容反馈(图 8 - 3 - 11)。交互式电子白板功能的丰富实际上促进了图式课堂教学方式的多样化。

图 8 - 3 - 11

　　接下来使用到的是放大镜功能(图 8 - 3 - 12)。相信很多老师在使用投影屏幕的时候都有一个困扰,就是坐在教室后方的学生会看不清屏幕上的内容,放大镜功

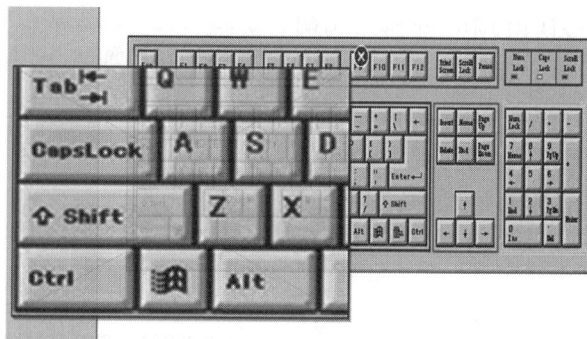

图 8 - 3 - 12

能便解决了这个问题。通过放大主键盘区的部分图式，带领学生开展集体记忆键位，同桌互问互答，开火车依次念出键名多种课堂活动，而游戏、比赛、实验等不同形式的课堂则可以创设形象直观的生活情景和问题情景，调动学生原有的图式，在突破学习重难点的同时内化新知。

最后一个功能是隐性墨水，当我们想要进行板书，但并不想让这些字一直显示的时候，它就派上了用场。在讲授键盘分区时，根据不同分区，在白板上进行相应板书。例如在写下"主键盘区"后，学生会有一些记忆时间，约3秒后文字会消失，此时再一次询问学生区域名称，为课堂提供了反馈和巩固的可能性。一支魔术笔，三个小功能，将静态的图式瞬间化为动态图式，将枯燥的被动记忆轻松化为有趣的主动记忆。

4. 以白板为平台，多方互动，促发生成

学生是课堂的主人，想让学生在有限的教学时间里能一直有一定的学习热情和注意力主动参与到学习中去，依靠传统的多媒体课堂越来越难以实现，陈旧的教学方式对付"00后"的孩子们已经愈发捉襟见肘。"主动参与"是人们对事物的一种积极反应的态度。按 D.R.克拉斯沃尔和 B.S.布卢姆的情感领域分类，人的态度按由低到高分为接受、反应、价值评价、组织和品格化五个层次。其中，"反应"又分为"默认的反应、愿意的反应和满意的反应"三个层次。由此推论，无论是"默认的反应"，还是"愿意的反应和满意的反应"，其前提是"愿意接受"，如果人们不愿接受，就不可能做出积极的反应或参与，只有当人们做出"愿意的反应和满意的反应"时，才可能主动参与。

华东师范大学蒋鸣和教授曾经提出，要让教学"从工具性的人机交互走向生成性的人际交互"，交互式电子白板为我们提供了实现这一愿望的优良平台。这里所指的"多方互动让学生'动'起来"，顾名思义，就是让学生在课堂上实现多方互动，包括我们常说的师生互动、生生互动，这里再加一个"人板"互动，也就是教学者、学习者和白板之间的互动，通过以上互动媒介最终实现以"动"促学。

要让学生"动"起来，最好的方法之一便是让他在白板上进行演示和练习。以小学数学《分数的初步认识》中一个练习为例（图8-3-13），教学中利用交互式电子白板的拖动功能，请学生先看再说，最后上白板实践，将右侧红色图形拖动到左侧圆形内后，即可一目了然地验证是圆的几分之几。通过让学生真正地"动"起来，打破传统多媒体教学的"静止"状态，主动思考，主动验证，主动生成。在其他学科，如语文、英语中，也可以让学生上白板进行文字或字母的描摹和书写。

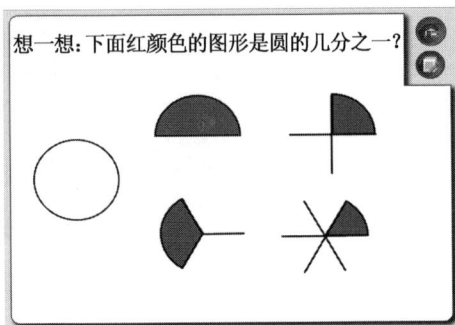

图 8 - 3 - 13

实际教学中发现,图式教学以让学生直观、立体地接受知识,而白板则能让学生更多地感受到快乐、生动、有趣,通过师生互动、生生互动、"人板互动"等多种互动方式真正成为课堂的小主人,自动自发地参与到课堂里去,这样才能让学生即使下课都还有意犹未尽的感觉。生活中就知道观看"现场直播和重播"是两种不同的感觉。传统的多媒体课堂就像在看第二天的重播节目,学生没有任何的好奇,都知道是老师设置好电脑在操作的。而白板的现场操作则好比是"现场直播",学生们不仅仅是观众,他们也是演员,甚至也可以是导演,可以充满好奇和惊喜地观看现场直播,更可以富有创造性地编写"剧本"。因此,在这样"现场直播"的课堂上,学生们还原到自我,学习着才能进一步观望着,观望着才能热情洋溢地探索着,探索着才能自主自发地获取着,获取着才能在此基础上创新着,创新着才是真正地学习着……

5. 以白板为平台,以旧引新,拓展提升

教学中教师要促使学生大脑中的图式有效地活动起来并被启用。如果学生原有知识不清晰或没有形成稳定的图式,学生难以应用,或者他们对新旧知识之间的关系辨别不清时,则可以设计指出新旧知识异同的知识点,来激活大脑中不清晰的图式,这样既可以巩固旧知,又便于旧知被提取运用,生成新知识。

以鼓楼区第一中心小学语文学科赖老师获全国交互式电子白板赛课一等奖的《九寨沟》一课中的一个拓展环节为例。教学完上一环节中的景物后,赖老师运用交互式电子白板淡入的功能展示小动物的图片,引起学生自主探究小动物特点的兴趣。紧接着,四人小组进行合作学习,每人认领一只自己最喜欢的小动物,圈画出它们的特点,然后想想怎么读才能把这种小动物的形象呈现在我们面前。学生每介绍完一种动物,赖老师就通过白板出示相应的句子(图 8 - 3 - 14)。在

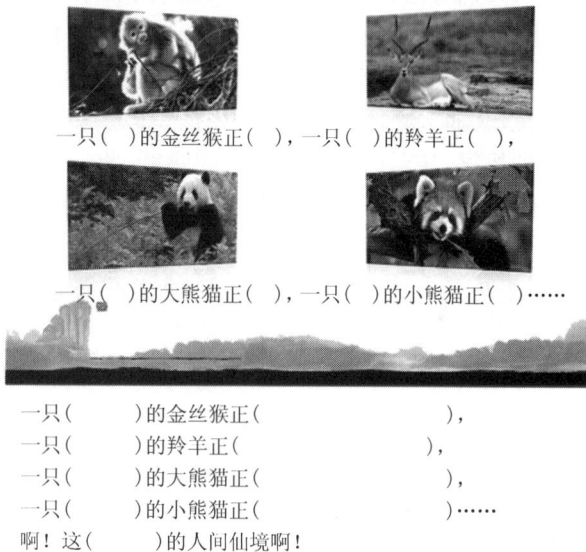

一只(　　)的金丝猴正(　　),一只(　　)的羚羊正(　　),

一只(　　)的大熊猫正(　　),一只(　　)的小熊猫正(　　)……

一只(　　　　)的金丝猴正(　　　　　　　　),
一只(　　　　)的羚羊正(　　　　　　　　),
一只(　　　　)的大熊猫正(　　　　　　　　),
一只(　　　　)的小熊猫正(　　　　　　　　)……
啊!这(　　　　)的人间仙境啊!

图 8 - 3 - 14

学生发挥想象充分表达后,快速将四句拖动到一起,询问学生发现了什么。学生们无不惊奇:"这就是诗啊,九寨沟神奇的魅力把我们都变成了小小诗人!"这难道不是图式另一种精巧的"变阵"吗?

图式的目的是将那些抽象、复杂的知识内容转化为学生易于接受、易于理解的直观形式。因此课堂上运用交互式电子白板技术巧妙出示有一定启发性的图式，能使学生从图式之中得到知识的启迪，帮助他们展开想象、拓宽思路，增强学生理解问题、分析问题的能力。

在教学过程中，以交互式电子白板技术为平台，利用图式以旧引新，充分利用学生"看"和"动"的功能，因课而异，合理设计，恰当地运用图式法，调动学生的学习热情，多角度地增加学生思考问题的方式，能最大限度地提高教学效率，帮助学生拓展提升。

按照信息加工理论的观点，学习的一般过程包括信息的接收、加工、存储和提取等，其中每一步都要受到控制系统的作用。在这些环节中引入图式理论，将大大提高学习绩效。利用交互式电子白板技术运用图式这样的可视化优势，学生自己或他人可以对认知过程和思维过程进行评价、反思、修改、调控，从而提升其认知技能。学生通过对这一策略运用成功与否进行反思，可以促进认知策略的迁移，提高元认知技能，并逐渐达到学会学习的目的。

人类的进步不仅要靠学习已有的知识和经验，更重要的是要创造新的知识，这就要求人们对已获取的知识进行组合、联系和联想，采用发散性思维，突破思维定势，进行知识创新，而这正是利用交互式电白板技术进行图式教学的优势所在。运用图式教学还能够将人类的不同智能用一种有效的方式联系起来。通过这种方式的训练，久而久之，学生不仅扩展了思维的深度与广度，而且会在不同智能之间架起沟通的桥梁，甚至产生一种思维的跳跃，将原本不可能联系起来的事物进行创造性的连接，在无形中锻炼了思维，激发人产生一种超出常人的创造力和想象力。

三、交互式电子白板技术促进图式优学要注意的问题

综上所述，基于交互式电子白板的图式教学是一种新颖的教学方法，在课堂教学中灵活应用多种图式呈现方式，有利于学生把握整体，突破难点，突出重点。交互式电子白板把传统和现代化的信息技术有机地结合起来，使单调的黑板变成了丰富多彩的多媒体世界，使信息技术与图式教学真正实现了最优化的整合。但是，作为一线教师，我们必须认识到：技术只是技术，教师的教育理念和专业素养对于教育活动的意义比教师所拥有的教育技术对于教育活动的意义更重要。

1. 重视知识的自主建构性

真正有意义的学习应该是通过学生的思维活动、情感活动以及其他一切激励活动来促进学生渴求知识的情感和训练学生的自主建构能力。在基于电子白板的课堂上，教师需要更好地利用白板的智能性及简便性，在激发学生学习兴趣的同时，通过白板特有的动态型图式引导学生分析问题和探索问题，从而得到解决问题的动力和方法，促使学生更好地建构自己的知识体系。

2. 抓住教学动态的生成性

课件是现代教学中不可或缺的一个要素，可以说，没有课件，教学媒体也就失去了它的作用，如果说教学媒体是硬件，必然离不开课件这一软件的支持。而最常用的 PowerPoint 课件相比较于白板课件而言，呈现的是静态的、直线型的展示模式。反观白板课件，则呈现出动态的、发散性的呈现模式。在使用白板课件上课的过程中，教师可以根据学生的课堂生成对课件进行修改、增删，在这样的课堂上生成的课件质量更高；在这样的课堂上生成的图式才是活的，有生命力及发展性、延伸性的。同时，在使用白板课件上课的过程中，我们也需注意，将添加的一些批注、讲解等课堂生成进行即时保存，供学生课下进一步学习，以满足不同学生的学习需要。

3. 兼顾师生个体的多元性

电子白板将教师从计算机后成功地解放出来，重新回到白板前，与学生进行面对面的交流互动。在基于白板的图式优学课堂上，教师可以更为自由地在白板前进行授课，拥有更多的发挥空间，可以用眼神、肢体语言等方式跟学生交流，使教学更加生动形象，学生也能够通过多渠道感受教师所讲内容。

与此同时，在基于电子白板的图式优学课堂上，教师也应该给学生提供更多的机会走上讲台，或完成练习操作，或进行思路讲解，或修改课件上已有的图式范例，或勾勒出自己脑海中新的思维导图……用多元化的学习和展示方式，实现学生多元化的个性发展。

4. 达成课堂"图式"教学的有效性

基于电子白板的图式优学课堂，可以利用白板的动态性操作和高效的特点促使学生在展示中观察，在操作中体验，在思考中形成新的图式，建构自己独有的知识体系。然而教师也需要更多地关注到，单纯的教学媒体是不够的，只有在良好的教学设计和教学策略上才能充分发挥其教学的有效性。我们可以在日常教学中创造性地使用电子白板的各项功能，使其更好地为教学服务，寻求电子白板、图式优学和传统课堂教学三者合一的最佳结合方式，在这种教学中各展所长，实现课堂"图式"教学的最优教学效果。

参考文献

［1］百度百科.图式。

［2］百度百科.图式理论。

［3］百度百科.发现学习理论。

［4］百度百科.生成性学习。

［5］百度百科.思维可视化。

［6］百度文库.教学方法30种。

［7］梁宁建.当代认知心理学［M］.上海：上海教育出版社,2014.

［8］王俭朴.试论"教学风格"［J］.读与写：上下旬,2015(15).

［9］张向葵,等.图式教学对阅读理解能力、推理能力与自我效能感的影响［J］.心理发展与教育,2000(2).

［10］张向葵,华炜.图式：发展学生创新能力的奠基石［J］.当代教育论坛,2003(12).

［11］周文彰.狡黠的心灵——主体认知图式概论［M］.北京：中国人民大学出版社,1991.

［12］武宏伟.校园文化与课堂教学［N］.教师报,2010—09—05.

［13］语文课程标准(实验稿)［M］.北京：北京师范大学出版社,2001.

［14］［荷兰］珍妮特·沃斯.学习的革命［M］.顾瑞荣,陈标,许静,译.上海：三联书店,1997.

［15］［美国］彼得·圣吉博士.第五项修炼［M］.张成林,译.上海：三联书店,2001.

［16］周茂杨.试论语文教学中形象化教学手段的运用［J］.教育园地,2011(6).

［17］品质人生.形成知识网络图,使学生形成认知结构,http：//zhounai-001002.biog.

［18］王平.磁性课堂［M］.上海：华东师范大学出版社,2013.

［19］王林.小学数学课程标准研究与实践［M］.南京：江苏教育出版社,2011.

［20］肖学平.导学课堂教学模式［M］.北京：北京师范大学出版社,2011.

［21］钟靓.终身学习视野下的个人知识管理［J］.教学研究,2007(3).

［22］赵金波,吴红霞,范向华.运用概念图,促进读和写［J］.中国电化教育,2004(8).

［23］白桂香.小学生阅读—习作能力图式训练的教学设计和自主学习过程分析［J］.北京教育学院学报,2001(3).

［24］［美国］R. M. 加涅,等.教学设计原理［M］.皮连生,等,译.上海:华东师范大学出版社,1999.

［25］王兄.基于图式的数学学习研究［M］,南宁:广西师范大学出版社,2008.

［26］［英国］东尼·博赞.思维导图［M］.叶刚,译.北京:中信出版社,2011.

［27］傅结龙.以"学"为基点的语文教学［M］.福州:福建教育出版社,2014.

［28］［丹麦］克努兹·伊列雷斯,我们如何学习:全视角学习理论［M］.孙玫璐,译.北京:教育科学出版社,2014.

［29］石长青.浅谈校本课程的开发［J］.新课程导学,2016(1).

［30］唐晓俐.校本课程的开发、实验与评价.http://wenku.baidu.com/link?uyl.

［31］姜鸥."珠算心算结合　发展儿童智力"教改实验的实践与认识［M］.北京:中国审计出版社,2000.

［32］王兄.概念图评价应用分析［J］.上海教育科研,2006(6).

［33］白坤海."微"课程 "大"设计.http://blog.sina.com.cn/s/blog.

［34］沈毅,崔允漷.课堂观察:走向专业的听评课［M］.上海:华东师范大学出版社,2008.

［35］吴江林,林荣凑,俞小平.课堂观察 LICC 模式:课例集［M］.上海:华东师范大学出版社,2013.

［36］丁锐.教师如何进行课堂观察［J］.吉林省教学学院学报(中旬),2012(1).

［37］陈瑶.课堂观察指导［M］.北京:教育科学出版社,2005.

［38］刘慧,唐斌.小学课堂有效教学模式［M］.北京:北京师范大学出版社,2014.

［39］李永雄.运用图式理论,优化例题设计［J］.课程教学研究,2014(2).

［40］夏宏运.理清知识脉络,引领自主思维［J］.数学教学通讯(初等教育),2013(7).

［41］豆格草.利用思维导图,培养学生思维［J］.启迪与智慧(教育版),2014(10).

［42］丁兴富.交互白板及其在我国中小学课堂教学中的应用研究［J］.中国电化教育,2005(3).

［43］雷晓东.概念流利与图式理论［J］.山西师范大学学报(社会科学版),2010(11).

［44］Bartlett. F.C.Remembering, Cambridge, England:Cambridge University Press,1932.

［45］李运林.教学媒体的理论与实践［M］.北京:北京师范大学出版社,2003.

［46］张磊.凸显发现性学习方式　落实课堂教学实效——基于交互式电子白板的课堂教学研究实践［J］.中国现代教育装备,2011(10).

［47］江苏省义务教育信息技术课程指导纲要(2013 年修订)［M］.江苏省教育厅.

［48］中小学信息技术课程指导纲要(2012 版)［M］.中国教育技术协会信息技术

教育专业委员会.

[49] 彭钢,蔡守龙.教学现场与教学细节[M].北京:教育科学出版社,2004.

[50] 叶澜.世纪之交中国基础教育改革研究丛书[M].北京:教育科学出版社,2001.

[51] 庞天仪.语文导读图鉴的功效和应用[J].盐城师范学院学报(人文社会科学版),1990(3).

[52] 叶长春.培养思维能力的一项有效手段[J].中学语文,1991(Z1).

[53] 刘晓宁.我国思维导图研究综述[J].四川教育学院学报,2009.

[54] 曾天山.国外关于教科书插图研究的述评[J].外国教育研究,1999.

[55] 严文法,胡卫平.国外概念图的研究进展[J].雁北师范学院学报,2005.

[56] 康立新.国内图式理论研究综述[J].河南社会科学,2011.

[57] 薛庆国,庞维国.现代认知心理学对写作过程的研究进展[J].心理科学,2000(23).

[58] 赵金波,吴红霞,范向华.运用概念图,促进读和写[J].中国电化教育,2004(8).

[59] 陈琳.善用个性思维导图提高学生英语习作兴趣[J].小学教学设计,2015(7).

[60] 吉桂凤.思维导图与小学英语教学[M].北京:教育科学出版社,2015.

[61] 高文,徐斌艳,吴刚.建构主义教育研究[M].北京:教育科学出版社,2008.

[62] [英国]东尼·博赞.思维导图系列丛书[M].叶刚,译.北京:化学工业出版社,2009.

[63] 王小兵."友善用脑"理念下的校本课程开发与实践[J].小学教育教学,2013(3).

[64] 田俊.简述课本插图在小学数学教学中的运用[J].课堂内外,2011(5).

[65] 蔡铁权,叶梓低.促进合作学习的概念图建构[J].中国电化教育,2011(291).

[66] 陈志海.浅谈语文教学的板书图示教学法[J].成都师范学院学报,2005(10).

后　记

最美的旅程
——为儿童的学习

王学金

什么是最好的儿童教育？怎样才是理想的教育生活？……这样的问题是每一个做教育、爱教育的人终身探求的命题——宏大而又具体，辽远而又真实，在激情诗意的畅想里，也在活泼喧闹的每一天。

作为教育者，我热爱儿童、热爱课堂，看着他们慢慢成长是一件无比幸福的事；作为校长，我更愿意付诸一切的心力去和同事们办好一所学校，实践一种好的儿童教育。

图式优学就是这样的教育实践的一部分，它是为着学习的改变与改善，是为着儿童能热爱学习、善于学习而生长、发展，时至今日，它给我们的学校带来了积极而又美妙的变化与体验，虽然过程总是坎坷反复、五味杂陈。

图式优学是一枚青果，新生、青翠，有孕生的喜悦，更有对瓜熟蒂落的信心与期待，因为关于"图式"的课堂探索与教学研究前后已历时逾十五年，经历"十五"、"十一五"、"十二五"整整三个五年规划课题研究："十五"期间，学校申报了江苏省立项课题"小学'学习地图'的实践研究"，将"学习地图"引进小学，从教学层面切入，研究出了小学"学习地图"辅助教学的操作方案，探悟出了小学"学习地图"辅助教学的指导理念，总结出了相配套的十项具体对策；"十一五"期间，学校在原有研究成果的基础上，以"基于'学习地图'的小学优势教育的校本研究"为课题，把对"学习地图"的研究拓展为"图式教学"的研究，并以它作为"会学善思""有趣高效"学习变革的突破口，驱动"图式教学"与"多样化教学"形式的有机结合，积极推进学校课程改革与素质教育的有效实施；"十二五"期间，学校再次以"基于优势教育的小学图式教学的深化研究"为课题继续"图式教学"的深化研究，主要以"小学教材中图式资源的研究"为方向，重点从"概念图""运算图""图形图""策略图"四个方面的研究来促进、优化学生学习；"十二五"后期，结合学校的"立壹"教育核心理念和优学课堂的整体建构，我们进一步把研究目标调整到"通过图式实现优学，打造优学课堂"的方向上来，此后，"图式优学"逐步成为我校建设"优学课堂"的载体与航船。

图式优学这个概念虽然形成的时间并不长，但它却是十多年来孕伏与铺垫的结晶：之前，我们每一阶段的教育科研视角虽然都是在"教学"、在"学习"上，但是一直都是当作单一的课题在研究，资料、文案等成果不少，而课堂的实践往往浅尝辄止，图式的思维和优学的观念没有真正走进每一个老师的课堂，图式的行为和方式更没有建构起来。2013年始，当我们对图式进行再思考再认识之后，结合优学课堂的设想，决心把脱胎于既有图式研究的新的图式探索命名为"图式优学"，因为我们确信"图式优学"契合课程改革的方向，契合学生学习的规律，是值得好好做的教改研究和课堂探索，因此，在开展"图式优学"研究近四年的时间里，我们做了很多试图迫近目标的努力，我们的学生、我们的老师、我们的课堂和我们的研究一起共同成长。

我们重点致力于课堂研究，鼓励教师从每一节课，每一个教学环节去思考、去实践，每一节教研课都是"图式优学"研究课。我们专门设立"优学课堂研究月"，细分13个小课题组进行学科图式优学教学范式的研究。不求完美，但求探索，每一点收获都凝聚成"图式优学"的一个个成长脚印。

我们诚邀区内外的多位特级教师来校指导，开展学科"图式优学"主题研讨。我们和名师一起上课，一起辩论，一起反思，每一次研讨都让教师获得一次思想的荡涤，获得一份耕耘的收获，获得一份成功的喜悦。

我们把学校所有骨干教师组织起来举办"知行读书会"，围绕"图式优学"开展学习讨论活动。我们在读书会上阅读教育教学理论，为图式优学研究提供丰富的营养；我们在读书会上分享实践的收获，为图式优学实践提供可借鉴的经验；我们在读书会上交流实践的困惑，为图式优学深入研究扫除前行的障碍。

我们还分批选派教师奔赴上海华师大、苏州实小等地专题学习，交流图式教学经验。他山之石可以攻玉。这些学校的图式教学实践研究，好似一股清泉，为我们的研究注入新鲜的血液；仿佛一扇窗门，让我们呼吸到了清新的空气。我们研究的思路更宽阔，研究的方向更明确。

老师们在图式优学的实践研究中，收获与感悟日渐深刻：

图式优学让孩子站在了课堂的中央，让学生展开了想象的翅膀，让学生的生命灵动了起来！

图式好比一把金钥匙。一条条线段引导着学生，开启着一道又一道"谜题"的大门。

图式是提升学生思维品质，培育学生创新精神的良好途径。

图式优学，灵动课堂，活跃课堂，课堂教与学更加丰厚了！

我们的学生在图式优学中不断成长，享受着成功与满足：

图式就是条理清晰而又不乱，表达清楚而又不烦。

习题就是一个迷宫，图式可以导航！

　　我用图式把脑子里的想法画出来，让自己的思维清晰可见。每一次图式的过程，我都乐在其中。

　　图式优学课堂，让我也可以走上讲台为大家讲解题目，当一回"小老师"，真爽！

　　一路前行，我们的教师在改变，我们的课堂在改变，我们的学生也在改变，唯一不变的，是对图式优学研究的执着和痴迷，因为研究过程本身就是一个自我更新，自我成长的过程。伽达默尔说"在异己的东西里认识自身，在异己的东西里感到是在自己的家，这就是精神的基本运动，这种精神的存在只是从他物出发向自己本身的返回。"我们在这个过程中，有觉得力所不能及而茫然无助的时候，有自我否定、重新开始的过程，更有面红耳赤的争论和心有不甘的暂时妥协。而正是这些，串连成了我们前行的一串串脚印，这一串串脚印在不停地拨动我们的心弦，让我们渴望可以把一路的坎坷与崎岖，一路的鲜花与美景，写出来与人分享，所以我们有了记录成长的灵感和梦想。

　　2014 年年中，随着图式优学的基本成熟与反响的不断扩大，我们开始构想写作这本图式优学的专题书稿，来系统展现和反映图式优学的理念、思想、方法、策略与成绩。更希望通过这本书的整理与写作，把我们混沌的思维加以理清，让我们从象牙塔的教学理论中走出来，以专业理论作为支撑，结合自己的教学实践进行总结、反思，形成我们的思想或认识，同时让我们的经验性的或者实践性的理论变得更具有操作性、推广性，以更好地达到优学的效果，推动学校教育教学改革实践前进的步伐。

　　当真正静坐提笔时，我们却发现由于课题研究缺少系统的过程与深层的归纳，对图式优学内涵的解读和教育教学观点的表达要么不知从何说起，要么词不达意。我和我的同伴们习惯于教育教学实践的探索，但缺少理论提升的素养。此外，更由于日常教学工作的琐碎和忙碌，使得我们虽然有一些实践感悟，却不知从何处着手。能不能写出一本有价值的，可以提供启发与借鉴的教学专著？我确实是惴惴惶恐，心怀忐忑。但当我和我的老师们彼此思维碰撞时，只言片语的领悟总会让我如获至宝；当兄弟学校的教师走进我们的课堂时，他们的赞美与肯定又鼓舞起我"奋笔疾书"。于是，丰富自身的理论素养，归纳整理实践感悟，在对别人的理论进行借鉴、吸收、内化的同时，再对自己的教学经验、感悟、思想进行融合和提升，继续完成写作的信念又坚定了。

　　2015 年初，书稿的写作提纲形成，其核心的追求在于如何呈现图式优学的特点、如何反应支持儿童学习的教学思想、如何提炼图式优学课堂的关键行动三个层面。至 9 月，30 余万字的初稿完成，虽然有满足和喜悦，但是静心阅读，不甚满意，于是从架构、体例到案例、语言，不断反复修改，写作是一个折磨人的过程，却又是一个唤醒自我、完善自我和超越自我的过程，随着写作的深入，对教学和课堂的理解、调整与尝试也同步一遍遍地进行，一起改变、一起成熟。

　　和图式优学一起成长、成熟的不仅是这本书，还有一路陪伴同行、倾尽智慧与汗水的我们第一中心小学的老师们，老师们从图式优学的研究与实践中感受着自己对教学对学习对儿童的不断变化、不断深刻，也体味着收获：四年当中，两位教师获江苏省"杏坛杯"课堂教学竞赛一等奖，八位教师在省市区各级教学竞赛中获一二等奖，六位教师被评为市区学科带头人，十多篇图式优学专题论文在《江苏教育》、《小学教学研究》等多家教育期刊发表……我为我们的老师而骄傲，也期望和祝愿图式优学能带给他们更多的成长帮助和更大的专业发展！

　　图式优学的成长以及这本书的诞生要特别感谢国家督学、原江苏省教科所成尚荣所长和原南京市教科所宋宁副所长的支持与帮助，是他们的真诚厚爱和风雨同舟，给予了图式优学发展过程中的每一步的指引，更是他们用自己丰厚的学养与智慧为图式优学理论的形成、完善和提升提供了鼎力支持。同时，在本书的策划、写作与修改过程中，两位专家也给予了积极的指导。

　　最后，还要感谢史丽萍、李昕、王家跃、许玲、李越、钱浩然、许伟、王媛、诸锦娟在写作、校对过程中的无私奉献和积极付出，以及戴迎冬、赖赟赟、孔令芳、黄燕、王苑、陈雯嫣、秦昭、袁晓君、邹腊梅等多位老师为本书提供的丰富的教学课例与教学反思。

　　教学研究是最美的旅程，图式优学为儿童的学习，也为教师和学校的成长！

2016 年 8 月